文 房

WenFang
中国古代物质文化丛书

〔宋〕苏易简 / 撰　　郭　娟 / 译注
〔清〕唐秉钧 / 撰

图书在版编目（CIP）数据

文房 /（宋）苏易简，（清）唐秉钧撰；郭娟译注. —重庆：重庆出版社，2024.4

ISBN 978-7-229-18513-8

Ⅰ.①文… Ⅱ.①苏…②唐…③郭… Ⅲ.①文化用品 – 研究 – 中国 – 古代 Ⅳ.①K875.44

中国国家版本馆CIP数据核字（2024）第059016号

文 房
WENFANG

〔宋〕苏易简 〔清〕唐秉钧 撰 郭 娟 译注

策 划 人：刘太亨
责任编辑：陈渝生
责任校对：刘 刚
特约编辑：王道应
封面设计：日日新
版式设计：曲 丹

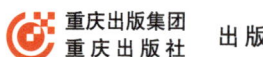 出版

重庆市南岸区南滨路162号1幢 邮编：400061 http://www.cqph.com
重庆建新印务有限公司印刷
重庆出版集团图书发行有限公司发行
全国新华书店经销

开本：740mm×1000mm 1/16 印张：35.25 字数：616千
2024年6月第1版 2024年6月第1次印刷
ISBN 978-7-229-18513-8

定价：98.00元

如有印装质量问题，请向本集团图书发行有限公司调换：023-61520678

版权所有，侵权必究

出版说明

最近几年，众多收藏、制艺、园林、古建和品鉴类图书以图片为主，少有较为深入的文化阐释，明显忽略了"物"应有的本分与灵魂。有严重文化缺失的品鉴已使许多人的生活变得极为浮躁，为害不小，这是读书人共同面对的烦恼。真伪之辨，品格之别，只寄望于业内仅有的少数所谓的大家很不现实。那么，解决问题的方法何在呢？那就是深入研究传统文化、研读古籍中的相关经典。为此，我们整理了一批内容宏富的书目，这些书目中的绝大部分书籍均为文言古籍，没有标点，也无注释，更无白话。考虑到大部分读者可能面临的阅读障碍，我们邀请相关学者作了注释和今译，并辑为"中国古代物质文化丛书"，予以出版。

关于我们的努力，还有几个方面需要加以说明。

一、关于选本，我们遵从以下两个基本原则：一是必须是众多行内专家一直以来的基础藏书和案头读本；二是所选古籍的内容一定要细致、深入、全面。然后按专家的建议，将相关古籍中的精要梳理后植入，以求在同一部书中集中更多先贤智慧和研习经验，最大限度地厘清一个知识门类的基础与常识，让读者真正开卷有益。而且，力求所选版本皆是善本。

二、关于体例，我们仍沿袭文言、注释、译文的三段式结构。三者同在，是满足各类读者阅读需求的最佳选择。为了注译的准确精雅，我们在编辑过程中多次交叉审读，以减少误释和错译。

三、关于插图的处理。一是完全依原著的脉络而行，忠实于内容本身，真正做到图文相应，互为补充，使每一"物"都能植根于相应的历史视点,同时又让文化的过去形态在"物象"中得以直观呈现。古籍本身的插图,更是循文而行,有的虽然做了加工,却仍以强化原图的视觉效果为原则。二是对部分无图可寻,却更需要图示的内容,则在广泛参阅大量古籍的基础上,组织画师绘制。虽然耗时费力,却能辨析分明,令人眼目生辉。

四、对移入的内容,在编排时都与原文作了区别,也相应起了标题。虽然它牢牢地切合于原文,遵从原文的叙述主线,却仍然可以独立成篇。再加上因图而生的图释文字,便有机地构成了点、线、面三者结合的"立体阅读模式"。"立体阅读"对该丛书所涉内容而言,无疑是妥当之选。

还需要说明的是,不能简单地将该丛书视为"收藏类"读本,但也不能将其视为"非收藏类读本"。因为该丛书,其实比"收藏类"更值得收藏,也更深入,却少了众多收藏类读物的急功近利,少了为收藏而收藏的平庸与肤浅。我们组织编译和出版该丛书,是为了帮助读者重获中国文化固有的"物我观",是为了让读者重返古代高洁的"清赏"状态。清赏首先要心底"清静";心底"清静",人才会独具"慧眼";而人有了"慧眼",又何患不能鉴真识伪呢?

中国古代物质文化丛书　编辑组
2009年6月

文玩清赏　菁华雅鉴（代序）

　　笔墨纸砚，雅称"文房四宝"，亦谓"文房四士"，既是古代中国人案头必备的日常书写工具，也是华夏先民世代相承的文化生活方式。由此四者所组成的中国化书写方式，早已深深融入国人所特有的文化气质与精神血脉之中，成为中华传统文化遗产所不可或缺的有机组成部分。2006年6月，我国公布的首批"国家级非物质文化遗产"名录中，"文房四宝"之宣纸、湖笔、徽墨、端砚、歙砚制作工艺皆赫然在列。近年来，一股文房用具的收藏热在国内外拍场已悄然兴起，并大有升温之势。这也证明以"文房四宝"为代表的文房用具，正以其鉴赏价值与实用意义并重的独特品质，得到了当世文博收藏界的普遍认同。事实上，即使抛开文化遗产与收藏价值的双重意义不提，仅从普通中国人的心灵际会、情感体悟着眼，"文房四宝"所带给我们的，也永远是一股说不清、道不明的温暖和亲切。

　　试想，以湖笔之柔韧，徽墨之温润，宣纸之轻灵，端砚之质实，不知抒写过多少文人骚客的不羁心性，更不知载录过几多汗青野史间的风起云涌。泱泱中华，上下五千年，纵横百万里，大到孤篇横绝之名诗巨著、千古流传之画作书法，小到市井细民的一封家书、行商坐贾的一页账册，莫不以之为载体，寄之于魂。这种雅致而富于诗意的书写方式，这种富有中国特质的文化载体，形如方块字一般纯正而典雅，神似龙图腾一样古老而庄重；它们是华夏先民所独创、历代祖先所袭用的精美器具，更是浸入我们骨血之间不可替代的文化基因。诚然，对于早已习惯了现代书写方式的人来说，"文房四宝"的实用意义自是渐行渐远、日益生疏淡漠，然而其中所蕴涵着的丰富文化意味、绝美艺术风神，却并不曾因光阴的流逝而有分毫褪色。驻足于这些曾默默陪伴着华夏先人走过数千年文明史的精美器物面前，我们仍不免深怀敬意，心生仰慕。

我国用笔的起源甚早，据新石器时期的彩陶纹饰、未经刀刻过的甲骨文字判断，笔的出现大抵可以追溯到五千多年以前。墨自其产生伊始，便与笔相提并论。史前之彩陶纹饰，商周时期之甲骨文、竹木简牍上，皆曾留下过原始用墨的遗痕。至于纸的出现，则略晚于笔、墨等物，旧说多认为纸是由东汉蔡伦所发明的，然而近年以来，西北丝绸之路上的许多西汉遗址和墓葬中，也出现了纸质遗物。而砚的产生，却远比纸的历史来得悠久。在仰韶文化遗迹中，曾发现过原始先民所用的研磨器，这便是砚的鼻祖；1975年，湖北省云梦县睡虎地第十一号墓中出土了一件秦代四方圆板石砚，被视为目前世界上最古老的砚台。历代以来，在"文房四宝"的制作与演变过程中，产生过众多的名品雅器，其中尤以材质奇异、工艺独特的湖笔、徽墨、宣纸、端砚、歙砚等著称于世。随着笔、墨、纸、砚生产的发展及其技术水平的不断提高，如王羲之《笔经》、韦仲将《笔墨方》《冀公墨法》等相关著作的出现，便成为了历史的必然。但是这些著作只是记载笔或墨等单一文房用品生产的专书，并非汇集古代"文房四宝"制造工艺的集成总录。直到北宋雍熙三年（986年），一部集各家之大成的谱录类著作才终于横空出世。这就是中国历史上第一部较为完整系统地记载笔、墨、纸、砚的专著——《文房四谱》。

是书撰者苏易简，本系北宋一代名臣，亦为当时之文化名人，与其孙苏舜元、苏舜钦并称"铜山三苏"。其子苏耆，能诗能文；其孙苏舜钦，更是北宋年间的著名诗人，在中国文学史上占有十分重要的地位。苏易简，字太简，梓州铜山人，生于958年，卒于997年。易简"少聪悟好学，风度奇秀，才思敏瞻"（见《宋史》卷二六六），北宋太宗太平兴国五年（980年）考中进士，经宋太宗赵光义复试，钦定为甲科第一（后世所谓状元），时年仅二十二岁。因其少年早达，声名显赫，受太宗皇帝宠眷。太宗曾亲书"玉堂之署"匾额，以示褒奖；又曾寄以"君臣千载遇""少年盛世兮为词臣，往古来今兮有几人，首书文章兮居翰林，儒名善守兮会缘夤"等诗句，以示嘉赏。易简出仕之后，历任将作监丞、昇州通判、左赞善大夫、右拾遗知制诰、中书舍人、翰林学士承旨等职，官至参知政事（副宰相）。至道元年（995年），以礼部侍郎出知邓州，后移知陈州卒。易简其人，博学多才，长于书法，存世书迹有《家摹本兰亭》；其主要著作有《续翰林志》、《文房四谱》（亦称《文房四宝谱》）及文集二十卷。

《文房四谱》一书，较为完整、系统地整理汇辑了北宋以前有关笔、墨、纸、砚生产发展的历史和制造技术的经验。不论是在当世研究"文房四宝"工艺史的专业人员眼中，还是在雅好文玩清供的鉴藏名家案头，此书皆以其极高的参考价值与借鉴意义，占据着不可忽视的一席之地。对于欲了解中华"文房四宝"瑰丽风彩的广大读者来说，此书也不失为一本集趣味性与知识性于一体的传世名著。

一、就其本体意义而言，这是一部详述"文房四宝"之发展历程、制造工艺的专书

作为我国最早记录"文房四宝"的一部专著，《文房四谱》分别叙述了笔、砚、纸、墨这四种文具的历史渊源、制作方法及与其相关的杂说趣闻、辞赋诗词。全书原有五卷，现将"笔谱"两卷辑为一卷，"砚谱""纸谱""墨谱"各一卷，另附笔格、水滴器；书前有徐铉序，书后有作者自序。是书各谱内容及体例，如徐铉序文所言，"此四者为学所资，不可斯须而阙者也，由是讨其根源，纪其故实，参以古今之变，继之赋颂之作，各从其类次而谱之"。首为"叙事"篇，重在说明其定义沿革，兼

及产地；次为"制作"篇，重在介绍其具体制造工艺、技术；再次为"杂说"篇，讲述与之相关的一些典故、轶闻；最末为"辞赋"篇，辑录有关赞咏诗词。"笔谱"，详细介绍历代名家造笔之经验、技术，如蒙恬造狐狸毛笔法、王羲之《笔经》所记赵国兔毫法、《博物志》记虎仆毛笔法、宣城鹿毛笔法等，皆是著名的造笔之法，向人们展示了中国造笔工艺成熟、发展与进步的历史过程。"砚谱"，详细叙述如青州石砚、端溪石砚、歙州石砚、澄泥砚、稠桑砚等各地名砚之制作工艺；对于制砚石材的色泽、硬度、韧性、渗透性、冷热适应能力以及砚台之制作方法、外形特征等皆加以详细的介绍，可谓集中了北宋以前各地名砚的制砚经验。"纸谱"，介绍各种纸的不同名目、加工工艺及不同用途，是较为全面的论纸专著，也被现代学者视为全世界第一本论述造纸的专著，是明代宋应星《天工开物·杀青》之前记述造纸工艺最详尽的一部著作。"墨谱"，载述韦仲将墨法、冀公墨法、祖氏墨法、李廷珪墨法等名家造墨经验，展示了古代制墨工艺水平的成熟和完善。一些学者认为，"墨谱"是中国第一次记载墨之生产工艺的文字。

以今人的眼光来看，此书所载"文房四宝"相关内容，无疑具有历时态与共时态的双重意义：自纵的方面着眼，可以借此了解"文房四宝"在长期演进中的历史沿革；从横的方面入手，又可以从中辨析"文房四宝"的不同产地、各种流派。因此，凡欲了解"文房四宝"产生的大致经过、生产过程，包括选料原则、制作方法、工艺细节、革新创造等诸项事宜者，实不可不读此书，不可不习此文。

二、就其外延意义而言，这是一部展现古代科技发展真实剪影、失传典籍神秘面目的奇书

笔、墨、纸、砚之流，虽系书房细物、案头小巧，然其选材、制作、形态、样式，无不涉及多方面的科学知识。因此，是

书在载录"文房四宝"生产与制作工艺的同时,自然会不可避免地涉及许多有用的科学知识。以"砚谱"为例,谱中不仅介绍了选石、琢制等造砚经验,同时还载述了一种被称为"作澄泥砚法"的传统工艺。这种工艺,被后人视为我国古代制陶技术史上的一项重大革新。又如谱中所载青州石、绛州石、端溪石等数十种制砚石材,对于岩石之形态、色泽、坚硬度、韧性、渗透性等,皆有一定的研究,这实际上已经进入了矿物学的研究范畴。时至今日,广大现代矿物学者仍将"砚谱"视为研究古代矿物学的重要参考资料。再如全书"杂说"中,更记有许多颇有新意、极具创见的科技发明。"笔谱""杂说"中,记载后晋末年汝州有一位高士,发明了一种自动售笔机。这种机械形似饮水的竹筒,内装有发机,购笔之人只要向筒中投三十钱,筒内立即跃出一管笔来。每日筒装十管,售完为止。假设这段记述可信的话,那么这一发明无疑开创了我国无人售货机的先例,显示出古人在发明创造中所独有的机趣与幽默感。

与此同时,此书作为类书之体,为求旁征博引,对于相关资料的搜集,自然务尽详备。更因作者苏易简以翰林学士之贵,拥有了阅读秘府藏书的便利,如其自序曰:"因阅书秘府,遂检寻前志,并耳目所及、交知所载者,集成此谱。"书中所征所引,多为宋代以前的珍贵典籍,"足以广典据而资博闻",为我们保存了不少的珍贵史料。许多久已亡佚的著作,如梁元帝《忠臣传》、顾野王《舆地志》等,俱赖是书得以见其大略,不能不令后人称幸。

三、就其现实意义而言,这是一部文玩鉴赏、收藏、投资入门必读的趣书

随着近代中国人书写方式的全面革新,除了致力于书画创作与研究的专业人士之外,绝大多数现代人的书案之上,已很难再寻觅到传统"文房四宝"等风雅名器的踪迹了。然而,与"文

房四宝"之实用价值日渐消退的窘境所两相映衬的,却是古代文玩收藏、鉴赏、投资价值的日益凸显。近年以来,国内知名文物拍场中早已悄然兴起了一股"文玩热",且大有逐渐升温之势。2009年春季拍卖会上,国内几大拍卖公司纷纷推出了"文房专场",其成交量甚为可观,可视为文房器具备受藏家喜爱与追捧的佐证之一。

这种现状,既有其久远的历史渊源,亦不乏其丰厚的现实土壤。自古以来,文房用具一直受到文人雅士的珍爱。文房用具的制作、鉴藏,历经唐宋元明之后,至清代达到鼎盛。除笔、墨、纸、砚等物之外,更衍生出若干辅助器具,若论其匠心之巧妙、工艺之精湛,可谓达到了登峰造极的地步。因此,这些器物的实用价值,往往被其审美价值所取代,成为名副其实的"文玩"。就现实意义而言,此类集艺术观赏价值、书房实用价值于一身的文房用具,以其各异的功能、独特的造型、丰富的内涵乃至千姿百态的制作工艺与形质,构筑成了一个绚丽多姿、丰富多彩的文化世界。在当下这种浮躁、喧嚣的生活氛围之下,以"文房四宝"为代表的文房清玩无疑成为一种高尚生活品位的象征,寄蕴了人们对于优雅、精致、平淡、冲和的人生境界的向往。不论是笔、墨、纸、砚,还是笔格、水滴,虽说皆属小小玩器,但若能悉心赏鉴珍藏,亦可自成系列,饶有趣味。随着文房古玩收藏、投资价值的不断抬升,相关领域的藏家数量也日渐增多,业已形成了一个庞大的收藏群体。然而,随着文房行情的转热,在暴利驱使下,自然不乏侥幸造假之徒。因此,当今之文玩市场,实已鱼目混珠、真赝杂陈。如何甄别真品、区分赝品,亦是广大收藏爱好者所面临的一大难题。每至此时,古人所著之权威著作,无疑可以起到一定的参考功用。

苏氏《文房四谱》,是首倡"文房四宝"的专书典籍,后人每有提及"文房四宝"者,必然得谈到《文房四谱》。作为宋初文玩清供风尚的发端,其书搜采极尽详备,为后人提供了大量可资借鉴的宝贵资料。因此，后世凡欲治文房清供收藏、雅鉴、投资者，每常人手一部，以为参考。

是书自著成伊始，便颇受重视与欢迎。《四库全书》《学海类编》《檀几丛书》《十万卷楼丛书》《丛书集成初编》等大型丛书，皆收录此著。其中又以商务印书馆之《丛书集成初编》所收，经黄廷鉴精加校勘，被公认为当今存世之最完善版本。此次整理译注，便以丛书集成本为底本，参照别本，采取原文、注释、白话译文三位一体的形式，再辅以关于笔、墨、纸、砚之制作工序、保养事项等相关知识点的插页，配以今世各大博物馆所珍藏的大量实物图片，力图于再现古籍全貌的同时，也给予读者更直观、更人性化的阅读体验。

江俊伟

2010年3月于珞珈山

目 录

出版说明 / 1

文玩清赏　菁华雅鉴（代序）/ 3

文房四谱

文房四谱序 / 2

卷一　笔谱

笔之叙事 …………………………………………（6）

笔之造 ……………………………………………（54）

笔之势 ……………………………………………（71）

笔之杂说 …………………………………………（104）

笔之辞赋 …………………………………………（146）

附辑：文房用具之笔筒 / 36　文房用具之笔架 / 62
　　　古代制笔工序 / 66　毛笔的选择 / 76
　　　文房用具之笔洗 / 102　书写用笔 / 127
　　　执笔手法 / 130　文房用具之笔掭 / 134

卷二　砚谱

　　砚之叙事 …………………………………（180）

　　砚之造 ……………………………………（194）

　　砚之杂说 …………………………………（209）

　　砚之辞赋 …………………………………（225）

　　附辑：砚构造示意图 / 185　砚的制作流程 / 200
　　　　　四大名砚 / 204　名砚的化学成分表 / 207
　　　　　端砚的保养 / 208　文房用具之砚滴 / 218
　　　　　文房用具之水注 / 220　文房用具之水丞 / 222
　　　　　文房用具之文具匣 / 241

卷三　纸谱

　　纸之叙事 …………………………………（244）

　　纸之造 ……………………………………（266）

　　纸之杂说 …………………………………（277）

　　纸之辞赋 …………………………………（311）

　　附辑：选纸标准 / 246　文房用具之臂搁 / 264
　　　　　造纸原料 / 270　纸的传统制作 / 274
　　　　　纸的装帧形式 / 300　文房用具之镇纸、镇尺 / 308
　　　　　文房用具之纸 / 320

卷四　墨谱

　　墨之叙事 …………………………………（324）

　　墨之造 ……………………………………（337）

墨之杂说 ································· （344）

墨之辞赋 ································· （366）

后序 / 385

附辑：墨的使用与保养 / 326　文房用具之墨 / 332
　　　松烟墨、油烟墨采烟法 / 342
　　　文房用具之墨床 / 360　文房用具之墨盒 / 382

文房肆考图说·白话选译

沈初　序 / 388

汪少山　序 / 389

原序：发凡十五则 / 390

卷一

古今名砚图 ································· （397）

附辑：选砚四字诀 / 396

卷二

古砚考上 ································· （406）

卷三

古砚考下 ································· （420）

纸笔墨考 ································· （436）

卷四

古今琴考 …………………………………（442）

卷五

文书考 ……………………………………（452）

书法考 ……………………………………（459）

画学考 ……………………………………（470）

卷六

文章考 ……………………………………（496）

卷七

杂考 ………………………………………（532）

文房四谱

〔宋〕苏易简　撰

《文房四谱》分为《笔谱》《纸谱》《墨谱》《砚谱》，记载历代笔、墨、纸、砚的原委本末及其故实。前有徐铉序，后有作者自序。书中各谱体例大体相同，先叙事，次制作，再杂说，最后为辞赋。叙事重在说明定义、沿革及产地。制作重在介绍制作的技艺。杂说讲述典故和轶闻。辞赋汇集了有关赞咏"文房四宝"的诗词，首尾相映，浑然一体。

文房四谱序

【原文】圣人[1]之道，天下之务，充格[2]上下，绵亘[3]古今，究之无倪[4]，酌之[5]不竭。是以君子学然后知不足也[6]。然则士之处世，名既成，身既泰[7]，犹复孜孜[8]于讨论者，盖亦鲜[9]矣。昔魏武帝[10]独叹于袁伯业[11]，今复见于武功苏君[12]矣。君始以世家文行贡名春官[13]，天子临轩考第，首冠群彦[14]。出入数载，翱翔青云，彩衣朱绂[15]，光映里闾[16]，其美至矣。而其学益勤，不矜老成，以此为乐。退食[17]之室，图书在焉，笔砚纸墨，余无长物[18]。以为此四者为学所资，不可斯须[19]而阙[20]者也。由是讨其根源，纪其故实[21]，参以古今之变，继之赋颂之作，各从其类次[22]而谱[23]之，有条不紊，既精且博。士有能精此四者，载籍[24]其焉往[25]哉？愚[26]亦好学者也，览此书而珍之，故为文冠篇[27]，以示来者。

东海徐铉[28]

【注释】[1]圣人：指人格高尚、智慧高超的人。唐·韩愈《原道》："古之时，人之害多矣。有圣人者立，然后教之以相生养之道。"

[2]充格：充满，遍及。格，至。

[3]绵亘：绵延不断。

[4]倪：边际。

[5]酌：考虑，度量。

[6]学然后知不足：通过学习才知道自己的知识有不足，出自《礼记·学记》。

[7]泰：这里形容悠闲安适的样子。

[8]孜孜：勤勉，不懈怠。

[9]鲜：少。

[10]魏武帝：曹操（155—220年），字孟德，小名阿瞒，沛国谯县（今安徽省亳州市）人，东汉末年权相，曹魏政权的奠基者。善诗文，知兵法，首

开建安文风。

〔11〕袁伯业：四库本作"朱伯业"。考校诸史，此处应为袁伯业，即袁遗，字伯业，袁绍从兄，汝南汝阳（今河南省周口市商水县）人。初为长安令，后任山阳太守。曹操评价他："长大而能勤学者，惟吾与袁伯业耳。"

〔12〕苏君：苏易简（958—997年），字太简，梓州铜山县（今四川省德阳市中江县）人，北宋大臣。与苏舜钦、苏舜元合称"铜山三苏"。著有《文房四谱》《续翰林志》。

〔13〕贡名春官：为礼部官员所荐举。贡，选拔人才推荐给朝廷。春官，古官名，即宗伯，颛顼氏时的五官之一，以大宗伯为长官，掌管礼制、祭祀、历法等事。唐光宅元年（684年），曾改礼部为春官，后"春官"遂成礼部别称。

〔14〕首冠群彦：指获得第一名，即状元。古代指有才学的人。

〔15〕朱绂（fú）：礼服上的红色蔽膝，后常代称官服，也指做官。宋王安石《致仕虞部曲江谭君挽辞》："它日白衣霄汉志，暮年朱绂水云身。"

〔16〕里闬（hàn）：指里门，代指乡里。闬：里巷的门。

〔17〕退食：这里代指节俭奉公。语出《诗经·召南·羔羊》："退食自公，委蛇委蛇。"郑玄笺："退食，谓减膳也。自，从也；从于公，谓正直顺于事也。"后指官吏节俭奉公。朱熹集传："退食，退朝而食于家也。自公，从公门而出也。"

〔18〕长（zhàng）物：多余的东西。

〔19〕斯须：片刻。

〔20〕阙：同"缺"。

〔21〕故实：过去的事实。

〔22〕类次：分类编次。

〔23〕谱：这里指按谱系编纂成书。

〔24〕载籍：书籍，典籍。

〔25〕往：同"亡"，亡佚。

〔26〕愚："我"的谦称。

〔27〕冠篇：写序言。

〔28〕徐铉（916—991年）：字鼎臣，广陵（今江苏省扬州市）人，五代到北宋时期大臣、学者、书法家。十岁能文，不妄游处，与韩熙载齐名，合称"韩徐"。

【译文】圣贤之道，天地之事，遍满宇宙，绵延古今，探究起来没有边际，酌取使用也不会枯竭，所以君子"学然后知道自己的不足"。既如此，那么读书人立身世上，能在功成名就、心宽体胖后，还能孜孜探究学问的就很少了。昔日魏武帝于此只赞叹过袁伯业，如今这样的赞叹又可以加之于苏易简身上了。苏先生家学深厚，文采品行都出众，为礼部官员荐举，在天子主持的进士考试中擢为甲科第一等状元。他为官的数年时间里，平步青云，官阶一升再升，光耀乡里，他的美名已达极致！难能可贵的是他学习也更加勤奋，不以学养深厚自夸，仍以勤勉为乐。他的卧室、餐厅除了图书和笔、墨、纸、砚，别无他物。他认为笔、墨、纸、砚是做学问的必备之物，不可片刻稍缺。于是他探求其产生的原因，记载其中的故实，对照其古今变化进行考察，并附录赋、颂等作品，分门别类汇编成谱，有条不紊，既精到又博学。读书人中有像苏易简这样精通笔、墨、纸、砚四种物品的，难道过去的文献典籍不会有记载吗？我也是好学的人，看了这本书后觉得很珍贵，所以写了这篇序文，请将来读到此书的人指教！

东海徐铉

卷一·笔谱

本卷自上古时期结绳记事谈起,围绕笔在书写历史上的作用,分别记述与笔有关的故实、历代名家的造笔之法、书写笔法、笔之奇闻逸事、历代赞笔辞赋等。笔为文房四宝之首,人们爱笔、赞笔,皆因其有"大功于世"。

笔之叙事

【原文】上古结绳而治，后世圣人易之以书契[1]。盖依类象形[2]，始谓之文，形声相益[3]，故谓之字。孔子[4]曰："谁能出不由户？"[5] 扬雄[6]曰："孰有书不由笔？"苟[7]非书，则天地之心[8]，形声之发，又何由[9]而出哉？是故知笔有大功于世也。

【注释】[1] 上古结绳而治，后世圣人易之以书契：上古时，人们以结绳的方式治理天下，后世圣人以文字代替了结绳。上古，一般指夏以前的时代。结绳，指上古时人们用结绳法记事，后比喻用简朴的方式治理国家。出自《周易·系辞下》。书契，文字。

[2] 依类象形：指的是指事字和象形字。

[3] 形声相益：指的是形声字和会意字。

[4] 孔子（前551—前479年）：子姓，孔氏，名丘，字仲尼，鲁国陬邑（今山东省曲阜市）人，祖籍宋国栗邑（今河南省商丘市夏邑县），儒家学派创始人。

[5] 谁能出不由户：语出《论语·雍也》。户，门。

[6] 扬雄（前53—18年）：字子云，蜀郡郫县（今四川省成都市郫都区）人，西汉时期辞赋家、思想家，早年以辞赋闻名于世，有《甘泉赋》《长杨赋》等名篇。晚年精研哲学，著有《法言》《太玄》等。

[7] 苟：如果，假使。

[8] 天地之心：人的思想。《礼记·礼运》中云："人者，天地之心也，五行之端也。"

[9] 何由：从何处，从什么路径。

【译文】上古时，人们以结绳记事，治理社会，后来圣人用文字代替了结绳。在造字之初，人们将指事字和象形字称为文，后又将形声字和会意字称为字。孔子说："谁能做到不从门出入呢？"扬雄说："哪有书写不用笔的？"如果没有文字的书写，那么人的思想，世间的声音、形象，又通过什么表现呢？所以笔是有大功

卷一　笔谱

笔顶
笔管上与笔头相对的另一端，式样相当丰富，一般带有挂头。

笔管
即手持运笔的部分。因竹子方便获取，易于雕琢，因此毛笔杆多用竹管。如白竹，易于截取竹茎中细、结、坚、直的部分，并以在冬天取材为宜，由此竹做的笔管不易蛀、变形和燥裂。方竹，较稀有。紫竹，竹色紫红，由竹皮至竹芯一色，竹竿细小，宜做笔管。棕竹，竹色紫黑，有直形的纹，平细而坚韧，宜制扇骨和笔管。斑竹，茎匀竿直，有灰褐色和灰紫色的圆斑纹。湘妃竹，竹表皮白色而带有紫褐色的圈状斑纹。其他常见的做笔管的材料还有玉、玳瑁、瓷、犀牛角等。

笔斗
指笔头插入笔管的部分。

笔头
毛笔最为重要的部分，可储墨。从外部结构而言，又分为笔腰、笔锋和笔端三个部分；从内部构造上看，又分为心毫、被毫、副毫三部分。

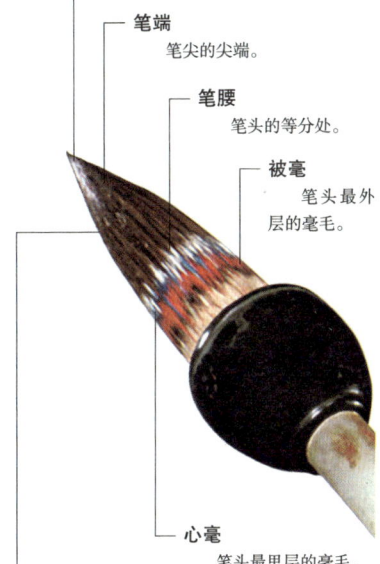

笔锋
笔头中心一簇长而尖的毫毛。在运笔过程中，笔锋是笔毫中最富有弹性的地方，它决定着笔画的走向和力度，所以有"笔锋主筋骨"之说。

笔端
笔尖的尖端。

笔腰
笔头的等分处。

被毫
笔头最外层的毫毛。

心毫
笔头最里层的毫毛。

副毫
副毫指包裹在笔锋四周的一些较短的毛，它处于心毫和被毫之间，书写时多与笔锋一起控制着笔画的粗细。此外，副毫与纸的接触越多，笔画就越显丰满，故有"副毫丰血肉"之说。因此，书法家在运笔过程中，总是根据自己的审美观来协调运用笔锋，看中筋骨，以瘦劲为美的人，就少用副毫；既重筋骨又重血肉，以丰腴为美的人，就会多用副毫。

□ **笔的形制**
毛笔主要由笔管和笔头两大部分构成，因其制作材料不同，毛笔在用途及性能上也有很大差别。

于世的。

【原文】《释名》[1]曰："笔，述也，谓述事而言之。"又成公绥[2]曰："笔者，毕也，谓能毕举万物之形，而序自然之情也[3]。"又《墨薮》[4]云："笔者，意也，意到即笔到焉。又吴

7

谓之不律，燕谓之弗，秦谓之笔也。"又许慎《说文》[5]云："楚谓之聿。聿字从帇、一，又帇音支涉反[6]。帇者，手之捷巧也，故从又、从巾。秦谓之笔，从聿、竹。"

【注释】[1]《释名》：东汉末年北海刘熙所撰，是我国首部试图探寻事物命名之由来的声训学著作。

[2]成公绥（231—273年）：西晋初东郡白马（今河南省安阳市滑县）人，字子安。幼而聪敏，博涉经传，有俊才，著有《天地赋》《啸赋》等传世名篇，又与贾充等参定《晋律》。

[3]能毕举万物之形，而序自然之情也：此句指文字一则能概括具体的"万物之形"，二则还能涵盖抽象的自然规律。毕举，毕具，齐备。序，排列先后顺序。自然之情，自然规律。

[4]《墨薮》：共2卷，辑录唐以前的各种书法字体及其始创者之书法特色，为唐代书法家韦续所撰。韦续，生平事迹不详。

[5]许慎（约58—约147年，一说约30—约121年）：字叔重，汝南召陵（今河南省漯河市召陵区）人，东汉时期著名经学家、文字学家。费时21年编撰了世界上首部字典《说文解字》，使汉字的形、音、义趋于规范，被尊为"字圣"。《说文》：《说文解字》，共15卷，其中第一至第十四卷为文字解说，第十五卷为叙目，每卷都分上下两篇，共收字头9353个，重文（古文、异体等）1163个，字头以小篆为准，兼及古文、籀文等异体。《说文解字》首创汉字部首，以形为经，以义为纬，探求与字形结构相合的本义，阐述形音义三方面的关系，在以形归类的表象下，旨在寻求义类的确立，即通过一个个形类的分辨达到一个个义类的聚合，是我国文献语言学的奠基之作。

[6]支涉反：古之反切注音法。其法为取一字（切上字）的声母和另一字（切下字）的韵母及声调，以说明被注音字（被切字）的读音。

【译文】《释名》说："笔，是用来记述的，意思是通过记述实现思想的表达。"还有，成公绥说："笔，就是毕备，意思是能完全表述万物的形态，而叙自然之情。"还有，《墨薮》说："笔，就是表意。意到即笔到。另外，吴地方言称它为'不律'，燕地称它为'弗'，秦地称它为'笔'。"还有，许慎的《说文》说："楚国称之为'聿'，聿字从帇、从一。帇字读音为支涉反切。帇手，意为灵巧的手，所以从又、从巾。秦国称它为'笔'，是从聿、从竹。"

【原文】郭璞[1]云:"蜀人谓笔为不律。虽曰蒙恬[2]制笔,而周公[3]作《尔雅》[4]授成王[5],而已云简谓之札[6],不律谓之笔,或谓之点。"又《尚书中候》[7]云:"玄龟[8]负图[9]出,周公援笔以时文写之。[10]"《曲礼》[11]云:"史载笔[12]。"《诗》[13]云:"静女其姿,贻我彤管。[14]"又夫子绝笔于获麟[15]。《庄子》[16]云:"舐笔[17]和墨。"是知古笔其来久矣。又虑[18]古之笔不论以竹以毛以木,但能染墨成字,即呼之为笔也。昔蒙恬之作秦笔也,柘木为管,以鹿毛为柱[19],羊毛为被[20],所以苍毫,非谓兔毫竹管也。见崔豹[21]《古今注》[22]。秦之时,并吞六国,灭前代之美,故蒙恬独称于时。(又《史记》[23]云:始皇令恬与太子扶苏[24]筑长城,恬令取中山[25]兔毛造笔,令判案也。)

【注释】〔1〕郭璞(276—324年):字景纯,河东郡闻喜县(今山西省运城市闻喜县)人,两晋时期著名文学家、训诂学家。长于赋文,尤以"游仙诗"名世。《晋书·郭璞传》称"词赋为中兴之冠"。曾注释《周易》《山海经》《葬经》《穆天子传》《方言》和《楚辞》等古籍,今人所著《辞海》《辞源》上均可见郭璞的注释。

〔2〕蒙恬(?—前210年):姬姓,蒙氏,名恬,齐国蒙山(今山东省临沂市蒙阴县)人,秦朝名将。曾改良毛笔,被誉为"笔祖"。

〔3〕周公:生卒年不详,姬姓名旦,亦称叔旦,西周开国元勋,杰出的政治家、军事家、思想家、教育家,儒学先驱。周文王姬昌第四子,周武王姬发的弟弟。采邑在周,故称周公,是西周典章制度的主要创制者,主张"明德慎罚",以"礼"治国。

〔4〕《尔雅》:以雅正之言释解古汉语词、方言词,使之趋于规范,本20篇,现存19篇。尔,近。雅,雅正。此处专指"雅言",即在语音、词汇和语法等方面都与标准语相吻合。《尔雅》是中国辞书之祖,成书于战国或两汉间,最早收录于《汉书·艺文志》。

〔5〕成王:周成王(?—前1021年),姬姓,名诵,岐周(今陕西省宝鸡市岐山县)人。周武王姬发的儿子,母为王后邑姜。继位时,年纪尚幼,由皇叔周公旦摄政,平定三监之乱,在位22年。周成王与其子周康王统治期间,社会安定和睦,"刑错四十余年不用",史称"成康之治"。

〔6〕札:古时写字的小木简。

〔7〕《尚书中候》:以五行相生说,论述尧、舜、禹、汤、文、武等各王

朝帝王或其他祖先的性格、行为及其祥瑞，并试图证明这些王朝或帝王兴起的正统性，和《尚书》同时流布于世，由孔子删定。中，征应；候，占验。清朱彝尊《经义考》卷二六五认为："《中候》专言符命，当是新莽时所出之书。"

〔8〕玄龟：黑而赤的龟，又称大龟、旋龟、元龟。传说神龟出于洛水，背有裂纹，纹如文。

〔9〕图：指河图，以十数合五方、五行、阴阳、天地之象。图式以白圈为阳，为天，为奇数；黑点为阴，为地，为偶数。并以天地合五方，以阴阳合五行，所以图式结构分布为：一与六共宗居北方，因天一生水，地六成之；二与七同道居南方，因地二生火，天七成之；三与八为朋居东方，因天三生木，地八成之；四与九为友居西方，因地四生金，天九成之；五与十同途居中央，因天五生土，地十成之。河图乃据五星出没时节而绘成。五星古称五纬，指天上五颗行星，木曰岁星，火曰荧惑星，土曰镇星，金曰太白星，水曰辰星。

〔10〕援笔以时文写之：援笔，执笔。时文，当时的文字。

〔11〕《曲礼》：《礼记》中的一篇，记载了上古时期诸多具体而微的礼仪规范。曲，细小的杂事。礼：礼仪规范。

〔12〕史载笔：史，史官。载笔，用笔记载。

〔13〕《诗》：中国最早的一部诗歌总集，分为《风》《雅》《颂》三个部分，共311篇，相传为尹吉甫采集、孔子编订。在先秦时期称为《诗》，或取其整数称《诗三百》；西汉时被尊为儒家经典，始称《诗经》，并沿用至今。

〔14〕静女其娈，贻我彤管：娴静姑娘真美好，送我彤管有用意。出自《诗经·邶风·静女》。静，娴雅贞静。彤管：古代女史用以记事的杆身漆朱的笔。

〔15〕夫子绝笔于获麟：孔夫子著《春秋》，写到人们捉住麒麟这一年便停笔了。夫子，指孔子。麟，麒麟。

〔16〕《庄子》：又名《南华经》，与《老子》《周易》合称"三玄"，是战国中后期庄子及其后学所著道家学说的总汇，现存33篇，大小寓言二百有余，其中内篇七，外篇十五，杂篇十一。

〔17〕舐笔：以舌舔笔，润湿笔头。

〔18〕虑：思虑，考虑。

〔19〕柱：笔柱，毛笔头的中心部分。

〔20〕被：毛笔头的外侧。

〔21〕崔豹：生卒年不详，西晋燕国人，字正雄。惠帝时，官至太傅仆。成帝咸康中，为后赵石虎常侍、侍中。撰有《古今注》。

鸡翅木笔管
干多结瘿,白质黑章,纹如鸡翅,又有"相思木"之名。

笔头

象牙管顶

笔山

笔帽

- □ 鸡翅木管万邦作孚兼毫笔　清乾隆　故宫博物馆藏

此笔为鸡翅木,通体素洁,呈现出自然美观的木质纹理。管端刻有"万邦作孚"四字,管顶嵌有象牙,笔管用材讲究,不事雕琢,笔头兼毫,以蓝、红、黑、白相间染色,为清宫御用笔中的精品。

〔22〕《古今注》:是一部诠释西晋及其以前物事的著作,共分三卷八类。卷上:舆服一,都邑二;卷中:音乐三,鸟兽四,鱼虫五;卷下:草木六,杂注七,问答释义八。

〔23〕《史记》:二十四史之一,最初称为《太史公书》或《太史公记》《太史记》,为西汉史学家司马迁所撰,是中国历史上首部纪传体通史,记载了上至黄帝时代,下至汉武帝太初四年间共3000多年的历史。全书包括十二本纪(记历代帝王政绩),三十世家(记诸侯国和汉代诸侯、勋贵兴亡),七十列传(记重要人物的言行事迹,主要叙人臣,其中最后一篇为自序),十表(大事年表),八书(记各种典章制度,即礼、乐、律、历、天官、封禅、河渠、平准)。

〔24〕扶苏(?—前210年):秦朝宗室大臣,秦始皇嫡长子,咸阳(今陕西省咸阳市)人。据司马迁《史记》记载,"扶苏为人仁""刚毅而武勇,信人而奋士"。秦始皇帝三十五年(前212年),因反对坑杀"犯禁者四百六十余人"一事,触怒秦始皇,被发配至上郡,负责监督大将军蒙恬的军队修筑万里长城。秦始皇帝三十七年(前210年),秦始皇病逝,赵高和丞相李斯扶立胡亥为太子,并矫诏列举扶苏和蒙恬的罪过,责其自尽。

〔25〕中山:古国名,传为春秋末年鲜虞人所创立,在今河北定州、唐县

一带，后为赵国所吞并。

【译文】郭璞说："蜀人称笔为'不律'。虽说是蒙恬最早制笔，但周公写《尔雅》交给成王时，就已经提到'简'就是'札'了。'不律'称为'笔'，也有人称为'点'。"还有《尚书中候》说："大龟背着河图从黄河出来后，周公拿出笔用当时的文字作了描绘。"《曲礼》说："史官秉笔书录史实。"《诗经》说："娴静姑娘真美丽，送我彤管有用意。"此外，孔子著《春秋》，写到人们捉住麒麟这年就停笔了。《庄子》说："以舌舐笔和墨书写。"从这些记载可以了解到，笔的出现是很久远的事。想来古代的笔，无论是竹制、毛制，还是木制，只要能染墨成字的，都可以称为笔。过去蒙恬制作秦笔时，以柘木做笔管，以鹿毛做笔柱（毛笔头的中心部分），以羊毛做被毫，这个叫作"苍毫"的，并不是通常所说的兔毫、竹管所制的，此事可见于崔豹《古今注》。秦时吞并六国，灭掉了前代的美好之物，所以只有蒙恬笔在当时独受颂扬。（另外，《史记》说：秦始皇命令蒙恬与太子扶苏负责修筑长城，蒙恬命人取中山附近的兔毛制作成笔，用于断案。）

【原文】《西京杂记》[1]云：汉制，天子笔以错宝[2]为跗[3]，毛皆以秋兔之毫，官师路扈[4]为之。又以杂宝[5]为匣，厕[6]以玉璧翠羽，皆直[7]百金。

【注释】[1]《西京杂记》：古代历史笔记小说集，汉·刘歆著，东晋·葛洪辑抄，所写多为西汉杂史和遗闻轶事。西京，指西汉国都长安。

[2]错宝：镶嵌宝石。

[3]跗：脚背，这里指笔杆下端。

[4]官师路扈：汉代笔工，善制紫毫。官师，官府中级别较低的吏员。

[5]杂宝：诸色珍宝。

[6]厕：装饰。

[7]直：通"值"，价值。

【译文】《西京杂记》说：按照汉代的制度，天子御用的笔，在笔杆的下部要嵌宝石，笔毫都用秋兔的毛，由百官中的笔师制成。又用各色珍宝做成笔匣，匣子外用玉璧和绿羽装饰，笔和笔匣都价值百金。

【原文】又《汉书》[1]云：尚书令[2]、仆射[3]、丞相[4]、郎官[5]，月给[6]大笔一双。篆题[7]云"北宫工作"。

【注释】〔1〕《汉书》：中国首部纪传体断代史，其记事始于汉高帝元年（前206年），终于王莽地皇四年（23年），是"二十四史"之一，为东汉史学家班固所撰，包括"本纪"12篇、"表"8篇、"志"10篇、"列传"70篇，共100篇。

〔2〕尚书令：中国古代官名，秦始置，汉以后沿置。本为少府属官，负责管理少府文书和传达命令，职轻而权重。

〔3〕仆射（pú yè）：中国古代官名。秦始置，汉以后沿置。古代重武，主射者掌事，故诸官之长称仆射。仆，主管之意。

〔4〕丞相：中国古代官名，典领百官，辅佐皇帝治国理政，无所不统。丞相制度，源于春秋战国。

〔5〕郎官：中国古代官名，战国始置，本为君主侍从官。秦汉时，郎官归郎中令（汉武帝期间改为光禄勋）辖制，员额不定，分议郎、中郎、侍郎、郎中四等。

〔6〕给（jǐ）：供应。

〔7〕篆题：用篆书所题写的字。

【译文】又，《汉书》说：尚书令、仆射、丞相、郎官等，每月供给大笔两支。笔上有篆书题刻的"北宫工作"字样。

【原文】又傅玄[1]云：汉末，一笔之柙[2]，雕以黄金，饰以和璧[3]，缀以隋珠[4]，文[5]以翡翠。非文犀之桢[6]，必象齿之管[7]，丰狐之柱，秋兔之翰[8]。用之者必被[9]珠绣之衣，践雕玉之履[10]。

【注释】〔1〕傅玄（217—278年）：字休奕，北地郡泥阳县（今陕西省

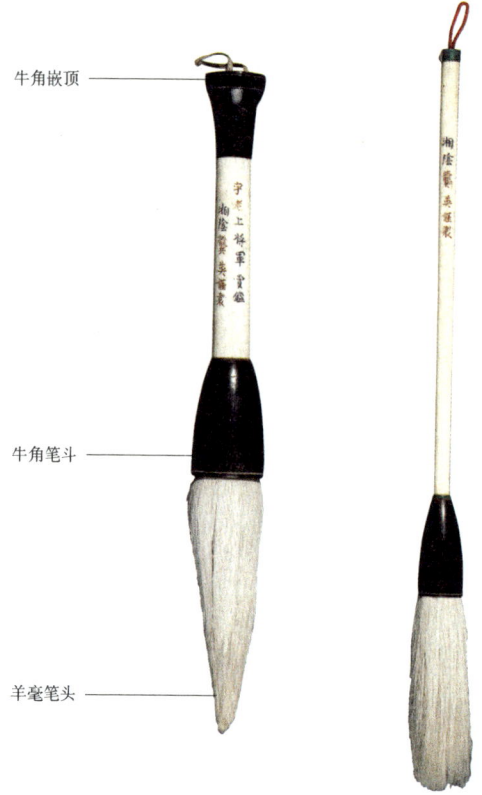

牛角嵌顶

牛角笔斗

羊毫笔头

□ **象牙管牛角斗龚英制羊毫提笔　清代　首都博物馆藏**

　　此图为一套象牙管提笔，大笔笔管较粗，笔管上端嵌有牛角，笔头为羊毫；小笔笔管较细，下接牛角笔斗羊毫笔头。两支笔均刻有"宇老上将军赏鉴""湘阴龚英谨制"。从外观上看，这两支笔圆润洁白，羊毫柔顺，牛角润泽，为上乘之笔。

铜川市耀州区）人，魏晋名臣，文学家、思想家。著述颇丰，诗赋、散文、史传、政论无不擅长，主要作品有《傅子》。

　　〔2〕柙：同"匣"，收藏物品的器具，木笼，这里指笔匣。

　　〔3〕和璧：和氏璧，中国古代著名美玉，又称和氏之璧、荆玉、荆虹、荆璧、和璧、和璞，为天下奇宝。

　　〔4〕隋珠：隋侯之珠，与和氏璧同为稀世之宝。

　　〔5〕文：通"纹"，纹饰。

　　〔6〕文犀之桢：指以纹理精美的犀角制成的笔管。文犀：带纹理的犀角。桢，古时夯土墙时所立的木柱，泛指支柱，这里指笔管。

　　〔7〕象齿之管：用象牙制成的笔管。

〔8〕丰狐之柱，秋兔之翰：指用大狐狸毛、秋兔毫制成的笔头。翰，指毛笔。

〔9〕被：通"披"。

〔10〕践雕玉之履：指穿着雕玉装饰的鞋履。践，踩踏。

【译文】又，傅玄说：汉末，有一种笔匣，用黄金雕成用美玉装饰，用宝珠点缀用翡翠修饰。笔杆要么用刻有纹饰的犀牛角制成，要么用象牙做成；笔毫或是丰狐的毛，或是秋兔的毛。拥有这种笔的人，一定也身披缀有珠玉的锦绣华服，脚穿雕有花纹的玉鞋。

【原文】王子年[1]《拾遗记》[2]云：张华[3]造《博物志》[4]成，晋武[5]赐麟角笔管。此辽西国所献也。

【注释】〔1〕王子年：王嘉（？—390年），字子年，陇西安阳（今甘肃省定西市渭源县）人，前秦著名文学家、小说家。轻举止，丑形貌，外若不足，而聪睿内明。

〔2〕《拾遗记》：神话志怪小说集，王嘉编撰，共10卷。前9卷记自上古庖牺氏、神农氏到东晋各代的历史异闻，其中关于古史的部分多为荒诞不经的神话。汉魏以下也有许多道听途说的神仙方术，多诞谩无实，为正史所不载。末卷则记昆仑等八座仙山。文字瑰丽，辞采可观。

〔3〕张华（232—300年）：字茂先，范阳郡方城县（今河北省廊坊市固安县）人，西晋政治家、文学家、藏书家，工于诗赋，雅爱书籍，精于目录学，编纂有中国首部博物学著作《博物志》。《隋书·经籍志》有《张华集》10卷，今已佚。明·张溥辑有《张茂先集》。

〔4〕《博物志》：共10卷，分类记载了山川地理、飞禽走兽、人物传记、神话古史、神仙方术等内容，其中关于"八月槎"的神话，充满了美妙的神思遐想。

〔5〕晋武：晋朝开国皇帝司马炎（236—290年），字安世，河内郡温县（今河南省焦作市温县）人。曹魏咸熙二年（265年），司马炎迫魏元帝曹奂禅让，即位为帝，定国号为晋，改元泰始。

【译文】王子年《拾遗记》说：张华写成《博物志》后，晋武帝赐给他麟角制成的笔管。此笔管是辽西国进献的。

【原文】《孝经援神契》[1]云：孔子制作[2]《孝经》[3]，使七十二子[4]向北辰[5]磬折[6]，使曾子[7]抱河洛书[8]北向。孔子簪缥笔[9]，衣绛单衣[10]，向北辰而拜。

【注释】〔1〕《孝经援神契》：纬书，为汉代无名氏所撰。有辑本，卷数各异。清·赵在翰《七纬·孝经纬叙目》："孝道神明，天人契合，援引众义，山藏海纳。"

〔2〕制作：著述。

〔3〕《孝经》：儒家十三经之一，孔子"七十子之徒之遗言"，是阐述孝道和孝治思想的中国古代儒家经典，成书于秦汉之际。

〔4〕七十二子：孔门门下德才出众的七十二个学生，见《史记·孔子世家》。

〔5〕北辰：北极星。

〔6〕磬折：屈身如磬，以示恭敬。《礼记·曲礼下》："立则磬折垂佩。"唐·杜甫《遣遇》诗："磬折辞主人，开帆驾洪涛。"

〔7〕曾子（前505—前435年）：姒姓，曾氏，名参，字子舆，鲁国南武城（今山东省临沂市平邑县，一说山东省济宁市嘉祥县）人，孔子晚年弟子之一，儒家学派的重要代表人物。

〔8〕河洛书：河图洛书，是远古先民依照星象排布出时间、方向和季节的辨别系统。语出《周易·系辞上》："河出图，洛出书。"河，一说指黄河，一说指星河。洛，洛水。

〔9〕簪缥笔：插，戴。古时大臣朝见天子，插笔于冠，以备记事。缥，淡青色。

〔10〕绛单衣：绛，赤色，火红。单衣，官吏朝服。

【译文】《孝经援神契》说：孔子写《孝经》时，让他的七十二名弟子向北极星弯腰行礼，让曾子抱着河图洛书面朝北方。孔子本人则在头冠上插着淡青色的笔，身穿绛色单衣，向北极星拜谒。

【原文】王羲之[1]《笔经》[2]云：有人以绿沉漆[3]竹管及镂管[4]见遗[5]，录之多年，斯[6]亦可爱玩。讵[7]必金宝雕琢，然后为贵乎？

卷一 笔谱

花梨木笔斗
花梨木为红木木材，可做家具及文房诸器，有老花梨木与新花梨木之分。老者颜色由浅黄至紫赤，纹理清晰美观，有香味；新者木色显赤黄，纹理色彩不及老者。

□ 花梨木笔斗

　　此笔最大特色在于笔斗是由整块花梨木雕成，通体素洁，仅在笔的两端雕出数道弦纹，突显了材质的天然之美。笔头由鬃羊毛制成，粗细兼杂，长锋饱满。

【注释】〔1〕王羲之（303—361年）：字逸少，琅琊（今山东省临沂市）人，东晋大臣、书法家。历任秘书郎、江州刺史、会稽太守，累迁右军将军，人称"王右军"。永和九年（353年），组织兰亭雅集，其所撰写的《兰亭序》，成为"天下第一行书"。

〔2〕《笔经》：相传为王羲之所撰，介绍各式制笔妙法。

〔3〕绿沉漆：一种暗绿色漆，始于魏晋南北朝，其色深沉，若物沉于水中，故名。

〔4〕镂管：这里指刻有花纹的笔管。

〔5〕见遗：赠送给我。

〔6〕斯：这，文言指示代词。

〔7〕讵：难道，岂，表反问。

【译文】王羲之《笔经》说：有人赠我浓绿漆的竹笔管和刻有花纹的笔管，收藏多年后，还值得把玩。难道只有金玉珠宝、奇雕异琢之物才可贵？

【原文】崔豹《古今注》云：今士大夫[1]簪笔[2]佩剑，言

17

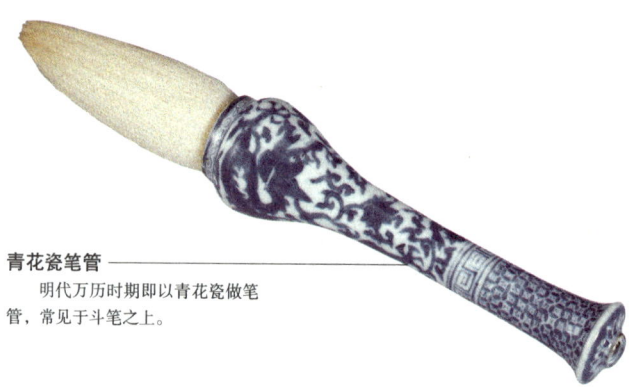

青花瓷笔管
明代万历时期即以青花瓷做笔管，常见于斗笔之上。

□ **青花瓷笔管**

此笔笔管为青花瓷制，笔管中部至腹部绘有团龙纹，笔斗口沿部分绘有如意形云纹，笔管上端还绘有三组锦纹，笔顶绘有莲花纹。笔头为笋尖式羊毫，笔锋饱满。

貂尾
紫貂的尾毛或皮毛，通常为紫黑色，蔚而不耀。毛色黄的为黄貂，色白的为银貂，都极为珍贵。

紫檀木
红木中最高级用材。其颜色呈深紫黑色，所制物打蜡磨光后无须漆油，即可呈现绸缎般的光泽。

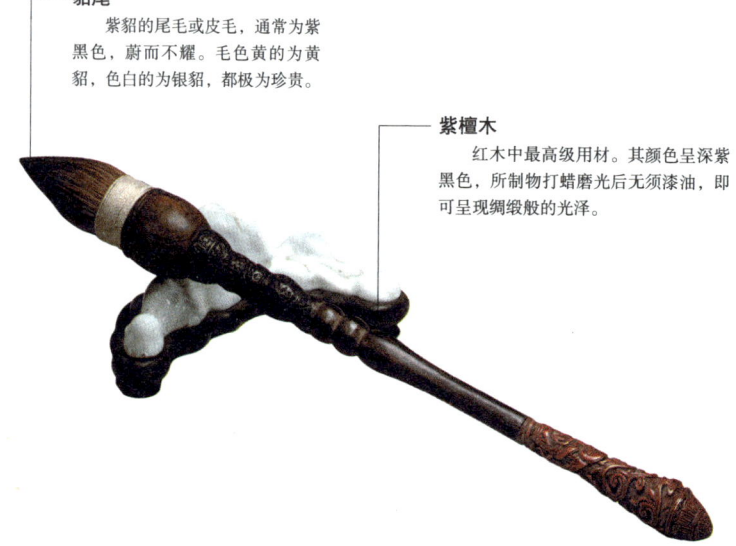

□ **雕漆紫檀管雕毫提笔　明嘉靖　故宫博物院藏**

提笔，即斗笔，因笔头形如斗而得名，用于悬肘书写大字。此笔的笔管做得十分雅致，以紫檀木、雕漆三拼而成，饰有凸束节纹。笔管的上端雕漆有龙纹，下端雕漆有锦纹。笔斗为紫檀木，刻有"大明嘉靖年制"字样。笔头为紫貂毛所制，呈待放花苞式，色泽光润。

文武之道[3]备也。

【注释】〔1〕士大夫：中国古代对官吏和士人的统称。《晋书·夏侯湛传》："仆也承门户之业，受过庭之训，是以得接冠带之末，充乎士大夫之列。"

〔2〕簪笔：指古时大臣面见天子，插笔于冠，以备记事。

〔3〕文武之道：本指周文王、周武王治国修身的方略，后泛指治国理政要宽猛相济，也比喻生活或工作应张弛有度。文：周文王。武：周武王。道：方法。

【译文】崔豹《古今注》说：现在的士大夫都在发冠上插着笔，身上佩着剑，说只有这样，文武之道也才具备。

【原文】晋蔡洪[1]赴洛[2]中，人问曰："吴中旧姓[3]何如？"答曰："吴府君[4]，圣朝之盛佐[5]，明时之俊乂[6]。朱永长[7]，理物[8]之宏德，清选[9]之高望。严仲弼[10]，九皋[11]之鸿鹄[12]，空谷[13]之白驹[14]。顾彦先[15]，八音[16]之琴瑟[17]，五色[18]之龙章[19]。张威伯[20]，岁寒之茂松，幽夜之逸光。陆士龙[21]，鸿鹄之徘徊，悬鼓[22]之待槌。此诸君以洪笔为锄耒，以纸札为良田，以玄默为稼穑，以义理为丰年[23]。"（此段语出《刘氏小语》，又出《语林》。）

【注释】〔1〕蔡洪：生卒年不详，字叔开，吴郡（今江苏省苏州市）人，西晋文学家。曾仕吴，入晋为州从事，著有《化清经》10卷。

〔2〕洛：洛阳。

〔3〕吴中旧姓：吴中，今江苏苏州一带，泛指吴地。旧姓，即世族。

〔4〕吴府君：吴展，生卒年不详，字士季，下邳（今江苏省邳州市）人，曾为吴郡太守。

〔5〕盛佐：得力的辅佐之才。

〔6〕俊乂：亦作"俊艾"，才德出众的人。《尚书·皋陶谟》："翕受敷施，九德咸事，俊乂在官。"

〔7〕朱永长：朱诞，吴郡（今江苏省苏州市）人，曾仕吴，为议郎。

〔8〕理物：辨识事物，犹治民。

〔9〕清选：精选出来的人才。

〔10〕严仲弼：严隐，生卒年不详，吴郡（今江苏省苏州市）人，曾仕吴，为议郎。

〔11〕九皋：曲折深远的沼泽。《诗经·小雅·鹤鸣》："鹤鸣于九皋，声闻于野。"《毛诗诂训传》："皋，泽也。言身隐而名著也。"

〔12〕鸿鹄：天鹅，在古文中常用于比喻志向高远者。

〔13〕空谷：空旷幽深的山谷，多指贤者隐居的地方。

〔14〕白驹：白色骏马，常用于比喻贤人、隐士。语出《诗经·小雅·白驹》："皎皎白驹，食我场苗。絷之维之，以永今朝。"

〔15〕顾彦先：顾荣（？—312年），字彦先，吴郡吴县（今江苏省苏州市）人，西晋末年大臣、名士。原有《顾荣集》传世，今已佚。

〔16〕八音：中国古代乐器的统称，依制成乐器的不同材料来区分，共有金、石、土、革、丝、木、匏、竹八类。

〔17〕琴瑟：琴和瑟同时弹奏，声音和谐，喻和美、融洽。

〔18〕五色：青、黄、赤、白、黑五色，古代以此五者为正色，也泛指各种色彩。

〔19〕龙章：龙纹、龙形，比喻不凡的文采、风采。

〔20〕张威伯：张畅（408—457年），字少微，吴郡吴县（今江苏省苏州市）人，南朝宋大臣。

〔21〕陆士龙：陆云（262—303年），字士龙，吴郡吴县（今江苏省苏州市）人，三国东吴后期至西晋初年文学家。东吴丞相陆逊之孙，与其兄陆机合称"二陆"，曾任清河内史，故世称"陆清河"。

〔22〕悬鼓：古时官署所挂的鼓，始置于周代，供击鼓求见之用。

〔23〕以洪笔为锄耒……以义理为丰年：把大笔当作农具，把纸张当作良田，以沉默清心为劳作，以掌握真理为丰收。洪笔：大笔，比喻善写文章。洪，大。锄耒：锄头和木叉，泛指农具。《晋书·桓宣传》："或载锄耒于轺轩，或亲芸获于陇亩。"玄默：沉静不语，清静无为。稼穑：泛指农业劳动。

【译文】晋·蔡洪在去洛阳的路上，有人问他："吴地的世族如何？"蔡洪回答说："太守吴展是圣朝的肱股之臣，又是明代的俊杰；朱永长有治民的大德，是出身名门望族的杰出人才；严仲弼如九天上的鸿鹄，空谷的白驹；顾彦先是八音中的琴瑟，五色中的龙章，是善于调和的吴中士族首领；张威伯是寒冬的松柏，

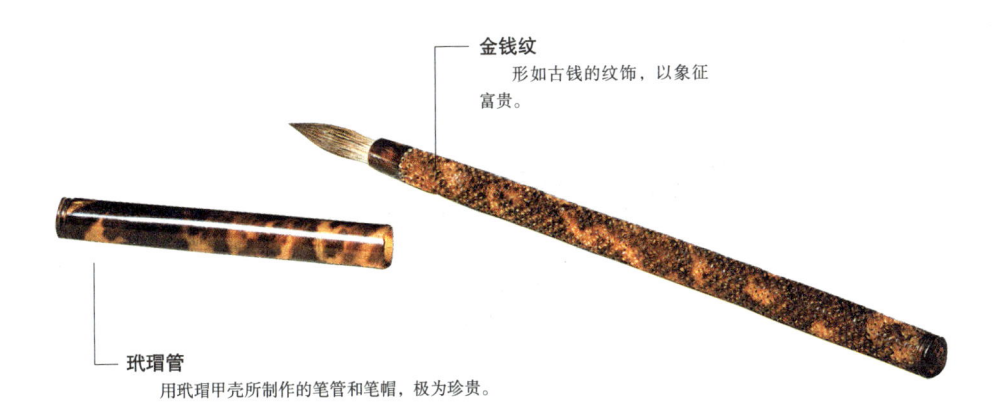

金钱纹
形如古钱的纹饰，以象征富贵。

玳瑁管
用玳瑁甲壳所制作的笔管和笔帽，极为珍贵。

□ **玳瑁雕钱纹管紫毫笔　清乾隆　故宫博物院藏**
　　此笔为玳瑁管，通体饰有古钱纹，纹细如网，上面还有自然的黄褐斑纹，精致的雕工和自然的纹理相映成趣。笔头为兰蕊式紫毫。此笔宜用于书写小楷。

也是黑夜中清朗的月光；陆士龙是天空中徘徊的鸿鹄，待击的悬鼓。以上诸君都以巨笔为锄耒，以纸札为良田，以沉默清心为劳作，以掌握真理为丰收。"（此段语出《刘氏小语》，又出《语林》。）

【原文】《文士传》[1]云：成公绥口不能谈，而有剧[2]问，以笔答之，见其深智。吴阚泽[3]为人佣书[4]，以供纸笔。

【注释】[1]《文士传》：中国第一部文人传记，约于晋末南朝宋初问世。该书搜罗广泛，规模庞大，记载了战国至南朝宋之间的文人雅士事迹，直接开启了《唐才子传》等文人传记的先河。
　　[2]剧：繁难。
　　[3]吴阚（kàn）泽（170—243年）：字德润，会稽山阴（今浙江省绍兴市）人，出身农家，少时好学，性谦恭笃慎，是三国时期吴国学者，官至太子太傅。
　　[4]佣书：这里指受雇于人以抄书为业。

【译文】《文士传》说：成公绥口不善言，如有人提出繁难的问题，他都用笔回答，这样才能展现他深邃的智慧。吴阚泽帮别人抄书，借此获得纸笔。

□ 玳瑁管经文纬武羊毫笔　清乾隆　故宫博物院藏

此笔亦为玳瑁管，通体光素，饰有黑、黄、褐相间的自然斑纹，呈半透明状。管端阴刻楷书"经文纬武"四字。"经文纬武"出自唐·许敬宗《定宗庙乐议》，意为治理国家的本领文武兼备。此笔的笔头为长锋羊毫，尖而齐健，宜用于书写小楷。

【原文】《世说》[1]："王羲之得用笔法于白云先生，先生遗之鼠须笔[2]。"又云，"钟繇[3]、张芝[4]，皆用鼠须笔。"

【注释】[1]《世说》：刘义庆《世说新语》，又称《世说新书》，依内容可分为"德行""言语""政事""文学""方正"等36类。

[2]鼠须笔：用老鼠胡须制成的毛笔。

[3]钟繇（151—230年）：字元常，豫州颍川郡长社县（今河南省长葛市）人，三国时期魏国重臣，著名书法家，是楷书（小楷）创始人，被尊为"楷书鼻祖"。

[4]张芝（？—192年）：字伯英，敦煌郡渊泉县（今甘肃省酒泉市瓜州县）人，东汉书法家，被尊为"草圣"，与钟繇、王羲之和王献之并称"书中四贤"。

【译文】《世说》："王羲之从白云先生那里学到了用笔的方法，先生还送了他鼠须笔。"又说，"钟繇、张芝，都用鼠须笔。"

【原文】魏曹公[1]闻吴[2]与刘先主[3]荆州，方[4]书，不觉笔坠地。（何晏亦同。司马宣王[5]欲诛曹爽[6]，呼[7]何晏[8]作奏[9]，曰："宜上卿名。"晏惊，失笔于地。）

【注释】〔1〕魏曹公：魏武帝曹操（155—220年），字孟德，沛国谯县（今安徽省亳州市）人。东汉末年权相，太尉曹嵩之子，曹魏的奠基者，中国古代杰出的政治家、军事家、文学家、书法家、诗人。

〔2〕吴：吴国。

〔3〕刘先主：蜀汉昭烈帝刘备（161—223年），字玄德，涿郡涿县（今河北省涿州市）人，西汉中山靖王刘胜之后，蜀汉开国皇帝，史称"刘先主"。

〔4〕方：正要。

〔5〕司马宣王：司马懿（179—251年），字仲达，河内郡温县孝敬里（今河南省焦作市温县）人，曹魏权臣，西晋王朝的奠基者。

〔6〕曹爽（？—249年）：字昭伯，沛国谯县（今安徽省亳州市）人，曹魏权臣。

〔7〕呼：召唤。

〔8〕何晏（？—249年）：字平叔，南阳郡宛县（今河南省南阳市）人，曹魏大臣、玄学家。

〔9〕作奏：上奏本。这里指司马懿授意何晏去参奏曹爽的罪名。

【译文】魏国曹公正欲提笔书写，听说吴国将荆州送给了刘备，笔掉到地上也浑然不知。（何晏也有这样的情形。司马宣王想杀曹爽，叫何晏写奏章，说："实名参奏。"何晏大惊，笔掉到了地上。）

【原文】晋王珣〔1〕，字元琳，梦人以大笔如椽〔2〕与之。人说云："君当有大手笔。"后孝武〔3〕哀策〔4〕、谥文〔5〕，皆珣所草。（又云是王东亭。）

【注释】〔1〕王珣（350—401年）：字元琳，小字法护，琅琊临沂（今属山东）人。东晋大臣、书法家，丞相王导之孙、中领军王洽之子。

〔2〕大笔如椽：像椽子那么大的笔，常用于形容名家之作。

〔3〕孝武：司马曜（362—396年），字昌明，东晋皇帝（372—396年在位）。其驾崩后庙号为烈宗，谥号为孝武皇帝。

〔4〕哀策：亦作"哀册"。文体的一种。帝制时代颂扬帝王、后妃生前功德的韵文，多书于玉石木竹之上。行葬礼时，由太史令读后，埋于陵中。

〔5〕谥文：这里指孝武帝驾崩后称誉其事迹的文书。谥，古代皇帝、贵族、大臣、杰出官员或其他有社会声望者去世后，由官方或亲友所加的褒贬其

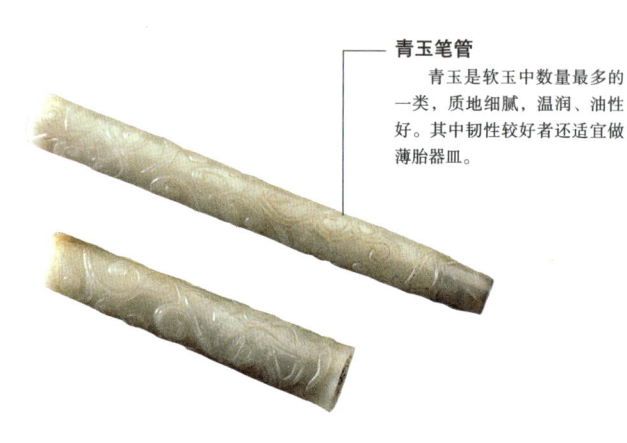

青玉笔管
　　青玉是软玉中数量最多的一类，质地细腻，温润、油性好。其中韧性较好者还适宜做薄胎器皿。

☐ **青玉凤纹笔管　明代　广东省博物馆藏**
　　此笔管采用青玉制成，通体采用剔地浅浮雕的手法，雕饰有三魑及凤纹。该笔的笔帽上饰有二魑及凤纹，笔头处的笔毫因年久已遗落。整体上来看，此笔管的笔纹流畅简洁，十分美观。

剔犀
　　一种雕漆工艺。因刀口断面的漆层与犀牛角横断面层层环绕的肌理效果极为相似，故名"剔犀"。

☐ **剔犀云纹笔管　明代　故宫博物院藏**
　　所谓剔犀指的是一种雕漆的技法，用两种或者三种色漆逐层堆积，然后雕以花纹，从刀口断面处可看到不同的色层，十分别致。此笔通体雕有犀云纹，涂有黑红相间的漆料。整体为柱式，两端呈尖形，中部束腰为插笔毫处。但由于年代已久，笔毫已遗落，仅留有铜制圆口。

事迹的称号，有恶谥和美谥之别。

【译文】晋时的王珣，字元琳，曾梦见有人将椽子一样粗的大笔交给他。有人对他说："你会有大手笔。"后来，孝武帝的哀策、谥文，都是王珣起草的。（又有记载说这事发生在王东亭身上。）

【原文】《汉书》：张安世[1]持橐簪笔[2]，事[3]孝武[4]数十年，以备顾问，可谓忠谨[5]矣。

【注释】〔1〕张安世（？—前62年）：字子儒，京兆杜陵（今陕西省西安市）人，西汉大臣。

〔2〕持囊（tuó）簪笔：携带书和笔，以备顾问。

〔3〕事：服侍。

〔4〕孝武：此处指汉武帝刘彻（前156—前87年），在位54年，其文治武功深刻影响了中国的历史进程。

〔5〕忠谨：忠诚敬慎。

【译文】《汉书》：张安世随身携带书和笔侍奉孝武帝几十年，随时准备解答疑问，可谓忠诚敬慎。

【原文】《梁书》〔1〕：纪少瑜〔2〕，字幼场，尝梦陆倕〔3〕以一束青镂管笔〔4〕授之，云，"我以此犹可用〔5〕，卿自择其善者"。其文因此遂进。梁郑灼〔6〕，家贫好学，抄义疏〔7〕以日继夜。笔毫尽，必削而用之。

【注释】〔1〕《梁书》：纪传体史书，二十四史之一，为唐初姚察、姚思廉所撰，包含本纪6卷、列传50卷，无表、无志。

〔2〕纪少瑜：秣陵（今江苏省南京市）人，南朝梁时的著名文士。

〔3〕陆倕（470—526年）：字佐公，吴郡吴县（今江苏省苏州市）人，南朝梁大臣，著名文学家，"竟陵八友"之一。

〔4〕青镂管笔：青色玉雕的笔管。

〔5〕可用：还可以，尚可。

〔6〕郑灼（514—581年）：字茂昭，东阳信安人，生性精明勤快，尤通"三礼"，南朝梁陈间著名经学家。

〔7〕义疏：疏解经义的著作。

【译文】《梁书》：纪少瑜，字幼场，曾梦见陆倕送给他一束青色玉雕笔，而且说，"我认为这些笔还可以用，你自己在它们中间选好的"。他的文章因此大有长进。梁代的郑灼，家境贫寒却十分好学，他日以继夜抄写解释经义的书，笔头上的毫毛磨平了，他就把毛削尖再用。

【原文】隋刘行本[1]累迁[2]掌朝下大夫[3]。周代故事[4]：天子临轩，掌朝典[5]笔砚，持至御座，则承御大夫[6]取以进之。及行本为掌朝，将进笔于帝，承御复从取之。行本抗声[7]曰："笔不可得！"帝惊视，问之。行本曰："臣闻设官分职[8]，各有司存[9]。臣既不得佩承御刀，承御亦焉取臣笔？"帝曰然[10]。因令二司各行所职。

【注释】〔1〕刘行本：生卒年不详，隋代沛（今江苏省徐州市沛县）人，性刚烈，有不可夺之志。

〔2〕累迁：屡次升官。

〔3〕掌朝下大夫：中国古代官名。北周依《周礼》置六官，其秋官府有掌朝下大夫，正四命，下有小掌朝上士，掌内外朝仪。

〔4〕周代故事：指过去北周的行事制度。周代，北周。故事，过去的行事制度。

〔5〕朝典：朝廷的礼仪制度。

〔6〕承御大夫：中国古代官名，北周始置，侍卫皇帝左右，佩承御刀。

〔7〕抗声：高声，大声。

〔8〕设官分职：设立官爵或官府，各有职掌。《晋书·应詹传》："詹上疏陈便宜，曰：'先王设官，使君有常尊，臣有定卑，上无苟且之志，下无觊觎之心。'"

〔9〕司存：执掌，职掌。

〔10〕然：对，不错。

【译文】隋朝的刘行本，累次升迁，官至掌朝下大夫。按北周的旧制，天子临轩，掌朝要准备好笔砚，送到御座前，再由承御大夫转呈皇上。到刘行本为掌朝下大夫时，向皇帝进笔，承御大夫伸手正要取。刘行本抗声说："笔不能拿！"皇帝吃惊地看着问他。刘行本说："臣听说设官分职，各有职掌。臣既然不能佩带承御大夫的刀，承御大夫又怎么能拿臣的笔？"皇帝说是这个理，并下令二人此后各司其职。

【原文】柳公权[1]为司封员外郎[2]，穆宗[3]问曰："笔何者书善？"对曰："用笔在心正，心正则书正。"上改容[4]，知其笔谏[5]。

【注释】[1]柳公权（778—865年）：字诚悬，京兆华原（今陕西省铜川市耀州区）人，中唐大臣、书法家、诗人。

[2]司封员外郎：中国古代官名，爵职事官，掌封爵、命妇、朝会及赐予等事。

[3]穆宗：唐穆宗李恒（795—824年），原名李宥，陇西成纪（今甘肃省天水市秦安县）人，唐朝第十三位皇帝。

[4]改容：改变仪容，动容。

[5]笔谏：借用书法运笔的道理讽喻劝谏。

【译文】柳公权任司封员外郎时，穆宗问他："怎样用笔才能把字写好？"柳公权回答说："用笔在心，心正则笔正。"皇上听之动容，知道他是以笔为喻在劝谏。

【原文】《景龙文馆集》[1]云：中宗[2]令诸学士入甘露殿[3]。其北壁列书架，架上之书学士等略见，有《新序》[4]《说苑》[5]《盐铁》[6]《潜夫》[7]等论。架前有银砚一，碧镂牙管[8]十，银函盛纸数十种。

【注释】[1]《景龙文馆集》：又作《景龙文馆记》，唐·武平撰。原有8卷，现仅存1卷。书中载有唐代文馆杂事及诸学士应制唱和之作。

[2]中宗：唐中宗李显（656—710年），原名李哲，陇西成纪（今甘肃省天水市秦安县）人，唐朝第四位皇帝，683—684年、705—710年两度在位。

[3]甘露殿：唐都长安宫殿，位于太极宫两仪殿北。

[4]《新序》：西汉·刘向（前77—前6年）撰，是一部以讽谏君王为目的的历史故事类编。原书30卷，今仅余10卷。

[5]《说苑》：西汉·刘向编撰，古代杂史小说集，主要记叙春秋战国至汉代的轶闻轶事。原书20卷，今仅存5卷。

[6]《盐铁》：《盐铁论》，为汉昭帝时盐铁会议的文献，经桓宽整理成书，真切反映了当时对汉武帝时期的政治、经济、军事、外交、文化的一场大讨论。

〔7〕《潜夫》：《潜夫论》，东汉·王符（约85—约163年）撰，多为讨论治国安民的政论。

〔8〕碧镂牙管：碧绿色牙刻的笔管。

【译文】《景龙文馆集》说：唐中宗令诸学士进甘露殿，甘露殿北壁列着书架。架上的书，学士们大致能看见，有《新序》《说苑》《盐铁》《潜夫》等。书架前有一方银砚，十支雕镂笔管为碧玉牙刻的笔，还有数十种纸装在银函里。

【原文】扬子[1]《法言》[2]云：孰有书不由笔，言不由舌？吾见天常为帝王之笔舌也。

【注释】〔1〕扬子：扬雄。
〔2〕《法言》：西汉·扬雄政论著作。

【译文】扬雄《法言》说：哪有书写不用笔，说话不动舌的？我发现天常正是帝王的笔舌。

【原文】《论衡》[1]曰：智能[2]之人，须[3]三寸之舌，一尺之笔，然后能自通[4]也。

【注释】〔1〕《论衡》：为东汉·王充（27—97年）所作，现存文章有85篇（其中的《招致》仅存篇目，实存84篇），被誉为"疾虚妄古之实论，讥世俗汉之异书"。
〔2〕智能：智谋和才干。
〔3〕须：通"需"，即需要。
〔4〕自通：不待他人启发，自己就能通晓。

【译文】《论衡》说：有智慧有才能的人，必须借助三寸之舌，一尺之笔，才能仕途通畅。

【原文】曹褒[1]，字叔通，尝[2]慕叔孙通[3]为汉礼仪[4]，

纹饰

器身有白斑，巧做俯仰白梅二枝，花蕾并茂。

款识

笔插一侧琢刻有两行行书"疏影横斜，暗香浮动"八字。末署圆形"子"、方形"冈"阴文二印。整体装饰充满文人画韵味，格调高雅，技艺不凡。

□ **茶晶梅花笔插　原藏于清宫南库**

此明代"子冈"款茶晶梅花笔插，为筒状，茶色，梅树干形。水晶依质色不同而分紫晶、绿晶、茶晶、墨晶、蓝晶、发晶、鬃晶、黄晶等，出于砂卡岩、伟晶及热液脉状矿床中（砂矿）。此笔插为水晶中的茶晶制品。茶晶产于我国内蒙古、甘肃等地。此茶晶有白斑，玉工因材施琢白梅，是水晶器中难得的俏色之作。

夜则沉思，寝则怀铅笔[5]，行则诵文书。当其念至，忽忘所之。

【注释】〔1〕曹褒：字叔通，东汉时期鲁国薛县（今山东省滕州市）人，东汉著名儒士。

〔2〕尝：曾经。

〔3〕叔孙通：生卒年不详，薛县（今山东省滕州市）人，曾为汉高祖刘邦制定朝廷礼仪，因功拜奉常，被司马迁尊为汉家儒宗。

〔4〕汉礼仪：汉朝的宫廷礼仪。

〔5〕铅笔：用石墨或加颜料的黏土做笔芯的笔，多用于涂改错字。

【译文】曹褒，字叔通，曾经很羡慕叔孙通能为汉朝制定礼仪制度，夜则深思，睡则怀揣铅笔，行则诵读文书。当他心有所得，会忽然忘掉自己要去的地方。

【原文】《韩诗外传》[1]曰：赵简子[2]有臣曰周舍，立于门下三日三夜。简子问其故，对曰："臣为君谔谔之臣[3]。墨笔执牍[4]，从[5]君之后，伺君过而书[6]之。"

【注释】〔1〕《韩诗外传》：汉·韩婴所作的一部传记，由360条轶事、道德说教、伦理规范以及忠告组成的杂编。

〔2〕赵简子：赵鞅（？—前476年），春秋时期晋国赵氏的领袖，又名志父，亦称赵孟。

〔3〕谔谔之臣：说话坦率、直言争辩的大臣。谔谔，直言争辩貌。宋·苏轼《讲田友直字序》："韩城田益，字迁之。黄庭坚以谓不足以配名，更之曰友直……何独取诸此？某曰：夫直者，刚者之长也。千夫诺诺，不如一士之谔谔。"

〔4〕墨笔执牍：意为随时备着濡墨之笔和写字用的木片。墨笔，濡墨于笔。牍，古时写字用的木片。

〔5〕从：跟从。

〔6〕伺君过而书：观察到君王的过错便记下来。伺，观察。过，过错。书，记录。

【译文】《韩诗外传》说：赵简子有个叫周舍的家臣，在他门前站了三天三夜。赵简子问他为何如此，他说："我愿做君的直谏之臣，手执墨笔和木牍，跟在你身后，发现你有过失就记录下来。"

【原文】司马相如[1]作文，把笔啮之，似鱼含毫[2]。（陆士衡《文赋》[3]云："或含毫而邈然[4]。"）

【注释】〔1〕司马相如（约前179—前118年）：字长卿，一说蜀郡成都人，一说巴郡安汉（今四川省南充市蓬安县）人。"汉赋四大家"之一，有"赋圣""辞宗"之誉。

〔2〕似鱼含毫：形容司马相如含笔时嘴噘着，像鱼嘴。含毫，写作时含笔于口，比喻构思为文。

〔3〕陆士衡：陆机（261—303年），字士衡，吴郡吴县（今上海市松江区）人。西晋著名文学家、书法家。《文赋》为其撰写的文艺理论作品。

〔4〕含毫而邈然：意为含笔构思时心中感到茫无头绪。

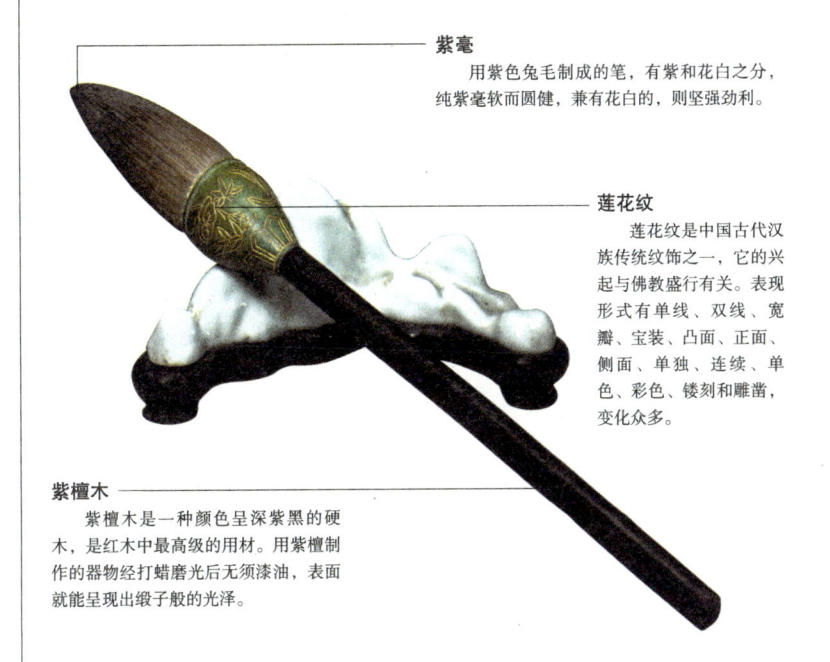

紫毫
用紫色兔毛制成的笔,有紫和花白之分,纯紫毫软而圆健,兼有花白的,则坚强劲利。

莲花纹
莲花纹是中国古代汉族传统纹饰之一,它的兴起与佛教盛行有关。表现形式有单线、双线、宽瓣、宝装、凸面、正面、侧面、单独、连续、单色、彩色、镂刻和雕凿,变化众多。

紫檀木
紫檀木是一种颜色呈深紫黑的硬木,是红木中最高级的用材。用紫檀制作的器物经打蜡磨光后无须漆油,表面就能呈现出缎子般的光泽。

□ 紫檀木管嵌象牙刻花填金斗紫毫提笔　清乾隆　故宫博物院藏
此笔为紫檀木管,通体光洁素雅。笔斗呈翠绿色,阴刻填有灵芝、兰花、菊花等纹饰,斗颈环饰填金莲花纹。

【译文】司马相如写文章,喜欢咬着笔,像鱼嘴含着笔毛。(陆士衡《文赋》说:"也可以说他因为含笔才显得高远。")

【原文】梁元帝[1]为湘东王时,好文学,著书常记录忠臣义士及文章之美者。笔有三品,或金银雕饰,或用斑竹[2]为管。忠孝全者,用金管书之;德行精粹者,用银管书之;文章赡逸[3]者,以斑竹管书之。故湘东之誉,播于江表[4]。

【注释】[1]梁元帝:萧绎(508—555年),字世诚,小名七符,号金楼子,南兰陵郡兰陵县(今江苏省常州市武进区)人,南朝梁第四位皇帝(552—555年在位)。

[2]斑竹:湘妃竹,茎上有紫褐色的斑点。

[3]赡逸:形容诗文词采富丽,感情奔放。

[4]江表:指长江以南地区,从中原看,地在长江之外,故称江表。

【译文】梁元帝为湘东王时雅好文学，常著书记录忠臣义士及文章写得好的人。他用的笔有三等，有的用金银雕饰，有的是斑竹做的笔管。忠孝双全的，用金管笔写；德行出众的，用银管笔写；文章词采富丽立意高远的，用斑竹管笔写。因此湘东王的美誉传遍江南。

【原文】《东宫旧事》[1]：皇太子初拜[2]，给漆笔四枝，铜博山[3]笔床[4]一副焉。

【注释】[1]《东宫旧事》：10卷，南北朝《颜氏家训》记录本书撰者张敞，吴人，《隋志》未言撰者。该书记录晋太子仪礼风俗之类，久已佚，今有陶元仪、黄奭辑本，陶氏《说郛》共辑得50节。

[2]初拜：指册立太子一事，刚刚册立之意。

[3]铜博山：铜博山炉，又叫博山香熏、博山熏炉等，多为青铜器和陶瓷器，盖高而尖。

[4]笔床：笔架，搁毛笔的专用器物。

【译文】《东宫旧事》说："册立的皇太子在初拜时，要给他四支漆笔，铜博山、铜床各一副。"

【原文】欧阳通[1]，询[2]之子。善书，瘦怯于父[3]，常自矜[4]能。书必以象牙犀角为管，狸毛为心，覆以秋毫[5]；松烟为墨，末[6]以麝香；纸必须用紧薄白滑者乃书之：盖自重[7]也。

【注释】[1]欧阳通（625—691年）：字通师，潭州临湘县（今湖南省长沙市）人，唐代宰相、书法家，欧阳询之子。

[2]询：欧阳询，生卒年不详，字信本，潭州临湘县（今湖南省长沙市）人，唐朝大臣、书法家，欧阳通之父。

[3]瘦怯于父：这里指欧阳通的字比父亲欧阳询的字显瘦弱。

[4]自矜：自夸。

[5]秋毫：这里专指秋兔的毛。

[6]末：通"靺"，抹拭、涂饰。

〔7〕自重：抬高自己的身价或地位。

【译文】欧阳通，是欧阳询的儿子。他善于书法，其字与其父的相比显得瘦弱，却常以书法自夸。他写字时，必须用象牙犀角制成的笔管，狸毛制成的笔心，外层再覆以秋兔之毫；用以松烟制成的墨，还要用麝香末拭抹；纸必须用紧薄白滑的。必如此才书写，都因为他把自己看得太高了。

【原文】柳恽[1]尝赋诗，未就，以笔捶[2]琴，坐客[3]以箸[4]扣之，恽惊其哀韵[5]，乃制为雅音[6]。后传击琴自笔捶之始也。

【注释】〔1〕柳恽（465—517年）：字文畅，河东郡解县（今山西省运城市）人，南朝梁大臣、学者、诗人、音乐家、棋手。

〔2〕捶：敲。

〔3〕坐客：坐在一旁的客人。

〔4〕箸：筷子。

〔5〕哀韵：悲哀的音乐。

〔6〕雅音：正音，有益于风教的诗歌和音乐。

【译文】柳恽曾经在诗还没写完时，就用笔敲琴，座上的客人用筷子敲击相和。柳恽为它哀伤的韵味惊异，并以此制成雅音。后人所传的"击琴"，正源自"笔捶"的典故。

【原文】《史记》：相如[1]为天子游猎之赋[2]，赋成，武帝[3]许[4]尚书[5]给其笔札[6]。

【注释】〔1〕相如：司马相如。

〔2〕游猎之赋：《子虚赋》《上林赋》，并称为《天子游猎赋》。

〔3〕武帝：汉武帝刘彻。

〔4〕许：应允，批准。

〔5〕尚书：官名。始置于战国，掌管文书。

〔6〕笔札：纸和笔。

【译文】《史记》：司马相如写《天子游猎赋》，完成后，汉武帝同意尚书赐他笔和纸。

【原文】又汉献帝[1]令荀悦[2]为《汉纪》[3]三十篇，诏[4]尚书[5]给其笔札。江淹[6]梦得五色笔，由是文藻[7]日新。后有人称郭璞，取之。君子有三端[8]，其一曰文士之笔端。

【注释】〔1〕汉献帝：刘协（181—234年），字伯和，河南洛阳人，东汉末代皇帝（189—220年在位）。

〔2〕荀悦（148—209年）：字仲豫，颍川颍阴（今河南省许昌市）人，东汉史学家、政论家、思想家。

〔3〕《汉纪》：记述西汉历史的史书，编年体，共30卷。

〔4〕诏：帝王所发的文书命令。

〔5〕尚书：战国时亦作"掌书"，齐、秦均置。秦属少府，秩六百石，为低级官员，在殿中主发布文书。秦及汉初，尚书与尚冠、尚衣、尚食、尚浴、尚席，并称"六尚"。武帝时，选拔尚书、侍中组成"中朝"，因系近臣，地位渐高。

〔6〕江淹（444—505年）：字文通，宋州济阳考城人，南朝政治家、文学家，历仕宋、齐、梁三朝。

〔7〕文藻：文采。《三国志·魏志·文帝纪》："文帝天资文藻，下笔成章。"

〔8〕三端：指文士笔端，勇士锋端，辩士舌端。出自《韩诗外传》："君子避三端：避文士之笔端，避武士之锋端，避辩士之舌端。"端，东西的一头。

【译文】另外，汉献帝叫荀悦写《汉纪》30篇，诏令尚书供给他笔和纸。江淹梦到自己得了五色笔，自此以后文章越写越好。后来有人称赞郭璞，就说郭璞得到了这支笔。君子要避开三个端点，其一就是文人的笔端。

【原文】汉班超[1]常为官佣书[2]，久劳苦，乃投笔[3]曰："大丈夫当效傅介子[4]、张骞[5]，立功异域，以取封侯。焉能久事笔砚[6]？"陆云[7]《与兄士衡[8]书》曰："君苗[9]每常见兄文思，欲焚笔砚。"

【注释】〔1〕班超（32—102年）：字仲升，扶风郡平陵县（今陕西省咸阳市）人，东汉时期著名军事家、外交家。史学家班彪的幼子，其长兄班固、妹妹班昭也是著名史学家。

〔2〕佣书：受雇为人抄书，泛指为人做笔札工作。

〔3〕投笔：扔笔，多意指弃文从武。

〔4〕傅介子（？—前65年）：北地人，西汉时期著名外交家。

〔5〕张骞（约前164—前114年）：字子文，汉中郡城固（今陕西省汉中市城固县）人，丝绸之路的开拓者，西汉时期杰出的外交家、旅行家、探险家。

〔6〕笔砚：毛笔和砚台，此处借指文墨书写一事。

〔7〕陆云（262—303年）：字士龙，吴郡吴县（今江苏省苏州市）人，西晋大臣、文学家，陆机的弟弟。

〔8〕士衡：陆机（261—303年），字士衡，吴郡吴县（今江苏省苏州市）人，西晋著名文学家、书法家。与其弟陆云合称"二陆"，又与顾荣、陆云并称"洛阳三俊"。

〔9〕君苗：小弟。

【译文】汉代的班超经常为官家抄书，时间长了会很劳苦，便掷笔说："大丈夫应当像傅介子、张骞那样，去西域立功，以获取功名，哪能一直与笔墨打交道？"陆云《与兄士衡书》说："小弟每次见到兄长的文章，就想毁掉自己的笔砚。"

【原文】魏明帝[1]见殿中侍御史[2]簪白笔[3]，侧阶[4]而立，问曰："此何官也？"辛毗[5]对曰："御史簪笔书过，以记陛下不依古法者。今者，直备官[6]眊笔[7]耳。"

【注释】〔1〕魏明帝：曹叡（204—239年），字元仲，沛国谯县（今安徽省亳州市）人，曹魏第二位皇帝。

〔2〕侍御史：中国古代官名，秦朝始置，汉朝沿设，在御史大夫之下。

〔3〕白笔：未濡墨的笔，特指谏官用的笔。

〔4〕侧阶：正室旁的北阶。

◎ 文房用具之笔筒

笔筒是文房用具之中最为常见的置笔用具，多呈圆筒状，材质多样，可见竹、木、瓷、漆、玉、象牙、紫砂等。古时，笔筒以其艺术个性和较高的文化品位，受到文人墨客的青睐。明代文人朱彝尊曾作《笔筒铭》，云："笔之在家，或侧或颇，犹人之无仪，筒以束之，如客得家，闲彼放心，归于无邪。"由此可见笔筒在文房中的重要性。

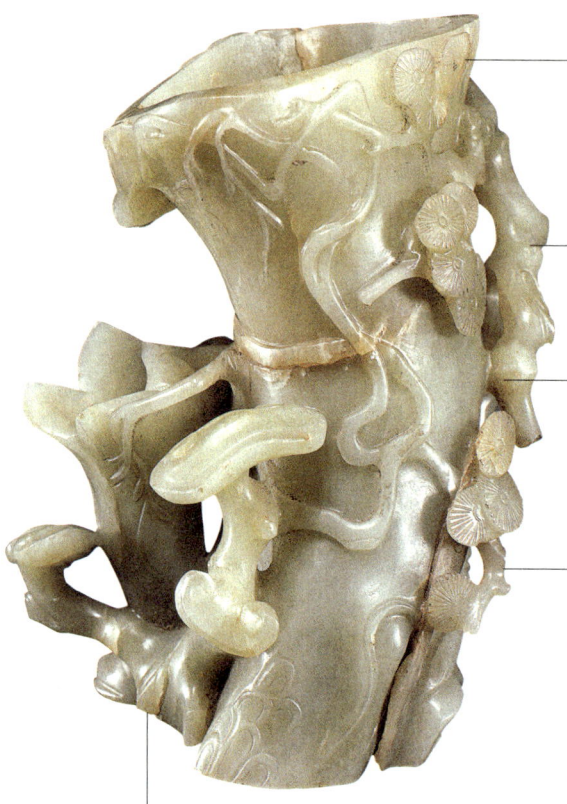

纹饰
通体均有纹饰装点，四季常青且有长寿之意的松树成为装饰的重点，周边还饰以冰清玉洁的兰花以及富有祥瑞之意的灵芝草。

器形
此笔插随器形造型成弧状，十分别致。

雕工
此笔插通体以圆雕的手法雕琢出器形，以透雕和浮雕的手法雕琢出周边的纹饰，整体雕工精湛，装饰雅致，为笔插中的精品。

保养
一块良玉，必须做定期的保养和清洁方能使其长久保持润泽。首先，任何一种玉都要避免与硬物碰撞，因玉件受碰撞后很容易开裂。有时肉眼看不出裂纹，是因为这些裂纹暗藏在玉表层之下。玉器遇裂，大大损害其完美度和经济价值。其次，玉器要避免阳光的暴晒，这样易影响到玉的质地和色泽。再次，玉忌化学剂，因化学剂会给玉石带来一定的损伤。如若不小心沾上，应及时抹除后用茶水清洗。最后一点是，玉器应根据其形制制作相应的匣子盛放。

玉笔插　清代

清洁
首先，要尽可能避免灰尘和油污，若有污垢或油渍等附于玉面，应以淡肥皂水刷洗，再用清水冲净，切忌使用化学剂除油污；其次，新购玉件一般也应在清水中浸泡几小时后，用软毛刷清洗，然后再用干净的棉布擦干；再次，佩挂件最好用清洁、柔软的白布抹拭，不宜用染色布、纤维质硬的布料，这样有助于保持玉的原质；最后，玉器应定时清洁，避免灰尘附着于表面，影响外观。

沉香木雕松竹梅图笔筒　明代

沉香为植物名，常绿乔木。它的芯材为著名的熏香原料，非常珍贵，主要产于印度、泰国、越南等地。因其脂膏凝结为块，入水能沉，故名"沉香"。此笔筒通身为沉香木雕琢而成，外壁雕有凹凸嶙峋的山岩，环周用浮雕及镂雕技法刻有老梅一枝，幽竹一丛，虬松数株，且以大石相配，趣味十足。

石雕花笔插　清代

此笔插由天然石料制作而成，以圆雕、透雕、浮雕等多重技法，雕饰出山石、花卉等图案。其雕工之精，石质之润滑柔腻，为清代小件雕刻中的佳作。

粉彩花卉纹六角笔筒　清代

此笔筒为六方形，直口，深腹，平底，下面有如意形的器足。口沿描金，内施豆瓣绿釉，外施白釉。在外壁的六个长方形侧面上分别绘有粉彩石榴、山茶、菊花纹饰，并附有与纹饰相呼应的三首诗歌。笔筒的底部刻有"大清乾隆年制"六字三行篆书款。

翠玉双管式笔插　明代

此笔插为青玉制，色偏暗。其形制为竹节及桃桩相连式，竹节略高，内空，其外有小竹枝、灵芝相附。桃桩与竹节相并，内空，其外有桃枝、桃叶及果实，一桃枝伸展，连于竹节之上，桃桩下部饰兰花之花叶。笔插是文房用品，管内可插笔或其他物品。明代，室内陈设及文房用品中多有此类作品。笔插取竹、桃、兰、芝之形，以象征君子之德。此作品造型高低错落，生动逼真，是明代玉器中的精品。

文房四谱

赏玩
由于漆器保存十分困难，因此不宜经常把玩，最好将其置于密封的透明玻璃罩内，这样既能达到保存的目的，又可通过玻璃观赏。

器形
圆柱形，下连方形委角座。

工艺
通体采用戗金的髹漆工艺加以装饰。

保存
由于漆器对干湿度非常敏感，保存难度较大，以温度 15～18℃，湿度 55% 左右最为适宜。太干了容易裂，太湿了容易长毛。若环境太过干燥，还可用保鲜膜将漆器包起来加以保存。

龙纹
此笔筒的龙纹装饰有着洗练、俊俏、洒脱的特点。龙的形体较长，身体呈桥形拱起，头部较大，双眼突出，上下唇均加长向上翻翘，鼻端被处理成"如意"形，鬃发茂密地向后方飘拂。脚有四爪，短小而尖利，呈轮式挣张，龙鳞简洁。

戗金彩漆云龙纹笔筒　明代

纹饰
此笔筒的筒身雕饰有四条腾空龙，周边贯穿以祥云、海水、灵芝、花卉等纹饰，寓意吉祥与瑞气。此外，笔筒的口边和底座分别环饰缠枝牡丹和灵芝纹，十分雅致。

鉴别
漆器可用"一指、二闻、三看"的方法来鉴别。用手指可以鉴别漆器的时间长短，新的漆器一掐是软的，而时间长的会有一定的硬度。用鼻子去闻，漆器有一定的味道，而去掉味道需要一定时间，因此若是新做的漆器，用鼻子一闻就能闻出来。最有效，也是最准确的方法是看漆器的断纹，因为断纹的产生与漆器的年代有直接的关系。《古玩指南》一书中曾指出漆器上的断纹主要有"牛毛断"和"蛇腹断"两种。"牛毛断"多见于年代久远的漆器，经风蚀逐渐产生，人工难以仿制。其纹如发，细密而碎，多裂于坚硬漆器的表面。"蛇腹断"多见于明代漆器上，一般出现在漆层较薄的器里底处，其断纹较长，颇似蛇腹下纹。尽管有的器品也具备假断纹，但它们往往是有规律的，而自然形成的断纹是无规律的。

竹雕八仙过海图笔筒　明代
　　此笔筒为竹制，筒身刻有八仙过海的纹饰，所刻八仙于波涛汹涌之中泰然若定，神态安然，活灵活现。该笔筒整体采用高浮雕的手法将悬崖峭壁、树木丛生、飘渺的云气以及波澜的急流刻画得淋漓尽致。

竹雕仕女圆笔筒　明代
　　该笔筒为竹制，圆筒形，筒身色泽深红，下有三足，外壁镂雕仕女，头戴风帽，手拈兰花，傍石而立。石旁有松，通透异常，松下石台上用浅浮雕的手法刻有杯子、砚台、盆景等常见的文房摆件。此笔筒整体简洁古朴，十分雅致。

景泰蓝笔筒　清代
　　景泰蓝，亦称铜胎掐丝珐琅，是在铜胎上先掐丝、点蓝，后经高温烧制而成的一种金属工艺。因此工艺主要流行于明代景泰年间，又以蓝色为主，故名"景泰蓝"。此笔筒即采用这种工艺加工而成，口下和底边用变形的莲瓣纹作装饰，腹部用锦纹作底并绘以花卉，色彩十分艳丽、别致。

黑漆百宝嵌四季花卉纹笔筒　明代
　　该笔筒呈正方委角形，四角设有垂云足，以黑漆作底，用白玉、碧玉、寿山石、螺钿等多种材料嵌饰成纹。四角分别饰有不同的折枝花卉纹，包括萱草、梅花、罂粟、海棠，并各自配以蝴蝶一只，别有一番趣味。这个笔筒所有的花纹都凸起于表面，体现出了精湛的镶嵌工艺。

〔5〕辛毗（？—235年）：字佐治，颍川郡阳翟县（今河南省禹州市）人，汉末三国时期曹魏大臣。

〔6〕备官：设官，这里有聊以充数的意思。

〔7〕眊（mào）笔：古代文官上朝，簪笔于冠侧。

【译文】魏明帝见殿中侍御史头冠插有一支白笔，立在北阶，就问："这是什么官？"辛毗回答说："御史簪笔，是准备随时记录过错的，陛下不依古制的事也要记录下来。现在的御史簪笔，只是徒有其形而已。"

【原文】左思[1]为《三都赋》[2]，门庭藩溷[3]，必置笔砚，十稔[4]方成。

【注释】〔1〕左思（约250—约305年）：字太冲，齐国临淄（今山东省淄博市临淄区）人，西晋文学家。有诗作《咏史》8篇闻名于世。

〔2〕《三都赋》：左思的作品，指《吴都赋》《魏都赋》《蜀都赋》。

〔3〕藩溷（hùn）：篱笆和厕所。

〔4〕稔：年。

【译文】左思写《三都赋》，在门房、庭院和厕所都放有笔砚，十年才完成。

【原文】薛宣[1]令人纳薪[2]，以炙笔砚[3]。

【注释】〔1〕薛宣：生卒年不详，字赣君，东海郡郯县（今山东省临沂市郯城县）人，西汉丞相。

〔2〕薪：柴火。

〔3〕炙笔砚：用火烤笔砚。天寒时笔砚会结冰，故需用火烤。

【译文】薛宣让人备柴火，是用来暖笔砚的。

【原文】又鱼豢[1]《魏略》[2]曰：颜斐[3]，字文林，为河东太守[4]。课人输租[5]，车便置薪两束，为寒炙笔砚。风化[6]大行。

【注释】[1]鱼豢：生卒年不详，长鱼氏，京兆（今陕西省西安市）人，三国时期曹魏郎中、著名史学家。

[2]《魏略》：记载三国时期魏国的史书。《史通·古今正史》谓"魏时京兆鱼豢私撰《魏略》，事止明帝"。

[3]颜斐：字文林，济北人，三国曹魏时官员。

[4]太守：官名。战国时对郡守的敬称，汉景帝时郡守已是一郡之最高行政长官。

[5]课人输租：向人征收应交纳的租税。课：征收。输租：交纳租税。

[6]风化：这里指文风教化。

【译文】另外，鱼豢《魏略》说：颜斐，字文林，是河东太守。他出门征收租税时，车上要放两捆柴火，是为了在天寒时暖笔砚。河东文教因此风行。

【原文】祢衡[1]为《鹦鹉赋》于黄射[2]（祖之子[3]）座上，笔不停辍。又阮瑀[4]援笔草檄[5]立成[6]，曹公索笔求改，卒[7]无下笔处。

【注释】[1]祢衡（173—198年）：字正平，平原郡般县人，东汉末年名士，恃才傲物，和孔融交好。

[2]黄射：生卒年不详，东汉末年江夏太守黄祖的长子，官拜章陵太守，与祢衡相善。

[3]祖之子：祖，即黄祖（？—208年），东汉末将领。

[4]阮瑀（约165—212年）：字元瑜，陈留尉氏（今河南省开封市尉氏县）人，东汉末年文学家，"建安七子"之一。

[5]草檄：草拟檄文。

[6]立成：片刻写成。

[7]卒：最后。

【译文】祢衡在黄射（黄祖之子）座上写作《鹦鹉赋》，笔不停顿。

另外，阮瑀执笔草拟檄文，片刻即成，曹操要来笔修改，却没有可以下笔的地方。

【原文】扬雄每天下上计孝廉[1]会者，雄即把[2]三寸弱翰[3]，赍[4]油素[5]四尺，以问其异语。（见《墨谱》。）

【注释】[1]上计孝廉：被举荐的孝廉，亦指被推选的士人。
[2]把：拿，抓住。
[3]弱翰：这里指毛笔。
[4]赍（jī）：凭借，这里指备齐。
[5]油素：光滑的白绢。

【译文】扬雄每天下到各地举荐的孝廉中间，手握三寸之笔、四尺光滑的白绢，向他们询问各地奇闻。（见《墨谱》。）

【原文】《史记》：西门豹[1]为邺令，投巫于水，复投三老[2]。乃簪笔磬折[3]，向河而立以待，良久。

【注释】[1]西门豹：生卒年不详，战国时期魏国人，魏文侯时任邺令，著名政治家，治水名人。
[2]三老：古代掌教化的官员。乡、县、郡均曾先后设置。《礼记·礼运》："故宗祝在庙，三公在朝，三老在学。"
[3]簪笔磬折：插笔于头冠，弯腰施礼，形容礼仪完备且恭敬。簪笔，插笔于冠或笏，以备书写，古代帝王近臣、书吏及士大夫均着此装束。磬折，弯腰如磬状，表恭敬之意。

【译文】《史记》：西门豹为邺县令时，将巫师投入河中，又投"三老"，再插笔头冠之上，弯腰施礼后面向河水站立了很久。

【原文】崔豹《古今注》云：牛亨问："彤管何也？"答曰："彤，赤漆耳。史官载事，故[1]以赤管，言以赤心记事也。"

【注释】〔1〕故：成例。

【译文】崔豹《古今注》说：牛亨问："彤管是什么？"回答说："彤，是红色的漆。史官记事，按例用红色笔管的笔，以表明是在以赤诚之心记事。"

【原文】曹公[1]欲令十吏就[2]蔡琰[3]写书。姬曰："妾闻男女礼不亲授[4]，乞[5]给纸笔一月，真草[6]维命[7]。"于是缮写[8]送之，文无遗误。

【注释】〔1〕曹公：指曹操。
〔2〕就：到。
〔3〕蔡琰：生卒年不详，名琰，字文姬，陈留郡圉县（今河南省开封市杞县）人，东汉末年女性文学家。
〔4〕礼不亲授：指男女之间不能亲手相授受。授：给予。出自南朝宋·范晔《后汉书·董祀妻传》："妾闻男女之别，礼不亲授。"
〔5〕乞：请求。
〔6〕真草：楷书和草书。
〔7〕维命：悉听吩咐。
〔8〕缮写：誊写，抄写。

【译文】曹操想派十名官吏到蔡琰处抄书。蔡文姬说："妾听说男女不能亲手授受，请给我纸笔，容我自己一个月时间抄就。用楷书还是草书，都听你吩咐。"于是抄好后呈送曹操，文字无一遗漏。

【原文】王粲[1]才高，辩论应机[2]，属文[3]举笔便成。钟繇、王朗[4]，名为魏卿相[5]，至朝廷奏议[6]，皆阁[7]笔不敢措手[8]。

【注释】〔1〕王粲（177—217年）：字仲宣，山阳郡高平县（今山东省济宁市微山县）人，少有才名，为学者蔡邕所赏识，"建安七子"之一。
〔2〕应机：随机应变。

羊毫

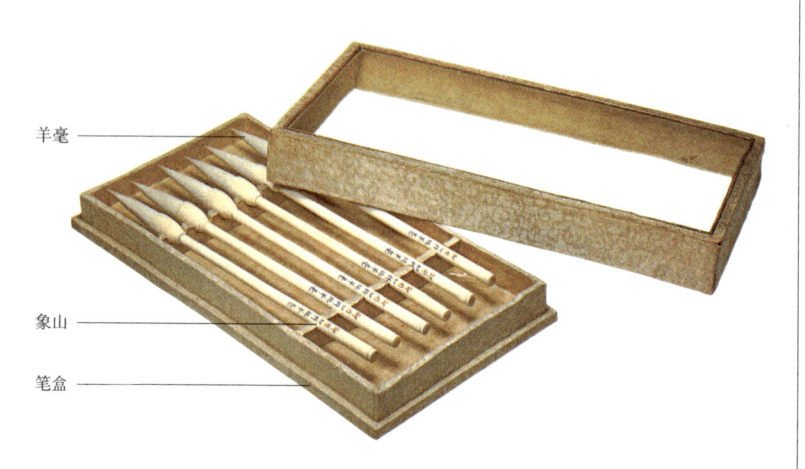

象山

笔盒

□ **象牙管御用加料纯羊毫提笔　清代　故宫博物院藏**
　　此笔为象牙造，六支一套。笔管通体磨制得光润如玉，色泽洁白。笔锋细长，细润则顺，为精选纯羊毫。笔端刻有"御用"二字，清宫之中刻有此二字的笔，仅见于此笔。

　　〔3〕属文：撰写文章。

　　〔4〕王朗（？—228年）：字景兴，东海郡郯县（今山东省郯城县）人，汉末至三国曹魏时期重臣、经学家。

　　〔5〕卿相：执政大臣。

　　〔6〕奏议：古代臣僚上奏帝王的各类文字的统称，包括表、奏、疏、议、上书、封事等。

　　〔7〕阁：通"搁"，搁置。

　　〔8〕措手：着手处理。

【译文】王粲才高，能随机辩论，文章举笔就成。钟繇、王朗，虽然都是魏国卿相，但到写朝廷奏议的时候，都不敢轻易落笔。

【原文】《袁子正[1]书》云：尚书以六百石[2]为名，佩契刀囊[3]，执版[4]，右簪笔[5]焉。

【注释】〔1〕袁子正：袁准，生卒不详，字孝尼，陈郡扶乐人。为人正直，甘于淡泊，以儒学知名，尝注《服经》。

　　〔2〕六百石：汉官秩，尚书所受俸禄为六百石。石：古时容量单位，十斗

为一石。

〔3〕契刀囊:用于存放秘密文书的布袋。

〔4〕执版:手持简牍。

〔5〕右簪笔:自右插笔于冠。

【译文】《袁子正书》说:尚书也叫"六百石",身佩"契刀囊",手持简牍,冠的右侧簪着笔。

【原文】僧智永[1]学书,旧笔头盈数石,自后瘗[2]之,目[3]为退笔冢。(见《笔势》中。)

【注释】〔1〕僧智永:生卒年不详,南朝人,本名王法极,字智永,会稽山阴(今浙江省绍兴市)人,"书圣"王羲之七世孙,号"永禅师"。

〔2〕瘗(yì):埋葬。

〔3〕目:名称。

【译文】僧人智永学习书法,用坏的笔头足有好几石,后来自己把它全埋葬了,埋葬的地方叫"退笔冢"。(见《笔势》。)

【原文】《孔子世家》[1]云:孔子在位[2],听讼文辞[3]可以与人共者,不独有[4]也。至于修《春秋》[5]笔则笔,削则削[6]。子夏之徒[7],不能赞其一辞。

【注释】〔1〕《孔子世家》:指《史记·孔子世家》。

〔2〕在位:在官位上,做官。

〔3〕听讼文辞:断案文书。听讼,听理诉讼,审案。

〔4〕独有:独断。

〔5〕《春秋》:我国首部编年体史书,传为孔子所撰,实则为鲁国史官所编(孔子修订),记录了鲁国从鲁隐公元年(前722年)到鲁哀公十四年(前481年)间的大事件。

〔6〕笔则笔,削则削:该记载时就记载,该删除时就删除。笔,记载。削,删除。

〔7〕子夏之徒：子夏等门人。子夏（前508—？），春秋末晋国温（今河南省温县）人，一说卫国人，卜氏，名商，即卜商，后亦称"卜子夏""卜先生"，"孔门十哲"之一，以文学见称。

【译文】《孔子世家》说：孔子做官时，断案文书可以与他人商议的，他从不独自决断。修订《春秋》时则不同，该写的一定写，该删的一定删。子夏等门人也不能增删一字。

【原文】薛宣为[1]陈留[2]，下至财用[3]笔砚，皆为设方略[4]利用，必令省费也。

【注释】〔1〕为：治理。
〔2〕陈留：地名，在今河南开封。
〔3〕财用：材料和用具。财，通"材"。
〔4〕方略：通盘计划和策略。

【译文】薛宣治理陈留时，下至笔砚之类的材料用具，都要设定计划，既保障使用又减省费用。

【原文】王充[1]好理实[2]，闭门潜思[3]，户牖[4]墙壁各置刀笔[5]，著《论衡》八十五篇，二十余万言。

【注释】〔1〕王充（27—约97年）：字仲任，出生于会稽上虞（今属浙江省绍兴市），东汉思想家、文学评论家。
〔2〕理实：思考与现实相关的问题。理，辨别。实，事实。
〔3〕潜思：深思。
〔4〕户牖：门窗。
〔5〕刀笔：古代书写工具。古时书写于竹简，有误则用刀削去重写。

【译文】王充喜欢研究现实问题，常闭门深思，门墙壁都放着刀笔（以便于随时修改）。他著有《论衡》85篇，20余万字。

卷一　笔谱

【原文】谢承[1]《后汉书》云：杨璇[2]，字机平，平[3]零陵[4]贼，为荆州刺史赵凯横奏[5]。槛车[6]征[7]之，仍夺其笔砚。乃啮臂出血，以薄[8]中白毛笔染血以书帛上，具陈[9]破贼之形势，及言为凯所诬。以付子弟[10]诣阙[11]，诏原之。

【注释】[1]谢承：生卒年不详，字伟平，会稽山阴（今浙江省绍兴市）人，三国时期著名史学家。博学洽闻，尝所知见，终身不忘。撰有《后汉书》143卷，以"疏谬少信"为刘勰所讥，今已佚。

[2]杨璇：生卒年不详，字机平，会稽乌伤（今浙江省义乌市）人。最初被举为孝廉，汉灵帝时任零陵太守，智平境内叛兵，反被荆州刺史赵凯诬陷。杨璇以血衣诉冤，被赦免，任议郎。后出任渤海太守，又被张温荐为尚书仆射。晚年因病辞官，后于家中去世。

[3]平：镇压。

[4]零陵：古地名，在今湖南宁远东南。

[5]横奏：诬陷。

[6]槛（jiàn）车：木笼囚车，四周有栏槛，故称。

[7]征：押送。

[8]薄：这里指囚车上的苇席。

[9]具陈：详述。

[10]子弟：弟与子、侄等。

[11]诣阙：谓赴朝堂。诣，到某人所在的地方。

【译文】谢承《后汉书》说：杨璇，字机平，平定了零陵的反贼，却被荆州刺史赵凯诬陷，槛车押送，还被夺去了笔砚。于是，杨璇咬破手臂，用苇席中的白毛蘸血在帛上书写，详细陈明破贼的情形，并指明自己是被赵凯诬陷。把写好的呈文交给族中子弟赴京讼诉。皇帝看后，便下诏赦免了他。

【原文】王隐[1]《晋书》：陈寿[2]卒，洛阳令张泓遣吏赍[3]纸笔，就寿门下写《三国志》[4]。

【注释】[1]王隐：生卒年不详，字处叔，陈郡陈县（今河南省周口市淮阳县）人，东晋史学家。以儒素自守，博学多闻，受父遗业，留心晋代史事。著有《王隐文集》10卷，《晋书》93卷。

〔2〕陈寿（233—297年）：字承祚，巴西郡安汉县（今四川省南充市）人，三国时蜀汉及西晋时著名史学家。所著纪传体史学巨著《三国志》，完整记叙了自汉末至晋初近百年间中国由分裂走向统一的历史全貌，与《史记》《汉书》《后汉书》并称"前四史"。

〔3〕赍：怀着，带着。

〔4〕《三国志》：陈寿撰，记述三国时期历史的断代史，二十四史之一。

【译文】王隐《晋书》：陈寿死后，洛阳令张泓派官吏带纸笔，到陈寿家去抄《三国志》。

【原文】《谢庄传》〔1〕云：时宋世祖〔2〕出行夜还，敕〔3〕开门。庄居守〔4〕曰："伏须神笔〔5〕，乃敢开门。"

【注释】〔1〕《谢庄传》：指《宋书·谢庄王景文列传》。谢庄（421—466年），字希逸，陈郡阳夏（今河南太康）人，南朝宋大臣、文学家。年七岁，能属文，通《论语》，在南朝宋诗坛上享有极高声誉。

〔2〕宋世宗：宋世祖刘骏（430—464年），字休龙，小字道民，徐州彭城郡彭城县（今江苏省徐州市铜山区）人，南北朝时期政治家，南朝宋第五位皇帝（453—464年）。南朝宋并无"世宗"，只有"世祖"。

〔3〕敕：自上命下之词，命令。汉时凡尊长或官长告诫子孙或僚属，皆称敕，南北朝以后专指皇帝的诏书、命令。

〔4〕居守：特指帝王出征或巡幸时，重臣镇守京城或行在。

〔5〕神笔：这里指南朝宋世祖的亲笔诏书。

【译文】《谢庄传》说：当年宋世祖出行，夜里回城，下令开城门。镇守京都的谢庄说："要见了皇帝的亲笔诏书，才敢开门。"

【原文】《王僧虔传》〔1〕云：宋孝武〔2〕欲擅〔3〕书名，僧虔不敢显迹，常用拙笔书，以此见容〔4〕。

【注释】〔1〕《王僧虔传》：指《南宋·王僧虔传》。王僧虔（426—485年），字号不详，琅邪（今山东省临沂市）人，南朝宋齐时期大臣、书法家。

〔2〕宋孝武：南朝宋孝武帝刘骏，世祖为其庙号。

〔3〕擅：独揽。

〔4〕见容：被容纳。

【译文】《王僧虔传》说：宋孝武帝想独享书家高手之名，僧虔不敢显露自己真实的书法水平，常用拙劣的毛笔写字，只有这样孝武帝才容得下他。

【原文】孔稚圭[1]上表[2]曰：圣照[3]元览[4]，断自天笔[5]。

【注释】〔1〕孔稚圭（447—501年）：一作孔珪，字德璋，会稽山阴（今浙江省绍兴市）人，南朝齐骈文家。最著名的作品是骈文《北山移文》。

〔2〕上表：又称"进表"，上奏章的意思。

〔3〕圣照：这里指皇帝。

〔4〕元览：深察，明察。

〔5〕天笔：皇帝使用的笔，借指御批。

【译文】孔稚圭上表说：陛下明察秋毫，通过御笔决断一切。

【原文】庾易[1]，字幼简。侍中[2]袁彖[3]雅慕[4]之，赠鹿角书格[5]、蚌砚、象牙笔管。

【注释】〔1〕庾易：生卒年不详，字幼简，新野（今河南省南阳市新野县）人，南朝隐士。

〔2〕侍中：古代职官名。

〔3〕袁彖（447—494年）：字伟才，小字史公，陈郡阳夏（今河南省太康县）人，南北朝时期大臣、诗人，仕宋、梁两朝。

〔4〕雅慕：甚为仰慕。

〔5〕书格：臂搁，搁放手臂的文案用具。

【译文】庾易，字幼简。侍中袁彖非常仰慕他，送他鹿角书格、蚌砚、象牙笔管。

【原文】陶弘景[1]，字通明。年四五岁，常以荻[2]为笔，画灰[3]中学书，遂为善隶。

【注释】〔1〕陶弘景（456—536年）：字通明，丹阳秣陵（今江苏省南京市）人，南朝齐、梁时道家、炼丹家，医药学家，文学家，人称"山中宰相"。

〔2〕荻：多年生草本植物，形状像芦苇，长于水边，叶长，秋开紫花，茎可编席。

〔3〕画灰：用棍在灰中拨画。

【译文】陶弘景，字通明。他四五岁时，常用芦荻当笔，在灰中写字，所以他擅长隶书。

【原文】范岫[1]，字懋宾，济阳考城人。每居[2]，常以廉洁著称。为晋陵[3]太守，虽牙管[4]一双，犹以为费[5]。

【注释】〔1〕范岫（440—514年）：字懋宾，南朝济阳考城人，仕宋、齐、梁三朝。博学多闻，庄重而谨慎。为官一生，以廉洁见称于世。

〔2〕居：担任。此处意指担任官职。

〔3〕晋陵：古郡名，治所在丹徒（今江苏省镇江市）。

〔4〕牙管：象牙制的笔管，亦指精良的毛笔。

〔5〕费：耗费。

【译文】范岫，字懋宾，济阳考城人。他每在一地任职，都以廉洁著称。任晋陵太守时，虽然只用一双牙管笔，他也觉得很靡费。

【原文】《太公阴谋》[1]：笔之书曰，毫毛茂茂[2]，陷水可脱，陷文不活[3]。

【注释】〔1〕《太公阴谋》：又称《太公阴谋三十六用》，与《太公金匮》《太公兵法》合称《太公》。《太公》一书多佚，仅存《六韬》传世，即《太公兵法》。

〔2〕毫毛茂茂：指笔毛盛繁多的样子。

〔3〕陷水可脱，陷文不活：犹言掉进水里尚且可以逃脱，文诛笔伐却可以将人置于死地。

【译文】《太公阴谋》：笔之书说：笔的毫毛繁茂，掉进水里可以浮起来，但用它写文章罗织罪名，却可以置人于死地。

【原文】蔡邕[1]《与梁相》：复惠[2]善墨良笔[3]，下工[4]所无重[5]，惟大恩厚施[6]，期于终始。（工，一作士[7]。）

【注释】〔1〕蔡邕（133—192年）：字伯喈，陈留郡圉县（一说为河南尉氏县，一说为河南杞县）人，东汉名臣，文学家、书法家，创"飞白"书，才女蔡文姬之父。

〔2〕惠：惠赠。

〔3〕善墨良笔：好墨、好笔。

〔4〕下工：低技能的工匠，此处为自谦之词。

〔5〕所无重：无所重，没什么爱好。重，重要且需重视的事情。

〔6〕厚施：以丰厚的财物施予他人。

〔7〕工，一作士：前文中的"下工"，极有可能是"下士"之误。

【译文】蔡邕《与梁相》：再次获赠好墨好笔，我这样的人除了笔墨，不再看重别的什么，但愿自己能始终如此。

【原文】徐广[1]《车服仪制》曰：古者，贵贱皆执笏[2]，缙绅[3]之士者，缙笏[4]而垂绅带[5]也。有事则书之，故常簪笔。今之白笔[6]，是其遗像。

【注释】〔1〕徐广（352—425年）：字野民，东莞郡姑幕县（今山东省日照市莒县）人，东晋大臣。学识渊博，品德纯朴，著有《答礼问》。

〔2〕笏（hù）：古代朝会时官宦所执的手板，用玉、象牙或竹片制成，上面可以记事。

〔3〕缙绅：插笏于带，旧时官宦装束，转用为官宦代称。缙，也写作"搢"，插。

〔4〕缙笏：插笏于绅带。

〔5〕绅带：古时士大夫束在腰部的大带子。
〔6〕白笔：战国秦汉官吏奏事，必用毛笔将所奏之事写于笏上，写完之后，即将笔杆插入发际。至魏晋以后，凡文官上朝，皆得插笔于帽侧，笔尖不蘸墨汁，纯作装饰，称为"簪白笔"。

【译文】徐广《车服仪制》说：古代，无论身份贵贱都手执笏板。所谓缙绅之士，就是指那些腰插笏板，绅带垂裾的人。他们有事就记在笏板上，所以常常冠侧簪笔。如今的白笔，就是这种古制的遗存。

【原文】《礼》[1]云：史载笔[2]，士载言[3]。注云：谓从于会同[4]，各持其职，以待事也。笔谓书具之属。

【注释】〔1〕《礼》：指《礼记》。
〔2〕载笔：携文具以记录王事。
〔3〕载言：记录国家之间的会盟之辞，后亦泛指记录史事。
〔4〕会同：古代诸侯朝见天子或诸侯间互相见面的通称。

【译文】《礼记》说：史官负责用笔记录，士负责进言献策。注说：是说参加朝会，史与士各司其职，等待分配处理政事。笔属于书写工具。

【原文】《典略》[1]云：路粹[2]，字文蔚，少学于蔡邕。为丞相[3]军谋祭酒，曹操令枉状奏孔融诛之。后人观粹所作，无不嘉其才而忌其笔。

【注释】〔1〕《典略》：三国时期魏国郎中鱼豢所著，业已失传，内容上起周秦，下至三国，纪事颇广，体裁驳杂，系作者抄录诸史典故而成。
〔2〕路粹（？—214年）：字文蔚，陈留郡临漳县（今河北省邯郸市临漳县）人，东汉末年大臣，颇有文才。
〔3〕丞相：这里指曹操。建安十三年（208年），曹操借汉献帝的名义废除三公，设丞相职，并自任丞相。

【译文】《典略》说：路粹，字文蔚，年少时师从蔡邕。后来做了丞相的军谋祭酒，曹操令他写奏章诬告孔融，好诛杀他。后人读路粹写的文章，没有不赞赏他的才华而忌惮他的笔锋的。

笔之造

【原文】韦仲将[1]《笔墨方》[2]：先以铁梳梳兔毫及青羊毛，去其秽毛讫[3]，各别用梳掌[4]痛[5]正毫，齐锋端[6]，各作扁，极令匀调平好[7]，用衣青羊毛。毛去兔毫头下二分许，然后合扁，卷[8]令极固。痛颉[9]讫，以所正青羊毛中截，用衣笔中心，名为笔柱，或曰墨池承墨。复用青毫，外如[10]作柱法，使心齐亦使平均，痛颉内管中，宜心小不宜大。此笔之要[11]也。

【注释】[1]韦仲将：韦诞（179—253年），字仲将，京兆杜陵（今陕西省西安市）人，三国时期魏国大臣，书法家、制墨家。工于草书，有"草圣"之称。其所制墨，与"张芝笔""左伯纸"在当时并称"三绝"。

[2]《笔墨方》：韦诞所著的关于笔墨制造法的技术文献，今已失传。

[3]讫：完结。

[4]梳掌：梳子的柄。

[5]痛：使……痛，引申为"拍击"。

[6]齐锋端：使毫毛锋端齐整。齐，使……齐整。

[7]极令匀调平好：意即通过前面的拍击使之齐整，压扁使之均匀，然后达到扁平匀称的理想状态。极，副词，表示最高程度地。

[8]卷：合。

[9]颉：直项，这里引申为"使……直"。

[10]外如：又如。

[11]要：要领，法度。

【译文】韦仲将《笔墨方》：先用铁梳梳理兔毫和青羊毛，以去掉不整洁的毛，再分别用梳柄重击整理，使毫毛锋端齐整，再分别压扁，务使其均匀平整。兔毫用青羊毛包裹。青羊毛要比兔毫末端长约两分，然后将两者合在一起压扁，再紧紧卷在一起。用力拍击后，将已齐整好的青羊毛从中间切断，用它裹住笔的中心，这就是"笔柱"，或叫"墨池""承墨"。又用青羊毛，按照"笔柱"的制作方式，使笔芯整齐均匀，再栽入笔管中，笔芯宜小不宜大。

这是制笔的基本法度。

【原文】王羲之《笔经》曰：《广志会献》云，"诸郡献兔毫，出鸿都门[1]，惟有赵国毫中用。世人咸[2]云兔毫无优劣，笔手有巧拙。"意谓[3]赵国平原广泽，无杂草木，惟有细草，是以[4]兔肥。肥则毫长而锐，此则良笔也。凡作笔须用秋兔。秋兔者，仲秋取毫也。所以然者，孟秋去夏近，则其毫焦而嫩；季秋去冬近，则其毫脆而秃；惟八月寒暑调和，毫乃中用。其夹脊上有两行毛，此毫尤佳；胁际扶疏[5]，乃其次耳。采毫竟，以纸裹石灰汁，微火上煮，令薄[6]沸，所以去其腻[7]也。先用人发杪[8]数十茎，杂青羊毛并兔毳（凡兔毛长而劲者曰毫，短而弱者曰毳），裁令齐平。以麻纸裹柱根令治[9]（用以麻纸者，欲其体实，得水不胀）。次取上毫薄薄布柱上，令柱不见，然后安之。惟须精择，去倒毛。毛杪合锋[10]，令长九分，管修二握，须圆正方可。后世人或为削管[11]，故笔轻重不同[12]。所以笔多偏握者，以一边偏重故也。自不留心加意，无以详其至[13]。此笔成，合蒸之，令熟三斛[14]米饭，须以绳穿管悬之水器上一宿，然后可用。世传钟繇、张芝皆用鼠须笔，锋端劲强有锋铓[15]，余未之信。夫秋兔为用，从心任手，鼠须甚难得，且为用未必能佳，盖好事者[16]之说耳。昔人或以琉璃、象牙为笔管，丽饰[17]则有之，然笔须轻便，重则踬[18]矣。近有人以绿沉管及镂管见遗[19]，录[20]之多年，斯亦可爱玩[21]，讵[22]必金宝雕琢，然后为贵也？余尝[23]自为笔，甚可用，谢安石[24]、庾稚恭[25]每就我求之，靳[26]而不与。

【注释】〔1〕出鸿都门：出，来到。鸿都门，东汉灵帝光和元年（178年）设鸿都门学，因校址设于洛阳鸿都门而得名，是东汉学习、研究文学艺术的学府。

〔2〕咸：都。

〔3〕意谓：以为，这里指"我以为"。

〔4〕是以：因此。

文房四谱

▢ **竹笔　西夏　甘肃省博物馆藏**

此笔制作工艺简单，笔的整体为一细竹，一端被削尖作为笔尖。笔管中间开有一道细槽缝，以利于墨汁下行，与今日的蘸水笔原理一致。笔的另一端留有竹节做笔顶。该笔出于一位苦行僧居住的山洞中，为西夏竹笔的首次发现。

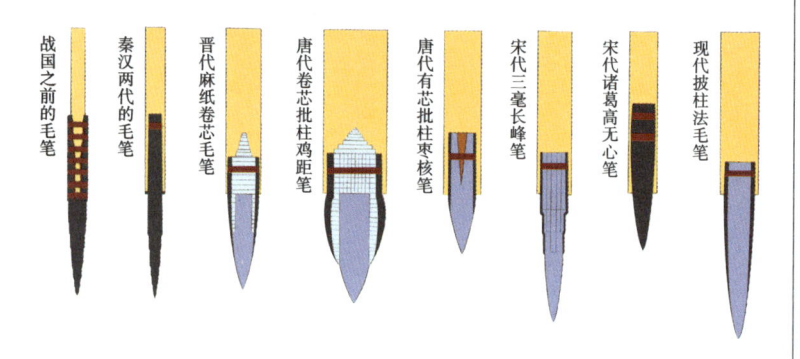

战国之前的毛笔　秦汉两代的毛笔　晋代麻纸卷芯毛笔　唐代卷芯批柱鸡距笔　唐代有芯批柱枣核笔　宋代三毫长峰笔　宋代诸葛高无心笔　现代披柱法毛笔

▢ **历代笔式图**

毛笔自诞生以来，笔式几经沿革，各擅胜场。列代书家在择笔、用笔时，根据个人习尚，又各有所好。

〔5〕扶疏：枝叶茂盛，高低疏密适当。这里指兔毛密。

〔6〕薄：迫近，达到。

〔7〕腻：油腻。

〔8〕发杪：头发的末梢，这里指代头发。

〔9〕治：清理干净。

〔10〕毛杪合锋：将毛发尖合成笔锋。

〔11〕削管：指不依前文中的规定的长度制作毛笔，致使笔锋、笔管的长度不合比例。

〔12〕故笔轻重不同：指因制笔时未按合理的规范，使得笔头和笔管比例失调，从而轻重失衡。

〔13〕详其至：详察其因。

〔14〕斜：同"斗"字。

〔15〕锋铓：同"锋芒"。

〔16〕好事者：爱多事的人。

〔17〕丽饰：华丽的装饰。

〔18〕颇：不顺。

〔19〕见遗：相赠送。

〔20〕录：记载，抄写。

〔21〕爱玩：欣赏玩味。

〔22〕讵：岂，表反问。

〔23〕尝：曾经。

〔24〕谢安石：谢安（320—385年），字安石，陈郡阳夏（今河南省周口市太康县）人，东晋时期政治家、名士。自少以清谈知名，屡辞辟命。

〔25〕庾稚恭：庾翼（305—345年），字稚恭，颍川鄢陵（今河南省许昌市鄢陵县）人，东晋中期将领、外戚、书法家。

〔26〕靳：吝惜，不肯给予。

【译文】 王羲之《笔经》说：《广志会献》说，"各郡献给'鸿都门'的兔毫笔，只有赵国的中用。世人都说：兔毫没有优劣之别，握笔的手有巧拙之分。"我认为赵国平原大泽，没有杂七杂八的草木，只有细草，所以兔长得肥。肥则兔毫长而尖，这才是制好笔的好材料。凡制笔必须用秋兔的毫。秋兔，即在仲秋（秋天的第二个月）取毫。这样做是因为孟秋太接近夏天，兔毫焦而嫩；季秋又太接近冬天，兔毫脆而秃；只有八月，寒热调和，毫才中用。此时兔的夹脊上有两行毛，用此毛作毫尤其好；其次是胁下浓密的毛。兔毫采好后，用纸包裹，放在石灰汁中，在微火上煮，使水轻轻开沸，这样做是为了除去兔毫上的油腻。先用数十根人的发梢与青羊毛、兔毳（兔毛长而硬的称为毫，短而柔的称为毳）杂合在一起，并裁剪平整。用麻纸（用麻纸，是想让它裹得结实，遇水也不发胀）裹住笔柱根部使其牢固。再一步是取上等羊毫薄薄地铺在笔柱上，把笔柱遮住，再安装好。一定要精心挑选，去掉倒毛。毛梢和锋长共九分，笔管长二握，要圆正才可以。后来的人不按规范制作，导致笔的各部位轻重失衡。之所以很多人握笔不正，是因为笔的某些部位重了。如果自己不留心注意，是无法详细了解这些的。笔做成后，用能蒸熟三斗米饭的时间去蒸；蒸后要用绳穿好笔管，在盛水器之上悬一个晚上，然后才可以用。传说钟繇、张芝都用鼠须做的笔，说这样的笔笔锋强劲有锋芒，我不信。用秋兔毫制成的笔，用起来得心应手。况且鼠须很难得，用起来也未必就好，鼠须笔不过是好事者的说辞罢了。以前有人用琉璃、象牙做笔管，装饰很华丽，但无论如何，笔都必须轻便，重了碍手。近来有人送我绿沉漆笔管和雕镂管笔，我用了多年，它们也讨人喜爱。难道必须是金宝雕琢了的笔才贵重？我曾自己制笔，很好用。谢安石、庾稚恭经常找我要笔，我都舍不得。

【原文】《博物志》云：有兽缘木[1]，文[2]似豹，名虎仆，毛可以取为笔。岭外[3]尤少兔，人多以杂雉[4]毛作笔，亦妙。故岭外人书札多体弱，然其笔亦利。其云，至水干墨紧[5]之后，鬑然[6]如虿[7]焉。所以《岭表记》[8]云：岭外既无兔[9]，有郡牧[10]得兔毫，令匠人作之。匠者醉，因失之，惶惧，乃以己须制上。甚善，诘[11]之，工以实对[12]。郡牧乃令一户必输[13]人须，或不能逮[14]，辄责其直[15]。

【注释】[1]缘木：爬树。缘，攀爬。

[2]文：通"纹"，这里指斑纹。

[3]岭外：五岭以南地区。

[4]雉：野鸡。

[5]水干墨紧：指蘸墨之笔头水分蒸发了，墨汁干化结块。

[6]鬑然：卷曲的样子。

[7]虿（chài）：蝎子一类的毒虫，虿尾似妇人卷发。《诗经·小雅·都人士》："彼君子女，卷发如虿。"

[8]《岭表记》：《岭表录异》，地理杂记，全书共3卷，为唐·刘恂撰。

[9]既无兔：强调岭南无兔是既定事实。既，既成事实。

[10]郡牧：郡守，一郡的最高行政长官。

[11]诘：诘问，追问。

[12]实对：据实相告。

[13]输：交纳。

[14]逮：达到，到了某种程度。

[15]辄责其直：就让他们以价值相等之物充抵。

【译文】《博物志》说：有一种会爬树的兽，毛纹似豹，名叫"虎仆"，它的毛可以用来制笔。岭南很少有兔，人们多用野鸡的尾羽制笔，这也很妙。所以岭南人书札里的字多柔弱。但岭南笔用起来也流利，毛病是水干墨紧后笔头会卷曲得像蝎子。所以《岭表记》说：岭南没有兔，有郡守得到一些兔毫，令笔匠制笔。结果笔匠醉酒，弄丢了兔毫，很惶惧，便用自己的胡须制笔奉上。郡守觉得这笔很好，就问他，笔匠就据实相告。郡守于是令每户都必须缴纳胡须，不能缴纳的人家，则让他们交等值的财物。

【原文】宣城之笔，虽管答[1]至妙，而佳者亦少，大约供进[2]或达寮[3]为之则稍工。又或以鹿之细毛为之者，故晋王隐《笔铭》云："岂其作笔，必兔之毫？调利难秃[4]，亦有鹿毛。"盖江表亦少兔也，往往商贾赍其皮南渡以取利。今江南民间使者[5]，则皆以山羊毛焉。蜀中亦有用羊毛为笔者，往往亦不下[6]兔毫也。

【注释】〔1〕管答：指笔帽。
〔2〕供进：进献宫廷，这里代指进献者。
〔3〕达寮：达官。寮，通"僚"。
〔4〕调利难秃：便于书写且耐用的笔。调利，意即墨色和润，笔锋流利。难秃，经久耐用。
〔5〕使者：往来问候的人。
〔6〕下：比……差。

【译文】宣城的笔，虽然笔管精妙，但好用的也少，可能进献宫庭或达官的制得稍好些。又有人用鹿的细毛制笔。所以晋代王隐的《笔铭》说："难道工匠制笔，必须用兔毫？耐用好写的，也有鹿毛。"大概江南也少兔，才导致商人常常带兔皮南渡以牟利。现在江南民间往来问候，都用山羊毛制成的笔书写。蜀中也有用羊毛制笔的，往往也不比兔毫做的差。

【原文】今之飞白书[1]者，多以竹笔，尤不佳。宜用相思树皮，棼[2]其末而漆其柄，可随字大小，作五七枚妙。往往一笔书一字，满一八尺屏风[3]者。

【注释】〔1〕飞白书：一种书写方法特殊的字体，笔画中丝丝露白，像缺少墨水的枯笔写成的模样，亦称"草篆"。

〔2〕棼：通"紊"。纷乱，紊乱。

〔3〕屏风：放置室内挡风或隔断视线的用具。

【译文】如今枯笔露白的字，多用竹笔，效果很不好。应该选用相思树皮做笔。将树皮末端制成细丝，用漆漆柄，可以随字的大小，制作五至七支才妙。往往一支笔写一个字，可以写满一架八尺屏风。

【原文】《墨薮》云：王逸少[1]《笔势图》[2]，先取崇山绝仞中兔毫，八九月收之，取其笔头长一寸，管长五寸，锋齐腰强者[3]妙。今之小学者[4]，言笔有四句诀也："心柱硬，覆毛薄，尖似锥，齐似凿。"

【注释】〔1〕王逸少：王羲之。

〔2〕《笔势图》：又称《笔阵图》，是论述写字笔画的著作。

〔3〕锋齐腰强者：笔锋齐整、笔腰强劲的。

〔4〕小学者：研究文字学的人。小学，研究文字字形、字义及字音的学问，包括文字学、声韵学及训诂学等。

【译文】《墨薮》说：王逸少《笔势图》，先取活动在崇山立壁中的兔，八九月取毫。所制的笔笔头长一寸，笔管长五寸，笔腰强劲的才妙。研究文字学的人，说到笔时有四句口诀："心柱硬，覆毛薄；尖似锥，整似凿。"

【原文】欧阳通自重其书，必以象牙犀角为管，狸毛为心，覆以秋毫。（见《叙事》中。）

【译文】欧阳通觉得自己写的字很贵重，笔必定以象牙、犀角

三分笔

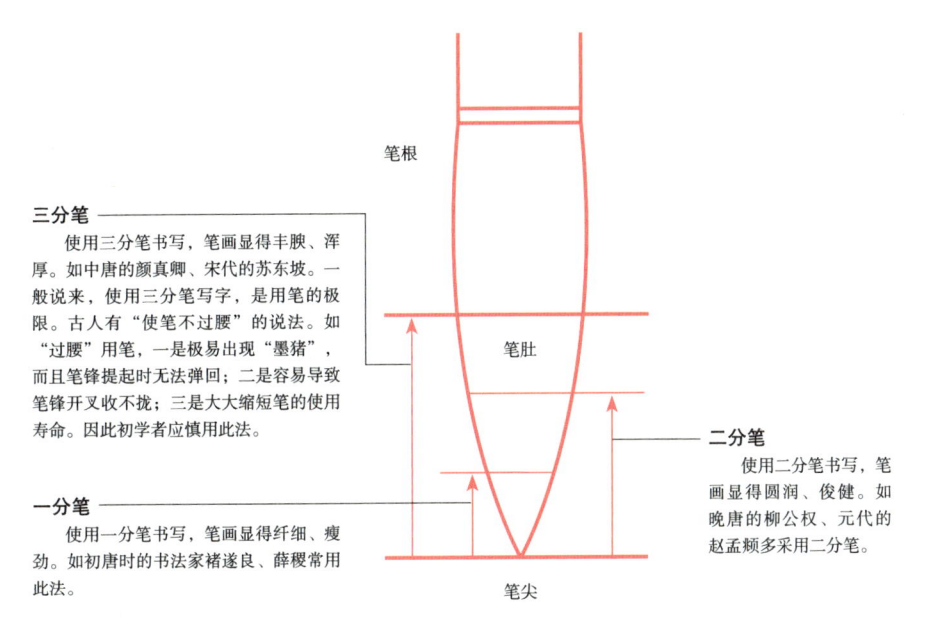

使用三分笔书写，笔画显得丰腴、浑厚。如中唐的颜真卿、宋代的苏东坡。一般说来，使用三分笔写字，是用笔的极限。古人有"使笔不过腰"的说法。如"过腰"用笔，一是极易出现"墨猪"，而且笔锋提起时无法弹回；二是容易导致笔锋开叉收不拢；三是大大缩短笔的使用寿命。因此初学者应慎用此法。

一分笔

使用一分笔书写，笔画显得纤细、瘦劲。如初唐时的书法家褚遂良、薛稷常用此法。

笔根

笔肚

二分笔

使用二分笔书写，笔画显得圆润、俊健。如晚唐的柳公权、元代的赵孟頫多采用二分笔。

笔尖

□ **笔位图**

笔头深浅的尺寸，叫"笔位"。依笔头深浅可分为三断：笔端处，叫"一分笔"；笔腰处，叫"二分笔"；笔根处，叫"三分笔"。这种划分乃前人之经验，其目的是书写用笔时有准绳可循。一般地说，运笔不能超过笔腰，尤其是初学者在写楷书，或者写篆书、隶书时，应使用一分半至二分为佳，这样，行笔顿挫、提按便于笔力贯注，得势自然。书写时不应将根部用上，如果用到根部，会造成点画过多。但也不能仅用笔尖，否则，字会显得无力、轻飘。

做笔管，狸毛做心毫，再用秋兔毫覆盖。(见《叙事》中。)

【原文】蜀中出石鼠，毛可以为笔，其名䶄[1]。

【注释】[1]䶄：石鼠，出蜀中。毛可为笔。

【译文】蜀中出产石鼠，毛可以制笔，这种石鼠的名字叫"䶄"。

【原文】秦蒙恬为笔，以狐狸毛为心[1]，兔毫为副[2]。(见《博物志》。)

文房四谱

◎ 文房用具之笔架

　　笔架亦称"笔格",是文房之中用以搁笔的用具。因为毛笔体态圆浑,不用时,易滚动,如此一来就会将纸张染花,很不方便,于是就出现了可以暂时搁置毛笔的文房用具——笔架。笔架的质地,常见的有玉、石、铜、瓷等,造型甚多,或作山峰绵亘之状,或成小桥流水之形,甚是丰富。

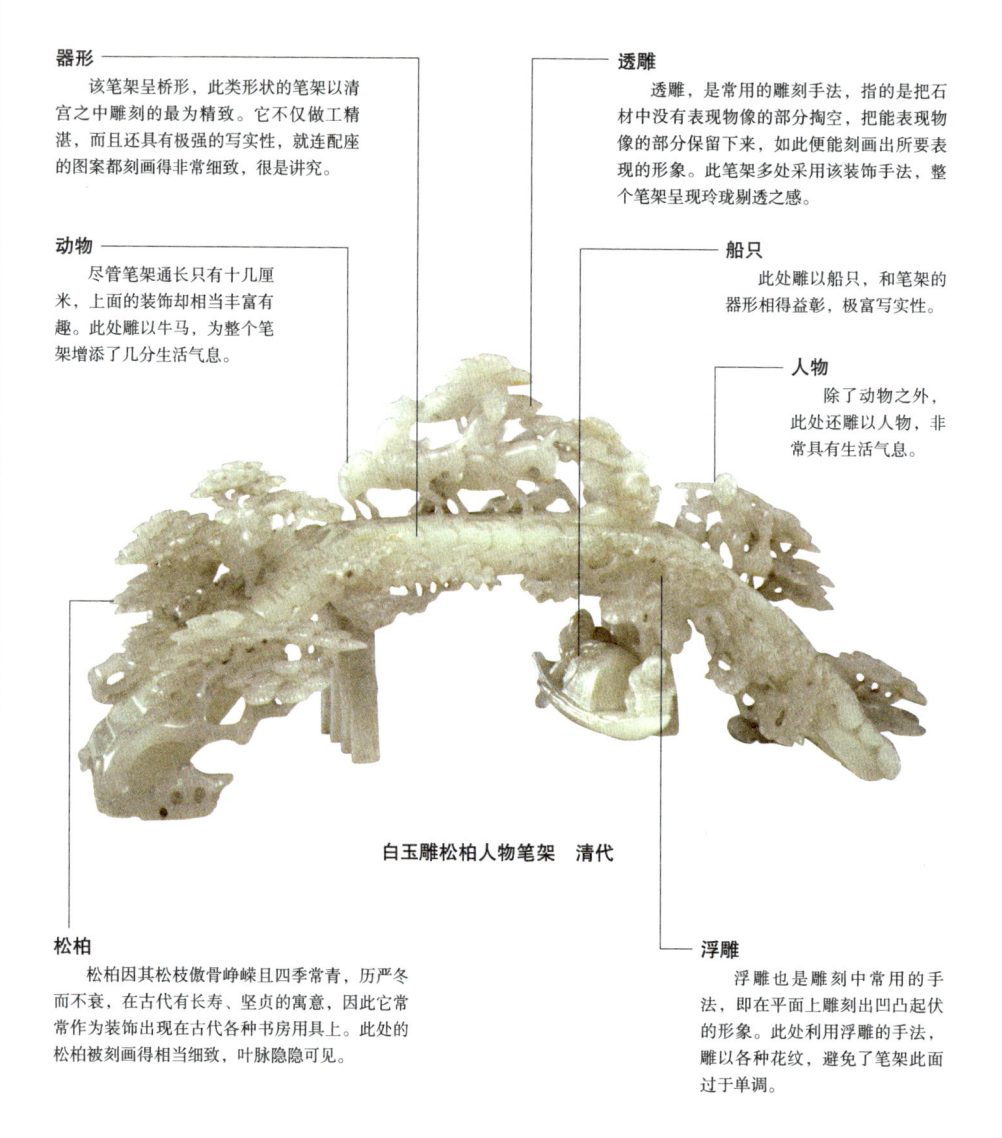

器形
　　该笔架呈桥形,此类形状的笔架以清宫之中雕刻的最为精致。它不仅做工精湛,而且还具有极强的写实性,就连配座的图案都刻画得非常细致,很是讲究。

动物
　　尽管笔架通长只有十几厘米,上面的装饰却相当丰富有趣。此处雕以牛马,为整个笔架增添了几分生活气息。

透雕
　　透雕,是常用的雕刻手法,指的是把石材中没有表现物像的部分掏空,而把能表现物像的部分保留下来,如此便能刻画出所要表现的形象。此笔架多处采用该装饰手法,整个笔架呈现玲珑剔透之感。

船只
　　此处雕以船只,和笔架的器形相得益彰,极富写实性。

人物
　　除了动物之外,此处还雕以人物,非常具有生活气息。

白玉雕松柏人物笔架　清代

松柏
　　松柏因其松枝傲骨峥嵘且四季常青,历严冬而不衰,在古代有长寿、坚贞的寓意,因此它常常作为装饰出现在古代各种书房用具上。此处的松柏被刻画得相当细致,叶脉隐隐可见。

浮雕
　　浮雕也是雕刻中常用的手法,即在平面上雕刻出凹凸起伏的形象。此处利用浮雕的手法,雕以各种花纹,避免了笔架此面过于单调。

卷一　笔谱

琥珀牧羊图笔架　清代

此笔架通体由半透明的琥珀制成，正面微凹，雕有一持杖放羊的老翁；背面略凸，借老翁和三羊的轮廓走势，形成了山坡起伏状，且刻有松、草的图案。整个笔架构思巧妙，刀工简洁，堪为精品。

水晶灵芝水盂笔架　明代

此笔架为水晶石质，纯净通透，呈粗壮的四峰形。其中，左侧的第二峰高于其余三峰，右侧两峰之间镂雕一灵芝，最左侧的山峰被掏空后用作水盂。这个集笔架、水盂于一身的文房杂件实属罕见，也相当别致有趣。

铜镂空桃树笔架　明代

此笔架为铜铸而成，以盘曲的桃树枝干为造型，枝丫交错，中间点缀一些肥厚的叶片，叶间果实累累，相当别致有趣。

铜龙形笔架　清代

此笔架为铜铸而成，将即将出水的龙作为搁笔用。这条龙刻画得比较简单，闭口，上唇上卷，长角，长鬣后仰，龙鳞为网格纹，龙足攀住一环形物，龙头抬起，做出水观察状，非常生动。

红釉鹅形笔山　明代

此笔山形似一只伏卧的家鹅，通体施以红釉，棱角处露出白色的胎骨。

青花龙形笔架　明代

笔架底座为长方体，上堆塑三龙，中间一龙突起，撑起主峰。以三龙纠缠盘旋状雕塑成峰，构成笔架，构思实为精妙。架体上施回青料，颜色浓艳。底部有青花"大明万历年制"六字楷书款。

63

青花加彩五龙纹笔山　明代

笔山为五峰山形。外壁装饰绘五彩云龙纹。此纹饰采用釉上彩和釉下彩两种方法绘成，五色龙盘绕山峰间，色彩热烈而不失庄重华贵，更加强了图案化的装饰效果。

青白釉五峰笔架　元代

此笔架构思妙颖，以五座镂雕的山峰制成，峰顶祥云缭绕，主峰彩云托月。峰前有藤蔓与青竹，峰下为浪花飞溅的海水。器物整体造型别致，想象丰富，胎质坚硬，釉色莹润。

玛瑙福寿灵鹤笔架　清代

此笔架为红白双色玛瑙制成，运用镂雕、巧作技法，雕饰着具有长寿之意的灵芝，具有驱邪之意的桃枝以及有祥瑞之意的蝙蝠和灵鹤。

白釉笔架　明代

此笔架为德化窑烧制而成。德化窑位于福建德化县内，宋元之时已开始烧制青白瓷，明代时达到高峰。该笔架呈山峰形，满施白釉，胎釉浑然一体，光洁如玉，没有任何纹饰，是笔架中的上乘之作。

铜城楼式笔架　宋代

笔架主体设计为城墙，墙体开有城门洞。城上有左中右三处山峰耸立其后，中间山峰两层眺望楼依山而建。城下门洞外雕一骑驴人摇头晃脑，正缓缓进城。笔架通体为铜制，青铜含绿，古朴怀旧。与古代大多青铜制工艺品相比，此笔架更为精巧轻盈，骑驴人形象的切入，更增添了笔架的生活情趣。

紫釉笔架　清代

紫釉是明代景德镇所创的一种颜色釉，它的主要着色剂为锰，釉料之中所含的铁和钴则起到调色作用。该笔架呈五峰山形，满施紫色釉，没有任何多余的装饰。

五峰笔架　明代

　　此笔架造型仍为常见的五峰形，峰体中空，山峰一侧和笔架后部各有一圆孔。外侧绘三层山峰，层叠起伏。此处亦是工匠用心之处，三层山峰三线一刻，结合得十分巧妙。主峰后书有"正统捌年"款。

黄杨木天然笔架　清代

　　此笔架为黄杨木制，呈红褐色，质地细密，肌理细腻柔润。取黄杨木浑然天成的优美形态，以起伏盘曲而形成的凹陷处做笔架之用，没有加任何装饰，相当别致，极富自然之趣。

青山雕凤鸟笔山　清代

　　笔山因其形制酷似山峦而得名。文房之中，它的作用和笔架相同，都是为了方便搁置毛笔而存在。此笔山镂雕有松、竹、桃、梅、凤鸟等图案，雕工精细，造型逼真。正面山脚处有隶书"乾隆年制"字样，因它通体为青玉制成，故名"青山"。

瓷仿英石笔山　清代

　　此笔架为瓷质，仿英石做成假山形，通体施以铁褐色釉料，底平，阴刻"蜗寄居士清玩"六个横排的楷书字。此种瓷仿英石的做法是当时新创的一种制瓷手法。

铜双莲童子笔架　清代

　　此笔架为铜制，两少儿一偃仰而卧，一席地而坐，均作酣眠状，坐者将右臂搭在偃仰者的右腿上，惟妙惟肖，引人遐思。

铜制莲池鹭鸶纹笔架　元代

　　此笔架为铜制，圆雕做山形笔架，三峰并立，以巧妙的雕琢手法装饰荷塘鹭鸶纹样，莲塘内郁郁葱葱，花苞馥郁，枝叶葳蕤，画面雕琢详略得当，三两鹭鸶徘徊于莲塘之畔。

◎古代制笔工序

> 毛笔在六千多年前已有雏形，迄今发现最早的毛笔为长沙战国楚墓出土。其笔杆为竹竿所制，笔头为兔毛包于竹管而成，用于竹木简牍的书写。

① **取毛料**
用指甲抠除残留破皮，并且要分类整理。

② **叠毛**
用铜梳梳理毛料，待用。

③ **齐毛根**
将梳理好的毛料放在桌面上，梳理毛根，使之整齐。

④ **去毛蒂**
用兽骨梳理毛蒂，去除夹杂在里面的杂物、废毛。

⑤ **去绒毛**
顺着毛锋的方向轻轻梳除绒毛。

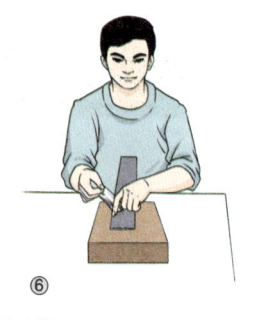

⑥ **齐毛锋**
从毛根梳至毛锋，将绒毛清理干净。将毛置于板子之上，用兽骨整理，且要将毛锋理齐。

⑦ **裁尺寸**
根据需要剪裁合适的尺寸，这样毛根和毛锋两头都整齐了。

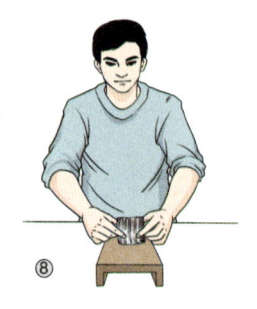

⑧ **配毛料**
依照毛笔的笔性，用途的不同，按一定次序调配或刚，或柔或长或短的毛料。

⑨ **梳整毛片1**
用骨梳平铺整理毛料。

卷一　笔谱

⑩ **梳整毛片2**
用骨梳、骨板将毛片梳理整齐。

⑪ **梳整毛片3**
平铺整理毛片。

⑫ **剔杂毛等**
左手握紧梳理好的毛片的毛根，右手执细尖刀或平口刀，夹剔杂毛、粗毛、断锋之毛。

⑬ **挑毛片**
用平口刀挑取毛片。

⑭ **卷制笔柱芯**
用手指轻卷笔芯。

⑮ **齐整笔柱芯**
用大、中、食三指紧捏笔柱芯的笔尖部位，用力在砧板上理齐笔柱芯底部。

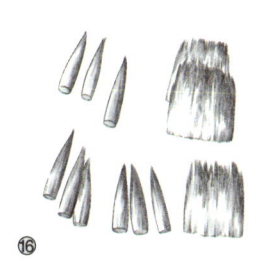

⑯ **卷制笔柱芯及毛片**
卷制完成的笔柱芯及毛片。

⑰ **齐锋顶**
剔除笔芯中的杂毛，用细圈铁棒夹出锋顶的杂毛。

⑱ **披加外表**
取笔柱芯置于外表毛上，卷成笔头。

67

⑲ **扎笔根**
取棉线紧紧扎住笔根。

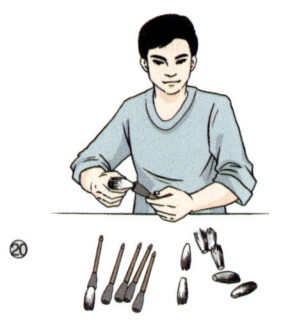

⑳ **上笔杆**
用松胶或者强力黏合剂粘制笔头，将其固定于笔杆上。

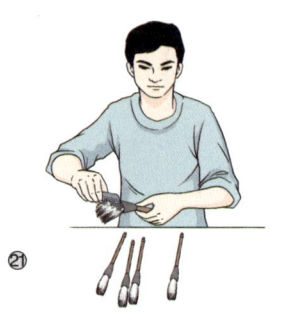

㉑ **梳理笔型**
用铜梳梳理笔头。

㉒ **除逆毛和杂毛**
用毛刷梳理笔毛，除去逆毛和杂毛，使笔毛柔顺。

㉓ **整笔**
用平口刀整理笔锋。

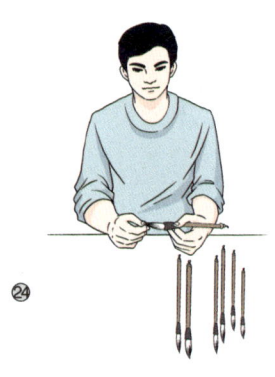

㉔ **定型**
用海菜胶使毛笔定型。

㉕ **品管检查**
用手试过笔锋弹性之后，再用平口刀做最后的检查。

㉖ **刻毛杆**
用利刃在笔杆上落款刻字。

㉗ **上笔套**
取笔套套在笔头上，加上标签，即可。

【注释】〔1〕心：心毫。
〔2〕副：被毫。

【译文】秦时蒙恬制笔，以狐狸毛做心毫，再覆兔毫。（见《博物志》。）

【原文】李阳冰[1]《笔法诀》云：夫笔大小硬软长短，或纸绢心[2]散卓[3]等，即各从人所好。用作之法，匠须良哲，物料精详[4]。入墨之时，则毫副[5]诸毛勿令斜曲[6]。每因用了，则洗濯收藏，惟己自持，勿传他手。至于时展其书，兴来不过百字，更有执捉之势[7]，用笔紧慢，即出于当人[8]至理确定矣。

【注释】〔1〕李阳冰：生卒年不详，字少温，谯郡（今安徽省亳州市）人，唐代书法家。
〔2〕纸绢心：指以纸绢为笔芯所制的笔。
〔3〕散卓：唐宋时期的一种毛笔，毫长寸半，一半藏于管中。
〔4〕物料精详：材质精密详实。
〔5〕副：协调。
〔6〕斜曲：歪斜。
〔7〕执捉之势：执笔的姿势。
〔8〕当人：书写者。

【译文】李阳冰《笔法决》说：笔有大小、硬软、长短的不同，有纸绢心、散卓笔等，都各随所好。制作与使用方法：要有能力的工匠制作，物料必须精细完备。入墨时，笔锋的毫要与心毫诸毛协调配合，不要让其曲斜；用后，每次要洗净了再收藏；只能自己把持，不能给他人；至于一时兴起，想展示自己的书艺，也不要超过百字；还有执笔的姿势、用笔的紧慢，都看个人，并无明确要求。

【原文】今有以金银为泥[1]，书佛道书者[2]，其笔毫才可数百茎[3]。濡[4]金泥之后，则锋重涩而有力也。

【注释】〔1〕泥：粉末。

〔2〕书佛道书者：书写佛道典籍的人。

〔3〕茎：根。

〔4〕濡：沾湿。

【译文】现在有用泥金、泥银书写佛道典籍的，其笔毫才可以多达数百根。这样的笔，蘸上金泥后，它的笔锋才能沉涩有力。

【原文】淮南王《万毕术》[1]曰：取桐烛[2]与柏木及蜡，俱内筒中，百日以为笔，画酒[3]自分矣。

【注释】〔1〕《万毕术》：术数著作，《淮南万毕术》的别称，为西汉淮南王刘安组织门客撰写。方以智《通雅》卷三："万毕，言万法毕于此也。"原书久佚，今有辑本。

〔2〕桐烛：应为桐油，古代可用作灯油。

〔3〕画酒：蘸酒。画：蘸。

【译文】淮南王《毕万术》说：取桐烛、柏木和蜡，都放到筒中，百日后制成的桐烛笔，在酒上画一道，酒会自动分开。

笔之势

【原文】《老子》[1]曰:"凿户牖[2]以为室,当其无,有室之用。"夫四谱之作,其用[3]者在于书而已矣,故《笔势》一篇附之。

【注释】[1]《老子》:又称《道德经》,相传为春秋时期的老子(李耳)所撰,分上下两篇,上篇《德经》,下篇《道经》,论述修身、治国、用兵、养生之道,且多以政治为旨归,是"内圣外王"之学,文意奥博,被誉为"万经之王"。

[2]户牖:门窗。

[3]其用:与前文中"室之用"一样,皆指功能、作用。

【译文】《老子》说:"开凿门窗建造房屋,正是因为有门窗虚空的部分,才体现了房屋的功用。"我写《四谱》,用力在书写方面,所以附一篇《笔势》。

【原文】《真诰》[1]曰:"三皇[2]之世,演八会之文[3],为龙凤之章[4]、云篆之迹[5],以为颁形[6]。梵书[7]分破二道[8],坏真从易,配别分支,乃为六十四种之书。"

又《真诰》曰:"三君[9]手迹,杨君书最工,不今不古[10],能大能细。大较[11]虽效郗愔[12]笔法,力兼二王[13]而名不显者,当以地微[14],兼为二王所抑。"(掾[15]书学杨而字体劲利。)

【注释】[1]《真诰》:道教洞玄部经书,为南朝道士陶弘景所撰,约成书于梁武帝天监年间。

[2]三皇:通常指伏羲、神农、黄帝这三位华夏始祖。

[3]八会之文:阐述最高教义的书。南朝梁·陶弘景《真诰·运象》:"校而论之,八会之书,是书之至真,建文章之祖也。"《云笈七签》卷四四:"八会开张,九愿同缠。"

[4]龙凤之章:龙凤花纹。章,花纹。

〔5〕云篆之迹：极言字形有飞动洒脱的迹象。云篆，道家符箓。

〔6〕颁形：似为讹文，结合上下文语境，可解为标准模式。

〔7〕梵书：佛经。

〔8〕分破二道：指背离阴阳二道。

〔9〕三君：指杨羲、许谧、许掾。杨羲（330—386年），字羲和，东晋时吴人，少好学，工书画。许谧（305—376年），一名穆，字思玄。东晋知名道士。许掾，即许询，字玄度，东晋文学家，与王羲之、支遁等交游甚密。

〔10〕不今不古：不拘于今不泥于古。

〔11〕大较：总体而言。

〔12〕郗愔（313—384年）：字方回，高平郡金乡县（今山东省济宁市金乡县）人。东晋大臣，书圣王羲之的内弟。

〔13〕二王：后人将东晋书法家王羲之和王献之父子并称为"二王"。

〔14〕地微：所处之地没名气。

〔15〕掾：许掾。

【译文】《真诰》说："三皇时代，推演道教阐述最高教义的八会之文，绘制龙凤之章、飞篆之迹，并以此为标准。佛经则背离阴阳之道，损害真理追从简易，强行区别分支，于是才有了六十四种书写方式。"

又有《真诰》说："道教杨羲、许掾、许谧三位仙君的手迹，杨君的最精致，无所顾忌，能大能细。其笔法大致效法郗愔，又兼有'二王'的笔力，其名声却不显著，原因应该是他身处偏远，又被'二王'的光芒所遮盖。"（许掾学杨羲但他的字更劲利。）

【原文】又云：八会书，文章之祖也。夫书通用^[1]墨者何？盖文章属阴，自阴显于阳也。

又云：神仙之书^[2]，乃灵笔真手^[3]也。

时人咸^[4]云：兔毫^[5]无优劣，笔手^[6]有巧拙。

【注释】〔1〕通用：普遍使用。

〔2〕神仙之书：道教书籍。

〔3〕灵笔真手：神灵仙人的自然造化之手。

〔4〕咸：都。

□ **竹管象牙斗兼毫提笔　清乾隆　故宫博物院藏**

　　图中锦匣五屉中所装套笔，制作精致，造型简洁大方，笔尖挺健，笔毫长颖，实乃宫廷御用佳品。一套笔含二十五支，形制相同，笔管均以精选细竹制，通体光素，管顶与笔斗均嵌象牙。笔毛为紫（紫色兔毛）羊兼毫，兔毛为柱，羊毛为被，一健一柔，刚柔相济，为笔中少见珍品。

〔5〕兔毫：这里指兔毛制成的笔。
〔6〕笔手：书写者。

【译文】又有一说：八会书，是文章的源头。写文章为何都要用墨？因为文章属阴，是要从阴显现为阳。

　　又说：神仙的书，出自自然造化之手。

　　现在的人都说：兔毫制成的笔没有优劣之分，但握笔手却有巧拙之别。

【原文】王羲之《笔势论》[1]云：凡欲书时，先干研墨，安著[2]水中。研墨须调，不得生用[3]，生用则浸渍慢涩。点笔[4]之法，只可豆许大，湿不宜大点。横画之法不得缓，缓即不紧。竖牵[5]之法不得急，宜卓把笔立[6]，笔头先行，笔管须卓立，竖傍[7]则曲也。轻健妙真[8]，书之法[9]也。草行[10]之法，即任意也。

【注释】〔1〕《笔势论》：又名《笔阵图十二章》，传为王羲之撰。

〔2〕安著：安置，安放。

〔3〕研墨须调，不得生用：干研的墨须加水研磨均匀，没有研磨调匀不能用于书写。

〔4〕点笔：以笔蘸墨。

〔5〕竖牵：带有连笔的竖画。

〔6〕卓把笔立：手握笔管高处。

〔7〕竖傍：作为偏旁的竖画。

〔8〕轻健妙真：轻松刚劲，惟妙惟肖。

〔9〕书之法：这里指书写楷书的法则。

〔10〕草行：草书和行书。

【译文】王羲之《笔势论》说：但凡写字，得先干着磨墨，然后再加水浸润。干研的墨必须加水研磨均匀，不可以直接用，否则书写时会出现浸渍、笔涩。写点画时，浸润大豆那么大就可以了，更不能浸润过头。写横画时不能缓，缓了就不紧凑。带连笔的竖画不能快，宜竖直握笔，笔头先行，笔管须竖直，如果笔管歪向一侧，笔画会不直。轻健妙真，是书写的法则。草书、行书可任意。

【原文】又云：初学书[1]时，不得尽其形势[2]，先想成字，意在笔前。一遍正其手脚[3]，二遍须得形势，三遍须少似本[4]，四遍加其遒润[5]，五遍加其泄拔[6]。须俟[7]笔滑[8]，不得计其遍数。又云：手稳为本，分间布白[9]，上下齐平，得其体势。大者促之令小，小者放之令大，自然宽狭得所，不失其宜。

【注释】〔1〕学书：这里指临摹法帖。

〔2〕尽其形势：这里指曲尽字形笔势之妙。

〔3〕正其手脚：把笔画写正确。

〔4〕少似本：稍微与原帖近似。少：稍微。似：近似。

〔5〕遒润：遒劲有力且圆润。

〔6〕泄拔：洒脱挺拔。

〔7〕俟：等待。

〔8〕滑：流畅。

〔9〕分间布白：字的间距分布。

【译文】又说：刚开始临摹法帖时，不可能领悟到字的形神，先要想如何成字，要意在笔前。第一遍要工整地写好笔画，第二遍要理解字的形神，第三遍须写得与原帖相似，第四遍要让笔法刚劲饱满，第五遍要超越。不管多少遍，要一直练到运笔流畅。又说：手稳是根本，分间布白，上下齐平。大字要写得紧凑，让它看起来不大；小字要写得宽松，让它看起来并不小，疏密适当，才显得协调。

【原文】又云：书法点之法，如大石当衢[1]，或如蹲鸱[2]，或如瓜子，或如科斗[3]。落手之法[4]，峨峨若长松之倚溪[5]；立人之法[6]，如鸟在柱首。

又云：一点失，如美人之无一目；一画失[7]，如壮士之无一肱[8]。

【注释】〔1〕衢：大路。

〔2〕蹲鸱：书法侧笔的笔势，因状如蹲伏的鸱，故称。

〔3〕科斗：蝌蚪。

〔4〕落手之法：落笔手书的方法。

〔5〕峨峨若长松之倚溪：耸立之势犹如高大的松树依傍溪水。峨峨，高耸貌。

〔6〕立人之法：站立书写的方法。

〔7〕失：失误，没写好。

〔8〕肱：胳膊上从肩到肘的部分，也泛指胳膊。

【译文】又说：书法中点的写法，要如大石当道，或如蹲立的老鹰，或如瓜子，或如蝌蚪。落手之法，要庄重如溪边的长松；立人之法，要如鸟在柱头。

又说：一点没写好，就像美人少一只眼；一画没写好，就像壮士缺一臂。

◎毛笔的选择

选择毛笔，重要的是精良的制作。一支优质的毛笔其特点是：笔身圆整，毛峰透净，使用时不开叉、不脱毛，笔头和笔杆黏合得牢固，等等。好笔的笔锋有"尖""齐""圆""健"四个特点。

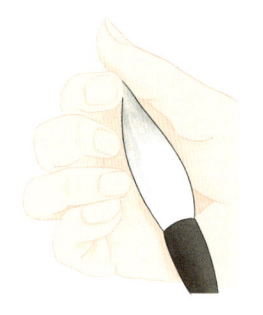

尖

笔毫聚拢时，笔锋尖锐且形状如针。在选购新笔时，毫毛因胶聚合在一起，容易分辨。而在检查旧笔的时候，需将笔湿润后才可辨别。

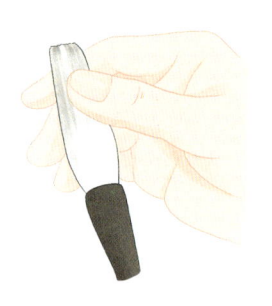

齐

将笔发开后，笔毫的长度要内外一致，毫尖要平齐。检验的时候，将发开的笔头用手指捏平，就可看清笔毛的长度。质量好的笔，书写时笔尖圆满，起倒自如；质量差的笔，书写时，在转折挑提处、出锋处有笔毫露出笔画外，古时称为"贼毫"。

圆

笔的四周圆壮饱满。呈圆锥状，在弧面上无缺陷、凹槽。如笔毫内的毫毛不充足，笔画会出现缺角、不圆满。

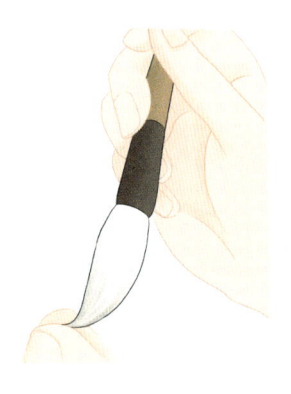

健

笔毫要有弹性。将笔按下去时，笔毫铺开；提起笔时，笔毫能自然恢复到凝聚状。如按下后聚不拢，说明笔毫的杂毛过多，笔力不健。

【原文】吴沈友[1]少好学，时人以友有三妙：一舌妙，二力妙，三笔妙[2]。

【注释】[1]沈友（176—204年）：字子正，三国时吴国吴郡（今江苏省苏州市）人。
[2]一舌妙……三笔妙：一是会说话，二是刀法妙，三是笔法好。

【译文】吴国人沈友年少好学，当时的人说他有三妙：一口舌妙，二刀法妙，三笔法妙。

【原文】赵壹[1]《非草书》[2]曰：十日一笔，月数丸墨。领袖如皂[3]，唇齿皆黑也。

【注释】[1]赵壹（122—196年）：本名赵懿，字元叔，汉阳郡西县（今甘肃省陇南市礼县）人，东汉时期辞赋家。与书法家张芝、思想家王符并称"陇上三大家"，著有《穷鸟赋》《刺世疾邪赋》《非草书》等。
[2]《非草书》：赵壹强烈非议新兴草书艺术的长篇专论。
[3]领袖如皂：领子和袖子像皂一样黑。

【译文】赵壹《非草书》说：十天写坏一支笔，一个月要用掉数丸墨。领口、袖子、嘴唇和牙齿都是黑的。

【原文】王羲之《与谢安[1]书[2]》曰：复与君，此真草[3]，所得极为不少，而笔至恶，殊不称意。

【注释】[1]谢安（320—385年）：字安石，陈郡阳夏（今河南省太康县）人，东晋时期名士、名臣。善行书，通音乐，处事公允明断，南朝齐·王俭称其为"江左风流宰相"。
[2]书：书信。
[3]真草：楷书和草书。

【译文】王羲之《与谢安书》说：送给你的，是我写的楷书和草书，对此我心得不少，但我所用的笔太差了，很不称意。

【原文】蔡伯喈[1]入嵩山学书,于石室内得素书[2],八角垂芒[3],颇欲似篆。伯喈得之,不食三日,惟只大叫欢喜。

【注释】[1]蔡伯喈:蔡邕,字伯喈。
[2]素书:古人以白绢作书,故以称书信。
[3]八角垂芒:这里形容素书上的字体光芒焕发,锋芒毕现。

【译文】蔡伯喈到嵩山学书法,在石室中得一幅素书,八角垂芒,很像篆书。蔡伯喈得后,三日不食,只一个劲地大叫欢喜。

【原文】钟繇见蔡邕笔法于韦诞,自搥[1]三日,胸尽青,因呕血。魏太祖[2]以五灵丹救之,得活。繇求之,不与。及诞死,繇令人盗掘其墓而得之,故知多力丰筋[3]者圣,无力无筋者病。其后消息[4]而用之,由是更妙。临死,启囊授[5]其子会[6]。繇能三色书[7],然后最妙者八分[8]。

【注释】[1]搥:同"捶"。
[2]魏太祖:曹操。
[3]多力丰筋:富于力道和筋骨。
[4]消息:斟酌。
[5]授:交给。
[6]会:钟会(225—264年),字士季,颍川长社(今河南省长葛市)人,三国时期魏国军事家、书法家,太傅钟繇幼子。
[7]三色书:楷、行、草三种字体。色,种类。
[8]八分:汉字书体名,字体似隶而体势多波磔。

【译文】钟繇在韦诞处看见蔡邕的书法,惊羡得捶胸三日,胸部瘀青吐血。魏太祖用五灵丹救他,才活转过来。钟繇向韦诞求蔡邕的字,韦诞不给。到韦诞死后,钟繇派人盗掘其墓才得到,由此可知书法富有力道和筋骨的才是圣品,无力无筋的是次品。此后钟繇不断斟酌使用,自己的字也因此变得更精妙。临死前,他打开锦囊,把蔡邕作品交给了儿子钟会。钟繇能写楷、行、草三种书体,但他写得最好的是八分书。

□ 牛角管紫毫笔　清乾隆　故宫博物院藏

　　笔管为牛角制，通身乌黑发亮，笔管与笔帽端镶嵌白色象牙，与管身、管帽形成鲜明对比。笔毫为兰蕊式紫毫。根部用花毫加以装饰。以犀牛角制作的毛笔杆，较为稀少，故十分珍贵。

【原文】《笔阵图》[1]云：夫纸者，阵也；笔者，刀矟[2]也；墨者，鍪甲[3]也；水砚者，城池也；心意者，将军也；本领者，副将也；结构者，谋略也；飐笔[4]之次，吉凶之兆也；出入者，号令也；屈折者，杀戮也。

【注释】[1]《笔阵图》：论述写字笔画的著作，阐述执笔、用笔的方法，并列举了七种基本笔画的写法，传为卫夫人所撰，也有学者认为是王羲之所撰。

[2] 矟：古代的一种兵器，即长矛。

[3] 鍪甲：指盔甲。

[4] 飐笔：飞扬的笔画。

【译文】《笔阵图》说：纸，是阵地；笔，是刀和长矛；墨，是盔甲；水砚，是城池；心意，是将军；技法，是副将；结构，是谋略；飞扬的笔画，是吉凶的征兆；笔画的出入，是号令；笔画的曲折，是杀戮。

【原文】右军[1]云：弱纸强笔，强纸弱笔[2]。强者弱之，弱者强之[3]。又云：草书欲缓前急后，斯至诀也[4]。又云：古谓之填书[5]，今之勒字也。

【注释】[1]右军：指王羲之。

[2]弱纸强笔，强纸弱笔：柔纸用硬笔，硬纸用柔笔。

[3]强者弱之，弱者强之：强硬的就配以柔软的，柔软的就配以强硬的。

[4]斯至诀也：这是最重要的诀窍。

[5]填书：又称填篆，用于图、书印记。

【译文】右军说：柔纸用硬笔，硬纸用柔笔。硬的应使之变柔，柔的应使之变硬。又说：草书要前缓后急，这是非常重要的诀窍。又说：古人所说的"填书"，就是今天的"勒字"。

【原文】《墨薮》云：凡书多肉微骨者，谓之"墨猪"。又云：凡笔，乃文翰[1]之将军也，直宜持重。又云：凡书，必使心忘于笔，手忘于书，心手遗情，书不妄想。要在求之不得，考之即彰。

【注释】[1]文翰：信札。

【译文】《墨薮》说：凡是多肉少骨力的字，都叫"墨猪"。又说：笔是文辞的将军，应当持重。又说：凡是书法，应做到心不在笔，手不在字，心手不动于世情，书写时没有杂念。要领是"求之不得"，仔细看才能彰显。

【原文】王逸少[1]先少学于卫夫人[2]，自谓大能[3]。及渡江北[4]游名山，见李斯[5]、曹喜[6]书；又之许[7]，见钟繇、梁鹄[8]书；又入洛[9]，见蔡邕《石经》；又于从兄洽处，见张昶[10]《华岳碑》[11]。始知学卫夫人徒费[12]年月，遂兼众家习之，特妙。

卫夫人见王羲之书，语太常王策[13]曰："此儿必见用[14]笔诀也。妾近见其书，有老成[15]之智。"因流涕曰："子必蔽[16]吾书名。"（晋安帝[17]时，北郊[18]祭文命更写[19]之。工人削之，羲之笔已入七分。）

□ 象牙雕缠枝花卉纹牛角斗紫毫提笔　清代　故宫博物院藏

以象牙制成的笔管，质地坚硬，洁白、细腻，较为珍贵。此象牙笔管，通体饰回纹锦地，上浮雕缠枝花卉纹饰。笔斗为牛角制，紫毫，根部用几圈白线缠绕加固。

【注释】〔1〕王逸少：指王羲之。

〔2〕卫夫人（272—349年）：本名卫铄，字茂漪，河东安邑（今山西省运城市夏县）人，晋代著名书法家。

〔3〕自谓大能：自认为了不起。

〔4〕江北：长江下游以北的地区。

〔5〕李斯（？—前208年）：战国末楚国上蔡（今河南省驻马店市上蔡县）人，秦朝著名政治家。主张禁私学，废《诗》《书》、六国史记及"百家语"。

〔6〕曹喜：生卒年不详，字仲则，东汉扶风平陵（今陕西省咸阳市）人，汉章帝时为秘书郎。工篆、隶，以创悬针垂露之法闻名。

〔7〕许：许昌，曾为曹魏政权的首都。

〔8〕梁鹄：生卒年不详，字孟皇（也有记作孟黄，与《襄阳记》中所记载的"梁孟星"应为同一人），安定乌氏（今甘肃省平凉市）人，东汉末至曹魏时期著名的书法家。

〔9〕洛：今洛阳。

〔10〕张昶（？—206年）：字文舒，敦煌酒泉（今甘肃省酒泉市）人。东汉书法家张芝之弟，善草书，时人谓之"亚圣"，有传世书迹《华岳碑》。

〔11〕《华岳碑》：全称《西岳华山庙碑》，刻于东汉桓帝延熹八年

（165年）。

〔12〕徒费：白费劲，没有一点用处。

〔13〕太常王策：掌管礼乐祭祀的高级官员王策。太常，秦时称奉常，汉景帝中元六年（前144年）更名为太常，掌管礼乐社稷、宗庙礼仪。其属官有太史、太祝、太宰、太药、太医（为百官治病）、太卜六令及博士祭酒。

〔14〕见用：使用。

〔15〕老成：老练成熟。

〔16〕蔽：盖过。

〔17〕晋安帝：司马德宗（382—419年），东晋第十位皇帝。

〔18〕北郊：古时帝王郊祀之所。

〔19〕更写：重新写。更，重新。

【译文】王羲之先是师从卫夫人，自认为很了不起。待他北渡后，游名山，见到李斯、曹喜的书法，到许昌，又见了钟繇、梁鹄的书法，就很推崇；又到洛阳，看了蔡邕的《石经》、张昶的《华岳碑》，才知道跟从卫夫人学书法是在浪费时光。于是他开始兼取众家之长，书法才变得很精妙。

卫夫人看了王羲之的字，对太常王策说："这个孩子必定得了运笔的秘窍。我近来看他的字，有老成的智慧。"因而流泪说："这个孩子必定会遮蔽我的书法声名。"（晋安帝时，下令重写北郊祭文。工人刮削它，才发现王羲之的字已入木七分了。）

【原文】虞世南[1]《笔髓》[2]云：夫书须手腕轻虚[3]。夫未解书[4]，则曰一点一画，皆求像本也，乃自取拙见[5]，岂知书耶。太缓则无筋，太急则无骨，侧管则钝，慢则肉多，竖笔则锋直，干枯则势露[6]。宜粗而不锐，细而不壮[7]，长者不为有余，短者不为不足。

又云：夫笔长短不过五六寸，捣管[8]不过三寸。真一，行二，草三，宜指实掌虚。

【注释】〔1〕虞世南（558—638年），字伯施，越州余姚县（今浙江省慈溪市）人，南陈至隋唐时期名臣。生性沉静，执着好学，贞观年间，深得李世民器重，时称德行、忠直、博学、文词、书翰五绝。

〔2〕《笔髓》：《笔髓论》，书法用笔的论著。

〔3〕轻虚：指不死板用力。

〔4〕解书：知书法，懂书法，明白个中真谛。

〔5〕自取拙见：自以为是的拙劣之见。

〔6〕侧管则钝，慢则肉多，竖笔则锋直，干枯则势露：传世通行本《笔髓》中，此句为："横毫侧管则钝慢而肉多，竖管直锋则干枯而露骨。"

〔7〕宜粗而不锐，细而不壮：传世通行本《笔髓》中，此句为："粗而能锐，细而能壮。"

〔8〕搦管：握持笔管。搦，握持。

【译文】虞世南《笔髓》说：写字时手腕必须轻虚。不懂书法的人会说，一点一画都要与摹本一样，这是一种自以为是的拙见。这哪是书法！运笔太缓则无筋，太急则无骨；侧着笔写则钝慢多肉，竖笔则锋直干枯则露骨。应粗而能锐，细而能壮；长的笔画不能长得过分，短的笔画不能太短。

又说：笔长度不过五六寸，握笔管处不过三寸。楷书握在笔管一寸处，行书在二寸处，草书在三寸处。握笔时宜手握掌虚。

【原文】王方庆[1]于太宗[2]时，上其十一代祖导[3]、十代祖洽[4]、九代祖珣[5]、八代祖昙首[6]、七代祖僧绰[7]、六代祖仲宝[8]、五代祖骞[9]、高祖规[10]、曾祖褒[11]，九代三从伯祖晋中书令献之[12]已下书，共十卷。上令中书舍人[13]崔融[14]为《宝章集》[15]，叙其事以赐，举朝[16]为荣。

【注释】〔1〕王方庆（？—702年）：本名王綝，字方庆，雍州咸阳（今陕西省咸阳市）人，祖籍琅邪临沂（今山东省临沂市），唐朝武周时期宰相，著名藏书家。

〔2〕太宗：唐太宗李世民（598—649年），祖籍陇西成纪（今甘肃省天水市秦安县），唐朝第二位皇帝。在位期间政治清明、经济复苏、文化繁荣，因其时年号为"贞观"（627—649年），故史称"贞观之治"。

〔3〕导：王导（276—339年），字茂弘，小字赤龙，东晋时著名政治家、

书法家。

〔4〕洽：王洽（323—358年），王导第三子，王羲之堂弟，亦以书法见称。

〔5〕珣：王珣（350—401年），字元琳，小字法护，王导之孙，王洽之子，东晋大臣。

〔6〕昙首：王昙首（394—430年），王导曾孙，王洽之孙，王珣幼子，南朝宋大臣、文学家。

〔7〕僧绰：王僧绰（423—453年），王导玄孙，王昙首之子，南朝宋大臣。

〔8〕仲宝：王俭（452—489年），字仲宝，南齐名臣、文学家、目录学家，王导五世孙、王僧绰之子。

〔9〕骞：王骞，生卒年不详，字思寂，王俭长子。

〔10〕规：王规（492—536年），字威明，南朝梁大臣，王俭之孙。

〔11〕褒：王褒（约513—576年），字子渊，王规之子。褒、襃的异体字。

〔12〕从伯祖：从，宗族中次于至亲的亲属。伯祖，父亲的伯父。中书令，官名。献之，王献之（344—386年），字子敬，东晋书法家，王羲之第七子。

〔13〕中书舍人：中国古代官名。魏晋时于中书省内置中书通事舍人，掌传宣诏命。南朝沿置，至梁，除"通事"二字，称中书舍人，任起草诏令之职，参与机密，权力日重。

〔14〕崔融（653—706年）：字安成，齐州全节（今山东省济南市章丘区）人，唐朝大臣，初唐"文章四友"之一。

〔15〕《宝章集》：王方庆历代家族书法汇编，今存摹本残本。

〔16〕举朝：朝廷上下。

【译文】王方庆在唐太宗时，进献了他十一代祖王导、十代祖王洽、九代祖王珣、八代祖王昙首、七代祖王僧绰、六代祖王仲宝、五代祖王骞、高祖王规、曾祖王褒、九代三叔公王献之等人的书法，共10卷。皇上诏命中书舍人崔融为《宝章集》作序，叙述此事作为赏赐，朝廷上下都引以为荣。

【原文】贞观六年正月八日，令整理御府[1]今古法书，钟、王[2]等真迹，得一千五百一十卷。

【注释】〔1〕御府：主藏禁中图书秘记的官署。

□ 黄檀木雕龙凤纹管花毫笔　明万历　故宫博物院藏

此花毫笔笔管为黄檀木所制，通体浅浮雕饰龙凤纹，笔管上方长方形框内有阴文楷书"大明万历年制"字样，笔帽亦雕双龙，雕刻精美，反映了明代较高的制笔工艺。

〔2〕钟、王：钟繇、王羲之。

【译文】贞观六年（632年）正月八日，诏命整理御府所藏的古今书法，包括钟繇、王羲之等人的真迹，共有1510卷。

【原文】汉元始[1]中，征天下小学[2]。

【注释】〔1〕汉元始：元始是西汉时汉平帝刘衎的年号。"元始"意为一元复始，寓意吉祥美好的开端。
〔2〕征天下小学：征召天下通晓文字学的学者。征，征召。

【译文】汉元始年间，征召天下通晓小学的学者。

【原文】张融[1]善草书，自美其能[2]。帝曰："卿殊[3]有骨力，但恨无二王之法。"答曰："臣亦恨二王无臣之法。"

【注释】〔1〕张融（444—497年）：字思光，吴郡（今江苏省苏州市）

人。出身世族,弱冠知名,善言谈,工草书。

〔2〕自美其能:这里指张融自己赞美自己的书法才艺。

〔3〕殊:很,特别。

【译文】张融擅长草书,对自己的才能很自夸。皇帝说:"你的书法有骨力,可惜没有'二王'的章法。"张融答道:"我也为'二王'没有我的章法感到可惜。"

【原文】梁武帝[1]论萧子云[2]书曰:"笔力骏劲[3],心手相应,巧逾杜恕[4],美过崔寔[5],当与元常[6]并驱争先。"其相赏如此。

【注释】〔1〕梁武帝:萧衍(464—549年),字叔达,小字练儿,南兰陵郡东城里(今江苏省丹阳市)人,南朝梁开国皇帝(502—549年在位)。

〔2〕萧子云(487—549年):字景乔,东海郡兰陵县(今山东省临沂市兰山区)人,南朝梁史学家、文学家、书法家。

〔3〕骏劲:精妙遒劲。

□ 象牙雕八仙人物图管狼毫笔　清乾隆　故宫博物院藏

笔管为象牙制,上以阴刻填黑技法雕出精美纹饰,表现传统的八仙祝寿内容,人物神态各异。笔帽上雕绘鹤衔筹码及海中仙阁景色,表现了"海屋添筹"这一典故。两组内容都表现了古代传统的"祝寿"题材,一显一隐,甚为妙趣。笔帽两端染红色。笔头为狼毫,选毫精致,黄色,油润光亮,属硬性毛笔。

"海屋添筹"源自古代典籍。相传渤海中有蓬莱(蓬岛)、瀛洲、瑶台三座神山,是神仙居住的地方,称为"海屋"。"筹",古代用竹木制成的一种记数工具。"添筹"有增寿之意。

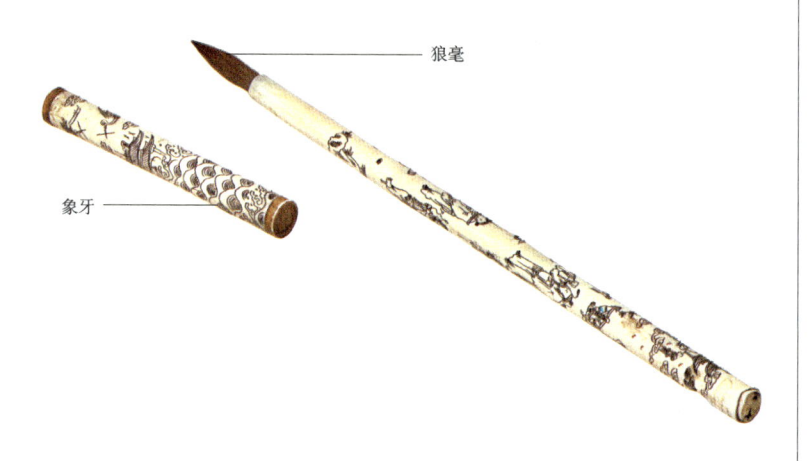

狼毫

象牙

卷一　笔谱

松木
羊毫

□ **羊毛笔　东晋前凉　甘肃省文物考古研究所藏**
　　此笔出土时插于笔帽中。笔杆、笔帽均为松木所制。笔杆表面通体磨光，无雕刻纹饰，简朴大方。笔杆前粗后细，笔帽较常见的略长，亦一端粗，一端细。

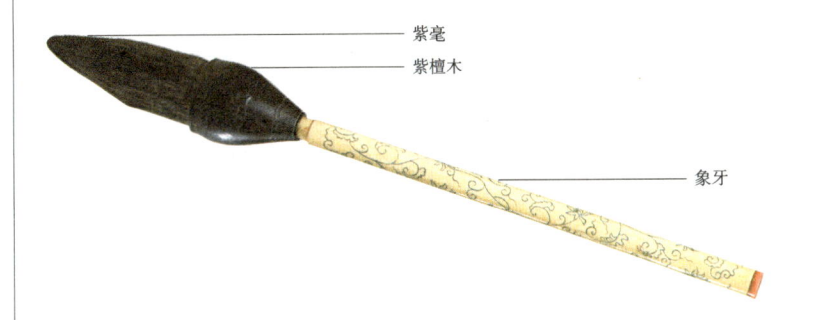

紫毫
紫檀木
象牙

□ **象牙雕花卉纹管紫檀嵌银丝斗紫毫提笔　清乾隆　故宫博物院藏**
　　此笔管为象牙制，通体阴线填蓝雕绘缠枝花纹，信手勾来，线条流畅。笔斗为紫檀木所制，斗处嵌饰银丝蝙蝠纹、莲瓣纹。紫毫，笔毫短锋丰满。此笔管采用雕刻、缠丝等不同手法制作，纹饰丰富，装饰淡雅。加之象牙原料来自国外，数量稀少，因此象牙雕笔管愈发珍贵，有重要的收藏价值。

〔4〕杜恕（197—252年）：字务伯，京兆杜陵（今陕西省西安市）人，三国时期魏国大臣。著有《体论》8篇、《兴性论》1篇、《笃论》4卷。

〔5〕崔寔（约103—170年）：字子真，又名台，涿郡安平（今河北省衡水市安平县）人，东汉后期著名的农学家、政论家。

〔6〕元常：钟繇，字元常。

【译文】梁武帝论起萧子云的书法时说："他笔力骏劲，心手相应，比杜恕的巧，比崔寔的美，可以与元帝并驱争先。"梁武帝

87

对他真赏识。

【原文】齐高帝[1]为方伯[2]，居处甚贫，诸子学书，常少纸笔。武陵王晔[3]尝以指画空中，及画掌学字，遂工书。

【注释】[1]齐高帝：萧道成（427—482年），字绍伯，小字斗将，南兰陵郡兰陵县（今江苏省常州市武进区）人，南朝齐的开国皇帝（479—482年在位）。
[2]方伯：殷周时代一方诸侯之长，后泛称地方长官。汉以来之刺史，唐之采访使、观察使，明清之布政使均称"方伯"。
[3]武陵王晔：萧晔（467—494年），字宣照，东海兰陵（今山东临沂市兰山区）人，南朝齐宗室大臣。

【译文】齐高帝萧道成在做地方官时，家里很贫穷，儿子们学习书法，常常缺少纸笔。武陵王萧晔曾用手指在空中比画，以及掌中比画习字，因此也写得精湛。

【原文】夫握笔名指[1]，一指在上为单钩[2]，双指为双钩[3]，指聚为撮笔[4]，皆学书之因习也。伪蜀[5]士人冯偘能书，得二王之法。然而以二指掐笔管而书，故每笔必二分，迹可深二三分[6]，斯书札之异者[7]也。

【注释】[1]握笔名指：握笔的手指各有说法。名，说法。
[2]单钩：执笔法的指法名称之一，指以食指钩笔管与拇指形成钳制状。
[3]双钩：执笔法的指法名称之一，指以食指与中指上节、中节之间相叠，钩住笔管，与"单钩"相对。北宋·黄庭坚论书："凡学字时，先当双钩，用两指相叠，蹙笔压无名指。高提笔，令腕随己意左右。"
[4]撮笔：执笔法的指法名称之一，用拇指由左内向右外用力，将无名指由里移到右边，和食指、中指并列撮住毛笔管，小指贴在下面，笔杆变横式。
[5]伪蜀：指五代十国时期的后蜀政权，定都成都。后被灭于宋，故宋人多称其为"伪蜀"。
[6]每笔必二分，迹可深二三分：指执笔方式特殊，每笔写出的长度有

限，需两笔方能完成一个笔画，故而笔迹较深，渗透纸面达二三分。

〔7〕书札之异者：书法界的奇人。

【译文】对握笔的手指有多种说法，一个手指在上是单钩，两个手指在上是双钩，手指聚在一起的是撮笔，这些都是学习书法的人相沿成习的。伪蜀士人冯侃擅长书法，得"二王"的笔法。但他却用二指掐住笔管写字，所以每一笔画都分两次写，墨迹可深达二三分，这是书法界的异人。

【原文】汉谷永[1]，字子云，与娄护[2]字君卿俱为五侯[3]上客。人号曰："谷子云笔札，娄君卿唇舌。"

【注释】〔1〕谷永（？—前11年）：本名谷并，字子云，京兆长安（今陕西省西安市）人，西汉大臣。才德过人，举孝廉出身，多次上奏谈论朝政得失。

〔2〕娄护：生卒年不详，字君卿，齐（今山东省临淄市）人，封西汉息乡侯。

〔3〕五侯：指汉成帝的舅父王氏五侯：平阿侯王谭、成都侯王商、红阳侯王立、曲阳侯王根、高平侯王逢时。

【译文】汉代的谷永，字子云，与娄护（字君卿）都是五侯的座上客。时人称之为"谷子云的书法，娄君卿的唇舌"。

【原文】晋王献之[1]，字子敬。方[2]学书，父羲之常后掣[3]其笔，不得，乃叹曰："此儿当有大名。"后果能以箒帚泥书作大字[4]，方一丈，甚为佳妙，观者如堵[5]。笔札之妙，时称二王。

【注释】〔1〕王献之（344—386年）：字子敬，小名官奴，琅琊临沂（今山东省临沂市）人，东晋大臣、书画家、诗人。在书法史上与其父王羲之并称"二王"。

〔2〕方：刚。

〔3〕掣：拽，拉。

〔4〕以箒帚泥书作大字：用扫帚沾泥书写大字。以，用。箒，同"帚"，

玉管

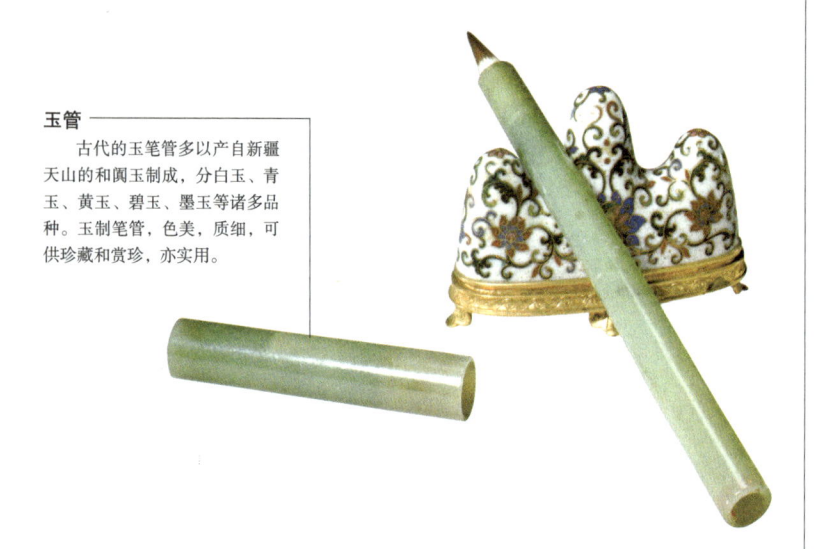

古代的玉笔管多以产自新疆天山的和阗玉制成，分白玉、青玉、黄玉、碧玉、墨玉等诸多品种。玉制笔管，色美，质细，可供珍藏和赏珍，亦实用。

□ **青玉管紫毫笔　清代　故宫博物院藏**

笔管为青玉制，色淡青，质细腻。管身空腔，通体光素，打磨光滑。笋尖式紫毫，根部有白色附毫一周。此笔管、笔帽不作任何装饰，简洁大方，玉质温润，雅逸清新。

扫帚。帚泥，沾泥。

〔5〕观者如堵：观看的人像围墙一样，形容围观的人众多。出自《礼记·射义》："孔子射于矍相之圃，盖观者如堵墙。"

【译文】晋代王献之，字子敬，刚学书法时，父亲王羲之常常从后面拽他的笔，拉不动，于是感叹说："这个孩子将来一定会名声大噪。"后来王献之果然能用扫帚扫泥写大字，一丈见方，很好很妙，观者如云。他的书法很妙，时人将其父与他并称"二王"。

【原文】僧智永[1]于楼上学书，有秃笔头十瓮，每瓮数石。人求题头[2]，门限穿穴[3]，乃以铁叶裹之，谓之铁门限。后取笔头瘗[4]之，号退笔冢，自制铭志[5]。

【注释】〔1〕僧智永：南朝人，本名王法极，字智永，王羲之七世孙，号"永禅师"。在永欣寺时，智永曾盖了一座小楼专供练字，誓言"书不成，不下此楼"。他的"永字八法"为后世楷书典范，对后世书法影响至深。

〔2〕题头：书写门头上的匾额或横披。

〔3〕门限穿穴：形容往来的人极多，连门槛都被踢破了。门限，门槛。穿，破。

〔4〕瘗：掩埋。

〔5〕铭志：犹碑志。

【译文】僧人智永在楼上学习书法，写秃的笔头装了十瓮，每瓮大可装数石。求他写匾额的人，踏破门槛，只得用铁皮包起来，所以被叫作"铁门槛"。后来，他把笔头埋了，埋的地方就叫"退笔冢"，并亲自写了铭志。

【原文】李阳冰云：夫点不变谓之布棋[1]，画[2]不变谓之布筭[3]，方不变谓之斗，圆不变谓之环。

【注释】〔1〕布棋：摆列棋子。布，摆列。

〔2〕画：横笔。

〔3〕布筭：排列算筹。筭，同"算"，即算筹，古时计数用的竹木条。

【译文】李阳冰说：点写得毫无变化就叫"布棋"，笔画写得毫无变化就叫"布筭"，方写得没有变化就叫"斗"，圆写得没有变化就叫"环"。

【原文】张伯英[1]好书，凡家之衣帛，皆书而后练[2]。

【注释】〔1〕张伯英：张芝，字伯英，敦煌渊泉（今甘肃省瓜州东）人，东汉著名书法家，人称"草圣"。

〔2〕练：染色。

【译文】张伯英喜欢书法，家中的衣帛，都写了字后才拿去染色。

【原文】《晋书》[1]：王逸少书字，若金帖[2]墨中，炳然[3]

可爱。

【注释】〔1〕《晋书》：二十四史之一，唐·房玄龄等合撰。
〔2〕帖：同"贴"。
〔3〕炳然：光明貌。

【译文】《晋书》：王羲之写的字，像墨中贴有黄金，光明可爱。

【原文】张昶，字文舒，伯英季弟[1]也。章草入神，八分入妙，隶书入能[2]。

刘德升[3]，字君嗣，能书。胡昭[4]、钟繇俱善书，胡书体肥，钟书体瘦，亦各有君嗣之美[5]。

王羲之，旷[6]之子，早于其父枕中窃读《笔说》[7]。父恐其幼，不与，乃拜泣[8]而请之。

【注释】〔1〕季弟：最小的弟弟。
〔2〕章草入神……隶书入能：指张昶的草书进得了神品，八分书进得了妙品，隶书进得了能品。章草，传统书体之一，是早期草书，始创于秦汉年间，由草写的隶书演变而成。神、妙、能、逸，是中国古典美学关于书画品评的等级划分，又称"四品"或"四格"。
〔3〕刘德升：生卒年不详，字君嗣，颍川（今河南省禹州市）人，东汉桓帝、灵帝时著名书法家，行书书法创始人，被后世尊为"行书鼻祖"。
〔4〕胡昭（162—250年）：字孔明，颍川（今河南省禹州市）人。汉末三国时期隐士、书法家，善隶书。
〔5〕各有君嗣之美：谓都受刘德升书法的影响。
〔6〕旷：王旷（274—？年），字世弘，琅琊临沂（今山东省临沂市）人，东晋书法家，王羲之的父亲，善隶书、行书。
〔7〕《笔说》：传为蔡邕专论书法技艺的著作。
〔8〕拜泣：跪地哭泣。

【译文】张昶，字文舒，是张伯英最小的弟弟。他的章草已入神品，更有八分书能入妙品，隶书也能入能品。

刘德升，字君嗣，能书。胡昭、钟繇都善书，胡昭的字体肥，钟繇的字体瘦，都有刘德升之美。

王羲之，王旷之子。早年从父亲枕中拿出《笔说》偷看，父亲怕他年幼，不给他，他就跪地哭泣，求父亲给他。

【原文】王僧虔博涉经史，兼善草隶。齐太祖[1]谓虔曰："我书何如[2]卿？"虔曰："臣正书[3]第一，陛下草书第二，正书第三。臣无第二，陛下无第一。"上笑曰："卿善为辞也。然天下有道，某不与易[4]。"又高帝[5]尝与僧虔赌书[6]，毕，帝曰："谁为第一？"虔曰："臣书臣中第一，陛下帝中第一。"帝笑曰："卿可谓善自谋者也。"

【注释】[1]齐太祖：南朝齐开国皇帝萧道成。
[2]何如：怎么样。
[3]正书：楷书。
[4]不与易：这里指齐太祖萧道成不与王僧虔争名。
[5]高帝：萧道成，谥号高皇帝，庙号太祖。
[6]赌书：比赛书法水平的高低。

【译文】王僧虔博涉经史，同时又擅草书、隶书。齐太祖问王僧虔："我的字与你比怎么样？"王僧虔回答说："臣楷书第一，陛下草书第二，楷书第三。我没有第二，陛下没有第一。"皇上笑了，说："你很会说话，但天下有道，寡人不会与你争名。"又一次，齐高帝与王僧虔比试书法，事后，齐高帝问他："谁是第一？"王僧虔说："我的书法在臣子中是第一，陛下的书法在皇帝中是第一。"齐高帝笑着说："你很善于为自己谋算呢。"

【原文】欧阳询书不择纸笔，皆能如意。褚遂良[1]须手和墨调[2]，精纸良笔，方书。

【注释】[1]褚遂良（596—658年）：字登善，杭州钱唐（今浙江省杭州市）人，唐朝宰相。工于书法，传世墨迹有《孟法师碑》《雁塔圣教序》等。

〔2〕手和墨调：谓写字的手、墨达到最佳状态。

【译文】欧阳询写字不择纸笔，什么样的纸笔他都如意。褚遂良必须手和墨都在理想状态，有好纸好笔，才会下笔。

【原文】张旭[1]得笔法，传于崔邈[2]、颜真卿[3]。自言："始吾观公主担夫争路[4]，而得笔法之意；后见公孙氏[5]舞剑，得其神。"饮醉辄书，挥笔大叫，以头搵[6]水墨中，天下呼为张颠。醒后自观，以为神异，不可复得也。

【注释】〔1〕张旭（约685—约759年）：字伯高，一字季明，苏州吴县（今江苏省苏州市）人，唐代书法家。擅长草书，与怀素并称"颠张醉素"，又与贺知章等人并称"饮中八仙"，其草书则与李白的诗歌、裴旻的剑舞并称"唐代三绝"。

〔2〕崔邈：出生地和生卒年均不详，五代后梁开平二年（908年）状元。

〔3〕颜真卿（709—784年）：字清臣，小名羡门子，别号应方，琅琊临沂（今山东省临沂市）人，唐名臣、书法家。创"颜体"楷书，其正楷端庄雄伟，行书气势遒劲，与赵孟頫、柳公权、欧阳询并称为"楷书四大家"，又与柳公权并称"颜柳"。

〔4〕观公主担夫争路：谓公主坐在辇上，担夫抬辇与他人争路，原文出自《唐国史补》。

〔5〕公孙氏：公孙大娘，开元年间玄宗宫廷的第一舞人，尤擅舞剑。

〔6〕搵：浸没。

【译文】张旭领悟到的笔法，都传给了崔邈和颜真卿。他自己曾说："刚开始我从公主的挑夫与别人争路的情景悟到笔法的意蕴，后又从公孙氏舞剑悟得笔法的神采。"他喝醉了就写字，一边挥笔一边大叫，还将头浸到墨水中，天下人都叫他"张颠"。酒醒后，他看自己的字觉得很神异，是不可复得的。

【原文】长沙僧怀素[1]好草书，自言得草书三昧[2]。

【注释】〔1〕怀素（737—799年）：字藏真，僧名怀素，俗姓钱，永州零陵（今湖南省永州市零陵区）人。是"大历十才子"之一考功郎中钱起的外甥，自幼出家，经禅之余，锐意草书，史称"草圣"。传世书法作品有《自叙帖》《圣母帖》《苦笋帖》《论书帖》等。

〔2〕三昧：佛教用语，意思是止息杂念，使心神平静，是佛教的重要修行法之一。这里借指事物的诀要、真谛。

【译文】长沙僧人怀素好草书，自言得了草书的真谛。

【原文】魏明帝起凌云台，先钉榜[1]未题之。乃以笼盛韦诞，辘轳[2]引上书之。去地二十五丈，诞甚危惧，及下，须发尽白。乃诫子孙绝此楷法。

【注释】〔1〕榜：匾额。
〔2〕辘轳：利用轮轴原理制成的一种起重工具，机械上的绞盘有的也叫辘轳。

【译文】魏明帝建凌云台，先钉上没有题字的匾额。于是便把韦诞装进站笼，用辘轳把他拉上去题写。离地二十五丈，韦诞很害怕，下来后，头发都白了。于是告诫子孙，不要学写门额的大字。

【原文】天下名书，有荀舆[1]《狸骨药方帖》、王右军[2]《借船帖》。右军尝醉书数字，点画像龙爪，后遂有龙爪书[3]。

【注释】〔1〕荀舆：出生地和生卒年均不详，字长胤，能书。
〔2〕王右军：王羲之。
〔3〕龙爪书：书体名，相传王羲之醉时曾书飞字于柱，其点画似龙爪，故称。

【译文】天下著名的书法，有荀舆的《狸骨药方帖》、王羲之的《借船帖》。王羲之曾醉酒后写了几个字，点画像龙爪，于是后来便有了"龙爪书"。

兼毫

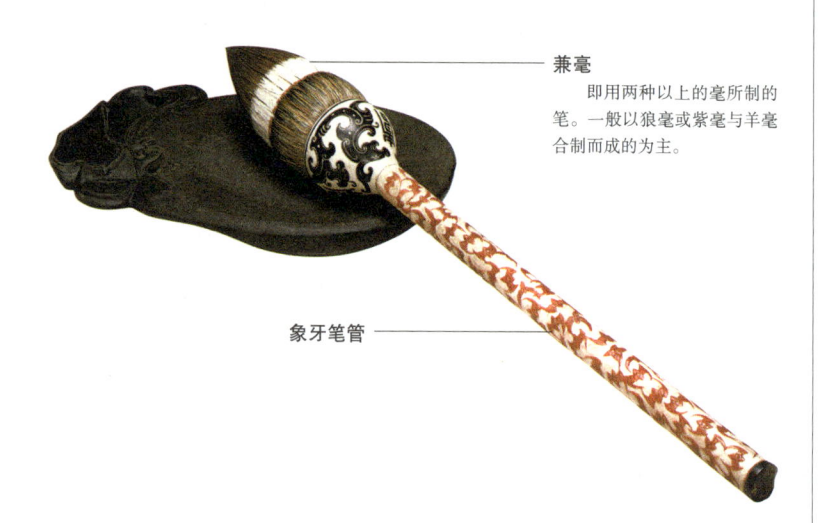

即用两种以上的毫所制的笔。一般以狼毫或紫毫与羊毫合制而成的为主。

象牙笔管

□ 象牙雕福寿纹管兼毫提笔　清代　故宫博物院藏

象牙管，通体雕绘蝙蝠纹，填以红漆，取"蝠"谐音"福"的寓意。笔斗雕饰黑色夔凤纹，头尾间饰篆书"寿"字，与前面"福"音合成"福寿双全"寓意。笔毫为兼毫。此笔雕刻精美，纹饰生动，色彩艳丽，实为官中用笔的精品。

【原文】宋太祖[1]问颜延之[2]："诸子谁有卿风？"延之曰："竣[3]得臣笔，测得臣文，㚟得臣义，跃得臣酒。"

【注释】[1]宋太祖：赵匡胤（927—976年），小名香孩儿，涿郡人，生于洛阳夹马营（今河南省洛阳市瀍河区），五代至北宋初年军事家、政治家，宋朝开国皇帝（960—976年在位）。

[2]颜延之（384—456年）：字延年，琅琊临沂（今山东省临沂市）人，南朝宋文学家。和陶渊明私交甚笃。

[3]竣：颜竣，字士逊，琅琊临沂（今山东省临沂市）人，颜延之长子，南朝宋大臣。

【译文】宋太祖问颜延之："你的几个儿子中，哪一个有你的风采？"颜延之回答说："颜竣得了我的笔法，颜测得了我的风采，颜㚟得了我的义气，颜跃得了我的酒量。"

【原文】萧隶[1]贫无纸，止[2]画窗尘以学书。

【注释】〔1〕萧隶：生平不详。

〔2〕止：只得。

【译文】萧隶贫穷没有纸，只能在窗尘上写字学习书法。

【原文】羲之永和[1]九年制《兰亭序》，乘兴而书，用蚕茧纸[2]，鼠须笔，遒媚劲健[3]，绝代更无。太宗[4]后于玉华宫大渐[5]，语高宗[6]曰："若得《兰亭序》陪葬，即终无恨[7]矣。"高宗涕泣而从之。

【注释】〔1〕永和：东晋穆帝司马聃的年号。

〔2〕蚕茧纸：用蚕茧壳制成的纸，取其洁白细密。

〔3〕遒媚劲健：遒劲秀美，刚健有力。

〔4〕太宗：唐太宗李世民。

〔5〕大渐：病危。

〔6〕高宗：唐高宗李治（628—683年），字为善，唐朝第三位皇帝（649—683年在位）。

〔7〕恨：遗憾。

【译文】王羲之在永和九年写《兰亭序》。他乘兴而书，用蚕茧纸、鼠须笔。笔力遒劲健美，绝代无双。后来，唐太宗在玉华宫病危，对高宗说："如果能有《兰亭序》陪葬，我便死无遗憾了。"高宗哭着答应了他。

【原文】世传宣州陈氏世能作笔，家传右军与其祖《求笔帖》。后子孙尤能作笔。至唐，柳公权[1]求笔于宣城，先与二管，语其子曰："柳学士如能书，当留此笔。不尔[2]，如[3]退还，即可以常笔与之。"未几[4]，柳以为不入用[5]，别求，遂与常笔。陈云："先与者二笔，非右军不能用。柳信[6]与之远矣。"

【注释】〔1〕柳公权（778—865年）：字诚悬，京兆华原（今陕西省铜川市耀州区）人，中唐大臣、书法家。自创独树一帜的"柳体"，以骨力劲健

紫毫

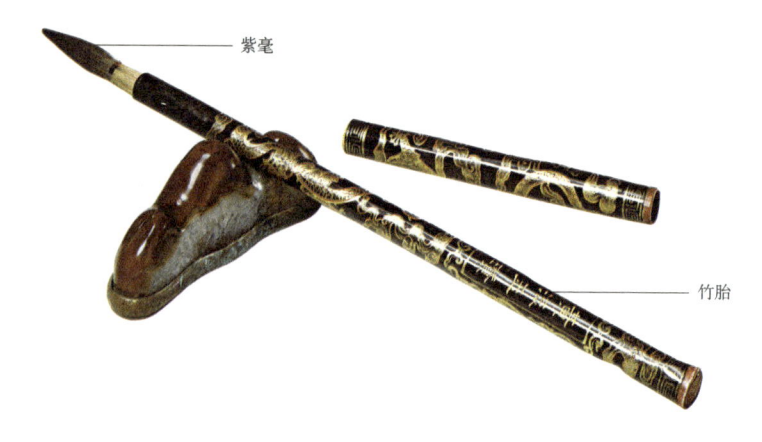

竹胎

□ **彩漆云龙纹管黄流玉瓒紫毫笔　清乾隆　故宫博物院藏**

此笔为竹胎，通体黑漆底彩漆描金云龙纹，笔管末端及笔帽两端分别描金回纹一周。笔头为紫毫制，形似兰蕊，根部饰黄色毫毛。笔管上端阴文隶书"黄流玉瓒"字样。整体金漆灿烂，装饰华美，极具宫廷色彩。"黄流玉瓒"之款铭即取自古代礼乐制度，蕴涵对传统文化景仰、赞颂之意。"黄流玉瓒"源于《诗经·大雅·文王之什》中"瑟彼玉瓒，黄流在中"之句。古人酿黍为酒，以郁金草为色，故称酒为"黄流"，在神祭活动中用以灌地。玉瓒则是指神祭中舀酒之器。整诗赞颂了周文王能承祖业，修德政，恭敬祭祀而得福气。

鬃毫

□ **彩漆百寿字管鬃毫提笔　清乾隆　故宫博物院藏**

此笔笔管以传统吉祥题材"寿"字为装饰，篆书"寿"字整齐划一。笔管两端与笔斗均为朱漆描金缠枝莲纹。鬃毫，毫长而硬，根根刚劲挺拔。

见长，后世有"颜筋柳骨"的美誉，传世碑刻有《金刚经刻石》《玄秘塔碑》《冯宿碑》等。

〔2〕不尔：如不是这样。尔，这样。

〔3〕如：应当。

〔4〕未几：不久。

〔5〕入用：可用，好用。

〔6〕信：确实。

【译文】世传宣州陈氏世代善于制笔，家传有王羲之给其祖先的《求笔帖》。他的后世子孙都特别擅长制笔。到了唐代，柳公权到宣城求笔，陈家先给了两支，并对他的儿子说："柳学士如果能书法，会留下这两支笔。如果不是这样，退还后，便给他普通的笔。"不久，柳认为不好用，要别的，陈家便给了他普通的笔。陈氏说："先前给的那两支笔，除了王羲之，别人没法用。柳公权确实比王羲之差远了。"

【原文】孙敬[1]事母[2]至孝，每得甘鲜[3]，必奔走奉母。每画地书，真草[4]皆妙也。

【注释】〔1〕孙敬：生卒年不详，汉朝信都（今河北省衡水市冀州区）人。年少好学，嗜书如命，成语"悬梁刺股"中"悬梁"的主人公。

〔2〕事母：侍奉母亲。事，侍奉。

〔3〕甘鲜：谓鲜美可口的食品。

〔4〕真草：楷书和草书。

【译文】孙敬侍奉母亲很孝顺，每得到鲜美的食物，必定跑去送给母亲。他每每在地上写字，楷书、草书都精妙。

【原文】卫恒[1]每[2]书大字于酒肆，令人开之纳直[3]，以偿酒价。直足，则埽去[4]之。

【注释】〔1〕卫恒（？—291年）：字巨山，河东安邑（今山西省运城市夏县）人，西晋书法家。

〔2〕每：常常。

〔3〕开之纳直：张设起来收费观看。开，张设。直：同"值"。

〔4〕埽去：扫除。

【译文】卫恒常在酒肆写大字，让人张设出来交钱观看，以偿付酒钱。酒钱收够了，便把字扫掉。

【原文】唐太宗《笔法》[1]云:"攻书之时,当收视听,绝虑怡神,心正气和,则契于元妙[2]。心神不正,字则欹斜[3];志气不和,字则颠仆[4]。如鲁庙之器[5]也。"又云:"为点[6]必收,贵紧而重;为画必勒[7],贵涩而迟;为撇必掠[8],贵险而劲;为竖必努[9],贵战而雄[10];为戈[11]必润,贵迟疑而右顾;为环[12]必郁[13],贵蹙[14]锋而拗转;为波必磔[15],贵三折而遣毫。"

【注释】〔1〕《笔法》:《笔法诀》,论述写字运笔方法的文章,唐太宗李世民所撰。

〔2〕元妙:道教语,谓深奥微妙之道。

〔3〕欹斜:歪斜不正。

〔4〕颠仆:歪倒。

〔5〕鲁庙之器:欹器,古时国君置于座右,以为不要过或不及之劝诫。

〔6〕点:点笔。

〔7〕勒:收紧。

〔8〕掠:拂过。

〔9〕努:有力。

〔10〕战而雄:勉力而行。

〔11〕戈:弯钩笔。

〔12〕环:圆笔。

〔13〕郁:茂盛貌。

〔14〕蹙:收缩。

〔15〕磔:捺笔。

【译文】唐太宗《笔法》说:"勤勉学习时,应当收敛视听,不思考而让神情愉悦,心正气和,才能投入玄妙之境。心神不正,字会歪斜;志气不和,字会不稳,这就如鲁庙中倾斜的器具。"又说:"点要收笔,贵在紧凑滞重;写横笔要收紧,贵在涩重迟缓;写撇笔要一掠而过,贵在奇险劲道;写竖笔要伸展,贵在英武挺拔;写戈要光润,贵在迟疑右顾;写口字要紧凑,贵在藏锋弯转;写捺要有波磔,贵在顿笔送锋。"

乌木

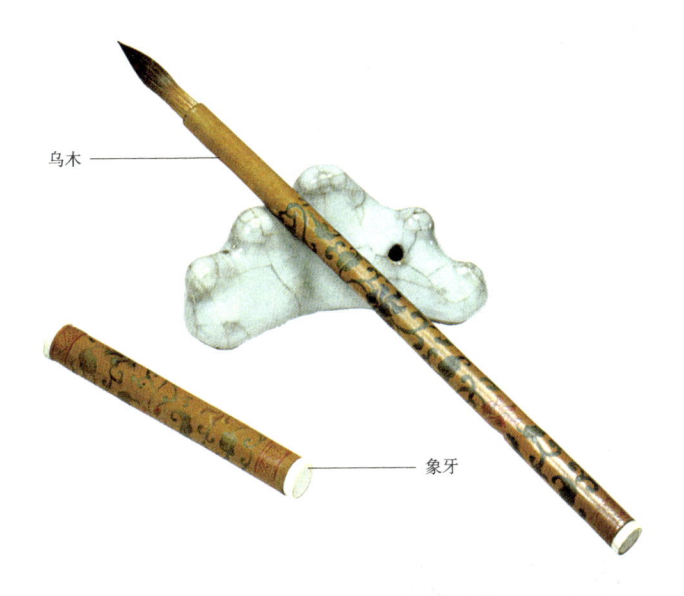

象牙

□ 乌木彩漆云蝠纹管紫毫笔　清乾隆　故宫博物院藏

笔顶、笔帽两端镶嵌有象牙，通体饰彩漆纹，以朱漆绘蝠纹，绛、土黄、绿色绘云纹，蝙蝠纹更加醒目突出。此笔管为乌木所制。乌木产于四川一带，距今有两千至四万多年的历史，为不可再生资源。因其木质坚硬、木纹细腻、不褪色、不腐朽、不生虫、略带自然香味，而成为古人制作艺术品、家具的理想木材。

【原文】前蜀王氏朝伪相王锴[1]，字鳣祥，家藏书数千卷，一一皆亲札[2]，并写藏经[3]。每趋朝，于白藤檐子[4]内写书。书法尤谨，近代书字之淫者[5]也。

【注释】〔1〕王锴：生卒年不详，字鳣祥，五代时人，好学工书。
〔2〕亲札：亲自写札记。
〔3〕藏经：应指佛经。藏，道教、佛教经典的总称。
〔4〕檐子：肩舆之类，盛行于初唐，用竿抬，无屏障。
〔5〕书字之淫者：沉迷于书写的人。淫，沉迷。

【译文】前蜀王氏朝伪相王锴，字鳣祥，家中有藏书数千卷，每卷都亲手写有札记，还抄写佛道典籍。每次上朝，路上都在由白藤制成的肩舆内写字。他的书法很工谨，也是近代很沉迷于写字的人。

101

◎ 文房用具之笔洗

笔洗是洗毛笔的容器。古人用毛笔蘸墨写字，因墨中含胶，墨干之后，易将笔头粘住，如此以来，只能用水将其泡开，这样就会损伤笔毛。因此不用毛笔时，一定要将其冲洗干净。所以，笔洗成为文房之中所不可或缺的用具。笔洗质地有多种，包括瓷、玉、玛瑙、珐琅、象牙和犀角等，大都属于名贵材质，其中，瓷质笔洗最常见。笔洗多为散口、浅腹、平底，有圆形、葵花形、桃形、荷叶形、莲花形等各种形制。据考究，其产生年代不晚于唐代，宋元之时逐渐增多，明清时达到顶峰。

青玉蟠螭荷叶洗　清代

此笔洗青玉制，玉质莹润。取过度蜷曲的荷叶造型，荷叶外壁贴塑两只蜿蜒盘曲的蟠螭，做卧沿状，荷叶与蟠螭一动一静，饶有生趣。

青玉桃式洗　明代

此笔洗取桃枝托桃形，桃实掏空为洗池，外壁浮雕桃枝若干，一枝伸于洗底为足，其上有未成熟的幼桃并桃花，另两枝延伸至洗口沿承托上方，主干桃枝伸出成洗柄。器形构思奇妙，雕琢精美，实为文人书房摩挲把玩的精品。

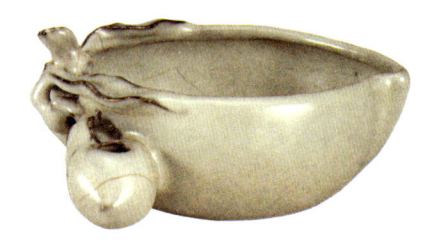

仿官窑桃式洗　清代

此器形像半剖的桃子，近蒂处圆雕有桃实和枝叶，釉面条条开片隐约可见。此器是景德镇仿官窑釉的一个代表。

清康熙、雍正、乾隆三朝，随经济的发展，社会的稳定，对传统文化的继承以及宫廷藏品的丰富，仿古之风逐渐盛行，乾隆朝最盛。雍正朝仿宋官窑产品也很出名，其仿品釉有透明和失透两种。失透极易与宋官窑混淆，文献中对这一仿品有"仿铁骨大观釉"称谓。

冬青釉暗龙纹长方形带盖笔洗　清代

带盖笔洗实为少见。此笔洗设计成笔盒形状，盒盖处以子母口相合。盒内设计更为巧妙，置独立的几孔，作用各异。盖面装饰云龙纹，侧面饰回纹。整洗釉色青中闪绿，匀净、雅致。

卷一　笔谱

窑变天青釉鼓式洗　宋代

此器为钧窑烧制。钧窑在河南省禹县,为宋五大名窑之一。釉色的相互交融产生无数颜色不一、形状各异的窑变,这是钧瓷区别于其他青瓷的一大特色。釉面的蚯蚓走泥纹是钧窑又一特征。此器呈扁鼓形,广口浅腹,平底。口沿及下腹装饰乳钉纹,下装饰三个"云头足",器内可见"蚯蚓走泥纹",器外底部涂芝麻酱釉,阴刻"六"字铭文。

仿哥窑釉笔洗　明代

哥窑是宋代五大名窑之一,以纹片著称。哥窑釉的特征是釉厚,釉面有大小纹片。釉面开裂本是瓷器烧制中的缺陷,后来人们掌握了开裂的规律,有意让它产生开片,从而形成了哥窑釉的独特美感,后代对其多有仿造。此为明代仿哥窑釉品,呈方形,有底座,周身有细密不规则的冰裂纹,是仿哥窑釉中少见的精品。

青玉荷叶洗　明代

此洗青玉质,洗身以内卷的荷叶为造型,下部以盛开的荷花、弯曲的荷颈,巧琢成洗底,造型生动。明清时期笔洗相比,明代器形古朴,较少有清代的精工细作。而在荷叶的刻画上,明代荷叶边沿伸展自如,清代则趋向程式化,稍显呆板。

白玉蝠纹葫芦式洗　清代

此洗白玉质,造型为对开的半剖葫芦,雕饰有葫芦蒂。洗底四乳状足,洗口束腰部雕一蝙蝠,洗内分大、小两池以贮水,两池间有孔,水可流通。此对玉洗琢磨圆润,是清中期玉器的精美之作。

"葫"谐音"福";葫芦又称蒲芦,其枝茎称蔓带,谐音"万代",故蒲芦蔓带谐音为"福禄万代",是吉祥的象征。葫芦果实种子多,所以它也有"多子多孙"的寓意。

竹雕镂空松树洗　清代

此竹雕洗,形似笔筒,较之口更敞。周身饰高浮雕、镂雕遒劲松枝,松枝延伸横跨整个器体,使器形轮廓更富变化,口沿及底部隐约可见的松树,更增添了生趣。此笔洗风格豪放潇洒,运刀老辣,粗中有细。

竹雕寒蝉葡萄洗　清代

此洗呈葡萄叶形,微拳如掌,纳水即成笔洗。外底雕一小叶和折枝葡萄一束,设作底足。叶缘尾部雕寒蝉,蝉翼轻薄,刻画细微,栩栩如生。

笔之杂说

【原文】在昔受爵[1]者必置赆[2]于草诏者[3]，谓之润笔。郑译[4]隋文[5]时自隆州刺史复国公爵[6]，令李德林[7]作诏。高颎[8]戏之曰："笔头干。"译对曰："出为方牧[9]，杖策而归[10]，不得一钱，何以润笔？"帝大笑。

【注释】〔1〕受爵：接受爵位。
〔2〕赆：进贡的礼物。
〔3〕草诏者：草拟诏书的人。
〔4〕郑译（540—591年）：字正义，荥阳郡开封县（今河南省荥阳市）人，北周至隋时大臣。通晓音乐，善于骑射。
〔5〕隋文：隋文帝杨坚（541—604年），弘农郡华阴（今陕西省华阴市）人，隋朝开国皇帝。
〔6〕国公爵：国公爵位，古代五等爵的第一等，位在侯爵之上。
〔7〕李德林（532—592年）：字公辅，博陵安平（今河北省衡水市安平县）人。年幼聪敏，十五岁能诵五经。入隋后，官至内史令，封安平公，奉诏续修《齐史》。
〔8〕高颎（541—607年）：一名敏，字昭玄，隋朝著名宰相、军事谋臣。史称其有文武才略，明达世务。
〔9〕方牧：方伯与州牧的并称，后泛指地方长官。
〔10〕杖策而归：拄杖归来。

【译文】过去受爵位的人，一定要置办礼物送给写诏书的人，这叫"润笔"。郑译在隋文帝时在隆州刺史的官位上又受封为国公，文帝让李德林写诏书。在草拟诏书时，宰相高颎开玩笑："笔头干了。"郑译回答道："我出京做地方官，拄着拐棍回朝，没有得到一文钱，拿什么给你润笔？"文帝听后大笑。

【原文】梁简文[1]为《笔语》十卷。（今书莫得见。）

【注释】〔1〕梁简文：南朝梁简文帝萧纲（503—551年），字世缵，小字六通，南兰陵中都里（今江苏省常州市）人，南朝梁第二位皇帝，在位二年，被弑。

【译文】梁简文帝写有《笔语》10卷。（现在这书已经见不到了。）

【原文】《幽明录》[1]：贾弼梦人求易[2]其头，明朝[3]不觉，人见悉惊走[4]，弼自陈[5]乃信。后能半面笑半面啼，两手两足并口齐奋[6]，五笔书成[7]，文辞各异。

【注释】〔1〕《幽明录》：亦作《幽冥记》，志怪小说集，为南朝宋·刘义庆组织门客所撰，30卷，原书今已佚。
〔2〕易：交换
〔3〕明朝：明天。
〔4〕悉惊走：都惊慌而逃。悉，都。

□ **竹管大书画紫毫笔　清康熙　故宫博物院藏**
此竹管笔以套装呈现，一套十支。管身素洁，上端填蓝楷书"大书画笔"，笔帽顶端有饰锦，紫毫。此笔笔毫根部以彩毫装饰，匠工独具慧心正在此处。

〔5〕陈：说明。

〔6〕齐奋：共同奋起，一起动。

〔7〕五笔书成：指两手两脚加上口，同时用笔书写。

【译文】《幽明录》：贾弼梦见有人请求与他换头。早晨醒来没有发觉，看见他的人都惊慌避走，贾弼只得自己说明梦中所见，众人才信服。后来他能半边脸笑，半边脸哭，双手、双脚和嘴可以同时用笔书写，而且写成后还能文辞各异。

【原文】齐高洋[1]梦人以笔点其额，王昙哲[2]贺曰："王当作主。"吴孙权[3]梦亦同，熊循[4]解之。

【注释】〔1〕高洋：北齐文宣帝高洋（526—559年），字子进，北魏怀朔（今内蒙古自治区包头市）人，北齐开国皇帝。

〔2〕王昙哲：高洋的门客。

〔3〕孙权：吴大帝孙权（182—252年），字仲谋，吴郡富春县（今浙江省杭州市富阳区）人，三国时期孙吴的建立者（229—252年在位）。

〔4〕熊循：三国谋士，不就朝廷征辟。

【译文】北齐文宣帝高洋梦见有人用笔点他的额头，王昙哲恭贺说："大王必定做天下之主。"吴国孙权也做过相同的梦，是熊循为他解的。

【原文】梁纪少瑜[1]尝[2]梦陆倕以一束青镂管笔授之，后文章大进[3]。（见《叙事》中。）

【注释】〔1〕纪少瑜：本姓吴，秣陵（今江苏省南京市）人。养于纪氏，因而命族。相传年幼时，才华并不出众，但极为刻苦用功。

〔2〕尝：曾经。

〔3〕大进：大有长进。

【译文】梁朝纪少瑜曾梦见陆倕将一束青镂管笔送给自己，后来，纪少瑜的文章因此大有长进。（见《叙事》。）

□ 彩漆描金云龙纹管花毫笔　明宣德　故宫博物院藏

雕漆也称刻漆,其技法是在胎体上层髹漆,少则几十层,多则百层,然后在漆上雕刻花纹。明代漆笔管就是受这种工艺影响而产生的。这种工艺产生于明早期,在嘉靖年间开始流行。此彩漆笔管即是用此工艺手法雕琢而成,笔帽通体黑漆底,描金彩漆绘双龙戏珠,笔管上端描金双框,内书"大明宣德年制"六字款。笔毫为花毫,束腰,葫芦式。

【原文】《搜神记》[1]曰:王祐[2]病,有鬼至其家,留赤笔十余枚于荐[3]下,曰:"可使人簪[4]之,出入辟恶[5],举事皆无恙。"(又与上类[6]:壬甲李乙,凡与书[7],皆无恙。)

【注释】[1]《搜神记》:志怪小说集,为东晋史学家干宝所著。

[2] 王祐:生卒年不详,太原晋阳人。以才智著称,为杨骏心腹。

[3] 荐:草席,垫子。

[4] 簪:插,戴。这里指插笔于冠。

[5] 辟恶:祛邪避灾。

[6] 与上类:与上面的故事相类。

[7] 书:因本句过于简略,难以确定此处的"书"是指文字还是书本。

【译文】《搜神记》说:王祐病了,有鬼来到他家,留了十多支红笔在草席下面,说:"可以让人把笔插在你的头上,出入时辟邪,办什么事都安然无恙。"(还有与上面相似的事:壬甲李乙,但凡有鬼送书,都会无忧无疾。)

【原文】《酉阳杂俎》[1]云:大历[2]中,东都天津桥[3]有乞儿无两手，以右足夹笔写经乞钱。欲书时，先掷笔高尺余，以足接之，曾无失落，书迹尤楷。

【注释】〔1〕《酉阳杂俎》：唐代段成式创作的笔记小说集，所记有仙佛鬼怪、人事以至动物、植物、酒食、寺庙等，与晋·张华《博物志》相类。

〔2〕大历：唐代宗李豫的年号（766—779年）。

〔3〕东都天津桥：东都即洛阳。天津桥，隋唐洛阳城中轴建筑群中"七天建筑"之一，始建于隋，废于元。

【译文】《酉阳杂俎》说：大历年间，东都天津桥有个乞丐没有双手，用右脚夹笔，写经讨钱。要写字时，先将笔掷起一尺多高，再用右脚接住，从不失误。笔迹很工整。

【原文】石晋[1]之末，汝州有一高士，不显[2]姓名。每夜作笔十管，付其室家[3]，至晓，阖[4]户而出。面街凿壁[5]，贯[6]以竹筒，如引水者。或人[7]置三十钱，则一管跃出，十笔告尽，虽势要官府[8]督之，亦无报[9]也。其人则携一榼[10]，吟啸[11]于道宫佛庙酒肆中，至夜酣畅而归。其匹妇[12]亦怡然自得[13]。复为十管，来晨货[14]之，如此三十载，后或携室徙居，杳不知所终[15]。后数十年复见者，颜色[16]如故，时人谓之笔仙。

【注释】〔1〕石晋：后晋（936—947年），五代十国期间的一个小朝廷。

〔2〕不显：不清楚。

〔3〕室家：泛指家庭或家庭中的人。

〔4〕阖：关上。

〔5〕面街凿壁：指在临街的墙上凿一个洞。

〔6〕贯：贯穿，连通。

〔7〕或人：有人。

〔8〕势要官府：权势之家要挟官府。势，权势之家。要，要挟。

〔9〕无报：无法结案。报，结案。

〔10〕榼：古代盛酒或贮水的器具。

〔11〕吟啸：高声吟唱。

〔12〕匹妇：这里指高士的妻子。

〔13〕怡然自得：安适、愉快而满足的样子。

〔14〕货：卖。

〔15〕杳不知所终：远得看不见踪影。

〔16〕颜色：容貌。

【译文】后晋末年，汝州有一位高人，姓名没有留传下来。此人每夜制作十支笔，交给家里人，到天亮，他就关门外出。在面街的墙上凿洞，将竹筒穿过，像引水的装置。有人放进三十钱，就会有一支笔从竹筒跳出，十支笔卖完，虽遇有权势的人和官府督要，也再无笔出来。这人则携一酒器，在道观、佛庙、酒肆中吟咏歌唱，晚上吃醉了才回去。他的妻子也怡然自得。晚上又制作十支，来日早晨再卖出。如此三十年，后来，可能携家人搬走了，不知道他住到了哪里。几十年后有人见到他，还是面色如故，所以当时的人都叫他"笔仙"。

【原文】《魏末传》[1]曰：夏侯泰初[2]见[3]召还，路绝人事[4]，不畜笔[5]，其谨慎如此。

【注释】〔1〕《魏末传》：记述曹魏历史的史书，作者不详，今已失传。

〔2〕夏侯泰初：夏侯玄（209—254年），字泰初，沛国谯县（今安徽省亳州市）人，三国时期曹魏大臣、思想家、文学家。少有名望，仪表出众，时人称之为"朗朗如日月之入怀"。

〔3〕见：表示被动，相当于"被"。

〔4〕绝人事：不与人来往。

〔5〕畜笔：收藏毛笔，这里指携带毛笔。畜，同"蓄"。

【译文】《魏末传》说：夏侯泰初被召回时，在路上拒绝与任何人往来，笔也不带，真是太谨慎了。

【原文】今之笔故者[1]往往寻不见。或会[2]府吏[3]千百辈[4]，用笔至多，亦不知所之，或云鬼取之判冥[5]。

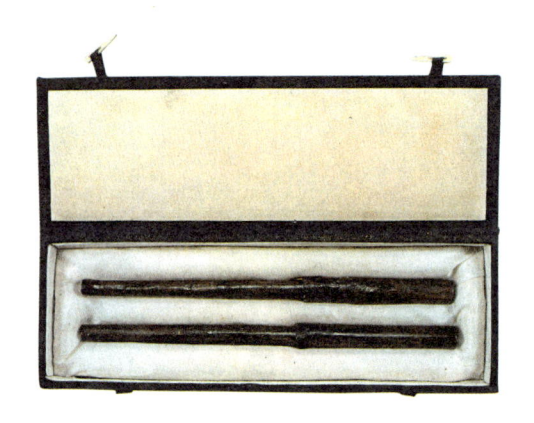

□ 毛笔　宋代　安徽博物院藏

　　此笔为宋代遗笔，实为珍贵。笔管、笔帽均为竹制，笔毛早已朽坏，残留的笔芯也碳化成黑色。据考证，此笔似为硬毫与麻纤维制成柱芯，软毫为被。

□ 毛笔　西汉　甘肃省文物考古研究所藏

　　此笔为实心竹所制，笔端处凿空植入狼毫，以绢丝绑缚，外部定漆。笔管尾部削尖。这是汉人为了携笔方便，将笔簪在发髻或冠上，也方便随时取笔。

【注释】〔1〕故者：旧的。

〔2〕会：聚集。

〔3〕府吏：州郡长官的属吏，这里指文职官吏。

〔4〕千百辈：泛指千百年。辈，家族世代血脉世系的先后次序。

〔5〕判冥：审断阴间的案。判，审断。

【译文】现在的旧笔往往找不见。官府中有成百上千的小吏，用了很多笔，也不知这些旧笔去哪里了。有人说是鬼取去判阴间之案了。

【原文】昔有僧惠远[1]制《涅槃经疏》讫[2]，咒[3]其笔曰："如合圣意，此笔不坠。"乃掷于空中，卓然[4]不落。唐越州法师神楷造[5]《维摩经疏》亦然，后迎入长安[6]。

【注释】〔1〕惠远：也作"慧远"，慧远大师（334—416年），俗姓贾，东晋高僧，雁门郡楼烦县（今山西省原平市）人。居庐山，与刘遗民等同修净土，为净土宗始祖。

〔2〕讫：完毕。

〔3〕咒：咒愿，向天或神佛祷祝，希望顺遂或表示心愿。

〔4〕卓然：高立的样子。

〔5〕神楷造：神楷，俗姓郭，乃唐代高僧。造，写作。

〔6〕迎入长安：指受诏而被迎请进长安城。

【译文】从前有叫僧惠远的作《涅槃经疏》，完成后对笔祷告说："如我所写合佛圣之意，笔就不会掉下来。"便将笔掷到空中，而笔真在空中高立不落。唐时越州法师神楷造《维摩经疏》亦这样，后被迎接到了长安。

【原文】《酉阳杂俎》云：长安宣平坊有卖油而至贱者[1]，人久疑之，逐入树窟，乃见虾蟆[2]以笔管盛树津[3]，以市[4]于人。发掘而出，尚挟管瞪目，气色自若[5]。

【注释】〔1〕卖油而至贱者：油卖得极为便宜的人。

〔2〕虾蟆：亦作"蛤蟆"。

〔3〕树津：树液。

〔4〕市：卖。

〔5〕自若：不受拘束的样子。

【译文】《酉阳杂俎》说：长安宣平坊有油卖得很便宜的，一直被人怀疑，人们便将他赶进树洞，才发现是一只蛤蟆，它把树汁盛在笔管中卖给别人。将它挖掘出来，它仍拿着笔管睁着双眼，神情自若。

【原文】今都会[1]间有运大笔如椽者[2],写小字,小如半麻粒[3]许,瞬息而就。或于稻粒之上写七言诗一绝,分间布白[4],历历[5]可爱。

【注释】[1]都会:大城市。
[2]大笔如椽者:像椽子那样大的笔。椽,置于檩子上架屋顶的木条。
[3]麻粒:芝麻粒。
[4]分间布白:指安排字体点画和布置字、行之间关系的方法。字体的点画有繁简之分,结构也有大小、疏密、斜正之别。分间布白的要求是,使字的上下左右相互影响,相互呼应,以达到整幅分布稳称。
[5]历历:犹清晰貌。

【译文】现在都会里有人用椽一样大的笔写小字,小得像半粒芝麻那么大,而且能瞬间写成。也有在米粒上写七言诗的,布局运笔,都清晰可爱。

【原文】《阙史》[1]云:术士[2]如得一故笔,可令于都市中代其受刑,术者[3]即解化[4]而去,谓之笔解。

【注释】[1]《阙史》:唐代笔记小说集,高彦休撰。
[2]术士:泛指儒生、道士、方士、策士、谋士等,今多指以占卜、星相等为职业的人。
[3]术者:被施以法术的人。
[4]解化:解脱转化。指舍弃肉身,修行成道。

【译文】《阙史》说:术士如果得到一支旧笔,可以让它在都市中代其受刑,自己则解脱转化而去,这就叫"笔解"。

【原文】《本草》[1]云:笔头灰,取笔多年者烧之,水服[2],可以疗溺塞[3]之病。

【注释】[1]《本草》:指《神农本草经》,古代药物医方书。

卷一　笔谱

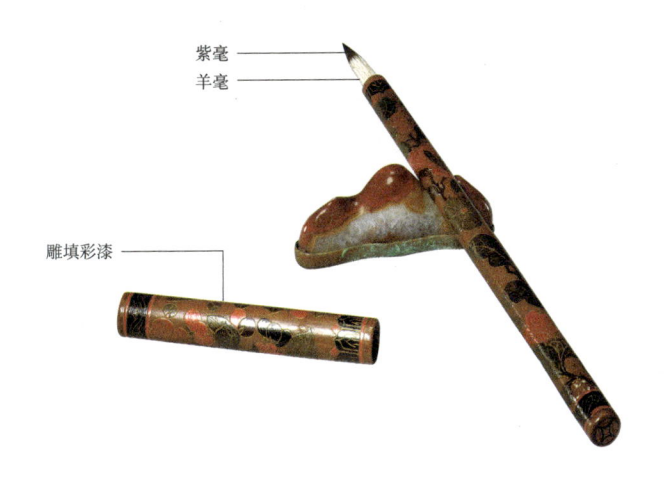

紫毫
羊毫
雕填彩漆

☐ 雕填彩漆花卉纹管兼毫笔　清乾隆　故宫博物院藏

　　雕填漆是在不同层面上以雕、填、堆、描等技法进行制作的一种工艺，该工艺在乾隆时期达到顶峰。"工不厌细，料不厌精"是这一时期的主要特点。此花卉纹笔管即以此工艺制作。通体描绘秋葵、玉兰等花纹饰，再雕填朱、绿、棕、黑等诸色彩漆，漆色协调柔美，纹饰精工、雅致。笔管、笔帽两端还各饰莲瓣纹一周。笔毫以紫毫为柱，羊毫为被，毫锋修长。

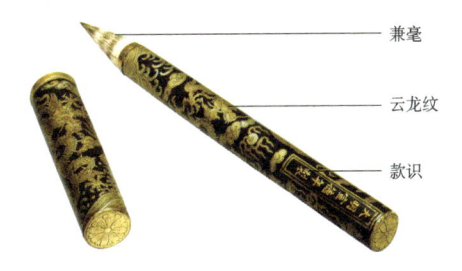

兼毫
云龙纹
款识

☐ 黑漆描金云龙纹管兼毫笔　明宣德　故宫博物院藏

　　年款题识是明代制笔的一大时代特征。一般每支笔管最上端醒目位置都有双重长方形金竖框，内框略细于外框，框内题字多为竖款楷书，有印章趣味。此黑漆描金云龙纹笔管，上端框内楷书"大明宣德年制"，笔管通体黑漆铺底，描金双龙戏珠纹，笔毫为笋尖式兼毫，毫毛润泽。

〔2〕水服：和水服下。

〔3〕溺塞：这里指小便不畅。

【译文】《本草》说：笔头灰，是拿用过多年的笔头烧成的灰，和水服下，可治小便不畅。

113

【原文】《列仙传》[1]云：李仲甫，颍川人。汉桓帝[2]时卖笔辽东市上，一笔三钱，无直[3]亦与之。明旦[4]，有成笔数十束。如此三年，得钱辄[5]弃之道中。

【注释】[1]《列仙传》：中国第一部系统叙述神仙的传记，传为西汉史学家刘向所著，主要记述上古及三代、秦、汉的70多位神仙的重要事迹和成仙过程。

[2]汉桓帝：刘志（132—168年），生于冀州蠡吾国（今河北省保定市博野县），东汉第十一位皇帝。

[3]无直：没有钱。

[4]明旦：第二天早上。

[5]辄：就。

【译文】《列仙传》说：李仲甫，颍川人。汉桓帝时在辽东的市集上卖笔，一支笔卖三钱，没钱的他也给。第二天早上，他又有做好的笔几十束。如此三年，卖笔得的钱就扔到路上。

【原文】魏王思[1]为大司农[2]，性急。常[3]执笔作书，蝇集笔端，驱去复来。思怒逐蝇不得，还，乃取笔掷地毁之。又蝇集苻坚[4]笔以传赦。（坚与王猛[5]、苻融[6]密议于露台，有大苍蝇入自牖[7]间，鸣声甚大，集笔端。去于市中为黑衣小人，大呼曰："官今大赦。"）

【注释】[1]王思：生卒年不详，济阴（今山东省菏泽市定陶区）人。受曹操赏识，拔擢为刺史，后被任命为大司农。晚年脾气暴躁，且刚愎自用，常为小事发怒，被后人归为酷吏。

[2]大司农：中国古代官名。秦设治粟内史，汉初沿置。汉景帝改治粟内史为大农令，汉武帝太初元年（前104年）又改称大司农，是朝廷管理国家财政的官职，为九卿之一。

[3]常：同"尝"，曾经。

[4]苻坚（338—385年）：字永固，小字文玉，略阳郡临渭县（今甘肃省天水市秦安县）人，氐族，古代著名政治家、改革家，前秦第三位君主。

[5]王猛（325—375年）：字景略，北海郡剧县（今山东省寿光市）人，

前秦大臣，善于谋略和用兵。

〔6〕苻融（340—383年）：字博休，略阳郡临渭县（今甘肃省天水市秦安县）人，氐族，前秦宗室大臣、政治家、文学家。

〔7〕牖：窗户。

【译文】魏时，王思做大司农，性情急躁。曾在执笔写字时，笔端苍蝇云集，赶跑了又来。王思愤怒驱赶也不行，回家后便把笔扔在地上毁掉了。另外，有说，苍蝇曾附在苻坚笔端向他"传达"赦免令。（苻坚与王猛、苻融在露台密议，有一只大苍蝇从窗户飞了进来，嗡鸣声很大，停在笔端。后来飞到市集中，立即变成了黑衣小人，大叫说："官府今天要大赦。"）

【原文】《御史台记》[1]云：台[2]中尚揖[3]，揖者，古之肃拜[4]也，故有"台揖笔"，每署事[5]必举笔当额[6]。有不能下笔者[7]，人号为"高搘[8]笔"。往往自台拜他官[9]，执笔亦误作台揖者，人皆笑之。

【注释】〔1〕《御史台记》：又名《御史台记事》，史书，唐·韩琬编撰。

〔2〕台：即御史台，官署名，掌弹劾。

〔3〕尚揖：好作揖拜之礼。尚，好。揖，揖拜。

〔4〕肃拜：中国古代的一种礼俗。《周礼》云："肃拜，但俯下手，今时揖是也。"郑注《少仪》曰："肃拜，拜不低头也。"《说文》揖下曰："举首下手也。"

〔5〕署事：处理公事。

〔6〕举笔当额：谓手执毛笔至额头处做思考状。

〔7〕有不能下笔者：犹豫不决，难做决定，执笔的手一直扶着额头下不了笔。

〔8〕搘：古同"支"，支撑。

〔9〕自台拜他官：在御史台接受了新的任命，前往他处做官。拜，用一定的礼节授予某种名义或职衔。

【译文】《御史台记》说：御史台的人风行作揖。揖是古人所

□ **象牙管染牙雕螭纹斗狼毫提笔　清代　故宫博物院藏**

此象牙笔管无过多花纹，但磨光工艺精湛，突出象牙洁白细腻的质感。笔斗染牙雕双螭纹，蜿蜒生动。管纳毫为狼毫，笔毫饱满。

狼毫笔，即以黄鼠狼之尾毫制成的毛笔。黄鼠狼产地在我国分布广泛，因产地不同毫毛的猎取季节也不同。其中以产于关外东北一带，又猎取于冬季的"东北元尾"，为制笔的最佳选择。除东北外，关内所产黄鼠狼仅限于冬季猎取制笔，其他季节不宜。

行的肃拜礼。所以御史台有"台揖笔"之说，是说御史台的人每次记事都要将笔举在额前。有时有难以下笔的事，人们就称其为"高揸笔"。从御史台调到别处的官员，往往一执笔仍误做"台揖"状，被周围的人取笑。

【原文】德宗[1]在奉天[2]与浑瑊[3]无名官告[4]千余轴，募敢死之士。赐瑊御笔一管，当战胜量功伐[5]，即署其名授之；不足，即以笔书其绅[6]。

【注释】〔1〕德宗：唐德宗李适（kuò）（742—805年），祖籍陇西成纪（今甘肃省天水市秦安县），唐朝第十位皇帝（779—805年在位）。

〔2〕奉天：今陕西乾县。

〔3〕浑瑊（jiān）（736—800年）：本名日进，铁勒族浑部皋兰州（今宁夏回族自治区吴忠市青铜峡市）人，中唐名将。

〔4〕无名官告：没写姓名的委任状。

〔5〕量功伐：论功，勘量功勋。

〔6〕绅：古代士大夫束在腰间的大带子，下垂部分称作绅。

【译文】唐德宗在奉天时，给了浑瑊一千多张空白委任状，要他招募敢死之士。还赐给浑瑊一支御笔，战斗胜利论功时，在委任状上填写人名；如果委任状用完了，就在有功者的腰带上直接写。

【原文】唐相裴休[1]，早肄业[2]于河内[3]之太行山。后登显位[4]，建寺于彼，目[5]为化城寺。旋[6]授太原节镇[7]，经由是寺，寺之僧粉额[8]陈笔砚，俟[9]裴公亲题之。裴公神情自若，以衣袖揾墨以书之，尤甚遒健。逮[10]归，侍婢讶其沾渥[11]，裴公曰："向以之代笔来。"

【注释】[1]裴休（791—864年）：字公美，河内济源（今河南省济源市）人，唐朝中晚期名相、书法家。

[2]肄业：修习课业。

[3]河内：河内郡，位于今河南北部、河北南部和山东西部。

[4]显位：高位。

[5]目：名目，名称。

[6]旋：不久。

[7]节镇：指藩镇节度使。

[8]粉额：粉刷匾额。粉，粉刷。

[9]俟：等待。

[10]逮：及。

[11]沾渥：浸润。

【译文】唐代宰相裴休，早年在河内郡太行山修学。后来登高位，就在山上建了一座寺庙，名叫化城寺。不久又授太原节度使，上任时途经此寺，寺中的僧人早准备好了牌匾和笔砚，等裴休亲笔题字。裴休神情自若，以衣袖蘸墨题写，十分遒劲有力。回家后，侍女见到他衣袖的墨渍，很惊讶，裴休说："是我用它代笔写了字。"

【原文】王子年《拾遗记》云：任末[1]年十四，学无常师[2]。或依林木之下，编茅为庵，削荆为笔，刻树汁以为书。夜则映月望星，暗则然[3]蒿自照。

【注释】〔1〕任末：字叔本，蜀郡繁（今四川省成都市新都区）人，东汉经学家和教育家。自幼勤奋好学，通晓五经。

〔2〕常师：固定的老师。

〔3〕然：同"燃"。

【译文】王子年《拾遗记》说：任末到十四岁时，求学仍无固定的老师。有时在林下搭建茅庵，削荆条为笔，刻掉树皮用树汁写字。夜里则以星月为光，太暗就燃蒿照明。

【原文】刘峻[1]与沈约[2]、范云[3]同奉梁武[4]，策锦被事[5]，咸言已罄[6]。而峻请纸笔更疏[7]十事，在座皆惊，帝失色。

【注释】〔1〕刘峻（463—521年）：字孝标，本名法武，平原（今山东省德州市平原县）人，南朝梁学者、文学家。以注释刘义庆等编撰的《世说新语》而闻名于世。

〔2〕沈约（441—513年）：字休文，吴兴郡武康县（今浙江省湖州市德清县）人，南朝梁开国功臣，政治家、文学家、史学家。

〔3〕范云（451—503年）：字彦龙，南乡郡舞阴县（今河南省驻马店市泌阳县）人，南朝梁宰相，著名政治家、文学家、诗人。

〔4〕同奉梁武：都为梁武帝效劳，意即都是梁武帝的臣属。奉，为……效劳。

〔5〕策锦被事：处理公文。

〔6〕咸言已罄：都说已经处理完毕。咸，都。罄，完毕。

〔7〕疏：上奏。

【译文】刘峻与沈约、范云同为梁武帝的臣属。梁武帝召集众人一起处理公文，都说已处理完了。但刘峻却要来纸笔，又写了十件事，在座的人都很惊讶，武帝脸色也变了。

【原文】晋陆士龙云：魏武帝刘婕妤[1]，以七月七日折琉璃笔管，此其时也。（出《时照新书》。）

□ **檀香木雕龙凤纹管花毫笔　明万历　故宫博物院藏**

　　此笔为檀香木笔管。通体饰浅浮雕龙凤纹，间衬缠枝花卉纹，笔头为葫芦式花毫，分褐色、白色、蓝色三色。明代笔管书字渐多，宫中用笔多有年号款式。此笔管上端填蓝楷书"大明万历年制"，笔帽顶端亦有楷书阴文"万历年制"，此笔制作精工，雕刻精美，反映了明代万历年间的制笔工艺水平。此外，檀香还是一味中药材，历代医家谓之"辛，温；归脾、胃、心、肺经；行心温中，开胃止痛"。以此所制笔，能安抚神经、辅助冥思、提神静心。

□ **玳瑁管紫毫笔　明代　故宫博物院藏**

　　此笔管内为轻薄竹胎，外镶玳瑁甲，玳瑁纹理黑、黄、褐相间，自然亮丽。管与帽顶端镶嵌有鎏金铜扣，制作工细，圆周不见接痕。笔锋为紫毫葫芦式。

【注释】〔1〕刘婕妤：此刘婕妤与曹操无关，苏易简误将二人联系在一起了。婕妤，宫中嫔妃的等级称号，汉武帝始设，初为皇后以下最高位。汉元帝时，设昭仪于婕妤之上，自此之后，婕妤成为第二等。

【译文】晋代陆士龙说：魏武帝时的刘婕妤，在七月七日折琉璃笔管，这就是琉璃出现的时间。（出自《时照新书》。）

【原文】《会稽典录》[1]云：盛吉[2]拜廷尉，每冬月[3]罪囚当断[4]，妻执烛，吉持丹笔，相向垂涕[5]。（吉，字君达。）

【注释】〔1〕《会稽典录》：东晋·虞预撰，记载从春秋到三国时期会稽郡（今浙江省绍兴市）几十位历史人物的生平事迹，共24卷，久佚。
〔2〕盛吉：生卒年不详，字君达，东汉会稽郡人，官廷尉。
〔3〕冬月：农历十一月。
〔4〕断：处决。
〔5〕相向垂涕：面对面哭泣。相向，指相对，面对面。垂涕，指哭泣。

【译文】《会稽典录》说：盛吉任廷尉时，每年冬月勾决罪囚，他的妻子手执蜡烛，盛吉手持朱笔，都会相对流泪。（盛吉，字君达。）

【原文】《晋春秋》[1]云：何祯[2]少孤，常以缚笔织扇为业，善为智计[3]，由是知名。

【注释】〔1〕《晋春秋》：一作《晋春秋略》，20卷，记述了三国魏齐王嘉平元年（249年）至东晋恭帝元熙二年（420年）史事，原书久佚。
〔2〕何祯：生卒年不详，字元干，魏、晋之臣，容貌甚伟，有文学器干。
〔3〕智计：计谋。

【译文】《晋春秋》说：何祯很小成了孤儿，时常以制笔、织扇为业，足智多谋，也因此闻名。

【原文】王隐[1]始著《国史》[2]，成八十八卷，属[3]免官

□ **朱漆描金夔凤纹管紫毫笔　明代　故宫博物院藏**

此笔笔管为竹胎制，通身朱漆描绘夔凤纹，间衬缠枝莲纹，装饰纹线条流畅，色彩丰富。笔毫为兰蕊式，羊毫为柱，紫毫为被。

古代传统的笔毫形制有竹笋式、兰蕊式、葫芦式等。竹笋式笔毫锋短身粗，形如笋状，锋腹粗壮，落纸易于凝重厚实；兰蕊式笔毫笔头圆润，洁白纯净娇柔，似含苞欲放之玉兰，给人以灵动、秀美的观感；葫芦式笔毫圆润坚劲，腰部内束，形如葫芦。

□ **彩漆描金双龙纹管花毫笔　明嘉靖　故宫博物院藏**

龙凤纹一直是宫廷装饰的主题。此笔管通体彩漆，描金双龙戏珠纹，笔管上端长方形框内金漆铺底黑漆楷书"大明嘉靖年制"字样。笔帽及笔管顶镶鎏金铜环扣。笔管彩漆描金，富丽、精美，金色绚烂，具浓重的宫廷色彩。因嘉靖年款笔极为少见，故更为珍贵。

居家。家贫匮[4]，笔札未能就，遂南游陶侃[5]。又还江州[6]，投庾元规[7]。规乃给其笔札，其书遂成。

【注释】〔1〕王隐：生卒年不详，字处叔，陈郡陈县（今河南省周口市淮阳区）人，东晋史学家。以儒素自守，不交势援，博学多闻。

〔2〕《国史》：指《晋书》，为王隐所撰。

〔3〕属：正好遇到。

〔4〕贫匮：贫穷匮乏。

〔5〕陶侃（259—334年）：字士行，一作士衡，本为鄱阳郡枭阳县（今江西省九江市都昌县）人，后徙居庐江郡寻阳县（今江西省九江市），东晋时期名将，其曾孙为著名田园诗人陶渊明。

〔6〕江州：东晋置江州，辖江西大部，后南朝多次分割，辖境越来越小。这里指江州城，即今九江。

〔7〕庾元规：庾亮（289—340年），字元规，颍川郡鄢陵县（今河南省鄢陵县）人，东晋名臣、名士。

【译文】王隐著《国史》，写到88卷时，被罢官居家。家贫，缺少纸笔，书无法完成，便游历到南方找到陶侃。后来又返回江州，投靠庾亮。庾亮便给他纸笔，书才最终写完。

【原文】《天台百录》[1]云：西天龙猛尊者[2]，常用药笔点山石为金宝，济施[3]千人。唐法师楚金[4]刺血写《法华经》[5]，笔端常有舍利[6]。

古者吏道必事刀笔[7]。今亦有藏刀于管者，盖其遗制[8]也。

【注释】〔1〕《天台百录》：今已失传。

〔2〕龙猛尊者：龙树菩萨，又称"现相罗汉"。

〔3〕济施：救济。

〔4〕楚金（698—759年）：唐高僧，俗姓程。

〔5〕《法华经》：全称《妙法莲华经》，佛教经典，后秦·鸠摩罗什译，共7卷，是天台宗的主要经典。

〔6〕舍利：泛指佛教修行者死后火化结成的珠状物。

〔7〕刀笔：古人用简牍时，如有错讹，即以刀削之。因刀笔并用，故历代文职官员也被称作"刀笔吏"。

〔8〕遗制：指前代留传下来的典章制度或成规。

【译文】《天台百录》说：西天的龙猛尊者，常用蘸药的笔点山石为金宝，救济施舍了上千人。唐代法师楚金刺血写《法华经》，笔端常流出舍利。

在古代，小吏必操刀执笔。现在也有在笔管中藏刀的，大概是古代传下来的做法。

【原文】段成式[1]以葫芦为笔，以赠温飞卿[2]。（书在《词林》。）

【注释】〔1〕段成式（803—863年）：字柯古，唐朝著名志怪小说家。工诗，有文名，代表作为《酉阳杂俎》。
〔2〕温飞卿（约812—866年）：温庭筠，原名岐，字飞卿，太原祁县（今山西省晋中市祁县）人，唐代诗人、词人。为唐太宗时宰相温彦博之裔孙。

【译文】段成式用葫芦制笔，送给温庭筠。（记在《词林》中。）

【原文】柳公权不能用羲之[1]笔。（见《笔势》。）

【注释】〔1〕羲之：王羲之。

【译文】柳公权用不了王羲之的笔。（见《笔势》中。）

【原文】今之职官[1]断大辟罪[2]者，署案讫[3]，必寻[4]毁其笔，益彰其恻隐[5]也。医工常取之烧灰，治惊风及童子邪气。

【注释】〔1〕职官：泛指各级官员。
〔2〕大辟罪：夏商五刑之一，是死刑的总称，又称"杀罪"。
〔3〕署案讫：签完字后。署，签字。讫，完结。
〔4〕寻：顷刻，不久。
〔5〕恻隐：对遭受不幸的人表示怜悯。

【译文】现在的各级官员判决死刑，签署后，必定立即把笔毁掉，以彰显他有恻隐之心。医生常取来烧成灰，治疗惊风及童子邪气。

【原文】谢承[1]《后汉书》云：刘祐[2]为郡主簿[3]，郡将[4]之子出钱付之，令买果实。祐悉买笔墨书具以与之。

【注释】[1]谢承：字伟平，生卒年不详，山阴（今浙江省绍兴市）人，吴大帝孙权夫人谢夫人的弟弟。

[2]刘祐（？—169年）：字伯祖，中山郡安国县（今河北省安国市）人，东汉大臣。举孝廉出身，熟悉史事，应对敏捷。

[3]郡主簿：郡守门下吏名，主管文书簿籍及印鉴。

[4]郡将：郡守。郡守兼领军事，故称。

【译文】谢承《后汉书》说：刘祐是郡主簿，郡将的儿子给他钱，让他去买果实。刘祐都买了笔墨来送给他。

【原文】管辂[1]往见安平太守王基[2]，基令作卦。辂曰："床上当有大蛇衔笔，小大[3]共视，须臾[4]失之。"果然[5]。

【注释】[1]管辂（210—256年）：字公明，平原郡平原县（今山东省德州市平原县）人，三国时期曹魏术士，古代卜卦观相行业祖师。

[2]王基（190—261年）：字伯舆，东莱郡曲城县（今山东省招远市）人，三国时期魏国将领。

[3]小大：小孩和大人，意即全家人。

[4]须臾：片刻。

[5]果然：表示事情的结果应验了之前的卦辞。

【译文】管辂去拜见安平太守王基，王基让他卜算。管辂说："床上当有大蛇衔笔，全家老少都会看见，蛇不久就会离去。"果然这样。

【原文】诸葛恪[1]父瑾[2]，长面似驴。孙权大会群臣，使人牵一驴，长检其面[3]，题曰"诸葛子瑜"。恪跪乞笔益[4]两字，因听与之。恪续其下曰"之驴"，举坐[5]大笑，乃以驴赐之。

【注释】[1]诸葛恪（203—253年）：字元逊，琅琊阳都（今山东省临沂市沂南县）人，三国时期孙吴名将、权臣。

〔2〕瑾：诸葛瑾（174—241年），字子瑜，琅琊阳都（今山东省临沂市沂南县）人，三国时期孙吴重臣。蜀汉丞相诸葛亮之兄，太傅诸葛恪之父。

〔3〕长检其面：脸上贴的长标签。

〔4〕益：增加。

〔5〕举坐：所有在场的人。举，所有。

【译文】诸葛恪的父亲诸葛瑾，脸长得像驴。孙权大会群臣，叫人牵来一头驴，检查驴脸上贴的长标签，上书"诸葛子瑜"。诸葛恪跪求赐笔加两字，孙权答应了。诸葛恪在题字之后加了"之驴"二字，让在场的人大笑不止，孙权便将驴送给了他。

【原文】赵伯符[1]为丹阳郡[2]，严酷[3]。典笔吏[4]取笔失旨[5]，顿[6]与五十鞭。

【注释】〔1〕赵伯符（？—446年）：字润远，下邳僮（今江苏省宿迁市沭阳县）人，南朝宋大臣。少好弓马，为竟陵太守，屡破南蛮，有将帅之称。

〔2〕为丹阳郡：据《宋书·赵伦之到彦之王懿张邵列传》，"明年，为护军将军，复为丹阳尹。在郡严酷，吏人苦之，或至委叛被录赴水而死；典笔吏取笔不如意，鞭五十"。

〔3〕严酷：严厉，严格。

〔4〕典笔吏：郡守门下吏名，南朝宋置，掌笔墨。

〔5〕失旨：违背旨意。

〔6〕顿：即刻。

【译文】赵伯符任职丹阳郡时，非常严酷。掌管笔墨的小吏取来的笔让赵伯符不满意，即刻让人痛打了他五十鞭子。

【原文】罗什[1]撰译[2]，伯肇[3]执笔，定诸词义，学者宗之[4]。

【注释】〔1〕罗什：鸠摩罗什（343—413年），东晋十六国时期后秦高僧，佛经翻译家，译有《金刚经》《妙法莲华经》等。

〔2〕撰译：指翻译传自印度的佛经。

〔3〕伯肇：应为僧肇（384或374—414年），东晋僧人，俗姓张，为鸠摩罗什弟子。

〔4〕宗之：以之为圭臬。宗，宗奉。

【译文】鸠摩罗什译经，伯肇执笔，共同确定文词的含义，学者们后来都以之为圭臬。

【原文】《魏略》：张既[1]为郡小吏而家富，自念无自达[2]，乃畜[3]好刀笔牍奏[4]，伺诸大吏无者，辄奉之。

【注释】〔1〕张既（？—223年）：字德容，冯翊高陵（今陕西省西安市高陵区）人，汉末三国时期曹魏名臣。

〔2〕自念无自达：想到自己无法靠自己飞黄腾达。自念，想到自己。自达，使自己显达。

〔3〕畜：同"蓄"，储存。

〔4〕牍奏：书写奏章的简牍。

【译文】《魏略》：张既在郡中做小吏，家中十分富有，想到靠自己无法显达，就存了好些好的刀笔简牍，见到没有这些东西的达官，就奉送。

【原文】吴孙权常梦北面顿首[1]于文帝[2]，顾而见日，俄而[3]日变为三日。忽见一人从前以笔点额，流血于前，惧而走之，状似飞者，复坠于地。觉[4]以问术士熊循，循曰："吉祥矣，大王必为吴主。王者，人之首；额者，人之上。王加点，主字也；在前而来，王者之群臣也。虽王意未至，而群下自逼矣。血流在前，教令明白[5]，当从王出也。"权乃询之大臣，遂绝于魏。

【注释】〔1〕北面顿首：面向北方磕头，向帝王行君臣之礼。顿首，磕头。

◎ 书写用笔

笔法，简言之，就是指使用毛笔的方法和技巧，古人亦称"用笔"或"运笔"，即笔毫在纸上的运行方式。不同的用笔方法会直接影响到书写出的字体，较为多见的用笔方式有中锋用笔、偏锋用笔和侧锋用笔三种。不同的书体，对运笔的要求也不相同。篆书纯用中锋；隶书、楷书以中锋为主，侧锋为辅；行书、草书以中锋、侧锋为主，偏锋偶尔为之。不过，运笔的关键在于会使用中锋，如果能做到善于调节笔锋，令其保持中锋运笔，这就掌握了"笔法"的本质了。

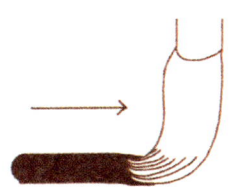

中锋用笔

由于中间的笔毫要比两边的厚一些，墨汁多一些，因此写出来的笔画呈圆润浑厚的立体感，显得很饱满，这就叫"中锋运笔"。用中锋运笔写出来的笔画可分为两类：一类笔画光洁平整，如刀切的一样，古称"古钗脚"；另一类笔画边缘毛涩不平，如万年藤，古称"屋漏痕"。初学者应该先练习前一种，待熟练了再追求后者。

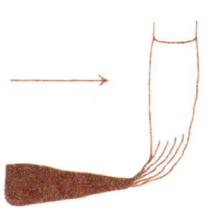

偏锋用笔

偏锋运笔与中锋运笔不同。偏锋运笔笔锋不在笔画的中间，而在其某一边行走，也就是说笔锋处于笔画的一侧，笔腹处于笔画的另一侧，笔锋与笔腹并列行走。但偏锋运笔时要避免笔锋一侧的笔画光洁平齐，笔腹一侧枯涩不平，这样会写出一边光一边毛的笔画，这也就是被书家视为"病笔"的笔画。

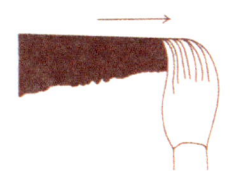

侧锋用笔

侧锋运笔是介于中锋运笔和偏锋运笔之间的一种运笔方法。所谓侧锋用笔指的是从上往下投视，笔毫方向（中心线）与运行方向（笔画中心线）呈45°左右的夹角。侧锋运笔所书写的笔画线条的质感也处于中锋运笔与偏锋运笔之间。若笔毫方向与运行方向的夹角小于45°时，笔画的质感接近中锋效果；若笔毫的方向与运行方向的夹角大于45°时，笔画的质感则会接近偏锋效果。这种用笔手法多被运用于行书和草书中。

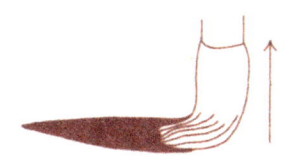

提笔

书写时，除了中锋用笔、偏锋用笔、侧锋用笔这三种用笔的手法之外，提笔、按笔、转与折亦是常用的书写技法。毛笔在行进过程中轻轻向上提，使笔画变细，叫"提笔"。但提笔的程度有个限制，那就是笔锋不能离开纸面，因为离开纸面就成收笔了。

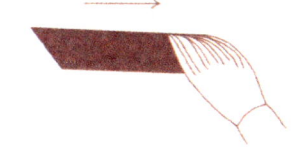

按笔

毛笔在行进过程中轻轻下按，使笔画变粗，叫"按笔"。

转与折

折，是指毛笔在运行过程中的某一点上突然改变方向。转与折的区别在于：转是圆弧形的，没有折点；折有棱角，有折点。它们都是书法用笔时惯用的手法。

〔2〕文帝：魏文帝曹丕。

〔3〕俄而：顷刻。

〔4〕觉：睡醒。

〔5〕教令明白：政令通畅。教令，政令。

【译文】吴国孙权常梦到自己面北朝天帝磕头，回头看见的太阳，又顷刻变成了三个。忽见一人站在前面，用笔点在他的额头上点了一下，血流满面。他惊恐逃避，像是在飞，然后又掉到地上。醒后，他问术士熊循，熊循说："吉祥啊！大王必定成为吴地的君主。王者，是人之首；额者，是人之上。'王'字加点，就是'主'字；从前面来的，是大王的众臣。虽然大王自己还没有打定主意，但臣却在催逼。血流在面前，是想要让你明白，政令都从'王'出。"孙权又问询了大臣，便决定与曹魏绝交。

【原文】太熙[1]中，童谣曰："二月尽[2]，三月初，桑生蓓蕾柳叶舒，荆笔杨板[3]行诏书。"后王玮[4]杀汝南王亮[5]，帝以白虎幡[6]宣诏，收玮诛之。玮手握青纸[7]，谓监刑者[8]曰："此诏书也。"盖此应[9]也。

【注释】〔1〕太熙：晋武帝司马炎的第四个年号，从290年正月至四月。

〔2〕尽：末。

〔3〕荆笔杨板：指荆条笔，杨木板。

〔4〕玮：司马玮（271—291年），字彦度，河内郡温县（今河南省焦作市温县）人，西晋宗室大臣。

〔5〕亮：司马亮（？—291年），字子翼，河内郡温县（今河南省焦作市温县）人，西晋宗室大臣。

〔6〕白虎幡：有白虎图像的旗，古代用作传布朝廷政令或军令的符信。

〔7〕青纸：晋制，皇帝诏书用青纸紫泥。后因以"青纸"借指诏书。

〔8〕监刑者：监斩官。

〔9〕应：应验。

【译文】晋太熙年间，有童谣唱道："二月尽，三月初，桑生蓓蕾柳叶舒,荆笔杨板行诏书。"后来楚王司马玮杀了汝南王司马亮。晋惠帝用白虎幡下诏捕杀司马玮。司马玮手握青纸,对监斩官说:"这是诏书。"大概正应验了那童谣。

【原文】《宋云行记》[1]云:以魏神龟[2]中至乌苌国[3],又西,至本释迦往自作国,名磨休王。有天帝化为婆罗门[4]形,语王曰:"我甚知圣法,须打骨作笔,剥皮为纸,取髓为墨。"王即依其言遣善书者抄之,遂成大乘[5]经典。今打骨处化为琉璃。

【注释】[1]《宋云行记》:北魏僧官宋云的旅行自述。孝明帝神龟元年(518年),胡太后派宋云、惠生等西行求经,兼扬国威,结好与国。

[2]神龟:北魏孝明帝年号。

[3]乌苌国:又译为乌场国、乌仗那、郁地引那,古代印度国名,地理位置相当于今日巴基斯坦开伯尔—普什图省斯瓦特县。最早见东晋·法显《佛国记》。

[4]婆罗门:印度四大种姓中的第一等级,是主管宗教祭祀、解释律法和传教的僧侣阶层。

[5]大乘:谓将无量无边众生从生、老、病、死的苦难中度化到西方极乐世界,故名"大乘"。大,有广大、崇高、无量之义。乘,四马之车为乘。大乘,极言车乘之大,足以容纳一切众生。大乘佛教强调"自利、利他,利益一切众生",提倡修行以"六度"为主的"菩萨道"。

【译文】《宋云行记》说:于北魏神龟年间到达乌苌国,再往西,到达佛祖释迦牟尼早先做国王的国家,那时他还叫磨休王。一次,天帝化作婆罗门,对王说:"我熟知佛法,但须取你的骨制成笔,剥你的皮制成纸,取你的髓制成墨,才能将佛法写出来。"王照他说的,让擅长书写的人抄录,这才有了大乘经典。现在取骨的地方已化作琉璃。

【原文】桐烛笔分[1]酒。(见《造笔》。)

【注释】[1]分:分辨。

◎执笔手法

古人用三指执笔法写毛笔字。在桌椅还未出现时，人们都盘腿坐在地上或者双膝着地跪坐，因此写字时手都需悬起。桌椅兴起后，执笔的手法便逐渐演化成现在的五指执笔法，包括按、压、钩、顶、抵五种。

五指执笔法

五指执笔法指的是执笔之手的五个手指全派上用场，用"按、压、钩、顶、抵"的方法把笔执稳，使手指各司其职。

无名指
应紧挨着中指，用第一节指甲根部紧贴着笔杆，顶住食指、中指往里压的力。

食指
食指的第一节或与第二节的关节处由外往里压住笔杆。

中指
应紧挨着食指，钩住笔杆。

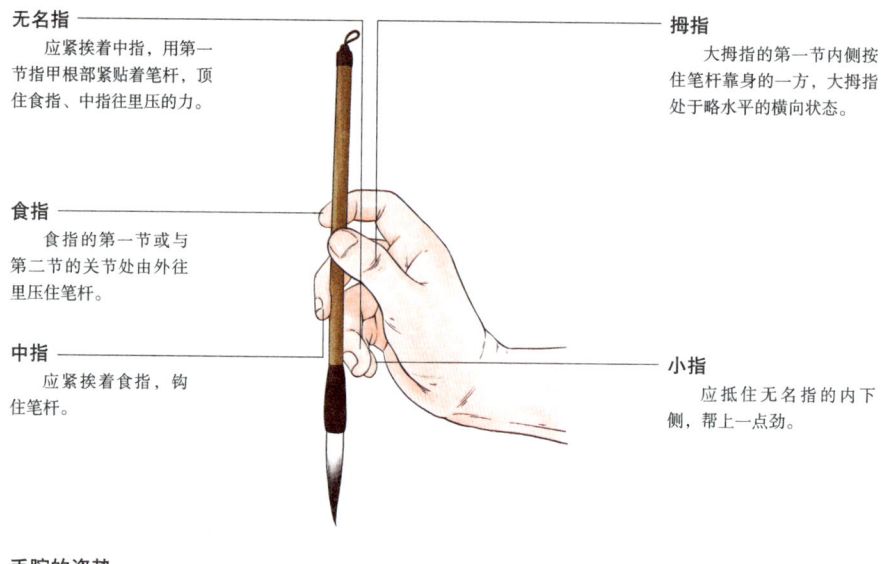

拇指
大拇指的第一节内侧按住笔杆靠身的一方，大拇指处于略水平的横向状态。

小指
应抵住无名指的内下侧，帮上一点劲。

手腕的姿势

枕腕
枕腕是执笔的手腕枕靠在桌面上或左手背上书写的方法。也可以用臂搁来搁手，此物多在夏天使用，以防止汗水把纸弄潮。用枕腕法书写毛笔字，因手腕靠在桌上很平稳，适合书写小楷或一寸见方的中楷，但因手腕难以移动，不便于写大一些的字。

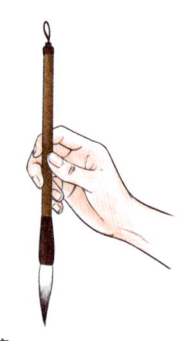

悬腕
悬腕是执笔的手腕悬起，离开桌面，但是肘臂仍靠在桌上的书写方法。这种方法手腕活动范围比枕腕法大一些，可写二三寸大小的大楷字。如果要写对联或擘窠大字，就要用悬肘法来书写。

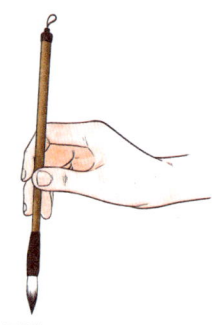

悬肘
悬肘是执笔的手臂全部悬空来书写毛笔字的方法。这种方法因手臂不靠在桌上，没有一点妨碍，可以任意挥洒，不管写大字、小字都很适宜，是最佳的书写方式。

绘画执笔法

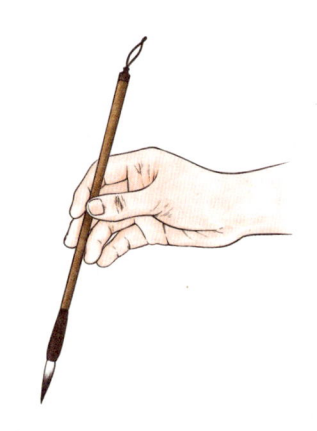

拨镫法

镫亦作灯，故亦有比喻执笔运指如挑拨灯芯。主要有二说：其一，《书苑菁华》引晚唐·林韫《拨镫序》语，"镫，马镫也，盖以笔管着中指、名指尖，令圆活易转动"。其二，《桃源手听》引北宋·钱若水语，"古之善书鲜有得笔法者，唐陆希声得之凡五字，擫、押、钩、格、抵，用笔双钩，则点画遒劲而尽妙矣，谓之拨镫法"。

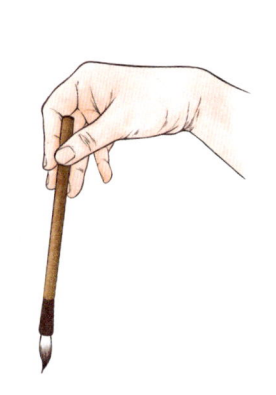

捻管法

以大拇指、食指、中指、无名指捏住笔管之顶端，站立作书。日本武士惯用此法，以左手拿卷纸，右手捻管，悬臂书写行草、简牍，快速流利，姿态婀娜。

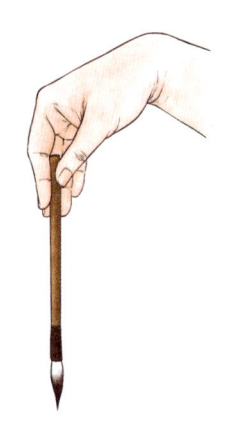

撮管法

亦名"捉管"。唐人云："五指共撮其管末，吊笔急疾，无体之书，或起草稿用之。今世俗多用五指撮管书，则全无筋骨，慎不可效也。"此笔法与拿粉笔在黑板上写洋文字殆无二致。

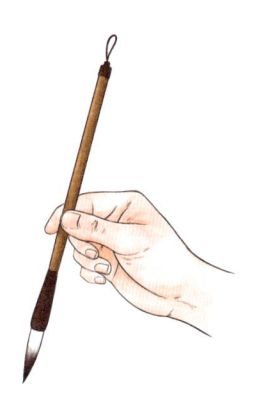

单钩法

以食指钩笔管，与拇指形成钳制状，余指皆垫于笔管后方。因只以一食指主钩，故称"单钩"，与"双钩"相对。清·朱履贞《书学捷要》称："单钩者，食指、中指参差不齐，食指钩向大指，中指钩向无名指，此是单钩。"世传北宋·苏轼作书用此法，微偃其笔。

双钩法

沿其笔面的两侧外沿以细线钩出，称为"双钩"，南宋·姜夔《续书谱》称："双钩之法，须得墨晕不出字外，或廓填其内，或朱其背，正肥瘦之本体。"陆游有"妙墨双钩帖"诗句。今以食指与中指上节、中节之间相叠，钩住笔管，称为"双钩"。

握管法

以食指至小指的中节与大指一起握管，指实且掌不虚。偶见于打拳卖膏药郎中之奇招，但也可在刷笔濡漆书黑体字于招牌标语时应用之。

【译文】桐烛笔能够分酒。(见《造笔》卷。)

【原文】《梦书》[1]云:梦笔砚,为县官[2]文书所速[3]也。又云:梦得笔砚忧[4]县官。又云:磨砚染笔,词讼[5]陈[6]也。

【注释】[1]《梦书》:作者和版本均不详,疑为流传于民间的解梦之书。
  [2]县官:官府,朝廷。
  [3]速:邀请。
  [4]忧:使……为难。
  [5]讼:指官司。
  [6]陈:叙述,说明。

【译文】《梦书》说:梦中出现笔砚,将会与官府文书牵连。又说:梦到自己得了笔砚,是在为官府担忧。又说:梦中磨砚蘸笔,将面临官司。

【原文】古诗云:有客从南来,遗[1]我一把笔。

【注释】[1]遗:赠送。

【译文】古诗说:有客从南方来,送给我一把笔。

【原文】《国语》[1]云:智襄子[2]为室美,士茁[3]惧曰:"臣秉笔事君[4]。记曰:'高山浚[5]原,不生草木;松柏之地,其土不肥。'今土木胜[6],臣惧不安人[7]也。"室成,三年而智氏亡。

【注释】[1]《国语》:相传是春秋时期左丘明所撰的一部国别体著作。以国分类,以语为主,故名"国语"。
  [2]智襄子(前506—前453年):智瑶,因智氏源自荀氏,亦称荀瑶,又称智伯、智伯瑶。谥号"襄",史称"智襄子",是春秋末期晋国执政大臣。
  [3]士茁:智氏家臣。

〔4〕秉笔事君：意即通过记录文字为您效劳。秉笔，执笔，指主管记事。

〔5〕浚：疏通，挖深。

〔6〕土木胜：意即建筑物的华美与人的身份不相称，远远胜过了人的身份。

〔7〕不安人：意即建筑与人之间的平衡被打破了，不利于安定人心。

【译文】《国语》说：智襄子把房子建得很华美，家臣士茁惧怕说："我秉笔事君，记录中有这样的话：'高山峻原之上，草木不易生长；生长松柏的地方，土壤必定不肥沃。'现在建筑华美，我怕人心不安。"这房子建好三年，智襄子就死了。

【原文】《庄子》曰：宋元君[1]将画图，众史[2]皆至，受揖而立[3]，舐笔和墨[4]，在外者半[5]。

【注释】〔1〕宋元君：宋元公（？—前517年），子姓，名佐（金文铭文作宋公差），宋平公之子，春秋时期宋国国君。

〔2〕众史：指众画师，出自《庄子·田子方》。

〔3〕受揖而立：指接受宋元公的"揖礼"之后就站立一旁。古时，臣子见君主行跪拜礼，君主则以作揖表示答谢，简称"揖礼"。

〔4〕舐笔和墨：润笔调墨。舐，舌舔。和，调和。

〔5〕在外者半：站在外面的画师还有一半。

【译文】《庄子》说：宋元君想要画图，众画工来了，行拜揖礼后都立在一旁，润笔调墨，还有一半画师等在外面。

【原文】《东观汉记》[1]：永平年[2]，神爵[3]集宫殿官府。上[4]假[5]贾逵[6]笔札，令作《神爵颂》。除兰台令史[7]，迁郎中[8]。

【注释】〔1〕《东观汉记》：记载自东汉光武帝至灵帝的纪传体史书，因官府于东观设馆修史，故而得名。

〔2〕永平年：汉明帝年号，58—75年。

〔3〕神爵：神雀，瑞鸟。

◎ 文房用具之笔掭

笔掭又称"笔觇""笔舔",用于验墨浓淡或理顺笔毫,常制成片状树叶形。其为下笔行文描画之前用以掭墨吮毫之具,以避免一笔之间发生墨色浓淡不均的现象。有些人将笔觇与笔掭列为两种文具,而事实上它们是同一种器具,均是文人书写绘画时,用来掭试毛笔的用具。其质地也比较丰富,以瓷质多见。

器形

整体呈荷叶状,叶边曲折卷起。正面阴刻筋脉,背面阳雕纹理,且圆雕以莲蓬、茨菰以及田螺,巧妙地使之成为此笔掭的底座,十分别致。

赏玩

玻璃制品在把玩之时,手一定要保持干燥,且应取下容易划伤器具表面的首饰。

质地

通体为金星玻璃制。金星玻璃因在黄褐色玻璃体内蕴涵着细密而金光闪闪的结晶颗粒而得名。其制造方法与其他玻璃工艺不同,先在坩埚内烧制成块料,然后运用琢玉的方法碾琢成器。

金星玻璃荷叶式笔掭 清代

保存

所有的玻璃器皿都有易碎的特点,因此保存金星玻璃制品时要格外小心,如需陈列最好将其固定在木质的陈列架上,且要经常用柔软的刷子或者干布擦拭,以防止落上灰尘。若不需陈列就要将其置于铺有海绵的盒子里密封起来。

鉴别

古代金星玻璃制品的最大特点是以镂雕、圆雕器为主,多为写实风格,题材丰富多样。其艺术特点是金光闪闪,富丽堂皇,具有浓重的宫廷色彩和皇家气息。因此,鉴别其优劣最重要的是看雕工是否精湛、纹饰是否细致。

卷一 笔谱

绿地粉彩凸花叶式笔掭

此笔掭为常见的叶形笔掭，叶面施以绿釉，叶面脉络清晰，其上粉彩贴塑的花蕾、花苞点缀了叶面，色彩粉润柔和，更加生动。

粉彩：景德镇窑在康熙五彩的基础上，受珐琅彩影响而产生的一种新彩瓷。描绘纹饰时，先用含砷的"玻璃白"打底，画出的图案可发挥渲染技法的特性，呈现出一种粉润效果。

象牙雕瓜蝶笔掭　清代

"笔觇"之称出现在明·文震亨《长物志》中。至清代随着形制等变化，人们自然称之为"笔掭"了。

此掭象牙制。作半爿瓜式，平底，一侧镂雕瓜蒂并染色，瓜蒂缠连藤蔓、花朵、叶片、瓜实等，延伸至掭内。掭内又以高浮雕及镂雕技法刻画甲虫与蝴蝶，栩栩如生。此掭设计新奇，物象生趣盎然，其鉴赏性远远超出了实用性。

象牙荷叶形笔掭　明代

此笔掭象牙制，取形荷叶，荷叶边缘内敛，掭内雕蜻蜓、青蛙、花卉等，更添生趣。在雕刻上工匠也多下功夫，采用了浮雕、圆雕、镂雕、线刻、熏彩等工艺。整件作品造型别致，料佳工细。

背玉叶式笔掭　清代

此笔掭青玉质，叶形，有黑斑，琢雕有叶蒂，叶卷尖。叶表面略凹，凹面很浅，底面雕筋脉纹。此笔掭雕琢简练而不失装饰性，青玉质润而色稍黯，着墨之后愈显清雅沉着。

白玉桃形笔掭　清代

此笔掭白玉料，器形为半个桃实，上缘镂雕折枝叶形成掭足。造型小巧精致，白玉洁白温润。

青花釉里红笔掭　清代

此笔掭为青花釉里红，是在青花间用釉里红加绘纹饰的一种瓷器装饰手法，器形方正，釉面紧致清亮。

〔4〕上：皇上，这里指汉明帝。

〔5〕假：给予。

〔6〕贾逵（30—101年）：字景伯，扶风平陵（今陕西省咸阳市）人，东汉经学家、天文学家。著有《春秋左氏传解诂》《国语解诂》，今已佚。

〔7〕兰台令史：中国古代官名，东汉始置，隶御史中丞，掌书奏及印工文书，兼校定宫廷藏书文字，秩六百石。

〔8〕郎中：中国古代官名，帝王侍从官的通称，战国始设，秦汉沿置。

【译文】《东观汉记》：永平年间，神雀聚集在宫殿、官府上空。皇上赐给贾逵笔纸，让贾逵写《神爵颂》。贾逵因此卸任兰台令史，而升迁郎中。

【原文】《晋书》[1]：赫连勃勃[2]谓隐士京兆[3]韦祖思[4]曰："我今未死，汝犹不以我为帝王；吾死之后，汝等弄笔[5]，当置吾何地[6]！"遂杀之。

【注释】〔1〕《晋书》：二十四史之一，唐代名相房玄龄等人合著，记载上起于东汉末年司马懿早年，下至东晋恭帝元熙二年（420年）刘裕废晋帝自立以宋代晋的历史。

〔2〕赫连勃勃（381—425年）：字屈子，朔方郡朔方县（今陕西省靖边县）人，胡夏开国皇帝。

〔3〕京兆：京师所在地区。

〔4〕韦祖思：十六国时期隐士，后被赫连勃勃所杀。

〔5〕弄笔：舞文弄墨之谓，意指撰写史书。

〔6〕尚置吾何地：意指还不知道如何评价我。

【译文】《晋书》：赫连勃勃对京兆隐士韦祖思说："我现在还没有死，你们就不把我视作帝王。我死后，你们舞文弄笔，不知会把我置于何地？"于是杀掉了韦祖思。

【原文】《贺循传》[1]：陈敏[2]之乱，诈称[3]诏书，以循为丹阳内史[4]。循辞以脚疾，手不制笔。又服寒食散[5]，露发

□ 竹管白潢恭进天子万年笔　清康熙　故宫博物院藏

"白潢"为人名，据考证此人在康熙时期曾任贵州、江西巡抚。此套笔成套出现，一套百支，装于书函式匣内。函套中笔屉设计也十分精妙，犹若书本。笔管上端填金楷书"天子万年"，填蓝楷书"臣白潢恭进"。大部分笔毫为兰蕊式紫毫，也有数支为长锋羊毫，笔毫根部用红、蓝、黄、褐诸色彩毫装饰。因此套笔为地方官员进贡官廷，并带有进贡者款识，故弥加贵重。

袒身，示不可用[6]。敏竟不敢逼。

【注释】〔1〕《贺循传》：选自《晋书》。贺循（260—319年），字彦先，会稽郡山阴县（今浙江省绍兴市）人，两晋时期名臣。

〔2〕陈敏（？—307年）：字令通，庐江（今安徽省合肥市庐江县）人，西晋官员，后举兵反叛。

〔3〕诈称：谎称。

〔4〕内史：官名，掌民政。

〔5〕寒食散：一种中药散剂，又名"五石散"。源于秦而兴于魏晋，唐后渐不为人所服用。由石钟乳、紫石英、白石英、石硫黄、赤石脂五味石药合成。服后身体燥热，需吃冷食、饮温酒、洗冷浴及行路来发散药性，谓之"行散"。

〔6〕示不可用：以示做不了官。

【译文】《贺循传》：陈敏作乱，诈称有诏书，任贺循为丹阳内史。贺循以腿脚有问题，手不能握笔推辞。又吞服寒食散，披发裸身，以示自己已不堪用。陈敏竟然不敢逼迫。

【原文】《刘穆之传》[1]：宋高祖[2]素拙于书[3]。穆之曰："此虽小事，然宣被远[4]，愿公小复[5]留意。"高祖终不能，以禀分有自[6]。穆之乃曰："公但纵笔为大字，径尺亦无嫌大。既足有所苞[7]，且其名亦美。"高祖从之，一纸不过六七字便满。

【注释】〔1〕《刘穆之传》：选自《宋书》。刘穆之（360—417年），字道和，小字道民，东莞郡莒县（今山东省日照市莒县）人，东晋末年大臣，刘裕篡晋后，刘穆之奉命留守建康，总掌朝廷事务，累迁丹阳尹、前将军、左仆射。

〔2〕宋高祖：南朝宋武帝刘裕（363—422年），字德舆，小名寄奴，彭城郡彭城县绥舆里（今江苏省徐州市）人，南朝刘宋开国君主（420—422年在位）。

〔3〕素拙于书：向来不擅长书法。

〔4〕宣被远：宣诏至远方。

〔5〕小复：稍微再。小，稍微。复，再。

〔6〕禀分有自：天赋的资质自有其来处。意指刘裕实在没有这个天赋。禀分，天赋的资质。有自，有所由来。

〔7〕苞：包孕，包揽。

【译文】《刘穆之传》：宋高祖向来不善书法。刘穆之说："这虽然是小事，却宣诏四方，愿你稍加留意。"高祖终究不能写好，认为这是因为各自禀赋不同。穆之便说："你只管放开笔写大字，一尺见方也无妨。字大可以遮不足，签署名字也好看。"高祖听从，一纸写六七个字就满了。

【原文】宋世祖欢饮[1]，令群臣赋诗。沈庆之[2]手不知书，眼不识字，上逼令作诗。庆之曰："臣不知书，请口授。"上令颜师伯[3]执笔。庆之曰："微生[4]值多幸，得逢金运[5]昌。朽老筋力尽，徒步过南冈。辞荣[6]此圣世，何愧张子房[7]。"上甚悦，众美其辞意。

【注释】〔1〕欢饮：欢乐宴饮。

〔2〕沈庆之（386—465年）：字弘先，吴兴郡武康（今浙江省湖州市德清

县）人，南朝宋名将。

〔3〕颜师伯（419—465年）：字长渊，琅琊郡临沂（今山东省临沂市）人，南朝宋名将。

〔4〕微生：细小的生命，沈庆之自谦之词。

〔5〕金运：圣运，旧称在位皇帝或本朝运数。

〔6〕辞荣：意即辞官归隐。

〔7〕张子房：张良（？—前186年），字子房，颍川城父（今河南省平顶山市郏县）人，秦末汉初杰出谋士，西汉开国功臣，与韩信、萧何并称"汉初三杰"。

【译文】宋世祖设宴欢饮，让群臣赋诗。沈庆之手不会写字，眼也不能识字，世祖却逼他作诗。沈庆之说："我不会写，请允许我口述。"世祖便命颜师伯执笔记录。沈庆之说："微生值多幸，得逢金运昌。朽老筋力尽，徒步过南冈。辞荣此圣世，何愧张子房。"世祖听后很高兴，众人也赞美其辞意。

【原文】齐虞玩之[1]少娴刀笔[2]，泛涉[3]文史。

【注释】〔1〕虞玩之：生卒年不详，字茂瑶，南朝齐会稽余姚（今浙江省余姚市）人，南朝齐重臣。

〔2〕娴刀笔：熟悉笔墨书法。娴，娴熟。刀笔，这里借指笔墨书法。

〔3〕泛涉：广泛涉猎。

【译文】南齐·虞玩之年少即熟悉刀笔文案之事，对文史也有广泛涉猎。

【原文】后魏世宗[1]常[2]敕廷尉[3]游肇[4]有所降恕[5]，肇不从，曰："陛下自能恕之，岂能令臣曲笔[6]？"

【注释】〔1〕魏世宗：元恪（483—515年），即北魏宣武帝（499—515年在位），庙号世宗，河南洛阳（今河南省洛阳市）人，南北朝时期北魏第八位皇帝。

〔2〕常：同"尝"，曾经。

〔3〕廷尉：古代主管司法的最高官吏，西汉时也称"大理"。战国时期秦国始置，秦、汉沿置，位列九卿。

〔4〕游肇（452—520年）：字伯始，广平郡任县（今河北省邢台市任泽区）人，北魏重臣。

〔5〕降恕：减罪宽恕。

〔6〕曲笔：枉法断案之意。

【译文】北魏世宗常告诫廷尉游肇适当宽恕罪犯，游肇拒不听从，说："陛下自己就能宽恕他们，怎能让我不据法条判案？"

【原文】嵇含[1]《笔铭》曰：采管龙种[2]，拔毫秋兔。

【注释】〔1〕嵇含（262—306年）：字君道，谯郡铚县（今安徽省淮北市濉溪县）人，辑有《南方草木状》一书。

〔2〕龙种：竹的别名。

【译文】嵇含《笔铭》说：制笔管的竹要选用龙种，制笔头的毫要选用秋兔的毛。

【原文】陆云《与兄机书》曰：案视[1]曹公[2]器物，笔枚所希。闻黄初二年[3]，刘婕妤折之。见此，复使人怅然，有感处。笔亦如吴笔，又有琉璃笔一枝。

【注释】〔1〕案视：检视。

〔2〕曹公：指曹操。

〔3〕黄初二年：公元221年。黄初，是三国时期魏文帝曹丕的年号（220—226年）。

【译文】陆云《与兄机书》说：检视曹公的器物，笔不多。听说黄初二年，刘婕妤曾折断过一支。看到这些，又让人惆怅感伤。曹公的笔与吴地的笔相似，其中还有一支琉璃笔。

【原文】王允[1]将诛蔡邕，马日䃅[2]曰："伯喈[3]旷世逸才，多识汉事，当续《后汉》[4]，为世大典。"允曰："武帝不杀司马迁[5]，使作谤书[6]流于后世。今不可使佞臣执笔在幼主左右[7]，无益圣德，吾党复蒙讪谤[8]。"

【注释】〔1〕王允（137—192年）：字子师，太原祁县（今山西省晋中市祁县）人，东汉末大臣。

〔2〕马日䃅（？—194年）：字翁叔，扶风茂陵（今陕西省兴平市）人，东汉中后期大臣。

〔3〕伯喈：蔡邕，字伯喈。

〔4〕《后汉》：指记述东汉史迹的史书。

〔5〕司马迁（前145年或前135年—？）：字子长，夏阳龙门（今陕西省韩城市）人，西汉史学家、文学家、思想家。以"究天人之际，通古今之变，成一家之言"的史识创作了中国第一部纪传体通史《史记》，被后世尊为"史迁"。

〔6〕谤书：毁谤君上之书，这里指《史记》。

〔7〕不可使佞臣执笔在幼主左右：不能让奸佞之臣在幼主身边记录史事。

〔8〕讪谤：讥讪毁谤。

【译文】王允将诛杀蔡邕时，马日䃅说："蔡邕旷世逸才，又熟悉汉朝的事，应该让他续写《后汉》，使之成为传世大典。"王允说："汉武帝不杀司马迁，使司马迁有机会写毁谤自己的《史记》一书流传后世。今天不能留奸臣在幼主身边执笔，这不仅无益于圣德，我们这些人反而会受到讥讪毁谤。"

【原文】后汉[1]来歙[2]伐公孙述[3]，为刺客伤腰。召盖延[4]以属[5]军事，自书遗表[6]讫，投笔抽刃而绝。光武[7]省书[8]揽涕[9]。

【注释】〔1〕后汉：指东汉。

〔2〕来歙（？—35年）：字君叔，南阳新野（今河南省南阳市新野县）人，东汉名将。

〔3〕公孙述（？—36年）：字子阳，扶风茂陵（今陕西省兴平市）人，新

莽末年、东汉初年的割据势力之一。

〔4〕盖延（？—39年）：字巨卿，渔阳郡要阳县（今北京市平谷区）人，东汉中兴将领，云台二十八将之一。

〔5〕属：同"嘱"，托付。

〔6〕遗表：临终奏表。

〔7〕光武：汉光武帝刘秀（前5—57年），字文叔，南阳郡蔡阳县（今湖北省枣阳市）人，东汉王朝创立者。

〔8〕省书：指看来歙的遗表。

〔9〕揽涕：挥泪而泣。

【译文】东汉初年，来歙讨伐公孙述，被刺客刺伤了腰。立即召见盖延，把军事托付给他，亲手写完给皇上的遗表后，便扔笔拔刀自尽。光武帝看来歙的遗表，边读边流泪。

【原文】后汉周磐〔1〕，字坚伯。年七十三，朝会〔2〕集论终日，因令二子曰："吾日者〔3〕梦见先师东里先生，与我讲于阴堂之奥〔4〕，吾齿之尽乎〔5〕！若命终，编二尺四寸简，写《尧典》一篇，并刀笔各一，以置棺前。"

【注释】〔1〕周磐：字坚伯，汝南安成（今河南省平舆县）人，东汉学者。

〔2〕朝会：古代称臣见君为朝，君见臣为会，合称"朝会"。

〔3〕日者：近日。

〔4〕阴堂之奥：暗室的西南角。阴堂，幽暗之室。奥，室内西南角，古人设神主或尊长居坐的地方。

〔5〕吾齿之尽乎：大概我岁寿将尽了吧！齿，年龄。

【译文】东汉的周磐，字坚伯。他七十三岁那年，朝会集论持续了一整天，他对两个儿子说："我近来总梦见先师东里先生，在幽暗的墓角下向我讲课，大概是我岁寿将尽了呀！如果我死了，你们就编二尺四寸长的竹简，抄《尚书·尧典》，并刀笔各一套，放在我的棺前。"

【原文】《搜神记》：益州有神祠，自称黄石公[1]。祈者持一双笔及纸墨，投于石室中言吉凶，有声而无形。

【注释】〔1〕黄石公（？—前195年）：别称"圯上老人""下邳神人"，被后世道士列入道教神谱，下邳（今江苏省邳州市）人，秦汉时期思想家、军事家。

【译文】《搜神记》：益州一座神祠中的神，自称是"黄石公"。祈求者只要拿两支笔和纸墨，投到石室中，他就会告诉其事的吉凶，有声音却不见形貌。

【原文】石晋[1]朝丞相赵莹[2]布衣时，常以穷通[3]之分祷于华岳庙。是夜梦神遗以一笔二剑，始犹未寤[4]。既而[5]一践廊庙[6]，再拥节旄[7]。

【注释】〔1〕石晋：五代十国时期的后晋。
〔2〕赵莹（885—951年）：字玄辉，华阴（今陕西省华阴市）人，五代时期后晋宰相，曾奉命组织编修《旧唐书》。
〔3〕穷通：困厄和显达。
〔4〕寤：同"悟"，觉悟，认识到。
〔5〕既而：不久之后。
〔6〕廊庙：指朝廷。
〔7〕节旄：旌节上所缀的牦牛尾饰物，代指旌节。

【译文】后晋丞相赵莹，在还是布衣时，常常在华岳庙中祈问人生的困厄与富贵。一天夜里，他梦见神送来一支笔两把剑。开始时他并不明白。直到他入朝为官，又做了节度使方才醒悟。

【原文】近朝[1]丞相马裔孙[2]幼干禄[3]，祷于上逻神，梦与二笔，一大一小。后为翰林学士[4]及知贡举[5]，自谓应[6]之。大拜之日[7]，堂吏进二笔，大小与梦相符。

【注释】〔1〕近朝：距今不远的朝代，此处指唐代。

〔2〕马裔孙：字庆先，棣州滳河（今山东省济南市商河县）人，唐大臣。

〔3〕干禄：求取官禄。

〔4〕翰林学士：始设于南北朝，至唐玄宗时，于翰林院之外别建学士院，选有文学的朝官充任翰林学士、入直内廷，批答表疏，应和文章，随时宣召撰拟文字。

〔5〕知贡举：掌礼部贡举之事，俗称主司。

〔6〕应：应验。

〔7〕大拜之日：封官授爵的那一天。

【译文】近朝丞相马裔孙幼年为求仕进，向上逻神祷告，梦见神给了他两支笔，一支大，一支小。后来他做了翰林学士及知贡举，自认为是应验了梦境。拜相那天，堂吏向他呈了两支笔，大小与梦中所见一样。

【原文】石晋之相和凝[1]，少为明经[2]，梦人与五色笔一束。自是文彩日新，擢[3]进士第，三公[4]九卿[5]，无所不历。

【注释】〔1〕和凝（898—955年）：字成绩，郓州须昌（今山东省泰安市东平县）人，五代著名词人。少好学，聪颖秀拔，十七岁举明经，梁贞明二年（916年）举进士，一生历仕后梁、后唐、后晋、后汉、后周五个王朝。

〔2〕明经：汉代以"明经射策"取士。隋炀帝置明经、进士二科，以经义取者为明经，以诗赋取者为进士。

〔3〕擢：提拔。

〔4〕三公：周代以司马、司徒、司空为三公，或以太师、太傅、太保为"三公"。西汉时以丞相（大司徒）、太尉（大司马）、御史大夫（大司空）合称"三公"。东汉时以太尉、司徒、司空合称"三公"，又称"三司"，总揽军政大权。唐宋沿用此称，但已无实权。明清以太师、太傅、太保为"三公"，作为大臣的最高荣衔。

〔5〕九卿：中央行政官员的合称，各代所指不同。秦汉以奉常（太常）、郎中令（光禄勋）、卫尉、太仆、廷尉、典客（大鸿胪）、宗正、治粟内史（大司农）、少府为九卿。魏晋以后，设尚书分主各部，九卿职权较轻。明清有大小九卿之分。

【译文】后晋丞相和凝,年少通晓经术。他梦见有人给了他一束五色笔,自此他文采日新,擢升进士。三公九卿,他都历任过。

笔之辞赋

（编者注：为保留原文风格，对每卷辞赋仅注释，不作译文。）

【原文】蔡邕《笔赋序》曰：昔苍颉[1]创业，翰墨作用，书契[2]兴焉。夫制作上书则宪者，莫先于笔。详原其所由，究察其成功，铄乎焕乎[3]，弗可尚矣！

赋曰："惟其翰[4]之所生，生于季冬之狡兔。性精亟而剽悍，体遄迅而骋步。削文竹以为管，加漆丝之缠束。形调抟以直端，染玄墨以定色。画乾坤之阴阳，赞宓羲[5]之洪勋[6]。尽五帝[7]之休德[8]，扬荡荡之明文[9]。纪三王[10]之功伐[11]兮，表八百之肆觐[12]。传六经[13]而缀百氏[14]兮，建皇极[15]而序彝伦[16]。综人伦[17]于晻昧[18]兮，赞幽冥[19]于神明。象类[20]多喻，靡施不协[21]：上刚下柔，乾坤位也；新故代谢，四时次也；圆和正直，规矩极也；玄首黄管[22]，天地色也。"云云。

【注释】〔1〕仓颉：也作"苍颉"，传为汉字的创制者。

〔2〕书契：文字。

〔3〕铄乎焕乎：铄，美好貌。焕，闪耀光亮貌。

〔4〕翰：笔毫，毛笔。

〔5〕宓羲：伏羲氏，传说中的上古帝王。宓，通"伏"。

〔6〕洪勋：卓著的功勋。

〔7〕五帝：传说中上古时代的五位圣王，说法不一。

〔8〕休德：美德。

〔9〕明文：犹明德，光明美好的品德。

〔10〕三王：夏、商、周三代的圣明君王。

〔11〕功伐：功绩。

〔12〕肆觐：四面八方前来朝觐。

〔13〕六经：也称为"六艺"，指《诗》《书》《礼》《乐》《易》《春秋》等六部儒经。

〔14〕百氏：犹言诸子百家。

〔15〕皇极：大中至正之道。帝王治天下的准则。

〔16〕彝伦：伦理。

〔17〕人伦：古代中国的主要道德关系以及应遵循的道德规范。特指父子有亲，君臣有义，夫妇有别，长幼有序，朋友有信，统称为"五伦"。

〔18〕晻昧：这里指愚昧的人。

〔19〕幽冥：暗昧。

〔20〕象类：比拟。

〔21〕不协：不和。

〔22〕黄管：黄色笔管。

【原文】晋傅玄《笔赋》：简[1]修毫[2]之奇兔，撰[3]珍皮之上翰，濯[4]以清水，芬[5]之以幽兰。嘉竹挺翠，彤管[6]含丹。于是班匠[7]竭巧，良工逞术。缠以素枲[8]，纳以玄漆。丰约得中，不文不质[9]，尔乃染芳松之淳烟[10]兮，写文象[11]于纨素[12]。动应手以从心，焕光流兮星布。柔不丝屈，刚不玉折。锋锷[13]淋漓，芒[14]跱[15]针列。

【注释】〔1〕简：选择。

〔2〕修毫：长的毫毛。

□ **青玉管红木斗鬃毫提笔　清代　故宫博物院藏**
　　笔管为青玉制，通体光素，管上下两端镶嵌金箍。笔斗为红木制，纳毫处嵌金口。长锋鬃毫，笔毫浑圆饱满，坚劲健利。
　　毛笔有长锋、中锋、短锋之别，性能各异。长锋易画婀娜多姿的线条；短锋易使线条凝重厚实；中锋兼而有之，画山水以用中锋为宜。此笔具长短锋。

□ 紫檀木嵌玉管鬃毫抓笔　清乾隆　故宫博物院藏

"抓笔"亦称"揸笔",笔形短粗,是书写巨擘大字或题榜书时的专用笔。明清时期的宫廷抓笔多为猪鬃所制,猪鬃毫粗而圆健,制成抓笔题字刚劲挺拔,较之羊毛抓笔,有不可比拟的优势。此鬃毫抓笔,笔管为整块紫檀木制,表面光滑,色泽凝重,管壁外有一斜伸单孔,可挂钩悬置。

〔3〕撰:采集。

〔4〕濯:洗。

〔5〕芬:使芬芳。

〔6〕彤管:杆身漆朱的毛笔。

〔7〕班匠:古时巧匠公输班和匠石的并称。

〔8〕枲:麻纤维。

〔9〕不文不质:不过分矫饰也不过分质朴。

〔10〕染芳松之淳烟:指蘸上墨。墨是由松树的烟炭制成的,故常以松烟指墨。

〔11〕文象:文字。因汉字以象形始,故有此说。

〔12〕纨素:白色的丝织物。

〔13〕锋锷:本指剑锋和刀刃,文中指毛笔之锋。

〔14〕芒:笔头的芒。

〔15〕跱:站立。

【原文】傅玄《笔铭》曰:铧铧[1]彤管,冉冉轻翰[2]。正色玄墨,铭心写言。光赞[3]天人,深厉未然[4]。君子世之[5],

无功异端。

【注释】〔1〕铧铧：光明华美之貌。

〔2〕轻翰：毛笔。

〔3〕光赞：犹言多方辅佐。

〔4〕未然：犹言事先。

〔5〕世之：世世代代相沿袭。

【原文】傅玄《鹰兔赋》云：兔谓鹰曰："毋害于物，有益于世。华髦[1]被体，彤管以制。苍颉创业，以兴书契。仲尼[2]赖之，定此文艺。拟则天地，图尽万方。经理群品，宣综阴阳。内敷[3]七政[4]，班序[5]明堂[6]。道运玄昧[7]，非笔不光。三皇德化[8]，非笔不章[9]。"

【注释】〔1〕华髦：华丽的长毛。

〔2〕仲尼：孔子，名丘，字仲尼。

〔3〕敷：宣布。

〔4〕七政：古天文术语。说法不一：一指日、月和金、木、水、火、土五星；一指天、地、人和四时；一指北斗七星。

〔5〕班序：依次排列。

〔6〕明堂：古代皇帝朝会及举行封赏、庆典等活动的场所。

〔7〕玄昧：深奥难明。

〔8〕德化：道德教化。

〔9〕章：同"彰"，彰显。

【原文】梁简文[1]《咏笔格[2]》诗曰：英华[3]表[4]玉笈[5]，佳丽称珠网[6]。无如兹制奇，雕饰杂众象。仰出写含花，横插学仙掌。幸因提拾用，遂厕[7]璇台[8]赏。

【注释】〔1〕简文：南朝梁简文帝。

〔2〕笔格：笔架。

〔3〕英华：意即华饰璀璨。

〔4〕表：称呼。

〔5〕玉笈：玉饰的书箱。

〔6〕珠网：缀珠为网状的帐帷。

〔7〕厕：同"侧"，旁边。

〔8〕璇台：亦作"琁台"，饰以美玉的高台，泛指华美的台观，也指传说中的仙人居所。

【原文】梁徐摛[1]《咏笔》诗：本自灵山出，名因瑞草传。纤端奉积润[2]，弱质散芳烟。直写飞蓬[3]叶，横承落絮篇。一逢掌握重，宁忆仲升捐[4]。

【注释】〔1〕徐摛（471或474—551年）：字士秀，东海郯（今山东省临沂市郯城县）人，南朝梁大臣、文学家，与庾肩吾合称"大徐庾"。

〔2〕积润：久积湿润。

〔3〕飞蓬：叶子像柳叶，边缘有锯齿的多年生草本植物。

〔4〕仲升捐：指班超投笔从戎。仲升，班超的字。捐，弃，指扔掉笔墨。

【原文】晋郭璞《笔赞》：上古结绳，易以书契。经纬[1]天地，错综[2]群艺，日用不知，功盖万世。

【注释】〔1〕经纬：规范，准则。

〔2〕错综：复杂交错。

【原文】后汉李尤[1]《笔铭》：笔之强志[2]，庶事分别。七术[3]虽众，犹可解说。口无择言，驷不及舌[4]。笔之过误[5]，愆尤[6]不灭。

【注释】〔1〕李尤（约55—约135年）：字伯仁，广汉雒（今四川省广汉市）人，东汉文史学家。

〔2〕强志：强于记事。

〔3〕七术：鬼谷子的用兵七法。

缠枝莲纹

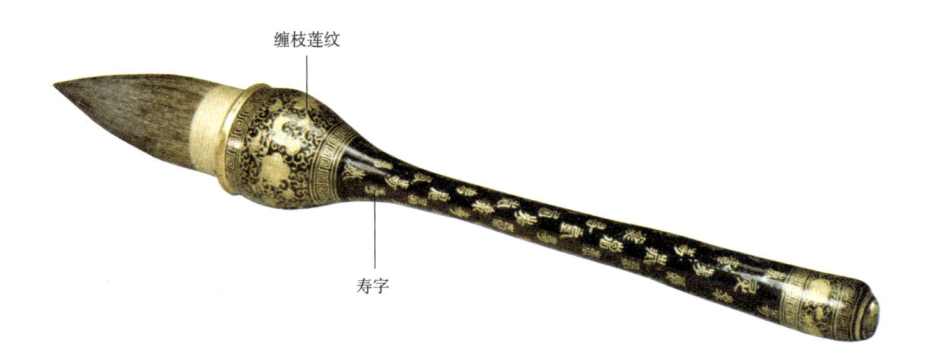

寿字

□ **黑漆描金寿字管紫毫提笔　清乾隆　故宫博物院藏**
　　清代笔管选材虽包罗万象，也不外乎天然材质、工艺材质两类。此笔管采用雕漆工艺所制，通体黑漆描金篆书"寿"字，笔管自上而下渐粗。管上端和笔斗处分别绘有两组回纹相间的缠枝莲纹，管顶绘两蝠捧寿纹。笔毫为竹笋式紫毫。笔管华丽的色彩、严谨工整的纹样以及精湛的制作工艺，都显示了浓郁的宫廷风格。

　　〔4〕驷不及舌：意即说出的话四匹马拉的车也追不回来，犹言说话当慎重。

　　〔5〕过误：过失。

　　〔6〕愆尤：罪责，过失。

【原文】梁庾肩吾[1]《谢赉[2]铜砚笔格启[3]》：烟磨青石[4]，已践孔鲤之坛[5]；管插铜龙，还笑王生之璧。西域胡人，卧织成之绛簟；游仙童子，隐芙蓉之行阵。莫不尽出梁园[6]，来颁[7]狭室。

【注释】〔1〕庾肩吾（487—约552年）：字子慎，南阳新野（今河南省南阳市新野县）人，南朝梁文学家、书法理论家。

　　〔2〕赉：赐予。

　　〔3〕启：书启，古时专指下级递给上级的信件，后用作信札通称。

　　〔4〕烟磨青石：墨块在石砚中被磨成了墨汁。

　　〔5〕已践孔鲤之坛：已踏入儒门之坛。孔鲤，孔子的儿子，此处用以指代儒门。

　　〔6〕梁园：梁苑，西汉梁孝王的东苑，借指皇室的宅第园林。

　　〔7〕颁：发出。

卷一　笔谱

151

【原文】嵇含[1]《试笔赋序》：骋韩卢[2]，逐狡兔，日未移晷[3]，一纵双获。季秋之月，毫锋甚伟，遂刊[4]悬崖之竹而为笔，因而为赋。

【注释】[1]嵇含（263—306年）：字君道，谯郡铚县（今安徽省淮北市濉溪县）人，西晋文学家。

[2]韩卢：亦作"韩子卢"。战国时韩国良犬色黑，此指飞奔的猎狗。

[3]移晷：日影移动，犹言过了些许时刻。

[4]刊：砍削。

【原文】贾耽[1]《虞书[2]歌》：众书之中虞书巧，体法自然归大道。不同怀素只攻颠，岂类张芝惟札草。形势素，肌骨老，父子君臣相揖抱。孤青似竹更飕飗[3]，阔白如波长浩渺。能方正，不隳[4]倒，功夫未至难寻奥。须知孔子庙堂碑[5]，便是青缃[6]中至宝。

【注释】[1]贾耽（730—805年）：字敦诗，沧州南皮（今河北省沧州市南皮县）人，中唐宰相，地理学家。

[2]虞书：虞世南的书法。虞世南（558—638），字伯施，越州余姚（今浙江省余姚市）人，南北朝至隋唐时书法家、文学家、政治家。

[3]飕飗：指寒气。

[4]隳：崩坏。

[5]孔子庙堂碑：唐代碑刻，虞世南书。圆润朗秀，外刚内柔。

[6]青缃：青色和浅黄色，也指这两种颜色的织物，古代常用这两种颜色的布帛作书衣、封套，后来用以代指书籍、画卷等。

【原文】成公绥[1]，字子安，《弃故笔[2]赋》：序曰：治世[3]之功，莫尚于笔。笔者，毕也，能毕举[4]万物之形，序自然之情也。力未尽而弃之粪扫[5]，有似古贤之不遇[6]。于是收取，洗而弃之，用其力而残其身焉。有苍颉之奇生，列四目而兼明；慕[7]羲氏之书卦，载万物于五行，乃发虑[8]于书契。采秋毫[9]之颖芒[10]，

卷一　笔谱

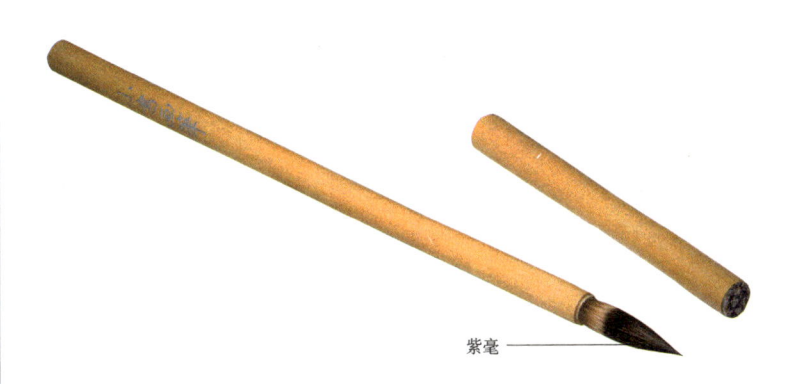

紫毫

☐ **竹管小书画紫毫笔　清康熙　故宫博物院藏**

　　此笔管为竹制，笔头为紫毫制，一套共有10支。笔管上端填蓝楷书"小书画笔"，由此可知此笔为当时作画之用。笔帽顶部贴锦，笔头的根部以黄、褐花毫为装饰。装于裱有黄色绫的锦匣内。此套笔装饰很少，最大的特点便是选毫甚为精致。

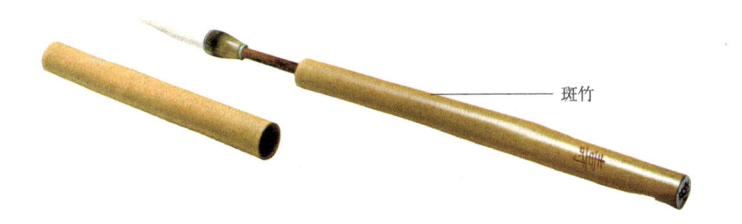

斑竹

☐ **斑竹管牛角斗羊毫提笔　清代　故宫博物院藏**

　　此笔笔管修长、纤细、轻盈，牛角笔斗，光润透明，颈部饰绿色染牙环。长锋羊毫，毫锋齐健，收拢紧密。笔装于竹套筒内，筒端阴文填朱楷书"寿"字。因笔装于笔筒内，故保存完好，犹如新制。斑竹，也称梅芦竹，产于湖南、广西、浙江、福建等地，茎匀竿直，有灰褐色和灰紫色的圆斑纹，制成笔管能增添自然美的风韵。

回纹

☐ **红雕漆牡丹纹管兼毫笔　明宣德　故宫博物院藏**

　　笔头为竹笋式紫白兼毫。笔管通体红雕漆牡丹花纹，笔管、笔帽插口处各饰回纹一周。此笔管、笔帽均采用雕漆工艺，刀法娴熟，花朵饱满，磨制圆润。

　　回纹，瓷器常用的一种辅助纹样，因纹样如"回"字，故名。回纹相连成对和连续不断的带状形，寓意吉利深长，民间也有认为寓意"富贵不断头"。

153

加胶漆之绸缪[11]，结三束而五重。建犀角之玄管，属象齿于纤锋。染青松之微烟，著不泯之永踪。则象神仙，人皇[12]九头，式范[13]群生[14]，异体怪躯。注王度[15]于七经[16]，训河洛[17]之谶纬[18]，书日月之所躔[19]，别列宿之舍次[20]，乃皆是笔之勋[21]。人日用而不寤，迄尽力于万钧[22]，卒见弃[23]于衢路[24]。

【注释】〔1〕成公绥（231—271年）：字子安，东郡白马（今河南省安阳市滑县）人，魏晋时期大臣、文学家。

〔2〕故笔：旧笔。

〔3〕治世：治理天下。

〔4〕毕举：齐备。

〔5〕粪扫：犹垃圾，无用之物。

〔6〕遇：遇到圣君、明主。

〔7〕慕：仰慕。

〔8〕发虑：进行思虑。

〔9〕秋毫：这里指秋兔的毛。

〔10〕颖芒：尖锐。

〔11〕绸缪：紧缠貌。

〔12〕人皇：传为远古时的部落酋长，后被神化，与天皇、地皇并称"三皇"。

〔13〕式范：犹范式，楷模。

〔14〕群生：百姓。

〔15〕王度：犹典章，律例。

〔16〕七经：汉以来历代王朝所推崇的七部儒经。

〔17〕河洛：河图、洛书的简称。

〔18〕谶纬：汉代流行的迷信活动。谶，方士所作的一种隐语，以之为吉凶的征兆。纬，由深受方士影响的儒生编集起来以附会儒经的种种著作。

〔19〕书日月之所躔：记录日月运行的轨迹。

〔20〕别列宿之舍次：区分众星宿的位置。

〔21〕勋：特殊功劳。

〔22〕万钧：形容分量重。

〔23〕见弃：被遗弃。

〔24〕衢路：道路。

【原文】唐张碧[1]《答张郎中分寄翰林贡余笔歌》：圆金五寸轻错刀[2]，天人摘落霜兔毛。我之宗兄掌文橄，翰林分与神仙毫。东风吹柳作金线，狂涌辞波力生健。此时捧得江文通[3]，五色光从掌中见。江龙角嫩无精彩，尽日挥空射烟霭。谁能邀得怀素来，晴明书破琉璃海。扬雄得之《甘泉赋》，胸中白凤无因飞。他年拟把补造化，穿江入海剡天涯。昨宵梦见欧率更[4]，先来醉我黄金觥[5]。手擎瑟瑟[6]三十斗，博归天上书《黄庭》[7]。梦中摆手不相许，怅望空乘碧云去。

【注释】〔1〕张碧：字太碧，唐末诗人。

〔2〕错刀：新莽朝所铸币名。

〔3〕江文通：江淹（444—505年），字文通，南朝梁文学家。

〔4〕欧率更：指唐代著名书法家欧阳询，他因在唐时被封为太子率更令，而被称为"欧阳率更""欧率更"。

〔5〕觥：一种酒器。

〔6〕瑟瑟：珠宝名。

〔7〕博归天上书《黄庭》：博，换取；《黄庭》，指《黄庭经》，道教的经典著作，此指晋王羲之书写的《黄庭经》法帖。

【原文】梁吴均[1]《笔格赋》：幽山之桂树，恒萦[2]风而抱露。叶委郁[3]而陆离[4]，根纵横而盘互[5]。尔其负霜含液，枝翠心赤，剪其匡条，为此笔格。跌[6]则岩岩[7]方爽，似华山之孤生；管[8]则员员[9]峻逸，若九疑[10]之争出。长对坐以衔烟，永临窗而储笔。

【注释】〔1〕吴均（469—520年）：字叔庠，吴兴故鄣（今浙江省安吉市）人，南朝梁文学家、历史学家。

〔2〕萦：萦绕。

〔3〕委郁：茂盛的样子。

〔4〕陆离：形容色彩绚丽繁杂。

〔5〕盘互：相互错结。

〔6〕跌：指把笔架制成交叠状。

〔7〕岩岩：高耸貌。

〔8〕管：指把笔架制成管状。

〔9〕员员：圆貌。

〔10〕九疑：亦作"九嶷"，指九嶷山，在湖南境内。

【原文】梁元帝《谢宣赐^{〔1〕}白牙镂管启^{〔2〕}》：春坊^{〔3〕}漆管，曲降^{〔4〕}深恩；北宫^{〔5〕}象牙，猥蒙^{〔6〕}沾逮^{〔7〕}。雕镂精巧，似辽东之仙物；图写奇丽，笑蜀郡之儒生。故知嵇赋^{〔8〕}非工，王铭未善。昔伯喈^{〔9〕}致赠，才属^{〔10〕}友人。葛龚所酬^{〔11〕}，止闻通议^{〔12〕}，岂若远降鸿慈^{〔13〕}，曲覃^{〔14〕}庸陋。方觉琉璃无当，随珠^{〔15〕}过侈。但有羡卜商^{〔16〕}，无因则削；徒怀曹植^{〔17〕}，恒愿执鞭^{〔18〕}。

【注释】〔1〕宣赐：犹言帝王赏赐。

〔2〕启：古时专指下呈上的信件，今泛指信札。

〔3〕春坊：魏晋以来称太子宫为春坊。

〔4〕曲降：犹俯降。

〔5〕北宫：后宫。

〔6〕猥蒙：犹辱蒙，自谦之辞。

〔7〕沾逮：赏赐所及。

〔8〕嵇赋：三国时期嵇康所作的赋。

〔9〕伯喈：蔡邕。

〔10〕才属：只能连续。

〔11〕葛龚所酬：葛龚所得到的赞扬。葛龚，字甫，东汉官吏，以善文记知名，著有文、赋、碑、诔、书、记凡12篇。

〔12〕通议：犹通识。

〔13〕鸿慈：大恩。

〔14〕曲覃：延及。

〔15〕随珠：随侯之珠。

〔16〕卜商：孔子弟子子夏。

〔17〕徒怀曹植：徒怀，空怀；曹植，曹操之子。曹植自幼颖慧，年十岁余，便诵读诗、文、辞赋数十万言，出言为论，下笔成章，深得曹操的宠爱。

〔18〕执鞭：举鞭为人驾车，表示景仰追随。

【原文】白乐天[1]《鸡距笔[2]赋》：足之健者有鸡足，毛之劲者有兔毛。就足之中，奋发者利距[3]；在毛之内，秀出者长毫。合为手笔[4]，正得其要。象彼足距，曲尽其妙。圆而直，始造意于蒙恬；利而铦[5]，终骋能[6]于逸少[7]。斯则创因智士，制在良工。拔毫为锋，截竹为筒。视其端，若武安君之头小[8]；窥其管，如玄元氏[9]之心空。岂不以中山之明，视劲而迅；汝阴之翰，音勇而雄。一毛不成，采众毫于三穴之内；四者可弃，取锐武[10]于五德[11]之中。双美是合，两揆[12]相同。故不得兔毛，无以成起草之用；不名鸡距，无以表入木之功。及夫亲手泽[13]，随指顾[14]，秉以律，动以度。染松烟之墨，洒鹅毛之素，莫不画为屈铁[15]，点成垂露[16]。若用之战阵，则摧敌而先鸣；若用之草圣，则擅场[17]而独步。察所以，稽其故，虽云任物以用长，亦在假名而善喻。向使但随物弃，不与人遇，则距畜缩于晨鸡，毫摧残于寒兔。安得取名于彼，移用在兹？映赤管，状绀趾乍举[18]；对红笺，疑锦臆[19]初披。缀翰停毫，既象乎翘足就栖之夕；挥芒拂[20]锐，又似乎奋拳引斗之时。苟名实之副者，信动静而似之。其用不困，其美无俦[21]。因草为号者质陋，折蒲而书者体柔。彼皆琐细，此实殊尤。是以搦[22]之而变成金距，书之而化出银钩。夫然则董狐[23]操，可以勒为良史；宣尼[24]握，可以削定《春秋》。夫其不象鸡之羽者，鄙其轻薄；不取鸡之冠者，恶其柔弱。斯距也，如剑如戟，可击可搏。将为我之毫芒，必假尔之锋锷。遂使见之者书狂发，秉之者笔力作。挫万物而人文成，草八行而鸟迹[25]落。缥囊[26]或处，类藏锥之沉潜[27]；团扇忽书，同舞镜之挥霍。儒有学书临水，负笈[28]辞山，含毫[29]既至，握管未还。过兔园[30]而易感，望鸡树[31]以难攀。愿争雄于爪距之下，冀得隽[32]于笔砚之间。

【注释】〔1〕白乐天：白居易。

□ 檀香木彩绘福寿纹管紫毫笔　清乾隆　故宫博物院藏

  此笔管采用名贵檀香木制作，纤直细腻，散发淡淡的幽香。笔身彩绘描金寿桃纹，直管，有帽。笔管以玳瑁甲制，甚为珍稀。管与帽顶端均镶嵌鎏金铜扣，制作工细，圆周不见接痕。笔管还绘有灵芝、蝙蝠等吉祥纹样，并饰有朱、绿、绛等色彩。管顶及管帽两端均嵌饰象牙，笔头为兰蕊式紫毫。

  该笔选材名贵，制作精工，彩绘精美，色彩艳丽，是清宫中最具观赏和使用价值的毛笔之一。

〔2〕鸡距笔：笔名。笔管与笔帽选用湘妃竹，笔头呈笋尖式，用鹿毫为柱芯，麻纸裹柱根，兔毫为外披。因其形制似鸡爪后面突出的距，故称"鸡距笔"。

〔3〕距：雄鸡爪子后面突出像脚趾处。

〔4〕手笔：执笔写作。

〔5〕铦：锋利。

〔6〕骋能：施展才能。

〔7〕逸少：指王羲之。

〔8〕若武安君之头小：就像武安君白起的头那样小。晋·孔衍《春秋后语·赵语》中平原君对赵王曰："渑池之会，臣察武安君之为人也，小头而锐，瞳子黑白分明，视瞻不转，执志强也，可以持久。"大意是说：平原君赵胜谈

到秦将白起时，说他头小又尖锐，眼珠黑白分明，是一位果断、精明、有毅力、敢搏斗的人物。

〔9〕玄元氏：道教人物，以空虚为怀。

〔10〕锐武：锐利而威武。

〔11〕五德：古时传说鸡有文、武、勇、仁、信五德。

〔12〕揆：准则。

〔13〕手泽：手汗，后借指先辈遗墨、遗泽等。

〔14〕指顾：指点顾盼貌。

〔15〕屈铁：指笔画抑扬有力。

〔16〕垂露：用笔的一种技法，指行笔至笔画尾部反收其笔锋。

〔17〕擅场：谓强胜弱，专据一场。

〔18〕绀趾乍举：紫红色的脚趾突然举起。绀，紫红色；乍，突然。

〔19〕锦臆：禽鸟胸部漂亮的羽毛。

〔20〕拂：击。

〔21〕无俦：没有可与之相比的。

〔22〕搦：握。

〔23〕董狐：春秋晋国太史，亦称"史狐"，周大史辛有的后裔，因董督典籍，故姓董氏。

〔24〕宣尼：孔子。汉平帝追谥孔子为褒成宣尼公，故后世称其为宣尼。

〔25〕八行而鸟迹：八行，汉·马融《与窦伯向书》曰："孟陵奴来，赐书，见手迹，欢喜何量，次于面也。书虽两纸，纸八行，每行七字，行七字。"谓信纸一页八行，每行七字。后世信笺亦多每页八行，因此以"八行"代称书信。鸟迹，指鸟篆。

〔26〕缥囊：用淡青色丝绸制成的书囊，亦可借指书卷。

〔27〕类藏锥之沉潜：类，像；沉潜，深沉。

〔28〕负笈：背着书箱，犹言游学于外地。

〔29〕含毫：含笔于口，喻指构思为文或作画。

〔30〕兔园：苑囿名，也称"梁园"。此园在今河南省商丘市东，西汉梁孝王刘武所筑，为游赏与宴请宾客之所。此指高官、贵族的园林。

〔31〕鸡树：指古代中书省。裴松之注引晋·郭颁《世语》："放（刘放）、资（孙资）久典机任，献（夏侯献）、肇（曹肇）心内不平。殿中有鸡栖树，二人相谓：'此亦久矣，其能复几？'"鸡树，也指宰相府第中的树。

〔32〕得隽：同"得俊"，中榜及第之意。

【原文】窦纰《五色[1]笔赋》（以"征诸嘉梦，藻思[2]日新"为韵）：物有粲[3]奇，文抽[4]藻思。含五采而可宝，焕六书[5]而增媚。岂不以润色形容，昭宣梦寐。渍毫端之一勺，潜合水章[6]；施墨妙于八行[7]，宛成锦字。言念伊人，光辉发身[8]，拳然[9]手受[10]，灼若迷真。戴帛惊缁文渐出，临池讶莲彩长新。效用辞林，惊宿鸟之丹羽；呈功学海，问游鱼之彩鳞。所以成尽识之规，得和光[11]之道，轻肆力[12]于垂露，睹流精[13]于起草。俾题桥[14]之处，转称书虹；当进牍[15]之时，尤宜奋藻[16]。掌握攸重，文章可惊，揉松烟而霞驳[17]，操竹简而泪凝。倘使书绅[18]，黼黻[19]之容斯美；如令画像，丹青之妙足征。卓尔无双，斑然不一[20]，摛[21]握彩以冥契[22]，刷[23]孤峰而秀出。纷色丝[24]兮宜映练囊[25]，晕科斗兮似开缃帙[26]。动人文[27]之际，怀豹变[28]于良宵；呈鸟迹[29]之前，想乌凝[30]于瑞日。当其色授[31]之初，念忘形而获诸；魂交[32]之次，惊乱目之相于[33]。将发挥于拳石[34]，几迁染[35]于尺书。秉翰苑[36]之间，媚花阴而蔚矣；耕晴田之上，临玉德以温如[37]。是知潜应丹诚[38]，暗彰吉梦；嘉不乱之如削[39]，意和宣而载弄[40]。混青蝇之点[41]，取类华虫[42]；迷皓鹤之书[43]，思齐[44]彩凤。故可以彰斯薤叶[45]，点缀桃花[46]；舒彩笺而增丽，耀彤管而孔嘉[47]。彼雕翠羽而示功，镂文犀而穷奢，曾不如披藻翰[48]而发光华。

【注释】〔1〕五色：喻文采。

〔2〕藻思：华美的文思。

〔3〕粲：鲜明光亮。

〔4〕抽：引出。

〔5〕六书：亦称"六体"，指古文、奇字、篆书、左书、缪篆、鸟虫书等六种字体。

〔6〕章：文采。

〔7〕八行：谓信纸一页八行。

〔8〕发身：成名；起家。

〔9〕拳然：恳切貌。

〔10〕手受：笔录。

〔11〕和光：谓才华内蕴，不露锋芒。《后汉书·王允传》："公与董太师并位俱封，而独崇高节，岂和光之道邪？"

〔12〕肆力：尽力。

〔13〕流精：传说中的楼阙名。

〔14〕题桥：汉·司马相如初离蜀赴长安，曾于成都城北升仙桥题句于桥柱，自述致身通显之志，曰："不乘赤车驷马，不过汝下也！"事见晋·常璩《华阳国志·蜀志》。《太平御览》卷七十三、《艺文类聚》卷六十三引此，桥名作"升迁"。后以"题桥柱"比喻对功名有所抱负。

〔15〕进牍：古时进奉写字用的木板或纸笺。多指请人作文赋诗。

〔16〕奋藻：奋笔著述。

〔17〕霞驳：斑斓貌。

〔18〕书绅：把要牢记的话写在绅带上，后亦称牢记他人的话为"书绅"。

〔19〕黼黻：华美的文辞。

〔20〕斑然不一：颜色驳杂。

〔21〕摛：铺陈。

〔22〕冥契：暗合。

〔23〕刷：用笔画。

〔24〕色丝：犹言妙文。

〔25〕练囊：指书袋。

〔26〕晕科斗兮似开缃帙：晕科斗，指抄写古代典籍；科斗，代指古文经籍；开缃帙，意谓打开书卷。

〔27〕人文：指人事。

〔28〕豹变：喻人的行为变好或势位显贵。《三国志·蜀志·后主传》："降心回虑，应机豹变。"南朝梁·刘孝标《辩命论》："视彭韩之豹变，谓鸷猛致人爵。"唐·李白《陈情赠友人》诗："英豪未豹变，自古多艰辛。"清·黄景仁《杂咏》："陈平未豹变，乃在委巷居。"

〔29〕鸟迹：鸟篆。

〔30〕乌凝：乌云凝聚。

〔31〕色授：用神色传递内心的感受。

〔32〕魂交：梦魂相交。

〔33〕相于：相厚。

〔34〕拳石：园林假山。

〔35〕迁染：此指阐发社会的变迁。

象牙　檀香木

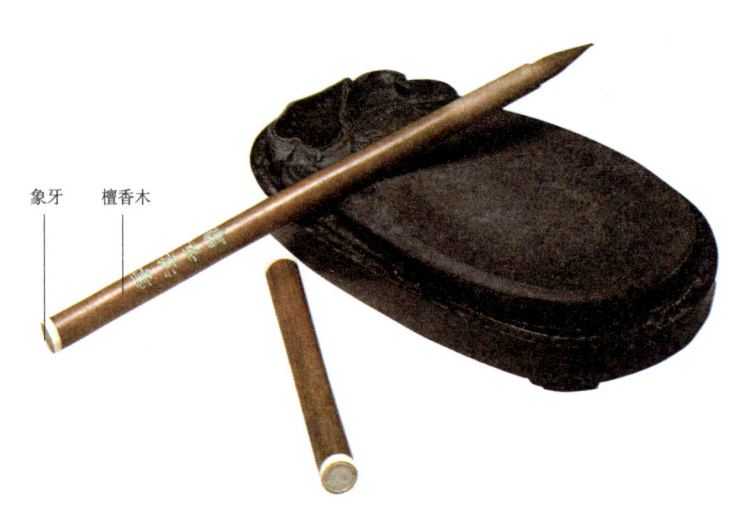

□ **檀香木管云汉为章狼毫笔　清乾隆　故宫博物院藏**
"云汉为章"化用《诗经》"倬彼云汉，为章于天"之句。摘录化用经史之辞，寓意着某种灌注儒家思想或治国策路的虚辞。此笔管为檀香木制，管身磨制光素，管顶及管帽两端均镶嵌象牙。管身上端书填绿隶书"云汉为章"字样，体现了镌刻笔工或持笔者的冥冥退思。

〔36〕秉翰苑：秉，掌管，操持；翰苑，文翰荟萃之地。

〔37〕温如：含蓄蕴藏。

〔38〕丹诚：赤诚的心。

〔39〕嘉不乱之如削：嘉，此指面临美好事物；削，简札。

〔40〕载弄：细心呵护。

〔41〕青蝇之点：像苍蝇那样大小的墨点。

〔42〕华虫：官服上的装饰。

〔43〕皓鹤之书：仙道之书。

〔44〕思齐：追慕。

〔45〕萑叶：指纸上的花纹。

〔46〕桃花：指纸上的花纹。

〔47〕孔嘉：非常美好。

〔48〕藻翰：华丽的文辞。晋·潘岳《射雉赋》："摘朱冠之艳赫，敷藻翰之陪鳃。"唐·韦应物《送刘评事》："声华满京洛，藻翰发阳春。"《新唐书·吕温传》："温藻翰精富，一时流辈推尚。"

【原文】僧贯休[1]《咏笔》诗：莫讶[2]书绅苦，功成在一毫。自从蒙管录[3]，便觉用心劳。手点时难弃，身闲架亦高。何妨成五色[4]，永愿助风骚[5]。

【注释】〔1〕僧贯休（832—912年）：俗姓姜，字德隐，唐末五代前蜀诗画僧。

〔2〕讶：诧异，感到意外。

〔3〕录：抄写。

〔4〕五色：五色笔，喻文采。

〔5〕风骚：泛指文学。

【原文】白乐天《紫毫笔》乐府词：紫毫笔，尖如锥兮利如刀。江南石上有老兔，食竹饮泉生紫毫。宣城工人采为笔，千万毛中拣一毫。毫虽轻，功甚重，管勒工名称岁贡[1]，君兮臣兮勿轻用。勿轻用，将何如？愿赐东西府御史[2]，愿颁左右台起居[3]。搦管趋入黄金殿，抽毫立在白玉除[4]。臣有奸邪正衙奏，君有动言直笔书。起居郎，侍御史，尔知紫毫不易置[5]。每岁宣城进笔时，紫毫之价如金贵。慎勿空将弹失仪[6]，慎勿空将录制词[7]。

【注释】〔1〕岁贡：古时诸侯或属国每年得向朝廷进献礼物。

〔2〕御史：官名，汉以后专司纠弹。

〔3〕起居：官名，即起居舍人，主修《起居注》。

〔4〕除：宫殿的台阶。

〔5〕易置：易于置办。

〔6〕弹失仪：弹劾不合礼仪之事。

〔7〕制词：诏书上的文词。

【原文】韦充《笔赋》：笔之健者，用有所长，惟兹载事，或表含章[1]。虽发迹于众毫，诚难颖脱[2]；苟容身于一管，岂是锋芒。进必愿言，退惟处默，随所动以授彩，寓孤贞而保直。

修辞立句，曾无点画之亏；游艺依仁[3]，空负诗书之力。恐无成而见掷，常自悚以研精。择才而丹青不闲，应用而工拙偕行。所以尽心于学者，常巧于人情。惟首出筒中，长忧挫锐；及文成纸上，或冀知名。以其提挈不难，发挥有自，纵八体[4]之俱写，亦一毛而不坠。何当入梦，终期暗以相亲；倘用临池[5]，讵欲辞于历试[6]。今也文章具举，翰墨皆陈，秋毫以削，宝匣以新。但使元礼之门，不将点额[7]；则知子张[8]之手，永用书绅。夫如是则止有所托，知有所因，然后录名之际，希数字于伊人。

【注释】〔1〕含章：含美于内。

〔2〕颖脱：比喻充分显现其才华。

〔3〕游艺依仁：语出《论语·述而》："子曰：志于道，据于德。依于仁，游于艺。"意谓置身于六艺的活动，不违于仁。

〔4〕八体：八种书体。

〔5〕临池：《晋书·卫瓘张华列传》："弘农张伯英者……临池学书，池水尽黑。"后因以"临池"代指学习书法。

〔6〕历试：屡试。

〔7〕点额：谓跳龙门的鲤鱼用头额触撞石壁。北魏·郦道元《水经注·河水四》："鳣，鲔也。出巩穴，三月则上渡龙门，得渡为龙矣。否则，点额而还。"后以"点额"指仕途失意或应试落第。

〔8〕子张（前503—？）：春秋末陈国人。颛孙氏，名师。孔子的学生。

【原文】卫公李德裕[1]《斑竹管赋》(有序)：予寓居于郊外精舍[2]，有湘中太守，赠以斑竹管，奇彩灿烂。爱玩[3]不足，因为小赋以报之。山合沓[4]兮潇湘曲，水潺湲兮出幽谷。缘层岭兮茂奇筱[5]，夹澄澜[6]兮耸修竹。鹔鹴起兮钩辀[7]，白猿悲兮断续。实璀璨兮来凤，根联延兮倚鹿。往者二妃[8]不从，独处兹岑[9]，望苍梧[10]兮日已远，抚瑶瑟[11]兮怨深洒，思泪兮珠已尽，染翠茎兮苔更侵。何精诚之感物，遂散漫于幽林。爰有良牧，采之岩趾，表贞节于苦寒，见虚心于君子。始操截以成管，因天资之具美；疑贝锦[12]之濯波，似余霞之散绮[13]。

自我放逐,块然[14]岩中,泰初忧而绝笔[15],殷浩[16]默以书空[17]。忽有客以赠鲤[18],因起予以雕虫[19]。念楚人之所赋,实周诗之变风。昔汉代之方俟,增其炳焕[20],缀明玑以为柙[21],饰文犀而为玩(见傅玄)。徒有贵于繁华,竟何资于藻翰。曾不知择美乎江潭,访奇于湘岸。况乃彤管有炜[22],列于诗人;周得之而操牍,张得之而书绅[23]。惟兹物之日用,与造化之齐均[24]。方宝此以终老,永躬耕乎典坟[25]。

【注释】〔1〕李德裕(787—850年):字文饶,赵郡赞皇(今河北省石家庄市赞皇县)人,唐宰相、文学家。

〔2〕精舍:学舍。

〔3〕爱玩:喜爱而把玩。

〔4〕合沓:高高低低。

〔5〕筱:小竹。

〔6〕澄澜:清波。

〔7〕钩辀:鹧鸪的鸣叫声。

〔8〕二妃:娥皇与女英,相传为尧女,舜妻。

〔9〕岑:小而高的山。

〔10〕苍梧:上古为虞舜巡游之地,在今湖南省。

〔11〕瑶瑟:用玉装饰的琴瑟。

〔12〕贝锦:纹彩像贝一样美丽的织锦。

〔13〕散绮:散开美丽的绸缎,这里借以比喻绚烂的云霞。

〔14〕块然:孤独、独处的样子。

〔15〕泰初忧而绝笔:一开始的时候,我十分忧郁,写不出文章。

〔16〕殷浩:晋人,罢官后,终日在空中书写比画,作"咄咄怪事"四字。

〔17〕书空:用手指在空中虚画。

〔18〕赠鲤:比喻赠给贤子以美名。

〔19〕起予以雕虫:引起我写文章的兴趣。雕虫,雕虫小技,指写文章。

〔20〕炳焕:鲜明华丽。

〔21〕柙:笔盒子。

〔22〕彤管有炜:出自《诗经》,此指笔管闪闪发光。

〔23〕张得之而书绅:孔子的弟子子张用笔将重要的句子记录在腰带上。

〔24〕与造化之齐均:和自然变化在一起发挥作用。

〔25〕典坟：三坟五典的省称，指各种古代典籍。

【原文】韩愈[1]《毛颖传》：毛颖者，中山人也。其先明视[2]，佐禹理东方[3]土，养万物有功，因封于卯地，死为十二神[4]。尝曰："吾子孙神明之后，不可与物同，当吐而生[5]。"已而果然。明视八世孙䜣，世传当殷时居中山，得神仙之术，能匿光使物，窃姮娥、骑蟾蜍入月，其后代遂隐不仕云。居东郭者号曰东郭𠑊[6]，狡而善走，与韩卢[7]争能，卢不及，卢怒与宋䧿[8]谋而杀之，醢[9]其家。秦始皇时，使蒙将军恬[10]南伐楚，次中山，将大猎以惧楚。召左右庶长与军尉，以《连山》筮[11]之，得天与人文之兆。筮者贺曰："今日之获，不角不牙。衣褐之徒，缺口而长须，八窍而趺居[12]。独取其髦，简牍是资。天下同其书，秦其遂兼诸侯乎！"遂围猎毛氏之族，拔其毫载颖而归，献俘于章台宫，聚其族而加束缚焉。秦皇帝使恬赐之汤沐，而封之管城，号管城子，日见亲宠任事。颖为人强记而便敏，自结绳之代以及秦时事，无不纂录。阴阳、卜筮、占相、医方、族氏、山经、地志、字书、图画、九流百家、天人之书，及至浮图、老子、外国之说，皆所详悉。又通于当代之务，官府簿书、市井货钱注记，惟上所使。自秦始皇帝及太子扶苏、胡亥、丞相李斯、中车府令高，下及国人，无不爱重。又善随人意，正直、邪曲、巧拙、一随其人。虽见废弃[13]，终默而不泄。惟不喜武士，然见请亦时往。累拜中书令[14]，与上益狎[15]，上尝呼为"中书君"。上亲决事，以衡石[16]自程[17]，虽宫人不得立左右，独颖与执烛者常侍，上休方罢。颖与绛人陈玄[18]、弘农陶泓及会稽褚先生[19]友善相推致，其出处必偕上召颖，三人者不待诏辄俱往，上未尝怪焉。后因进见，上将有任使，拂拭之，因免冠谢。上见其发秃，又所幕画不能称上意。上嘻笑曰："中书君老而秃，不任吾用。吾尝谓君中书，君今不中书耶？"对曰："臣所谓尽心[20]者。"因不复召，归封邑，终于管城。其子孙甚多，散处中国夷狄，皆冒[21]管城，惟居中山者，能继父祖业。太史

粉彩瓷

□ 粉彩云凤纹管羊毫斗笔　清乾隆　上海博物馆藏

　　粉彩是景德镇窑在五彩基础上受"珐琅彩"影响产生的又一新彩瓷技术，始创于康熙朝，在雍正、乾隆时期最盛。此羊毫斗笔，白瓷管，通体以粉彩绘丹凤朝阳纹，凤四周配以祥云纹，斗部施仿木纹釉。整体虽用色杂多，却淡雅柔丽，自然清新，不失雅致。

公[22]曰：毛氏有两族，一姬姓，文王之子，封于毛，所谓鲁卫毛聃者，战国时有毛公、毛遂。独中山之族，不知其本所出，子孙最为蕃昌。《春秋》之成，见绝于孔子而非其罪。及蒙将军拔中山之豪，始皇封诸管城，世遂有名，而姬姓之毛无闻。颖始以俘见，卒见任使。秦之灭诸侯，颖与有功，赏不酬劳，以老见疏，秦真少恩哉！

【注释】[1]韩愈（768—824年）：字退之，河南河阳（今河南省孟州市）人，世称"韩昌黎"。唐杰出文学家、思想家、政治家。

[2]毛颖者……其先明视：毛颖，即毛笔，《毛颖传》以笔拟人，而得此称。明视，原为古代祭宗庙所用兔的特称，后为兔子的别名。

[3]东方：东方为卯位。

[4]十二神：十二生肖中，与卯位相对的是兔。

[5]当吐而生：古代传说中兔子的生产方式是吐而生。

[6]毚：狡兔。

[7]韩卢：古代韩国的名犬。

[8]宋䧿：古代宋国的名犬。

[9]醢：剁成肉酱。

[10]蒙将军恬：指蒙恬，传说为发明毛笔的人。

[11]《连山》筮：《连山》，"三易"之一，古代占卜之用。筮，用蓍草占卦。

□ **青花团龙纹管羊毫提笔　清康熙　故宫博物院藏**
　　此笔笔管为青花瓷制,以含氧化钴的钴矿为青料,在管体上绘以纹饰,后罩以透明釉,经高温烧制而成。色泽青幽翠蓝、明快亮丽。管上端绘三组锦纹,中部至笔斗部绘团龙纹,笔斗腹部浑圆饱满,下部口沿略为内收。

青花瓷

〔12〕八窍而趺居:八窍,五官共七窍,古人认为兔子有八窍。趺居,趺坐,如和尚打坐一样坐着。

〔13〕见废弃:被废弃。

〔14〕中书令:古代官职名称。

〔15〕狎:亲近。

〔16〕衡石:古时以120斤为1石,衡石即指以石来计量。

〔17〕自程:自定限额。

〔18〕陈玄:指墨。陈,旧。玄,黑,指墨。墨以时间久为好。绛县以产墨著名。

〔19〕弘农陶泓及会稽褚先生:弘农,指弘农县,当时产砚台。陶泓,指砚台。会稽,指会稽县当时产纸。褚先生,指纸。

〔20〕尽心:暗指用尽笔芯。

〔21〕冒:假托。

〔22〕太史公:司马迁。

【原文】魏傅公选[1]《笔铭》:昔在上古,结绳而治。降及后代,易以书契。书契之兴,兴自颉皇。肇建一体[2],浸遂繁昌[3]。弥纶[4]群事,通远达幽。垂训纪典,匪笔靡修。实为心画,臧否斯由。厥美弘大,置类鲜俦[5]。德馨之著,惟道是将。苟逞其违[6],祸亦无方。

□ 红雕漆人物图管紫毫笔　明代　故宫博物院藏

剔红笔管及笔帽外壁厚髹朱红漆，通体雕刻人物花草纹，人物雕刻极具故事性，绘几位老者或倚石，或摇扇，或执杖。笔成对呈现，装于长方形嵌银丝莲花纹盒内。

毛笔虽为实用工具，但随经济社会的发展，其制作工艺不断改进，成为收藏、鉴赏的古物。而它的鉴赏价值也就着重体现在装饰意味浓厚的笔管上。

【注释】〔1〕傅公选：傅选，生卒年不详，字公悌，汉末三国时评论家。

〔2〕肇建一体：刚开始时只有一种书法体裁。

〔3〕浸遂繁昌：时间一久，体裁就多了。

〔4〕弥纶：总括。

〔5〕置类鲜俦：难有与之相比之物。

〔6〕苟逞其违：假如随心所欲，不讲道义。

【原文】段成式《寄温飞卿葫芦管笔往复》二首：桐乡[1]往还，见遗[2]葫芦笔管，辄分一枝寄上。下走困于守拙[3]，不能大用。濩落之实，有同于惠施[4]；坚厚之种，本惭于屈榖[5]。然雨思茶器，愁想酒杯，嫌苦菜而不吟，持长柄[6]而为赠。未尝安笔，却省藏书。八月断来，固是佳者，方知绿沉、赤管[7]过于浅俗。求太白麦穗[8]，获临贺石班[9]，盖可为副[10]也。飞卿穷素缃之业[11]，擅雄伯[12]之名，沿溯九流，订铨百氏[13]。笔洒沥而转润，纸嬖绩而不供[14]，或助操弹，且非玩好[15]。便望审安承墨，细度覆毫[16]，勿令仲宣[17]等闲中咏也。成式状。

【注释】〔1〕桐乡：地名，今安徽桐乡北。

〔2〕见遗：赠予我。

〔3〕下走困于守拙：下，段成式自称。守拙，安于愚拙而不取巧。

〔4〕濩（huò）落之实，有同于惠施：濩落，指空廓无用、大而无当，引申为零落，无聊失意。惠施，战国时宋人，名家代表人物之一，主张"合同异"，认为一切事物的差别都是相对的，夸大事物的同一性。

〔5〕屈毂：弯曲的车毂。

〔6〕长柄：指葫芦笔管。

〔7〕绿沉、赤管：绿沉，又写作绿沈，与赤管均为笔管。

〔8〕太白麦穗：太白山一带出产的笔毫。

〔9〕临贺石班：临贺县（今广西贺州）一带有斑纹的石砚。

〔10〕副：相称，指太白麦穗与临贺石班可以匹配。

〔11〕穷素缃之业：指深入研究书法。素缃，一种丝织品，可以作为书写材料。

〔12〕雄伯：同"雄霸"，指杰出人物。

〔13〕沿溯九流，订铨百氏：指考察吸收了各派的优长。

〔14〕纸襞绩而不供：一叠叠的纸供不上。襞绩，本指折叠衣服。

〔15〕或助操弹，且非玩好：你有时弹奏乐器，但这不是你真实的爱好。

〔16〕审安承墨，细度覆毫：意为谨慎下笔。

〔17〕仲宣：指段成式本人。

【原文】温庭筠答：庭筠累日来洛水寒疝[1]，荆州夜嗽，筋骸莫摄[2]，邪蛊相攻。蜗睆伤明[3]，对兰缸[4]而不寝；牛肠治嗽，嗟药寻而难求。前者伏蒙赐葫芦笔管一茎，久欲含词[5]，聊申拜贶[6]。而上池未效[7]，下笔无聊，渐况沉吟，幽怀未叙。然则产于何地，得自谁人，而能洁以裁筠[8]，轻同举羽？岂伊著草，空操九寸之长；何必灵芝，独号三株之秀。但曾藏戢册省[9]，永贮仙居，供笑遗民[10]，遽[11]求佳种，惟应仲履，忽压烦声。岂常见已堕遗犀，仍抽直干[12]？青松所染，漆竹非珍，足使玳瑁惭华[13]，琉璃掩耀[14]。一枚为贵，岂其陆生；三寸见称，遂兼扬子[15]。谨当刊于岩竹，置以效翰[16]，随谶利而为床，拟高低而作屋[17]。所恨书裙寡媚[18]，钉帐无功[19]，实靦凡姿[20]，空尘异贶[21]。庭筠状。

【注释】〔1〕寒疴：因风寒而患的一种病。

〔2〕筋骸莫摄：指身体欠安。

〔3〕蜗朐伤明：指肠胃不好，伤及视力。

〔4〕兰缸：用兰膏点的灯。

〔5〕久欲含词：很早就准备了回复的词语。

〔6〕拜贶：拜受赐予。

〔7〕上池未效：没有将砚墨准备好。

〔8〕洁以裁筠：光洁得就如同刚割下的竹子青衣。

〔9〕藏戢册省：收藏在官府。

〔10〕遗民：指易代后不仕新朝的人。

〔11〕遽：窘急。

〔12〕已堕遗犀，仍抽直干：那些已经不再用犀牛角材料制作的笔管，是削去犀牛角而成的（已破坏了犀牛角的本真特性）。抽，缩。

〔13〕使玳瑁惭华：使玳瑁的光泽相形见绌。玳瑁，海中动物，形似龟，背面角质板光滑。

〔14〕琉璃掩耀：遮住琉璃的光耀。

〔15〕遂兼扬子：名扬于扬子江。

〔16〕当刊于岩竹，置以效翰：应当将赞扬葫芦笔管的文字刻在从山岩上采回的竹片上，放在郊外的祭祀文字之中。

〔17〕随谶利而为床，拟高低而作屋：按谶纬预测出的吉日做一个架子，把赞扬的文书放在架子上并安置在或高或低的房间里。

〔18〕所恨书裙寡媚：遗憾的是我写的东西不够好，难以让神灵喜悦。书裙，指文人之间的书文酬应。

〔19〕钉帐无功：事神无功。钉帐，将幕帐补制好，郊外祭神要有幕帐。

〔20〕靦凡姿：我本为一个面有愧色的凡夫俗子。靦，即面带愧色。

〔21〕空尘异贶：向上天呈上这与众不同的回复。贶，特指他人赠与的书信或诗文。

【原文】陆龟蒙《石笔架子赋》：杯[1]可延年，廉[2]能照

□ 檀香木雕云蝠纹管紫毫笔　清乾隆　故宫博物院藏

此笔管为檀香木制，通体浮雕云蝠纹，管顶及管帽两端镶嵌象牙，笋尖式（毫体饱满如出土之笋）笔毫。管体装饰采用浮雕技法，图案、花纹浅浅凸出底面，雕刻精致，层次清晰，纹饰生动细腻。

夜，直为绝代之物，以速连城之价。尔材虽足重，质实无妍，徒亲翰墨，漫费[3]雕镌，到处而人争阁笔，相逢而竞欲投篇。若遇左太冲，犹置门庭之下；如逢陆内史，先焚章句之前。宝趺非邻[4]，金匣不敌，真堪谏净之士，雅称玄灵之客。谢守城边雨细，题处堪怜；陶公岭畔云多，吟中合惜。或若君王有命，玺素争新，则以火齐、水晶之饰，龙膏[5]、象齿之珍，窥临奋视，襞染[6]生春。卫夫人闲弄彩毫，思量不到；班婕妤[7]笑提丹笔，眄睐[8]无因。若自嶯山[9]，如当榪几[10]，则叨[11]居谈柄之列，辱在文房之里。诚非刻画[12]，几受谴于谶儿[13]；终假磨礪[14]，幸见容于夫子。可以资雪唱[15]，可以助风骚，莫比巾箱[16]之贵，堪齐铁研[17]之高。吟洞庭之波，秋声敢散[18]；赋瑶池之月，皓色可逃[19]。若有白马潜心[20]，雕龙[21]在口，钩罗[22]

不下于三箧，裁剪无惭于八斗。零陵[23]例化，肯后于双飞[24]；玄晏书成，愿齐于不朽。

【注释】[1] 杯：指杯中美酒琼浆。

[2] 廉：同"镰"。火镰，即从火镰取出的火。火镰是一种古老的取火工具。

[3] 漫费：枉费。

[4] 宝跗非邻：宝物不能与之相比。

[5] 龙膏：一种香料。

[6] 襄染：铺纸作画。

[7] 班婕妤：班婕妤（前48—前2年），楼烦（今山西省忻州市宁武县）人，左曹越骑校尉班况的女儿，相传为班固、班超和班昭的姑母，汉成帝的妃子。据载，其善诗赋，有美德，初为少使，立为婕妤。《汉书·外戚传》中有她的传记。

[8] 盼睐：眷顾。

[9] 蕺（jí）山：山名，在今浙江省绍兴市东北，产蕺菜。

[10] 榧几：用榧木做的几。

[11] 叨：谦词，可译为"忝"。

[12] 刻画：细心描绘。

[13] 谶儿：以儿歌形式表现出来的谶纬预言。

[14] 磨砻：摩擦。

[15] 雪唱：阳春白雪之唱和。

[16] 巾箱：古时放置头巾或文件、书卷的小箱箧。

[17] 铁研：生铁制成的砚。

[18] 吟洞庭之波，秋声敢散：比喻吟诵的篇章非常精彩，秋天的风听见后都散了。

[19] 赋瑶池之月，皓色可逃：形容歌咏瑶池之月的赋写得好，连天上的皓月也自愧不如，变色而逃。

[20] 白马潜心：指潜心作诗。《诗经》中有《小雅·白驹》篇，白驹即白马。此处借白马喻作诗。

[21] 雕龙：比喻善于文辞。

[22] 钩罗：指资料的搜集整理。

[23] 零陵：地名，古史传说舜葬于此，在今湖南省宁远县境内。

[24] 双飞：谓鸟雄雌并飞。

【原文】陆龟蒙《哀茹笔工[1]辞》：夫余之肱[2]兮何绵绵，耕不能耒兮水不能船。裁筠束毫[3]，既胜且便，昼夜今古，惟毫是镌。爰有茹工，工之良者，择其精粗，在价高下，阙齾[4]叉互，尚不能舍。旬濡数锋[5]，月秃一把[6]，编如蚕丝，汝实助也。我书之奇，浑源未衰[7]，惟汝是赖，如何已而。有兔千万，拔毛止皮，散涩钝芒，缗觚靡辞[8]。圆而不流[9]，铦而不欹[10]，在握方深，亦茹之为。斫轮运斤[11]，传之者谁？毫健身殒[12]，吾宁不悲。噫！

【注释】〔1〕茹笔工：名叫"茹"的制笔工人。

〔2〕肱：手臂从肘到腕的部分。

〔3〕裁筠束毫：指砍竹制笔。

〔4〕阙齾（yà）：缺齿，比喻器物损缺。

〔5〕旬濡数锋：十天蘸湿几支笔毫，此指十天能做成几支笔毫。

〔6〕月秃一把：一个月能制成一把笔管。秃，把笔管弄得十分光洁。

〔7〕浑源未衰：喻将不好处理的材料处理得非常好。浑源，县名，战国时赵地，由于地处北方少数民族交界处，常受到袭扰。

〔8〕散涩钝芒，缗（mín）觚靡辞：散乱、歪斜、不灵便的毫毛以及线绳、竹木材料都充分利用，不致浪费。

〔9〕圆而不流：指笔管圆润而恰到好处。流，向坏的方向变。

〔10〕铦（xiān）而不欹：笔锋光锐而不倾斜。

〔11〕斫轮运斤：比喻技艺高超，语出《庄子·天道》。斫轮，砍削木头以制造车轮。运斤，挥动斧头。

〔12〕毫健身殒：你做的笔还在，但你却离开了世间。

【原文】段成式《寄余知古秀才散卓笔十管软健笔十管书》：窃以《孝经援神契》，夫子赞之，以拜北极[1]；《尚书中候》，周公援之，以出玄图[2]。其后仲将[3]稍精，右军[4]益妙，张芝遗法，阎氏新规。其毫则景成愈于中山，麝柔劣于羊径[5]。或得悬蒸之要，或传痛颊之方[6]，起自蒙恬，盖取其妙。不唯玄首黄琯之制，含丹缠素之华，软健被于一床，雕镂[7]止于二管而已。跗[8]则太白麦穗，临贺石班，格[9]为仙掌之形，架作

鬃毫

青花瓷笔管

□ **青花红彩云龙纹管鬃毫提笔　清乾隆　上海博物馆藏**

此笔管为瓷质,由下至上渐细,管顶呈球形,通体饰青花云纹,上用红彩绘二龙腾跃穿没其间。敞口笔斗,长锋鬃毫。此笔釉色鲜明亮丽,纹饰流畅工致,为乾隆时期青花红彩瓷制笔的代表作品。

□ **象牙管红木斗羊毫提笔　清乾隆　故宫博物院藏**

这套清代乾隆时期的象牙管红木斗羊毫提笔,九支一套,大者长30.5厘米、中者长29.5厘米、小者长28厘米。笔管为象牙制,细长洁白;笔斗为红木制,光素大方;长锋羊毫,光润挺健。笔管上刻楷书"万寿无疆""万福攸同""万国来朝"等颂词。笔装于木匣内,每支笔均有卧囊。

莲花之状。限书一万字,应贵鹿毛;价抵四十枝,讵兼人发[10]。前件笔出自新淦[11],散卓尤精;能用青毫之长,似学铁头之短。况虎仆久绝,桐烛难成;鹰固无惭,兔或增惧。足使王朗邃阁,君苗欲焚;户牖门墙,足备其阙也。

【注释】〔1〕窃以《孝经援神契》……以拜北极:孔子得到《孝经援神契》后,大加赞扬,并向北极朝拜。

〔2〕《尚书中候》……以出玄图:周公援引《尚书中候》一书,从中找出了能预测吉凶的大图。

〔3〕仲将:韦诞。

〔4〕右军:王羲之。

〔5〕麝柔劣于羊径：麝毫过于柔顺，要比羊毫差一些。

〔6〕或得悬蒸之要，或传痛颉之方：悬蒸、痛颉，皆为制笔时加工笔管、笔毫的工序。

〔7〕雕锼：雕刻。

〔8〕跗：毛笔杆下端栽毛的部分。

〔9〕格：笔格，笔架。下句中的"架"也是指笔架。

〔10〕讵兼人发：讵，何、岂。兼人发，里面混入人的头发。

〔11〕新淦：县名，今属江西省，因境内有淦水而得名。

【原文】余知古《谢段公五色笔状》：伏蒙郎中殊恩，赐及前件笔。窃以赵国名毫，辽东仙管，曾进言于石室，奏议于圆邱。经阮籍而飞动称神，得王珣而形制方大。妙合景纯之赞，奇林逸少之经。利器莫先，岂宜虚授？某艺乏鸿彩，膺此绿沉，降自成麟，翻将画虎，空怀得手之愧，如无落度之忧。春蚓未成，丰狐滥对，喜并出图而授，惊逾入梦之征。将欲遗于子孙，清白莫比；更愿藏之箧笥，瑞应那同。捧戴明恩，伏增感激。谨状。

【原文】殷元《笔铭》云：宣神者言，载言者书。受以毫管，妙旨以敷[1]。弥纶[2]二仪[3]，包括有无。

【注释】〔1〕敷：布置。
〔2〕弥纶：贯通。
〔3〕二仪：天地。

【原文】孔蹯之[1]《笔赞[2]》曰：亹亹[3]柔翰[4]，敷微通神。时沦古冥，玄趋常新。

【注释】〔1〕孔蹯之：生平事述不详，唐人。
〔2〕赞：用于颂扬人和物的一种文体。
〔3〕亹（wěi）亹：勤勉不倦。

〔4〕柔翰：指毛笔。

【原文】文嵩《四侯传·管城侯传》：毛元锐，字文锋，宣城人也。其先黄帝时，大昴流于东墅而生[1]。昴宿一名旄头，遂姓毛氏，世居兔园。少昊[2]时因少暴[3]农之稼，为鸠氏[4]所擒诛之，以为乾豆[5]。其族有窜于江南者，居于宣城溧阳山中，宗族毫盛。元锐之世二代祖聿，因秦始皇时遣大将军蒙恬南征吴楚，疑其有三窟之计，恃狡而不从，使前锋围而尽执其族，择其首领酋健者縻[6]缚之献于麾下。大将军问聿之能，曰："善编录简策，自有文字已来，注记略无遗漏。"大将军奇之，用命为掾[7]，掌管记。及凯旋，闻于上，为筑城而居，其族遂以文翰著名。其子士载，汉时佐太史公修史，有劲直[8]之称。天子因览前代史，嘉其述美恶不隐，文简而事备，拜左右史，以积劳累功封管城侯。子孙世修厥职，能业其官，累代袭爵不绝，皆与名贤硕德如张伯英、卫伯玉[9]、索幼安[10]、钟元常、韦仲将、王逸少、王子猷[11]并为执友[12]。历宋、齐已来，朝廷益以为重。锐之曾大父如椽，与王珣为神契之交[13]。大父如聿，与江文通、纪少瑜有彩毫镂管之惠，皆文章之会友也。锐为人颖悟俊利，其方也如凿，其圆也如规，其得用也称旨，则默默而作，随心应手，有如风雨之声者，有如鸾鹤回翔之势、龙蛇奔走之状者。能为文多记，不倦涛染，光祖德也。起家校书郎直馆，迁中书令，袭爵管城侯。圣朝庶政修明，得与南越石虚中、燕人易玄光同被诏[14]，常侍御案之右。与华阴楮知白为相须之友[15]。天子以六合晏然[16]，志在坟典，因诏元锐专职修撰。锐久蒙委用，心力以殚，至于疲惫，书札粗疏，惧不称旨，遂恳上疏告老。上览之，嘉叹曰："所谓达士知止足矣。"优诏[17]可之，曰："壮则驱驰，老则休息，载书方册，有德可观。卿仰止前哲，宜加厚礼，可工部尚书致仕就国，光优贤之道也，仍以其嗣职焉。"史臣曰："管城毛氏之先，盖昴宿之精，取笔头之名以为氏。以与姬姓毛伯郑之后毛氏，不同族也。"其子孙则盛于毛伯之后，其器用则编及[18]日月所烛之地也。自天子至于士庶，无不重之者也。朝廷及天下公府曹署随其大小，皆处右职，功德显著，宗族蕃昌云。

【注释】〔1〕宣城人也……大昴流于东墅而生：为四库本所阙，本书据十万卷楼本补。昴，星名，二十八宿之一。

〔2〕少昊：亦作少皞、少皓，一说名清，或名挚，号金天氏。传说中古代东夷族首领。

〔3〕暴：横蹋，损害。

〔4〕鸠氏：官名。相传为古帝少皞氏置，掌司寇职。

〔5〕乾豆：放在祭器中的干肉。乾，干肉。豆，祭器。

〔6〕縻：捆，拴。

〔7〕掾：原为佐助的意思，后为副官佐或官署属员的通称。

〔8〕劲直：刚强正直。

〔9〕卫伯玉：卫瓘（220—291年），字伯玉，河东安邑（今山西省运城市夏县）人。三国曹魏后期至西晋初年重臣、书法家。

〔10〕索幼安：索靖（239—303年），字幼安，敦煌郡龙勒县（今甘肃省敦煌市）人。西晋将领、著名书法家。

〔11〕王子猷：王徽之（338—386年），字子猷，东晋名士、书法家，书圣王羲之第五子。

〔12〕执友：志同道合的朋友。

〔13〕神契之交：犹神交。

〔14〕圣朝庶政修明……燕人易玄光同被诏：为四库本所阙，本书据十万卷楼本补。石虚中，参见《砚谱·辞赋》中"即墨侯石虚中传"。易玄光，参见《墨谱·辞赋》中"松滋侯易玄光传"。

〔15〕常侍御案之右。与华阴楮知白为相须之友：为四库本所阙，本书据十万卷楼本补。楮知白，参见《纸谱·辞赋》中"好畤侯楮知白传"。

〔16〕六合晏然：天下太平。六合，天下。晏然，安宁。

〔17〕优诏：褒美嘉奖的诏书。

〔18〕编及：同"遍及"。

卷二·砚谱

本卷自黄帝制"帝鸿氏之砚"开始,叙述砚的悠久历史,又述以造砚之法、砚之杂说、赞砚之辞。在"笔墨纸砚"四宝中,砚虽位排第四,但在历史上又有"文房四宝砚为首"之说,皆因砚质地坚实,可传百代。

砚之叙事

【原文】昔黄帝[1]得玉一纽,治为墨海[2]焉。其上篆文曰"帝鸿氏之砚"。又《太公金匮[3]·砚之书》曰:"石墨相著[4]而黑,邪心谗言,无得污白。"是知砚其来尚[5]矣。

【注释】〔1〕黄帝:古华夏部落联盟首领,中国远古时代华夏民族的共主,五帝之首,被尊为中华"人文初祖"。
〔2〕墨海:盆状大砚台。
〔3〕《太公金匮》:先秦时期著名典籍《太公》的要言部分,为姜太公所撰。姜太公,即姜子牙(约前1128—约前1015年),姜姓,吕氏,名尚,字子牙,号飞熊,商末周初政治家、军事家,周朝开国元勋,兵学奠基人。
〔4〕相著:相磨。
〔5〕尚:久远。

【译文】当年黄帝得到了一枚玉,把它做成大砚。其上刻篆文"帝鸿氏之砚"。另外,《太公金匮·砚之书》说:"石砚与墨相磨会变黑,(而石砚原来的色却不会变,)这是说邪心谗言,污染不了心地纯洁的人。"由此可见,砚由来很久远。

【原文】《释名》云:砚者,研[1]也。可研墨,使和濡[2]也。

【注释】〔1〕研:碾,磨。
〔2〕和濡:润泽、融洽。

【译文】《释名》说:砚,就是研。可以研墨,使墨汁润泽。

【原文】伍缉之[1]《从征记》云:鲁国孔子庙中有石砚一枚,制[2]甚古朴,盖夫子平生时物也。(及颜路[3]所请之车亦存。)

【注释】〔1〕伍缉之：生卒年不详，南朝宋诗人。著有《从征记》，已亡佚，其内容在类书、杂史、前人注释等文献著作中时有引述。

〔2〕制：形制。

〔3〕颜路：孔门弟子颜无繇，字路，是颜回的父亲，父子俩先后求学于孔子门下。据《史记·仲尼弟子列传》，"颜回死，颜路贫，请孔子车以葬"。

【译文】伍缉之《从征记》说：鲁国孔子庙中有一方石砚，造形很古朴，应该是孔夫子生前所用之物。（颜回、子路向孔子要的车也在庙中。）

【原文】王子年《拾遗》〔1〕云：张华造《博物志》成，晋武帝赐青铁砚〔2〕。此铁于阗国〔3〕所贡，铸为砚也。

【注释】〔1〕《拾遗》：《拾遗记》。

〔2〕青铁砚：一种珍贵的砚台。据说是用于阗出产的铁铸成。

〔3〕于阗国：古代西域佛教王国，唐代安西都护府安西四镇之一。

【译文】王子年《拾遗》说：张华写成《博物志》后，晋武帝赐了他青铁砚。这铁是于阗国进贡的，铁匠将它铸成了砚台。

【原文】又，吴都〔1〕有砚石山〔2〕。

【注释】〔1〕吴都：指春秋吴国的都城，今江苏省苏州市。

〔2〕砚石山：今苏州城西南三十里灵岩山。北宋·朱长文《吴郡图经续记》：其山出石，可以为砚，盖砚石之名不虚也。

【译文】另外，吴国的都城有一座砚石山。

【原文】魏武〔1〕《上杂物疏》云：御物〔2〕有纯银参带〔3〕台砚一枚，纯银参带圆砚大小各一枚。

【注释】〔1〕魏武：魏武帝曹操。

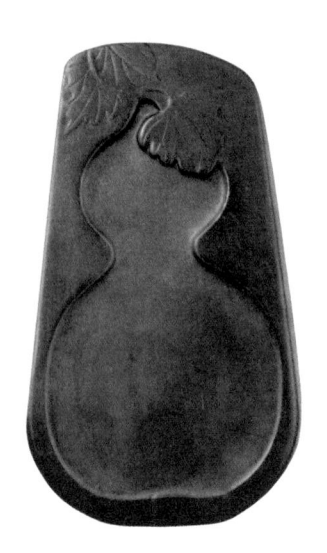

□ 端石葫芦池砚　清代　故宫博物院藏

此砚因石构图，随形雕刻，砚堂雕成葫芦形，砚端雕自然垂落的葫芦茎蔓，砚背四周起边框。随砚配嵌葫芦形玉佩紫檀盒。此砚雕刻巧妙，古朴典雅。

〔2〕御物：帝王专用之物。

〔3〕纯银参带：以纯银做三道箍带。

【译文】魏武帝《上杂物疏》说：皇帝用的物品中有纯银参带台砚一方，纯银参带圆砚大小各一方。

【原文】《开元文字》云：砚者，墨之器[1]也。

【注释】〔1〕墨之器：磨墨的器物。

【译文】《开元文字》说：砚，是磨墨的器物。

【原文】《东宫故事》云：晋皇太子初拜[1]，有漆砚[2]一枚，牙子[3]百副。

【注释】〔1〕初拜：刚册立。
〔2〕漆砚：漆砂砚，胎质轻巧坚细，耐磨、耐用，可用木雕和漆艺修饰。

〔3〕牙子：器物的外沿或雕饰的突出部分。

【译文】《东宫故事》说：晋皇太子册立时，赐有漆砂砚一方，牙子一百副。

【原文】又：皇太子纳[1]妃有漆书砚[2]一。

【注释】〔1〕纳：娶。
〔2〕漆书砚：髹漆的砚台。

【译文】另外，皇太子纳妃时，赐有髹漆砚一方。

【原文】刘澄之[1]《永初山川古今记》云：兴平县[2]蔡子池[3]石穴深二百许丈，石青色，堪为[4]砚。

【注释】〔1〕刘澄之：生卒年不详，南朝齐人，官至都官尚书，撰有《永初山川古今记》等。
〔2〕兴平县：今江西永丰。
〔3〕蔡子池：传为东汉蔡伦造纸时浸洗麻头、破布、树皮的池子。
〔4〕堪为：可做。

【译文】刘澄之《永初山川古今记》说：兴平县蔡子池的石洞深达二百多丈，洞石是青色的，可做砚台。

【原文】《说文》[1]云：石滑谓之砚，字从石、见。

【注释】〔1〕《说文》：《说文解字》，许慎著，是一部系统分析汉字字形和考究字源的辞书。

【译文】《说文》说：滑腻的石头被称为"砚"，砚字从石、从见。

【原文】魏甄后[1]少喜书，常用诸兄笔砚，其兄戏之曰："汝欲作女博士耶？"后曰："古之贤女，未有不览前史以观成败。"

【注释】〔1〕魏甄后：魏文帝曹丕的正妻，姓甄，据说叫甄宓，为魏明帝曹叡的生母。

【译文】魏国甄皇后年少时喜欢写字，常用各位兄长的笔砚，兄长开玩笑说："你想做女博士吗？"甄后说："古代的贤女，没有不通过阅读前朝历史来认清成败之道的。"

【原文】或[1]云：端州[2]石砚匠识山石之脉理[3]，凿之，五七里得一窟，自然有圆石，青紫色，琢之为砚，可值千金，故谓之子石砚[4]窟。虽在五十里外，亦识之。

【注释】〔1〕或：有人。
〔2〕端州：今广东肇庆，端砚产地。
〔3〕脉理：条理或纹理，亦指某种脉络。
〔4〕子石砚：用子石制成的上等端砚。

【译文】又有人说：端州的石砚匠人会辨识山石的纹理，每凿石五到七里就会找到一个石坑，有天然的青紫色圆石，可以琢成砚，价值千金，所以叫它"子石砚窟"。匠人即使身在五十里外，也能认出来。

【原文】《西京杂记》[1]云：天子玉几[2]，冬加绨锦[3]其上，谓之绨几，以象牙火笼[4]笼其上，皆散华文。后宫则五色绫[5]纹。以酒为书滴，取其不冰[6]；以玉为砚，亦取其不冰。

【注释】〔1〕《西京杂记》：历史笔记小说集，汉·刘歆著，东晋·葛洪辑抄。西京，指的是西汉的都城长安。
〔2〕玉几：玉石几案。
〔3〕绨锦：粗厚光滑的锦缎。绨，丝线做"经"，棉线做"纬"织成的纺织品，质地厚实、平滑而有光泽，色彩绚丽。秦汉以来常用作袍料，唐人谓之"绝"。

◎ 砚构造示意图

砚在原始社会仅仅作为一种研磨器，文字产生以后才逐渐出现专门用于书写的书写砚。在砚的发展过程中，其形制和材质逐渐地丰富起来，砚的每一个部分也逐渐有了专业用语。从结构上看，砚一般分为砚堂、砚边、砚侧、砚池、砚岗、砚额、砚背、砚面八个部分。

砚额
又叫"砚首"，一般都雕有极富装饰性的纹饰、图案，是砚的重要观赏价值部分。

砚岗
指砚堂中间稍高的部分，由此处向四周渐低，方便在磨墨时墨汁向低处流去。

砚堂
即"砚心"，是砚的核心部分，位于砚的中心，是研墨的地方。此处石质的好坏直接决定了砚的品质及其使用价值。

砚面
砚的上表面的总称。

砚侧
又称"砚旁"，即砚外部的侧面，一般多在此处镌刻铭记。

砚池
也叫"砚湖"，位于砚的前端或周围。

砚边
也叫"砚唇"，位于砚堂周围略高的内侧边缘。

砚背
又称"砚底"，通常此处多刻有诗词。

朱漆瓜形砚　清代

元贞款石砚　元代

砚为石质，造型上窄下宽，边侧内敛，略呈风字形。砚面雕椭圆形砚堂，砚池较深，呈花朵形。砚背面浅雕弧形，一侧阴刻楷书"元贞十年七月日"款。此砚体较重，石色微红，边缘有水沁锈，甚有剥蚀。元贞为元成宗年号，此款应为后刻，有宋砚遗风。

红丝石砚　清代

此砚选用优良的红丝石，红黄相间，并有缕缕红丝，天然成趣，十分优美。红丝石质地较软，易于发墨，为制砚之佳品。

〔4〕火笼：即烘篮，一种内置炭火的取暖工具。

〔5〕绫：一种轻薄的丝织品。

〔6〕不冰：不结冰。

【译文】《西京杂记》说：天子用的玉石几案，冬天在上面加铺绨锦，叫"绨几"。又把象牙火笼笼在上面，都有华美的花纹。后宫的则用五色绫纹。用酒作研墨时的水滴，是因为酒不结冰。用玉作砚，也是因为它不会结冰。

【原文】昔有人盗发晋灵公冢[1]。冢甚魁壮[2]，四角皆以石为攫犬。捧烛石人四十余人，皆立侍。尸犹不坏，九窍[3]之中，皆有金玉。获蟾蜍一枚，大如拳，腹容五合[4]水。润如白玉，为盛书滴器[5]。（同见《杂记》中。）

【注释】〔1〕晋灵公冢：晋灵公的陵墓。晋灵公（前624—前607年），姬姓，名夷皋，春秋时期晋国国君（前620—前607年在位）。

〔2〕魁壮：高大壮实。

〔3〕九窍：指耳、目、口、鼻及尿道、肛门等九个孔道。

〔4〕合：一升的十分之一。

〔5〕盛书滴器：又名"砚滴""书滴""盛滴器"，是中国古代文房中的重要物件之一。

【译文】从前有人盗掘晋灵公的陵墓。陵墓高大结实，四角都有石雕獒。手捧烛台的石人四十个，都站着侍奉。晋灵公的尸体还没有腐坏，九窍之中，都塞有金玉。还盗得一枚蟾蜍形器物，有拳头那么大，腹内能容五合水。温润如白玉，拿来做了砚滴。（皆见于《杂记》中。）

【原文】张彭祖[1]少与汉宣帝[2]微时[3]同砚席[4]。帝即位，以旧恩封阳都侯，出常参乘[5]。曹爽[6]与魏明帝亦然。（刘宏[7]与晋武帝亦同见《杂记》中。）

【注释】〔1〕张彭祖（？—前59年）：京兆杜陵（今陕西省西安市）人，西汉大臣，曾与幼时汉宣帝在掖庭同席研书。

〔2〕汉宣帝：刘询（前91—前48年），原名刘病已，字次卿，西汉第十位皇帝（前74—前48年在位）。

〔3〕微时：未显达之时。

〔4〕同砚席：指共同学习。砚席，砚台和座席，借指学习。

〔5〕参乘：陪乘或陪乘的人。古代乘车，尊者在左，御者在中，一人在右陪坐，此人即为"陪乘"。

〔6〕曹爽（？—249年）：字昭伯，沛国谯县（今安徽省亳州市）人，曹魏宗室、权臣。

〔7〕刘弘（236—306年）：字和季，沛国相县（今安徽省淮北市濉溪县）人，西晋名将。

【译文】张彭祖年少时与未做皇帝的汉宣帝一起读书。汉宣帝即位后，念及旧情，封他为阳都侯，帝乘车外出常让他在御者的右侧陪坐。曹爽与魏明帝的关系也这样。（刘宏与晋武帝的关系也同样记在《西京杂记》中。）

【原文】崔寔[1]《四民月令》[2]云：正月砚冻开，命童幼[3]入小学。十一月砚水冰，命童幼读《孝经》《论语》[4]。

【注释】〔1〕崔寔：字子真，东汉后期政论家、农学家。

〔2〕《四民月令》：一部叙述一年例行农事的专著。

〔3〕童幼：儿童。

〔4〕《论语》：中国春秋时期的首部语录体散文集，最重要的儒家经典之一，主要记载孔子及其弟子的言行，由孔门弟子编纂而成。全书共20篇492章。

【译文】崔寔《四民月令》说：正月砚池里的冰冻开始化开，这时应该让小孩子学写字。十一月砚池结冰，应该让小孩子读《孝经》《论语》。

【原文】《墨薮》云：凡书砚，取煎涸[1]新石，润涩相兼[2]，又浮津辉墨[3]者。

【注释】[1]煎涸：浅黑干涸。

[2]润涩相兼：指砚台材料温润光滑、有一定摩擦力。

[3]浮津辉墨：指砚台材料不吸水，能让磨出来的墨汁有光泽。

【译文】《墨薮》说：凡制作砚台，应该取浅黑色干涸的新石，这样的砚台往往润湿兼有，而且磨出来的墨汁有光泽。

【原文】《隋书》[1]：宇文庆[2]少年时，曰："书足以记姓字[3]，安能久事笔砚？"（有项羽[4]、班超之志。）

【注释】[1]《隋书》："二十四史"之一，唐·魏徵主编的纪传体史书。全书共85卷，其中帝纪5卷，列传50卷，志30卷。

[2]宇文庆：生卒年不详，字神庆，代郡武川县（今内蒙古自治区呼和浩特市武川县）人，鲜卑族，北周到隋朝时期将领。

[3]姓字：姓名字号。

[4]项羽（前232—前202年）：名籍，字羽，泗水郡下相县（今江苏省宿迁市）人，秦朝末年政治家、军事家。

【译文】《隋书》：宇文庆年少时，曾说："读书到能写自己姓名字号就可以了，哪能长期与笔砚打交道？"（有项羽、班超的志向。）

【原文】柳公权尝宝惜[1]笔砚并图书，自扃鐍[2]之。常云："青州石末[3]为第一矣，今磨讫，墨易冷。绛州黑砚次之。"

【注释】[1]宝惜：珍惜。

[2]扃（jiōng）鐍（jué）：关闭，锁闭。

[3]石末：石末砚，以石末为原材料，经人工陶制而成。

【译文】柳公权爱惜自己的笔砚和书籍，自己都会亲手锁好。他曾说："青州石末天下第一，墨刚研成，墨汁很快冷却。绛州砚要差一些。"

□ 端石花篮形砚　清代　广东省博物馆藏

此砚以端溪老坑石雕制，石色青灰带蓝，石质细腻，石中有鹅绒青花、金线、翡翠斑等花纹。砚为花篮形，以篮身作砚堂，砚额雕牡丹、玉兰、梅花、灵芝，似悬挂一篮花卉。花篮提梁雕两喜鹊相互顾盼，寓意"花开富贵、喜上眉梢"。此砚造型独特，构思巧妙，技法娴熟。

【原文】刘聪[1]谓晋怀帝[2]曰："顷昔[3]赠朕柘弓[4]银砚，卿颇忆否？"帝曰："焉敢忘之，但恨不能早识龙颜。"

【注释】[1]刘聪（？—318年）：本名刘载，字玄明，新兴郡虑虒县（今山西省忻州市五台县）人，属匈奴铁弗部，十六国时期汉赵皇帝（310—318年在位）。

[2]晋怀帝：司马炽（284—313年），字丰度，河内温县（今河南省焦作市温县）人，西晋第三位皇帝（307—311年在位）。

[3]顷昔：不久前。

[4]柘弓：柘木做的弓，柘树枝长而坚，宜做弓。

【译文】刘聪对晋怀帝说："前不久你送给我柘弓和银砚，还记得吗？"晋武帝说："哪里敢忘，就是没能早识龙颜。"

【原文】萧子显[1]《齐书》云：王慈[2]年八岁，外祖宋太宰、江夏王义恭[3]施宝物，恣其所取[4]。慈但[5]取素琴、石砚而已，

□ 绿端石白阳山人款砚　清代　故宫博物院藏

端石中有绿色者称为"绿端",早期采于北岭山一带,后或因坑石枯竭改于端溪朝天岩附近开采。早期人们对于绿端石的评价不高,说其"全不宜墨"。此砚仿竹节,砚池及背面凸雕竹节纹理。外配红漆嵌玉盒。

□ 凤字形玉砚　辽代　内蒙古自治区文物考古研究院藏

此砚出土于陈国公主墓。契丹族虽有自己的文字,但贵族妇女一般都精通汉文,富有文采者众多。此砚为岫岩青玉制作,玉质较粗,斜坡形研磨面,整体呈箕形,又似凤字,墨池较浅,有研磨痕迹,平底,前端底部有两个圆柱状矮足。

义恭善[6]之。

【注释】〔1〕萧子显（487—537年）：字景阳,东海郡兰陵县（今山东省临沂市）人,南朝梁史学家。

〔2〕王慈（451—491年）：字伯宝,琅琊郡临沂县（今山东省临沂市）人,南朝齐外戚大臣、书法家。

〔3〕江夏王义恭：刘义恭（413—465年）,彭城郡彭城县（今江苏省徐州市）人,南朝宋宗室,宋太祖帝刘义隆之弟。

〔4〕恣其所取：任他选取。恣,任由。

〔5〕但：只要。

〔6〕善：赞许，称好。

【译文】萧子显《齐书》说："王慈八岁时，外祖父宋太宰、江夏王刘义恭，给他宝物，让他随便拿。王慈取素琴、石砚，刘义恭对此称好。"

【原文】晋范乔[1]，字伯孙。年二岁时，其祖馨[2]抚乔首曰："所恨[3]不得见汝成人。"以所用砚与之。至五岁，祖母告乔，乔执砚而泣之。

【注释】〔1〕范乔（221—298年）：字伯孙，陈留外黄（今河南省商丘市民权县）人，少有学行，闻于乡里。
〔2〕祖馨：范乔的祖父范馨。
〔3〕恨：遗憾。

【译文】晋代的范乔，字伯孙。二岁时，他的祖父范馨抚着他的头说："我遗憾的是看不到你长大成人。"所以把自己用的砚台给了他。到五岁，祖母把这事告诉了他，范乔拿着砚台哭了。

【原文】《通典》[1]云：虢州[2]岁贡[3]砚十枚。

【注释】〔1〕《通典》：中国史上首部体例完备的政书，为唐·杜佑所撰。
〔2〕虢州：今河南省灵宝市。
〔3〕岁贡：古代诸侯或属国每年向朝廷进献礼品。

【译文】《通典》说：虢州每年进贡十方砚台。

【原文】又，《永嘉郡记》[1]云：砚溪一源多石砚。

【注释】〔1〕《永嘉郡记》：又作《永嘉记》或《永嘉志》，南朝宋·郑缉之撰，已佚。

□ 十二峰陶砚　汉代　故宫博物院藏

除石砚外，汉代还有陶砚、漆砚、铜砚，形式不一。此陶砚砚面呈箕形，向前倾斜。三面塑三组山峰：中间一组为三峰，其中峰下有一张口龙首，水由龙口小孔滴入砚堂，左右两峰下各塑一负山力士；周边共九峰，左右两峰与砚堂边线相连形成半圆形砚堂。此砚为细灰陶制，造型新颖别致，在汉砚中极少见。

【译文】又，《永嘉郡记》载：砚溪的其中一个源头多石砚。

【原文】李阳冰云：夫砚，其用则贮水，毕则干之。居久浸不干，墨乃不发[1]。墨既不发，书乃多渍[2]。水在清净，宜取新水[3]密护[4]尘埃。忌用煎煮之水也。

【注释】[1] 发：挥发。
[2] 渍：浸渍，形容墨迹过深。
[3] 新水：这里指春水。
[4] 密护：密封好以防止。

【译文】李阳冰说：砚台，用的时候贮水，用后擦晾干。如果长时间浸水，不让它干，会不发墨。不发墨，写的字就有许多垢渍。水要清净，最好取春水妥善密封，不要让尘埃污染。忌用开水。

【原文】袁彖[1]赠庾易[2]蚌砚[3]。（见《笔谱》中。）

【注释】〔1〕袁彖（447—494年）：字伟才，小字史公，陈郡阳夏（今河南省太康市）人，南北朝时期诗人。
〔2〕庾易：字幼简，生卒年不详，南朝隐士。
〔3〕蚌砚：以蚌为材料制作而成的砚台。

【译文】袁彖赠给庾易蚌砚。（见《笔谱》中。）

【原文】梁武帝[1]性纯俭[2]。吴令[3]唐镛进[4]铸成盘龙火炉、翔凤砚盖，诏禁锢[5]终身。

【注释】〔1〕梁武帝：萧衍。
〔2〕性纯俭：秉性俭朴。
〔3〕吴令：吴县县令。
〔4〕进：进献，进贡。
〔5〕禁锢：禁止做官和参加政治活动。

【译文】梁武帝生性俭朴。吴县县令唐镛进献铸造的盘龙火炉、翔凤砚盖，梁武帝知道后，诏令唐镛终生不准再做官。

砚之造

【原文】柳公权常论砚,言青州石末为第一,绛州者次之,殊不言端溪石砚。世传端州有溪,因曰端溪。其石为砚至妙,益墨而至洁。其溪水出一草,芊芊[1]可爱。匠琢讫,乃用其草裹之,故自岭表[2]迄中夏[3]而无损也。噫!岂非天使之然[4]耶?或云水中石其色青,山半石其色紫,山绝顶者尤润,如猪肝色者佳。其贮水处,有白赤黄色点者,世谓之鸲鹆[5]眼;或脉理黄者,谓之金线纹:尤价倍于常者也。其山号曰斧柯山[6],即观棋之所也。昔人采石为砚,必中牢[7]祭之。不尔[8],则雷电勃兴[9],失石所在。其次有将军山,其砚已不及溪中及斧柯者。

【注释】〔1〕芊芊:形容草木茂盛。
〔2〕岭表:岭外,即岭南地区。
〔3〕中夏:指中原地区。
〔4〕天使之然:是上天使它成为这样的,意即这是天意。
〔5〕鸲鹆(qú yù):俗称八哥,亦作"鸜鹆"。
〔6〕斧柯山:又名烂柯山,位于今广东省肇庆市高要区东北。相传有一打柴人,见山上有两人下棋,于是放下斧头去观看。一盘棋下完,打柴人发现斧柄已烂尽,回家后,发现自己已离家数十年,亲人均亡故,始觉两位下棋人乃仙人。
〔7〕中牢:祭祀时只用羊、猪二牲,这二牲即称为"中牢"。
〔8〕不尔:不这样的话,如若不然。
〔9〕勃兴:勃然兴起。

【译文】柳公权曾谈论砚,认为青州石末砚天下第一,绛州砚次一些,完全不提端溪石砚。世传端州有条溪流,因此被称为端溪。用那里的石做成的砚很好,发墨而且干净。溪水中有一种草,茂盛可爱。制砚的工匠将砚凿好后,便用这种草包裹,因此从岭南运送到中原都不会损坏。哎!难道不是天意如此?有人说溪水中的石头是青色的,半山腰上的石头是紫色的,山顶上的石头很温润。

□ **镂空刻花铜暖砚　元代　上海博物馆藏**

暖砚，是为防止冬季墨汁冻结而制，歙石和松花江绿石做的暖砚较常见。此类砚设高底座，多金属材质。此暖砚长方形，铜制。两方砚套叠组成双层砚式，砚堂为上层，炭饼可放置于下层抽屉内加温。透雕缠枝纹布于砚侧，既美观又通风。此砚设计精巧，属暖砚之精品。

猪肝色的最好。在贮水的地方，有白、红、黄色斑点的，被世人叫作"鸲鹆眼"。脉理是黄色的，叫"金线纹"，市价比寻常的要贵好多倍。那座山叫"斧柯山"，就是当年樵夫王柯观仙人下棋的山。以前，人在这里采石制砚，必定用猪羊祭祀。不这样，则会雷电骤起，找不准采石的位置。稍差的，还有将军山，它生产的砚，现在已不及端溪水和斧柯山出产的了。

【原文】今歙州[1]之山有石，俗谓之龙尾石[2]。匠铸之砚，其色黑，亚于端[3]。若得其石心，见巧匠就而琢之，贮水之处圆转如涡旋[4]，可爱矣。

【注释】〔1〕歙州：今徽州，位于安徽省南部，新安江的上游。
〔2〕龙尾石：石名，产于今江西省上饶市婺源县龙尾山，是制作上品砚的石材。
〔3〕端：端州砚。
〔4〕涡旋：指旋涡。

【译文】现在歙州的山上有一种石，叫"龙尾石"。匠人用它制砚，制出的砚是黑色的，比端砚稍差一点。如果得到石心，找巧匠针对它的特点进行雕琢，贮水的地方可以圆转得像旋涡，也真的很可爱呀。

【原文】魏铜雀台[1]遗址，人多发其古瓦，琢之为砚，甚工[2]，而贮水数日不渗。世传云：昔人制此台，其瓦俾[3]陶人澄泥[4]以绨绤[5]滤过，碎胡桃油方埏埴[6]之，故与众瓦有异焉。即今之大名[7]、相州[8]等处，土人[9]有假作[10]古瓦之状砚，以市于人[11]者甚众。

【注释】〔1〕铜雀台：位于河北省邯郸市临漳县城西南18公里处。三国时期，曹操击败袁绍后营建邺都，修建了铜雀、金虎、冰井三台，即史书之"邺三台"，邺城是建安文学的发祥地。

〔2〕工：精巧，精致。

〔3〕俾：使（以达到某种效果）。

〔4〕澄泥：一种通过澄洗而获得细泥的工艺。

〔5〕绨（chī）绤（xì）：绨，细葛布；绤，粗葛布。

〔6〕埏埴：用作动词，和泥制作陶器。

〔7〕大名：指大名县，今位于河北省东南部，冀鲁豫三省交界处。

〔8〕相州：古代州名，北魏置，北魏天兴四年（401年）以邺行台所辖六郡（魏郡、阳平、广平、汲郡、顿丘、清河）改设为相州，位于今河南省安阳市与河北省临漳县一带。

〔9〕土人：土工，陶匠。

〔10〕假作：伪造。

〔11〕以市于人：用它来向人兜售。市，兜售。

【译文】在魏铜雀台遗址，人们常发掘出里面的古瓦，把它雕琢成砚，很工巧精致，用它贮水好几天都不会挥发。世间有传说：前人建造此台时，所用的瓦都是陶工通过澄泥，用葛布过滤，再加入胡桃油后烧造成的，所以与很多瓦不同。现在在大名、相州等地，当地人有伪造古瓦形砚台的，在市面上兜售的也很多。

【原文】繁钦[1]《砚赞》云："或薄或厚，乃圆乃方，方如地象，圆似天光。班采散色，沤染毫芒。点黛[2]文字，辉明典章[3]。施而不德，吐惠无疆。浸渍甘液，吸受流芳。"

盖今制之令薄者，常观见之，令一夫捧持，匠方琢之。或内于稻谷中，出其半而理[4]之，其錾[5]如粗针许。制毕，有如表纸[6]厚薄者。或有全良石之材，工其内而质其外者[7]。或规[8]如马蹄，锐如莲叶，上圆下方如圭如璧者。圆如盘而中隆起，水环之者，谓之辟雍砚[9]，亦谓之分题砚。腰半微坳[10]，谓之郎官样者，连水滴器于其首而为之者，穴其防以导水焉[11]。闭其上穴，则下穴取水，流注于砚中。或居常，则略无沾覆[12]。繁之铭见之矣。

【注释】〔1〕繁钦（Pó Qīn）（？—218年）：字休伯，东汉颍川（今河南省禹州市）人，以善写诗、赋、文章闻名于世。

〔2〕点黛：指用毛笔书写。

〔3〕典章：规章法度。

〔4〕理：雕凿。

〔5〕錾：錾子，雕凿金石用的工具。

〔6〕表纸：裱褙书画作品用的衬纸。

〔7〕工其内而质其外者：砚内做得精巧而砚外却显质朴。

〔8〕规：圆。

〔9〕辟雍砚：一般砚面居中，研堂与墨池相连，砚台中心高高隆起，砚台四周留有深槽储水，以便润笔蘸墨。

〔10〕坳：凹。

〔11〕穴其防以导水焉：在貌似堤坝处凿一洞穴以便于引导水流。穴，用作动词，凿一洞穴。防，堤坝。

〔12〕略无沾覆：近似于没有附着和覆盖。

【译文】繁钦《砚赞》说："或薄或厚，乃圆乃方，方如地象，圆似天光。班温采散，沤染毫芒。点黛文字，辉明典章。施而不德，吐惠无疆。浸渍甘液，吸受流芳。"

现在制作薄砚的，我常见到。让一人捧着，再由工匠雕琢。也有的人将砚石放进稻谷中，露出一半来雕凿，用的錾子与粗针差不多。制成后，有的砚台像裱纸那样薄。也有整个都优良的石料，琢得内部工巧精致但外部却很质朴。有的圆如马蹄,有的尖如莲叶,也有上圆下方如圭如璧的。圆得像盘子而中心隆起,水环绕四周的,叫"辟雍砚",也叫"分题砚"。砚腰微凹的,叫"郎官样砚",水滴器与砚首相连,在砚壁凿有一个小孔导水。堵着上穴的孔,从下穴的孔中取水,流到砚中。有的平常在使用时丝毫不会附着墨汁。繁钦的《砚赞》中这些都可以见到。

【原文】又,繁钦《砚颂》曰:"钧三趾于夏鼎[1],象辰宿[2]之相扶[3]。"今绝不见三足砚。仆[4]尝游盱眙泉水寺,过一山房,见一老僧拥衲向旸[5],模写[6]梵字[7]。前有一砚,三足如鼎,制作甚古。仆前举而讶之,僧白眼默然不答,仆因不复问其由。是知繁颂足可征[8]矣。

【注释】[1]钧三趾于夏鼎:就像夏鼎那样三足均衡分布。夏鼎,禹鼎。相传夏禹铸九鼎以象征九州,其上镂山精水怪之形,使人以知神奸。
[2]辰宿:星宿,星座。
[3]相扶:相辅。
[4]仆:"我"的谦称,这里指繁钦。
[5]拥衲向旸:穿着衲衣,向着太阳。
[6]模写:依样描写。
[7]梵字:梵文。
[8]征:根据。

【译文】又有繁钦《砚颂》说:"钧三趾于夏鼎,象辰宿之相扶。"三足砚现在已经绝迹。我曾去盱眙泉水寺游玩,过一间山房,见一老僧穿着衲衣,在太阳下摹写梵文。他的面前有一方砚,鼎一样有三足,制式十分古旧。我上前拿起来惊讶地看,老僧人白了我一眼不答一言,我因此没问砚的来由。由此可知,繁钦的《砚颂》所言是有根据的。

【原文】傅玄[1]《砚赋》云:"木贵其能软,石美其润坚。"[2]

因知古亦有木砚。

【注释】〔1〕傅玄（217—278年）：字休奕，北地郡泥阳县（今陕西省铜川市耀州区）人，魏晋名臣。少时孤苦贫寒，但博学多识，文采出众，通晓乐律。

〔2〕木贵其能软，石美其润坚：木砚贵在软，石砚美在质坚匀润。

【译文】傅玄《砚赋》说："木贵在质软，石之类在于它滋润坚硬。"由此可知古代也是有木砚的。

【原文】作澄泥砚〔1〕法：以墐泥〔2〕令入于水中，挼〔3〕之，贮于瓮器内。然后别以一瓮贮清水，以夹布囊〔4〕盛其泥而摆之，俟其至细，去清水，令其干，入黄丹〔5〕团，和溲如面〔6〕。作一模如造茶者，以物击之，令至坚。以竹刀刻作砚之状，大小随意，微荫干。然后以利刀〔7〕手刻削如法〔8〕，曝过，间空埋于地，厚以稻糠并黄牛粪搅之，而烧一伏时〔9〕。然后入墨蜡贮米醋而蒸之五七度，含津益墨〔10〕，亦足亚于〔11〕石者。

【注释】〔1〕澄泥砚：始于汉，盛于唐宋，使用经过澄洗的细泥作为原料加工烧制而成，质地细腻如婴儿皮肤，且具有贮水不涸、历寒不冰、发墨而不损毫的特点，迄今已有千余年历史。从唐代起，端砚、歙砚、洮河砚和澄泥砚并称为"四大名砚"。

〔2〕墐泥：用黏土和的泥。

〔3〕挼（ruá）：揉搓。

〔4〕夹布囊：双层布袋。

〔5〕黄丹：铅的一种氧化物，可做颜料，可入药。

〔6〕和溲如面：和尿一起搅拌得像面团一样。溲，尿。

〔7〕利刀：锋利的刻刀。

〔8〕手刻削如法：根据所需纹饰的设计样图，进行雕刻。

〔9〕一伏时：一昼夜。

〔10〕含津益墨：这里指砚台润泽，适合盛墨汁。

〔11〕亚于：仅次于。

◎ 砚的制作流程

　　制作砚台需要专门的技巧，大概可以分为六个步骤：采石、维料、制璞、雕刻、配盒、磨光。进入雕刻环节时，制砚师傅会根据砚的外形、石质、石品等因素，布局砚雕构图，用小平口刀粗略勾画出砚堂及图案的位置。随形就势制砚，有利于砚材的充分利用。

1.采石
　　采石工需掌握砚石生长的规律，从接缝处下凿，尽量保持砚材的完整。

2.维料
　　维料又称为选料。开采出来的砚石须经过筛选后，再将其分划等级。去掉有瑕疵、裂痕的，或烂石、石皮、顶板、底板等，只剩"石肉"。

3.制璞
　　砚的设计要求"因石构图，因材施艺"，即从砚的整体效果构思，根据石材质地、形状、纹理、色彩等，将砚石之瑕疵变为无瑕，增加其艺术价值，将砚石最好的地方作为砚堂。

4.雕刻

雕刻时主要有深刀与浅刀雕刻,还有细刻、浅刻、镂空等技法。刀法的选用视砚材的质地与形状而定,以达到"掩疵显美,不留刀痕"的目的。

5.配盒

砚盒起防尘和保护砚石的作用。其用料一般用紫檀、楠木等硬木。砚盒的形制一般按砚石形状而定,一般比砚石稍宽。

6.磨光

砚石磨光的工序一般放在配盒之后。磨光的好坏,直接影响砚石的品质及使用的效果。首先用油石加细河砂粗磨,目的是磨去凿口、刀路,然后再用滑石、细砂纸反复磨,直到砚台手感光滑。最后还要浸墨润石,过一两天后进行褪墨处理。

【译文】制作澄泥砚的方法：把黏土放入水中，搓揉后存在瓮器内。然后再另取一瓮盛清水，用夹层布袋装泥在清水中来回摆动。等沉积到极细，倒掉清水，把细泥晾干。加入黄丹后，像和面一样浸泡揉匀。像制茶砖一样制作一个泥模，用物拍打，让其变得坚实。用竹刀刻成砚的形状，大小随意，稍微阴干。稍后用刀按要求刻削，晒过后，将其分开堆放在地上。在上面加厚厚一层黄牛粪与稻糠搅拌的燃料，烧一昼夜。再涂墨蜡，放在米醋上蒸五到七次。制成的砚滋润发墨，也不亚于石砚。

【原文】唐李匡乂[1]撰《资暇集》[2]云：稠桑砚[3]，始因元和[4]初，其叔祖宰虢之朱阳邑[5]。诸阮温凊[6]之隙，必访山水以游。一日，于涧侧见一紫石，憩息于上，佳其色[7]，且欲纪其憩山之游。既常携镌具[8]随至，自勒姓氏年月。遂刻成文，复无刓缺[9]。乃曰："不顽不麸，可琢为砚矣。"既就琢一砚而过，但惜其重大，无由[10]出之。更行百步许，至有小如拳者，不可胜纪。遂令从者挈[11]数拳而出，就县第[12]制琢。有胥[13]性巧，请琢之，遂请解胥籍。于是采琢开席于大路，厥利骤肥[14]。后诸阮每经稠桑，必相率[15]致砚，以报其本焉。稠桑石砚自此始也。

【注释】〔1〕李匡乂：生卒年不详，字济翁，宰相李夷简子，晚唐人，著有《资暇集》《两汉至唐年纪》等。

〔2〕《资暇集》：唐·李匡乂撰，考据辨证类笔记。

〔3〕稠桑砚：又名"虢州砚""钟馗砚"，始制于唐朝中叶，晚唐时皇室贡品，以其石质细腻、色彩斑斓、柔而不绵、发墨不渗等特点，为历代骚人墨客所青睐。

〔4〕元和（806—820年）：唐宪宗李纯的年号，在位期间唐朝出现短暂的统一局面，史称"元和中兴"。

〔5〕宰虢之朱阳邑：在虢州朱阳邑做长官。宰，主政。

〔6〕温凊（qìng）：侍奉父母之礼，冬温夏凊的省称。冬天温被使暖，夏天扇席使凉。

〔7〕佳其色：以其颜色为好。

〔8〕镌具：刻凿工具。

☐ **端石几形砚　明代　故宫博物院藏**

　　明清时期的几形砚较少，有确切纪念意义的更是罕见。此砚为长方形几桌形制，砚石呈紫黑色，细润坚硬。砚面有水渠状的砚池环绕于砚堂四周，砚面周边饰有浅雕的落花流水纹，方框内有阴刻楷书："静者石，安者几，知静安，得所止。正德六年汝止王艮。"砚侧面饰有回纹，四足饰有人面纹。砚背有阴刻王艮像，并书刻"心斋先生小像，繁昌夏廷美写于东东淘精舍"，下携"云峰"印。整体纹饰古朴清晰，镌刻字体端正，制作精巧别致。

〔9〕刓（wán）缺：亦作"刓阙"，磨损残缺之意。

〔10〕无由：没有门径、办法。

〔11〕挈：携带。

〔12〕县第：县衙。

〔13〕胥：古代掌管文书的小吏。

〔14〕厥利骤肥：其利润甚为丰厚。厥，文言代词，相当于"其"。

〔15〕相率：互相带引。

【译文】唐代李匡乂所撰《资暇集》说：稠桑砚，出现在元和初年，李匡乂的叔祖在虢州朱阳邑主政时。在天气温暖晴朗而有余闲时，其叔祖必外出游山玩水。一天，他见山间的水沟边有一紫色的石头，就坐在上面憩歇，觉得石头的颜色很漂亮，又想纪念此番山中憩游。便用平常随身携带的雕刻工具，在石上动手刻了自己的姓氏年月。随心刻成后，发现字毫无残损。于是说："石质软硬适度，可雕琢成砚呢。"随即琢成一砚，但可惜此砚又重又大，无法从山中运出来，又往前走了一百来步，发现大小如拳头的，不计其数。便让随从带了几块出山，在县衙内住的地方雕刻制作。

◎ 四大名砚

端砚、歙砚、洮河砚、澄泥砚并称"中国四大名砚",其中尤以端砚和歙砚为佳。

端砚产于广东省肇庆市端溪一带,始于唐,盛于宋。其颜色以紫色为主调,另有灰色、青黑色、青色和绿色等。端砚石质坚硬、润滑、细腻,抚之如小儿肌肤。磨墨时寂无声响,发墨快,研出的墨汁细滑而不损笔,又不易干涸。端砚独有的特点是石眼,历来被认为是名砚之首。

歙砚产于婺源县(今属江西省)、祁门、歙县一带。其中以产于婺源龙尾山之砚石质量最优。歙砚始采于唐代开元年间,于南唐时兴盛。歙砚的石品很多,主要有罗纹类、眉纹类及金星和金晕等几大类。歙砚石质坚韧、润密,敲击时有金属声,发墨如油,不伤笔毫,易清洗,磨墨无声,有"砚国名珠"之美誉。

洮河砚又名洮砚,产于甘肃省甘南藏族自治州洮河流域一带。洮河砚取材于深水之中,非常难得。唐代时洮河砚曾名扬天下。洮河石材细密晶莹,石纹如丝,特别是绿石,有"绿如蓝,润如玉,发墨不减端溪下岩"之美誉。"端砚贵有眼,洮砚贵有膘",古人鉴赏洮石常以是否带膘作为判别其真伪及高下的标志。石膘以形定名,一般认为石上石膘好,其石质也好。有"洮砚贵如何,黄膘带绿波"之说。

澄泥砚最早产于山西绛州,始于晋唐,盛于宋,是四大名砚中唯一一种非石材砚。其制作时采用经过滤及加工的极细的泥制成砚坯,再煅烧而成。因土质和煅烧的火候不同,澄泥砚色泽有多种,其中以鳝鱼黄为最上品,绿豆沙河蟹壳青次之。澄泥砚的特点是质地坚硬、耐磨、易发墨、不耗墨,可与石砚相媲美。

器形
砚体呈鲤鱼侧卧于荷叶状,鱼身作砚堂,荷叶形砚背,砚缘由鱼鳍、叶边翻卷而成,鱼尾、鱼鳍之间的凹槽作砚池。

寓意
"荷"与"和"同音,寓意和气、和美;"鱼"与"余"同音,寓意有余,取吉祥之义。

纹饰
精细雕刻鱼鳞、鱼尾、荷叶纹,构思巧妙,制作技法精细娴熟。

质地
朱砂澄泥砚为澄泥砚中的上品。砚面呈朱红,四周及背面呈黑色。

澄泥荷鱼朱砂砚　明代

卷二　砚谱

端石猫形砚　清代

　　此砚以原石制成卧猫形，四肢、长尾、五官、胡须等清晰可见，猫背平整成砚堂，受墨处下凹。砚底雕刻成猫的四肢，毛发刻画精细。砚置于木盒中，盒底有四足。石眼为端砚独有特点。此砚造型别致，尤其是巧妙地利用了石材本身的黄色石眼作猫的双眼，使其生动传神，鉴赏、实用皆宜。

端石白菜形砚　清代

　　端石石品独特，常见的有青花、蕉叶白、天青、鱼脑冻、石眼等，其中据石眼形似分鹦哥眼、了哥眼、雀眼、鸡眼等；又因眼中间有无黑点、是否晶莹有神，分活眼、死眼及泪眼等，以活眼为贵。此砚石黑中带紫，砚及砚盒均雕作白菜形，砚面墨池边利用石眼雕一蜘蛛。整体造型设计巧妙，刻工精湛。

澄泥风字形砚　明代

　　此砚为澄泥质砚，鳝鱼黄色，风字形。砚池凹在砚堂一端，砚侧微加雕琢，砚背有宋克阴文草书题名。宋克为明代书法家，以善书著称。此砚的鳝鱼黄色为澄泥砚的上等色。

洮河石十八罗汉图砚　明代

　　砚身浑厚凝重，颇富古韵。砚边刻形态各异的十八罗汉像，祥云缭绕其间，动静结合。此砚通身纹饰阴刻，构图得法，线条疏密有致，苍劲流畅，颇具"吴带当风"之神韵，清新儒雅之气浮现于质朴浑厚中。

歙石竹节形砚　明代

　　此砚作竹节状，面平。砚堂下凹成椭圆形，外刻三竹节，砚首有竹节浮雕，其间散落斑点。墨池较深，与砚堂弧连为一体，砚背平直，呈剖竹状。石质细腻，构思巧妙，为歙砚之上品。歙石以罗纹之布满银丝者及眉子之奇特者最为上品。

歙石墨林珍藏砚　明代

　　罗纹石、金星石均为歙石品种。此砚上有细罗纹，石质细腻，金星散布其间，且有金晕、眉纹等天然花纹。其造型雅致，椭圆造型，砚面中部下凹，砚首刻有半月形砚池。砚底有楷书"墨林珍藏"，刀法简练。

有个小吏性巧，请求参与雕琢，后来又请求不做小吏。于是在大路边采石琢砚，突然变富。后来，其叔祖每每经过稠桑，此人都不断送砚，以报答他所做的一切。稠桑砚正是从那时开始出现的。

◎ 名砚的化学成分表

板岩是制作石砚的主要材料，其石质介于粉砂岩和细砂岩之间，矿物成分复杂，主要有绢云母、石英、白云石、黏土等成分。用这种岩石做砚，有利于发墨。此外，砚石的胶合物质主要是黏土，黏土具有层理构造，可使制作出的砚具有密不透水的特点，这也是某些砚有保湿作用的主要原因。而各种矿物质在砚石中的不同组合决定了砚石的不同颜色，它们的不同结构又决定了不同的纹理。下面是我国一些名砚的石质分析表。

名称		特点与成分
	端砚	多为青灰色，石纹细腻、幼滑娇嫩、致密而坚实。常见的石品花纹有冰纹、金线、银线、青花、玫瑰紫、火捺、天青、蕉叶白、鱼脑冻、冰纹冻、天青冻以及名贵的石眼。较常见的石品是冰纹和金线、银线，其次是火捺 成分：绢云母、石英、斜长石、锐钛矿、氧化铁、绿泥石
	歙砚	多为紫色，也有青灰色，少有纯黑色。其石纹理丰富，常见的有金星、银星、龙尾、罗纹、刷丝、眉子等 成分：绢云母、石英、斜长石、锐钛矿、氧化铁、绿泥石、电气石、金红石
	洮河砚	以绿色为主，多为绿中带蓝，即所谓的"鸭头绿"或"鹦哥绿"。优质的洮河砚带有黑色纹理，其质地细润，发墨性良好 成分：水云母、石英、斜长石、绿泥石、方解石、氧化铁
	红丝砚	以红色为主，有红色似丝般的线纹，或紫地，或橘黄地。其砚有质润理滑，发墨如泛油，墨色相凝如漆，匣藏不干涩的特点 成分：方解石、石英、铁质
	桃花砚	以俗绿、驼青、绛紫、紫绿为主。纹理以点线居多。有善发墨、不伤毫、蓄墨的特点 成分：方解石、泥质、石英、铁质
	菊花石砚	多为深灰色，上面有白色菊花状斑纹。实属动物类化石，其质滑，不易发墨，好看却不耐用 成分：方解石、重晶石、碳质、铁质、石英
	燕子砚	亦为古生物化石，形似燕子、蝙蝠飞行之态，不易发墨 成分：方解石、石英、铁质
	思砚	石质细腻，内含金星，通体漆亮，经磨耐用。因有黏土矿物组成的疏松土状岩石，故具有可塑性和吸收性 成分：绢云母、石英、斜长石、绿泥石、锐钛矿、电气石、金红石、氧化铁
	罗纹砚	多为苍青色，石面光洁，石纹似水波，石质温润，轻便耐用 成分：绢云母、石英、斜长石、绿泥石、锐钛矿、电气石、金红石、氧化铁
	天坛砚	石质细腻温润，坚而不脆，柔而不绵，色似琼瑶，声似木鱼 成分：绢云母、石英、斜长石、方解石、绿泥石、锐钛矿、氧化铁
	贺兰砚	多为紫色，纹理主要有玉带、云纹、眉子等。有易发墨、不损毫、存墨不干的特点 成分：绢云母、石英、斜长石、绿泥石、锐钛矿、氧化铁

◎端砚的保养

砚是文房中比较常用的用具,因此砚在取放时要特别注意保养,取砚时要轻拿轻放。砚不用时要放在砚匣内,若遇到砚壅塞砚匣的情况时,应双手将砚匣倒置于有毡的桌面上,轻敲匣边,但不可用金属等硬物敲,以免损伤砚。下图为清代端石三龙戏珠砚。

清洁
古人云"宁可三日不沐面,不可三日不洗砚",因此凡使用过的砚,应每日清洗,偷懒不得,且应让它自然风干,不可在烈日之下暴晒,否则会影响石质,也会导致砚匣变形。

使用
不可用劣质墨、宿墨,因其易伤砚质。

保存
不用时,应置于干燥的木盒之中;要时常置于手中把玩,可增加砚的灵透之气。

保养
若砚长期不用,应用上蜡的方式对其进行保养。这样既能保护其材质,增加光泽度,也能防止砚身被风化。但是,需要注意砚在上完蜡时,不能即刻放入砚匣之中,应待砚台冷却下来之后再放入。

水养
老坑之中开采出来的砚,因常年浸水,石质非常滋润,出土之后易风化。因此砚台,尤其是老坑之中的砚应经常浸入水中。

退蜡
新砚出厂时,上有蜡保护。在使用新砚时,应用水砂纸打磨,以便将砚堂上的蜡层去掉,易于发墨。

砚之杂说

【原文】古人有学书于人者,数年,自以其艺成,遂告辞而去。师曰:"吾有一箧[1]物,可附[2]于某处。"及山之下,绝无所付[3],又封题[4]亦甚不密,乃启之,皆磨穴者砚数十枚,此人方知其师夙[5]之所用者也。乃返山,服膺[6]至皓首方毕其艺。是知古人工一事[7],必臻其极[8]焉。

【注释】〔1〕箧:小箱子,藏物用具,大曰箱,小曰箧。
〔2〕附:存放。
〔3〕绝无所付:找不到可托付的人。
〔4〕封题:物品封装妥善后,在封口处题签。
〔5〕夙:平素。
〔6〕服膺:衷心信服。
〔7〕工一事:精心做一件事。工,精心。
〔8〕臻其极:把这件事做到极致。臻,此处为使动用法,使……达到。

【译文】古时有个人,拜师旁人学书法,学了很多年,自以为书艺已经学成,便告辞走了。老师说:"我有一小箱东西,你可以帮我存放到某人处。"下山后,才发现根本找不到所付的人。又见箱子封得并不严密,便打开它,发现里面全是磨出了穴窝的砚,有几十方。才豁然明白这是老师之前用过的。于是返回山中,虔心学书,到满头白发才停止。从这事可以知道古人学习一门技艺,必定会做到极致。

【原文】西域无纸笔,但有墨。彼人以墨磨之甚浓,以瓦合[1]或竹节,即其砚也。彼国人以指夹贝叶[2],或藤皮、掌藏[3]墨砚,以竹笔书梵字,横读成文,盖顺叶之长短也。常见梵僧沸唇缓颊[4],历眸之间[5],数行俱下,即不知其义也。

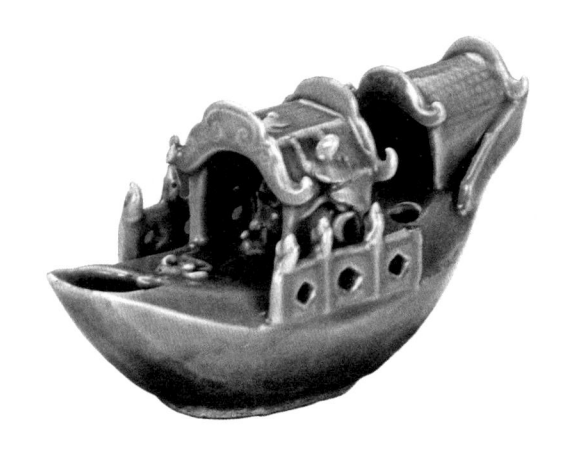

□ **青釉舟形砚滴　南宋　浙江省博物馆藏**

　　砚的发展促进了砚滴等贮水用具的形成。汉代以来就有多种兽形砚滴出现。图中的舟形砚滴为龙泉窑首创。此舟为平底，有舱棚和艄棚，舱棚外有栏杆，舱内有男女两尊人物塑像，船舱下部中空用以贮水，船头前有一小洞，作注水口。整体造型别致，船身内外均施青釉，釉色莹润，是集实用与观赏为一体的精品。

【注释】〔1〕瓦合：陶制的盒子。

〔2〕贝叶：古印度人用以写经的树叶。

〔3〕掌藏：收存。

〔4〕沸唇缓颊：嘴上念念有词、脸色和缓。

〔5〕历眸之间：视线自上而下扫视之间，极言在很短的时间里。

【译文】西域没有纸和笔，但有墨。那里的人将墨磨得很浓，用瓦片或竹节，这就是他们的砚了。那些国家的人用手指夹着贝叶、藤皮，在手掌中放置笔砚文具，用竹笔写梵文。文章要横着读，可能是为顺应贝叶的长短。我曾经见过一个梵僧，脸色平和，口中念念有词，转眼之间就写了好几行，只是不知道他表达的是什么意思。

【原文】蓝田王顺山悟真寺[1]，有高僧写《涅槃经》，群鸽自空中衔水添砚，水竭毕至。曾闻彼山僧传云，亦见于白傅[2]《百余韵诗》。

□ 蟠螭纹三足石砚　汉代　甘肃省博物馆藏

　　此砚由砚底、砚盖组成。砚体是圆形，有三足。砚盖内面周围一圈凸起，与下凹的砚面边沿吻合。放置砚石的圆凹窝在砚内正中。砚的三足朝外的一面浮雕熊首。此砚在构思、雕琢工艺上都堪称汉代精品。

【注释】〔1〕悟真寺：净土宗祖庭，位于西安市蓝田县境内。寺依终南山北麓，岩崖峻峭，曲水回环，茂林幽篁，流云飞瀑，自古即有"圣坊仙居"之称。

〔2〕白傅：唐诗人白居易的代称。白居易（772—846年），字乐天，号香山居士，祖籍山西太原，晚年官至太子少傅。

【译文】蓝田县王顺山的悟真寺，有位高僧在抄写《涅槃经》时，一群鸽子从空中飞来衔水添砚，每当水竭又全部飞来。曾经听寺里的僧人说过这事，在白居易的百韵诗中我也读到过。

【原文】常有蚁为精为王者，游猎于儒士之室。儒士见之，甚微且显。乃于几案之上砚中施罾网[1]，获鲂鲤[2]甚多。

【注释】〔1〕罾（zēng）网：一种用木棍或竹竿做支架的方形渔网。
〔2〕鲂鲤：借指鱼状之物。

【译文】有成精的蚁王，曾到儒士的书室中游猎。儒士见它，很小却很醒目很清楚。便在几案上的砚中下网,结果捕获了很多鳊鱼。

【原文】郑朗[1]以状元及第[2]覆落[3],甚不得志。其几案之砚忽作数十声,郑愈不乐。时洪法师在坐,曰:"砚中作声,有声价之象[4]。"朗后果出入台辅[5]。斯吉兆也明矣。今直阁范舍人杲[6],言顷自大暑直馆[7]于史阁[8]中,与诸学士清话[9],闻范公几案之上所用砚,或作一十五声,丁丁然,甚骇之。范独内喜。迨[10]半月,有朱衣银鱼[11]之赐。亦异事也。

【注释】〔1〕郑朗(?—856年):字有融,河南荥泽(今河南省郑州市)人,唐朝宰相。

〔2〕状元及第:科举考试高居榜首。科考中选时,榜上题名有甲乙次第,故称"及第"。

〔3〕覆落:科举考试及第后经复核而落第。

〔4〕声价之象:这里指名声和社会地位有倍增的迹象。

〔5〕台辅:三公宰辅之位。

〔6〕直阁范舍人杲(gǎo):直阁舍人范杲。范杲(939—994年),字师回,大名府宗城县(今河北省邢台市威县)人,北宋大臣。直阁舍人,宋时称供职龙图阁、秘阁等机构负责出宣诏命者为"直阁舍人"。

〔7〕直馆:值班。直,同"值"。

〔8〕史阁:史馆。

〔9〕清话:高雅不俗的言谈,犹言风凉话。

〔10〕迨:等到,及。

〔11〕朱衣银鱼:宋朝前期,三品以上官员服紫、佩金鱼袋,四品、五品的官员服绯、佩银鱼袋,作为出入朝廷或赴仕、出使的徽章,也称章服。

【译文】郑朗以状元及第,却在复核时没能通过,很不得志。他几案上的砚又忽然发出数十声声响,令他更不高兴。当时洪法师在坐,说:"砚中发出声音,是将获得声誉地位的气象。"郑朗后来果然进了中枢机关做宰辅。这正是吉兆显现了。现在的直阁舍人范杲,说前不久天热在史馆值班,正与诸学士闲聊时,听到范公几案上所用的砚，响了十五声，叮叮然如棋子落下的声音那样清脆悦耳，在座的人都很惊诧。范杲心里却很高兴。半月后，皇上果然有朱衣银鱼赐给他。这也是异事一件呀。

【原文】魏孝静帝[1]有芝生铜砚[2]。

【注释】[1]魏孝静帝：元善见（524—552年），鲜卑族，孝文帝元宏曾孙，南北朝时期东魏皇帝（534—550年在位）。
[2]芝生铜砚：应指饰有灵芝花纹的铜砚。

【译文】东魏孝静帝有一方饰有灵芝花纹的铜砚。

【原文】今睹岁贡方物[1]中，虢州钟馗石砚二十枚，未知钟馗得号之来由也。

【注释】[1]方物：土产。《周书·旅獒》："无有远迩，毕献方物。"

【译文】在今天见到的岁贡方物中，有虢州的钟馗石砚二十枚，不知道为什么把这种石砚号为钟馗。

【原文】越州[1]戒珠寺，即羲之宅。有洗砚池，至今水常黑色。今金州廉使[2]钱公言。

【注释】[1]越州：绍兴古称。
[2]廉使：中国古代官名。指唐观察使、宋元廉访使以及后世的按察使。

【译文】越州的戒珠寺，是王羲之的故宅。宅中有座洗砚池，到今天水还是黑色的。是金州廉使钱公说的。

【原文】僖宗[1]朝，郑畋[2]、卢携[3]同为相，不协[4]，议黄巢事，怒争于中书堂[5]。卢拂衣而起，袂[6]染于砚而投之。

【注释】〔1〕僖宗：唐僖宗李儇（862—888年），本名李俨，京兆府长安县（今陕西省西安市）人，唐朝第十九位皇帝（873—888年在位）。

〔2〕郑畋（tián）（825—887年）：字台文，唐朝宰相、诗人，出身于荥阳郑氏，父祖三代均为进士出身。

〔3〕卢携（824—880年）：字子升，范阳（今河北省涿州市）人，唐朝宰相。

〔4〕不协：不和。

〔5〕中书堂：中书省的政事堂。

〔6〕袂：衣袖。

【译文】唐僖宗朝，郑畋、卢携同为宰相，意见常不一致。商议黄巢造反的事，两人在中书堂怒目相争。卢携拂衣而起，衣袖被砚墨沾染，便随手向郑畋掷去。

【原文】《开元传信记》[1]云：玄宗[2]所幸美人[3]，忽梦人邀去，纵酒密会，因言于上。上曰："必术人[4]所为也。汝若复往，宜以物志[5]之。"其夕孰寐[6]，飘然又往。半醉，见石砚在前，乃密印手文[7]于曲房[8]屏风上。悟[9]而具启，乃潜令人访之于东明观，见其屏风手文尚在，所居道人已遁矣。

【注释】〔1〕《开元传信记》：《开天传信记》，所记多为开元、天宝年间事，为唐·郑綮撰。

〔2〕玄宗：唐玄宗李隆基（685—762年），亦称唐明皇，女皇武则天嫡孙，睿宗李旦第三子，712—756年在位，是唐朝在位最久的皇帝。

〔3〕美人：妃嫔称号。

〔4〕术人：行法术的人。

〔5〕志：做记号。

〔6〕孰寐：熟睡。孰，同"熟"。

〔7〕手文：手纹。文，同"纹"。

〔8〕曲房：内室，密室。

〔9〕悟：醒来。

【译文】《开元传信记》说：有位唐玄宗所宠幸的美人，忽然

□ 白玉璧形雕螭小插屏　清代　故宫博物院藏

插屏，即立于案头的小屏风，屏扇与屏座可装拆。此插屏内圆外方，白玉璧嵌于中间，三螭作玉璧装饰。配紫檀木座，变形夔龙纹阴刻于木座前后，阴线内填金。

梦见自己被人邀去，狂饮密会，并把这梦告诉了皇上。皇上说："一定是行法术的人在施为。你如果梦到再去，就在某物上做个记号。"那晚睡熟后，她又在梦中飘然而去。半醉时，见面前有一方石砚，便暗中蘸墨，把手纹印在一密室的屏风上。醒来，把梦中所为对玄宗悉数说了，玄宗便暗中命人在东明观查访，发现屏风上的手纹还在，但住在观中的道人已经逃了。

【原文】梁元帝《忠臣传》曰：刘宏，沛国人。常寄居洛阳，与晋武帝同砚书。

【译文】梁元帝《忠臣传》说：刘宏，沛国人。曾寄居洛阳，与晋武帝曾经是同窗。

【原文】《笔阵图》[1]：以水砚[2]为城池。

【注释】〔1〕《笔阵图》：论述写字笔画的著作，阐述执笔、用笔的方法，旧题卫夫人撰。

〔2〕水砚：贮水的砚。

【译文】《笔阵图》：把贮水之砚视为城池。

【原文】《异苑》[1]：蒋道支于水侧见一浮柤[2]，取为砚，制形象鱼。有道家符谶[3]及纸，皆内鱼砚中。尝自随二十余年，忽失之。梦人云："吾暂[4]游湘水，过湘君庙，为二妃[5]所留。今暂还，可于水际见寻也。"道支诘旦[6]至水侧，见罾者[7]得一鲤鱼，买剖之，得先时符谶及纸，方悟是所梦人弃之。俄而[8]雷雨屋上，有五色气[9]直上入云。有人过湘君庙，见此鱼砚在二妃侧。

【注释】〔1〕《异苑》：南朝宋·刘敬叔所撰的笔记体小说集，多记述一些古代的怪异传说。

〔2〕柤：树桩。

〔3〕符谶：符图谶纬的统称，泛指各种预测未来的神秘文书。

〔4〕暂：刚刚。

〔5〕二妃：传说中舜的妻子娥皇、女英，死后成为湘水之神。

〔6〕诘旦：平明，清晨。

〔7〕罾者：打鱼人。

〔8〕俄而：不久。

〔9〕五色气：五色云气，古人以为祥瑞。

【译文】《异苑》：蒋道支在水边见一截漂浮的树桩，捞起制成砚，制形像鱼。道家的符谶和纸，都放在鱼砚中。曾经随身带着用了二十多年，有一天却忽然不见了。梦中有人说："我刚游到湘水，过湘君庙，为娥皇、女英所留。今天刚刚回来，在水边可以找见。"道支清晨到水边，见搬罾打鱼的人得一鲤鱼，便买来剖开，得到先前放在砚中的符谶和纸，才想到这是梦中人放进去的。顷刻屋上雷雨大作，有五色气流直上云霄。后有人路过湘君庙，看见这个鱼砚确实在二妃旁边。

【原文】《宣室志》[1]云：有蒋生者，好道之士也。逢一贫窭人[2]，自称章全素，自役使[3]来，怠惰颇甚。蒋生频榎楚[4]之。忽一日语蒋生曰："君几上石砚，某可点之为金。"蒋生愈怒其诳诞[5]。时偶蒋生忽出，追归，章公已死矣，然失几上之砚。因窥药鼎[6]中有奇光，试探得砚，而一半已为紫磨金[7]矣。蒋因叹愤[8]终身也。

【注释】〔1〕《宣室志》：传奇小说集，唐·张读撰。
〔2〕贫窭人：贫穷的人。
〔3〕役使：驱使。
〔4〕榎楚：用榎木荆条制成的刑具，用以笞打。
〔5〕诳诞：欺诳荒诞。
〔6〕药鼎：道家炼丹药的鼎。
〔7〕紫磨金：上品黄金。
〔8〕叹愤：感叹愤激。

【译文】《宣室志》说：有个姓蒋的书生，是沉迷道术的人。遇见一个穷人，自称章全素，被他用作使唤人，十分懒散。蒋生常鞭笞他。有一天，他忽然对蒋生说："你桌几上的石砚，我可以点之成金。"蒋生听后对他的诳诞更愤怒。当时蒋生忽然有事外出，待他回来时，章公已经死了，但桌几上的石砚却不见了。因为看见药鼎中有奇怪的光芒，便试着探查，却找到了石砚，其一半已变成了紫磨金。蒋生因此叹恨终生。

【原文】近石晋之际，关右[1]有李处士[2]者，放达[3]之流也。能画驯狸[4]，复能补端砚至百碎者。赍[5]归旬日[6]，即复旧[7]焉，如新琢成，略无瑕颣[8]。世莫得其法也。

【注释】〔1〕关右：指潼关以西，古人在地理上以西为右。
〔2〕处士：有才德而隐居不仕的人。
〔3〕放达：指言行不受世俗礼法的拘束。
〔4〕画驯狸：以绘画的方式驯养狐狸。

◎ 文房用具之砚滴

砚滴，又称"水滴""书滴"，用以储存供磨墨用的水。笔墨的使用、书画的兴起促成了砚滴的产生。砚滴的作用同于水注和水丞，是滴水入砚的工具。砚滴一般没有把手，前后或顶上有孔，用以注水。材质大多为陶瓷，皆制作精美，造型设计独特。其出现不晚于汉代，最早的为铜制。各朝代的砚滴形象各异，但皆因形制小巧而不易引人注意，收藏难度相对较大。

保存
瓷器最好放在特制的盒子里，且盒子底部应放置海绵或泡沫垫。不要把两件瓷器放在一起，若需放在一起得用泡沫隔开。若要陈列，需放在固定的木架子上，避免放在玻璃做的陈列架上。因瓷器易磕碰，在展示珍贵瓷器时可用透明尼龙线固定住上部。

赏玩
在把玩瓷器的时候双手应该保持清洁和干燥，且要取下戒指等易伤瓷器釉面的首饰。赏玩大的器物应该一手托住底，一手握住器物颈部。有双耳的瓷器，不能仅提双耳，以免折断和损坏，要握住器物的主体部分。

保养
经常用湿布擦拭瓷器表面，避免落上灰尘。如需清扫灰尘，应用柔软的刷子或者柔软的画笔。不可用水直接清洗未上釉的陶器，因为陶器有吸水性，尤其是那些器身已风化成粉末状的，更不能用水直接清洗。

装饰
堆塑一仰坐童子，其旁塑一花瓶。瓶内中空，可盛水。瓶上有柱形盖纽，盖纽的中间有一小洞，便于水从此处流出。

器形
分为上、下两层，上层为盖，下层为座，四角呈棱花口，浅腹，平底。此种造型的砚滴实属罕见。

工艺
为影青釉瓷器，白中泛青。影青，又称青白瓷，是介于青白二者之间的一种瓷器专称，最早烧制于江西景德镇，釉色莹润如玉，白里泛青。其冰清玉洁的质地，恬静幽雅的外观，受到人们的广泛喜爱。

影青釉人物砚滴　宋代

卷二 砚谱

铜龟形砚滴 南北朝

  与之前相比,南北朝时期的砚滴,动物造型较为普遍。此砚滴为铜制,仿龟形制,龟口衔耳杯,四足似在用力爬行,背部有滴管。在同类器形中是比较少见的写实造型。

铜骆驼形砚滴 唐代

  唐代砚滴形制小巧,有瓷制品和铜制品。此砚滴即为铜制。做卧形双峰骆驼,头上扬,口内有孔,后峰下部有一孔,即用于注水。两驼峰及头之间形成自然凹凸,也可用作笔架。此器兼具笔架、砚滴双重功用,设计精巧且有确切纪年。

碧玉犀牛砚滴 清代

  碧玉制,黑色斑点、褐色沁布于局部。整体圆雕为犀牛造型,中空可盛水,水注插于背部的圆孔,犀牛全身装饰两周对称的绺毛纹。篆书"乾隆年制"落款于犀牛肚下。

青玉天鹿砚滴 清代

  青玉制,呈卧鹿形圆雕。鹿昂首张口,空腹内有管道与口相连,背部有椭圆形水注口,器表雕束毛等纹饰。

黄釉绿彩狮头砚滴 唐代

  敞口,短颈,有柄。狮头作滴嘴。狮尾作柄,圆形瓜棱腹,足成饼形。胎色为黄白,施黄釉、褐釉、绿彩釉。整体制作巧妙精致,形象生动。

青釉蟾蜍形砚滴 三国

  器形整体做直立蟾蜍形,背负圆管状进水口,器外表施绿釉,属越窑精品。越窑自东汉就是我国瓷器的重要产地,中心窑址在今浙江余姚一带。越窑青瓷胎质坚硬,釉色莹润,纯净如翠。

◎ 文房用具之水注

水注，指的是有嘴，用于注水于砚的文具。古代称酒壶为"注子"，"水注"由此得名。水注储水量较大，出水以流线型为主。众多文献对水注也有记载，如《辞源》中说水注为汉时用器，造型各异；而宋·龙大渊的《古玉图谱》卷七十一《文房部》中著录有水注十二式。水注一般以瓷、陶、玉等材料制成，其形体小，有小孔及嘴，可用手指按住小孔，以掌握注水速度。

质地
此水注，通体为铜制，因年代已久，通体已有斑斑锈迹。尽管如此也不会影响到该水注的整体视觉效果。

形制
此水注为骆驼形，做卧状，头上扬，似乎是在昂首鸣叫，口内有空。双峰，后峰下部有一孔，以便注水。骆驼造型在古时有安全祥和的寓意。

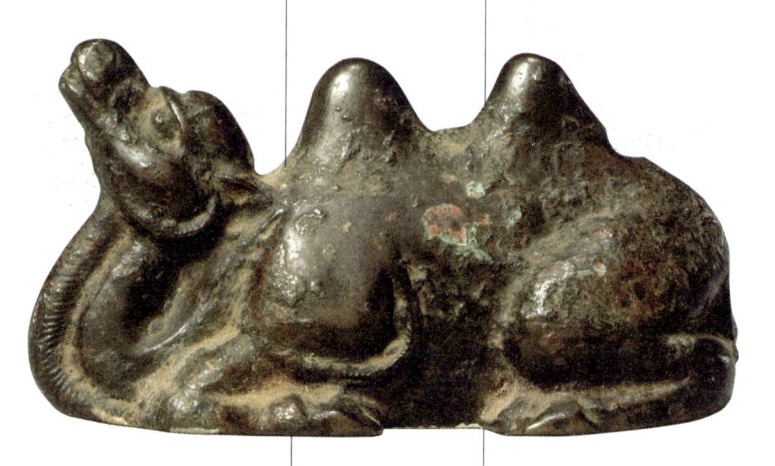

铜制骆驼形水注

清洁
古铜器表面有污垢或油迹，可以用蒸馏水和肥皂清洗，但绝对不可用自来水。因为自来水中都含有微量的氯气，而氯气是一种比较强的氧化剂，会对铜器藏品造成一定的伤害，所以只能用蒸馏水或纯净水清洁。铜器藏品上还经常会有一些不易拭去的污物，可用擦拭、刮磨的方法，但千万不要损伤到铜器藏品上的铭文和纹饰。

保存
由于铜是化学性质不活泼的金属，故在一般情况下铜器是易于保存的。但古铜器就不同，因为被锈蚀过，所以要特别小心。日常保护主要是防止微生物和氧化物的污染。因为空气中含有大量的灰尘，也含有酸性气体，在潮湿的环境下会腐蚀金属。可以在清洁干燥的铜器上打蜡，使之隔绝空气，有利于铜器的保存，但打蜡要选用石蜡。

铜牺牛形水注　明代

　　铜制，站立牺牛形，弯牛角上阴刻回纹，云纹布满器身，牛背中空储水，其上有一孔，牛嘴呈流形，作注水用。此牺牛形水注是明代文房用具中仿效上古青铜器牺尊制成。

青釉狮形水注　三国

　　造型别致，做姿态凶猛的狮形。典型的东吴青瓷制品，胎土坚质灰白，青釉呈灰绿色。

影青釉南瓜形水注　北宋

　　仿南瓜造型，全器分八瓣瓜棱，其中一瓜瓣上方留有小口，为注水口。瓷胎分段制作后黏结成器，腹部有明显接痕。其胎质细腻，遍施青釉，且瓜棱之间过渡自然。

白釉仰荷式小水注　五代

　　圆唇小口，球形腹，圈足。短流为六棱形，流口、注口等高，扁带式柄。凹弦纹作肩部装饰，中腹浮雕六瓣仰莲。整体造型小巧别致，器胎白细，施莹润白釉，是五代时期白瓷中罕见的精品。

青釉胡人骑狮砚滴　西晋

　　狮呈卧式，胸部贴长鬃，臀部贴羽状尾巴；一深目高鼻、头戴高冠的胡人骑在狮背上，胡人胸前双手抱羊，服饰呈菱形方格纹。此器胎体坚硬，施青釉，釉面匀滑，造型丰满、形象生动。

铜蟾蜍形水注　明代

　　铜制，做蟾蜍形，蟾蜍眼睛圆睁，有三足，其中一足做向前爬行状，背上坐一袒露胸腹、背负葫芦的仙人。蟾蜍腹部空可储水，口部有圆形小流。

◎ 文房用具之水丞

水丞，又称"水中丞"或"水盂"，指贮砚水的小盂，最早出现在秦汉。其造型大多为圆口、鼓腹、无嘴、平底，有的带足。与砚滴最大的区别是有注水口而无出水口。由于磨墨用水不多，因此水丞的面积不大，但是由于水丞是置于书桌之上的器具，因此往往被制作得古朴雅致，极富装饰性。其制作材质也颇多，有玉、铜、陶瓷、玻璃等，清代乾隆时还流行掐丝珐琅水丞。一般用细长柄铜水匙取水。

材质
紫砂制。呈土黄色，胎质细腻，紫砂泥色表现得淋漓尽致。

器形
采用写实手法塑一横卧的竹笋，六片笋壳紧紧相叠，细密筋脉根根清晰自如，根部笋痣刻画得惟妙惟肖，顶部开不规则椭圆口，形象逼真。

紫砂笋形水盂　清代

款识
近笋根部有阳文篆书"陈鸣远"方印。陈鸣远，清康熙至雍正年间宜兴人，是紫砂名家陈子畦之子，他的作品深得收藏家喜爱，仿品甚多。

基座
配有黄杨木底座，造型简洁。

青釉褐彩蛙形水盂　晋代

圆唇敛口，扁腹，饼形足，造型为一只欲跳的青蛙。沿蛙的鼻、眼、足和口处点褐彩。青釉施于器内外，无釉彩的器物底部呈淡红色。由胎体、器形、釉色方面推测其应属越窑早期作品。

竹雕蟠松水盂　清代

竹制，器身为一枯干的松树，器外侧镂雕枝杈与松针；盘根错节，弯曲起伏的器口，造型特别，完全不同于中规中矩的器形。

蓝釉鸟形水盂　清代

造型为一破壳而出做栖息状的小鸟，中空的椭圆形蛋壳内盛水。洒蓝釉工艺，使器形整体色泽深浅不一，外观形象极其美观。

铜佛手柑形水盂　清代

铜制，佛手柑为传统吉祥题材，因"佛"与"福"谐音，佛手即寓意多福。此器造型似一舒展自如的佛手柑，略带枝叶，掌心开一口，可作水盂。

木纹釉水盂　清代

此水盂直口，扁腹圈足，通体施淡黄釉，绘有红彩、褐彩的木纹图案，显得斑驳可爱。

三彩釉海螺形水盂　唐代

以黄、绿、白色三彩釉施通体，呈螺形，造型别致，色彩多变幻，艳丽多姿。

〔5〕赍：怀着。

〔6〕旬日：十天，这里意指时间不长。

〔7〕复旧：完好如初。

〔8〕瑕颣（lèi）：瑕疵。

【译文】快到后晋时，关右有位李处士，是性情放达的人。他能画驯狸，还能修补碎得很厉害的端砚。他揣回去十天，即能修复如初，像新琢的，看不出任何毛病。世间没有人知道他的手法。

砚之辞赋

【原文】傅玄《砚赋》:采阴山之潜璞[1],简[2]众材之攸宜[3]。节方圆以定形,锻金铁而为池[4]。设上下之剖判[5],配法象[6]乎二仪[7]。木贵其能软,石美其润坚。加朱漆之胶固,含冲[8]德之清玄[9]。

【注释】〔1〕潜璞:有潜质的好石头。

〔2〕简:挑选。

〔3〕攸宜:得体的俊才。

〔4〕锻金铁而为池:指锻造铁质的砚池。

〔5〕剖判:分开。

〔6〕法象:古代哲学术语,对一切自然物象的总称。

〔7〕二仪:天地。

〔8〕冲:冲和。

〔9〕清玄:清虚玄妙。

【原文】杨师道[1]《咏砚》诗:圆池类璧水[2],轻翰染烟华[3]。将军欲定远[4],见弃不应赊[5]。

【注释】〔1〕杨师道(?—647年):字景猷,弘农华阴(今陕西省华阴市)人,唐宰相。

〔2〕类璧水:像是一块美玉。

〔3〕轻翰染烟华:轻翰,指毛笔;染烟华,指蘸墨汁;烟华,烟之精华。墨块是由松树等的烟炭制成的,故有此说。

〔4〕定远:志在平定远方。

〔5〕见弃不应赊:笔墨被弃是暂时的,不会长久。赊,久、长。

【原文】李尤《砚铭》:书契既造,砚墨乃陈。篇籍[1]永垂,

□ **硬木云凤纹文具匣　清代　故宫博物院藏**

　　文具匣多为木质，常见的木质有红木、紫檀木、黄花梨木等。一般文具匣都涂有数层漆，以防止浸水而导致匣体涨裂。此外，砚匣还应经常保养，偶尔要打蜡。此文具匣通身雕以云凤纹，匣内分出格槽，存有两支斑竹管毛笔，一品上等端砚，一铜蟠纹镇纸，一铜荷叶笔洗，一铜羊形水丞，一铜卷书式水丞，一铜牛形水丞，一石山子，共九件文房用具。

记志功勋。

【注释】〔1〕篇籍：典籍。

【原文】魏王粲[1]《砚铭》：昔在皇颉[2]，爰[3]初书契，以代结绳。人察官理，庶绩[4]诞兴。在世季末，华藻流淫[5]。文不为行[6]，书不尽心。淳朴浇散，俗以崩沉[7]。墨连翰染[8]，荣辱是惩[9]。念兹在兹，惟玄是征[10]。

【注释】〔1〕王粲（177—217年）：字仲宣，三国曹魏时期文学家，"建安七子"之一。

〔2〕皇颉：苍颉。

〔3〕爰：改易。

〔4〕庶绩：各种业绩。

〔5〕在世季末，华藻流淫：在衰败的世道里，人们只讲求辞藻的华美。

〔6〕文不为行：行文不成行，意即行文没有道德约束。

〔7〕崩沉：沉沦。

〔8〕墨连翰染：文风受到影响。

〔9〕惩：引以为戒。

〔10〕惟玄是征：玄，深奥的哲理；征，求。

【原文】唐李贺[1]《青花紫砚歌》：端州[2]石匠巧如神，踏天磨刀割紫云。佣刓[3]抱水含满唇，暗洒苌弘冷血痕[4]。纱帷昼暖墨花春，轻沤漂沫松麝薰[5]。干腻薄重立脚匀，数寸秋光无日昏。圆毫促点声清新，孔砚宽顽[6]何足云。

【注释】〔1〕李贺（790—816年）：字长吉，福昌（今河南省洛阳市宜阳县）人，有"诗鬼"之称。

〔2〕端州：地名，今广东省肇庆市高要区。境内东南有端溪，出砚石，所制砚称"端砚"。

〔3〕佣刓：工人们将砚石割制成圆形。

〔4〕苌弘冷血痕：指石砚像苌弘璧那样有道道血似的红纹。苌弘，战国时人，相传其死后，血化为璧。

〔5〕轻沤漂沫松麝薰：轻沤漂沫，指研成墨汁后有细微的泡沫漂在砚池里；松麝薰，指所用的墨块是由松树烟炭加麝香熏制而成。

〔6〕孔砚宽顽：孔砚，大砚；宽顽，宽大但不精致。

【原文】傅玄《水龟[1]铭》：铸兹灵龟，体像自然。含源吐水，有似清泉。润彼玄墨，染此桑翰。申情写素，经纬群言。

【注释】〔1〕水龟：形似水龟的砚台。

【原文】韩愈[1]《瘗[2]砚铭》序曰：陇西李元宾[3]，始从进士，贡在京师。或贻[4]之砚，既四年悲欢否泰，未尝废用，与之试艺春官[5]。天宝二年登上第[6]，行于褒谷[7]间，误坠地毁焉，乃匣归埋于京师。里中[8]昌黎韩愈，其友人也，赞而识之曰："土乎成质[9]，陶乎成器[10]。复其质非生死类[11]，全斯用毁，不忍弃[12]。埋而识之仁之义，砚乎研乎，与瓦砾异。"

【注释】〔1〕韩愈（768—824年）：字退之，河南河阳（今河南省孟州市）人，自称"郡望昌黎"，世称"昌黎先生"，名列"唐宋八大家"之首。

〔2〕瘗：掩埋、埋葬。

〔3〕李元宾：李观（766—794年），字元宾，唐代诗人。

〔4〕贻：赠予。

〔5〕试艺春官：参加科举考试。春官，唐代曾改礼部为春官，由春官主持科举考试。

〔6〕登上第：科举及第。

〔7〕褒谷：古通道名，在今陕西省西南，沿褒水、斜水所形成的河谷。南口称"褒谷"，北口称"斜谷"。

〔8〕里中：同乡。

〔9〕土乎成质：它的本来面目是泥土。

〔10〕陶乎成器：陶工加工使之成了一件器物。

〔11〕复其质非生死类：恢复其本来面目，不能算是生死。

〔12〕全斯用毁，不忍弃：这完整的器物被毁了，不忍心丢弃它。

【原文】张少博《石砚赋》（以"山水清辉，墨妙笔精"为韵）：砚之施也被乎用，石之质也本乎山。温润称珍，腾异彩而玉色；追琢成器，发奇文而绮斑。盖求伸于知己，爱得用于君子。故立言之徒，载笔之史，将吮墨以濡翰[1]，乃操觚[2]而汲水。始烂烂[3]以光澈，终霏霏[4]而烟起，或外圆而若规，或中平而如砥[5]。原夫匠石流盼[6]，藻莹[7]生辉，象龟之负图乍[8]伏，如鹊之缄印[9]将飞。设之户庭，王充之名允[10]著；置之藩溷[11]，左思之用无违。徒观夫清光景耀[12]，真质霜净[13]，符彩华鲜[14]，精明[15]隐映。皎如[16]之色，比藏冰之玉壶；焕然之文[17]，状吐菱之石镜[18]。当其山谷之侧，沉冥未识[19]，韫玉吐云[20]，怀珍隐德。及人用以磨砺，因人而拂拭[21]。故能抚之类磬发奇音，对之若镜开新色。既垂文以呈象，亦澄澜而渍墨。砚之用也，讵可兴叹而焚；石之坚然，孰谓有时而泐[22]。斯可以正典谟之纪[23]，垂篆籀之则者也[24]。遂更播美六书[25]，传芳三妙。用之汉帝，尝同彭祖之席；存之鲁国，犹列宣尼之庙。

是以遗文可述，兹器奚匹[26]。匪销匪铄[27]，良金安可比其刚；不磷不缁[28]，美玉未足方[29]其质。光鸟迹于青简[30]，发龟文[31]于洪笔。则知创物作程，事与利并。兹砚也，所以究墨之妙，穷笔之精者也。

【注释】〔1〕将吮墨以濡翰：吮墨，吮笔。濡翰，将笔蘸上墨。

〔2〕甀：一种盛酒、水的器具。

〔3〕烂烂：光亮。

〔4〕霏霏：雨雪不止的样子，亦可指雨声。

〔5〕砥：磨刀石。

〔6〕原夫匠石流盼：匠石，名石的匠人，其技艺极为高超，后称擅长写文章的人为"大匠""匠石"。《庄子·徐无鬼》："郢人垩慢其鼻端，若蝇翼，使匠石斫之。匠石运斤成风，听而斫之，尽垩而鼻不伤，郢人立不失容。"流盼，指流转目光观看。

〔7〕藻莹：辞藻华丽生辉。

〔8〕乍：突然。

〔9〕缄印：闭藏脚印。鸟在起飞的一刹那，双脚奋力挠地，会将其脚印弄乱。

〔10〕允：诚信。

〔11〕藩溷：篱笆和厕所。左思在写赋时，在门庭、篱笆和厕所等处放上纸笔，以备及时修改。

〔12〕清光景耀：清光，清亮的光辉。景耀，闪耀。

〔13〕霜净：像霜那样纯净。

〔14〕符彩华鲜：纹理光彩照人。

〔15〕精明：日光。

〔16〕皎如：洁白貌。

〔17〕焕然之文：焕然，显著。文，纹理。

〔18〕状吐菱之石镜：好比能映照出菱花的石镜。石镜，如镜的山石。《水经注》卷三十九《庐江水》载："山东有石镜，照水之所出。有一圆石，悬崖明净，照见人形……豪细必察，故名石镜焉。"

〔19〕沉冥未识：被埋没，不为人知。

〔20〕韫玉吐云：含藏有玉的山石会放出云彩。

〔21〕拂拭：除去尘垢。

〔22〕泐：石头被水冲击而形成的纹理。

□ **澄泥吴式芬摹刻毛公鼎砚　清代　天津博物馆藏**

毛公鼎原为西汉晚期青铜器，以铭文较长著称。此长方形砚为澄泥制，砚面凸雕一鼎，鼎身作砚堂。精于金石的吴式芬在保持原作笔意的基础上，将铭文缩刻于砚背，镌刻极为精细。

〔23〕典谟之纪：典谟，典籍。纪，纲纪。

〔24〕垂篆籀之则者也：篆，指文字。则，法则。

〔25〕六书：汉朝时分析汉字形体而归纳出的六种造字法，即象形、指事、会意、形声、转注、假借。

〔26〕匹：匹配。

〔27〕匪销匪铄：不容易被火烧化。

〔28〕不磷不缁：不受玷污。磷，玷污。缁，变黑。

〔29〕方：比。

〔30〕光鸟迹于青简：鸟迹，指文字。青简，竹简。

〔31〕龟文：文字。

【原文】黎逢[1]《石砚赋》：有子墨客卿，从事于笔砚之间，学旧史之暇日，得美石于他山。琢而磨之，其滑如砥。欲精研而染翰，在虚中而贮水；水随晕而环周，墨浮光而黛起。明而未融，是以为用[2]；久而不渝[3]，故以为美。成器尚古，征阙里之素王[4]；匠法增华，参会稽之内史[5]。且王言惟一，道心惟微[6]，于以幽赞[7]，由之发挥。从人之欲，委质[8]莫违；代若遐弃[9]，民将畴依[10]。肃观光而雾集[11]，赖设色而烟霏[12]；实将振文而为邦，岂惟蕴玉而山辉[13]者哉！君无谓一拳之石取其坚，君无谓一勺之水取其净，君其遂取，我有成性[14]，苟有补于敷阅，固无辞于蕴映[15]。惟圣人有大宝，昊天有成命，莫不自我以载形，因我以施令，志前王之事业，作后人之龟镜[16]。夫物迁其常[17]，天运不息，水有涸兮石有泐。世贵其不磷[18]，我则受其磨；世贵其不染，我则受其黑。象山下之泉，为天下之式。因碌碌于俗间，类栖栖于孔墨。呜呼！辞上体要，文当绝妙，虽濡翰其不疲，无烦文而取诮。爰贡君子[19]，以其劲质[20]，或升之堂，或入之室。对此大匠，厕诸鸿笔，见珍于杀青之辰，为用于草《玄》[21]之日。夫气结为石，物之至精；攻[22]之为砚，因用为名。事若可久，世将作程[23]。斯器也，不独坚之为贵，谅于人之有成。

【注释】〔1〕黎逢：唐大历年间状元。

〔2〕明而未融，是以为用：水清亮，墨块未能很好地融合，因此要在石砚中研磨。

〔3〕久而不渝：石砚用了很久，也没有多大磨损。

〔4〕征阙里之素王：这是阙里为孔子所在的一种标志。阙里，地名，相传为春秋时孔子授徒之所，在洙泗之间。孔子时无阙里之名，其名始见于《汉书·梅福传》，至汉时始盛称孔子故里为阙里。素王，指有帝王之德而无帝王之位的人，这里指孔子。

〔5〕会稽之内史：指王羲之。他曾任过会稽内史。

〔6〕道心惟微：指道心精微。

〔7〕幽赞：对精微不显之处予以赞美。

〔8〕委质：《左传·僖公二十三年》："策名委质，贰乃辟也。"质，同"贽"。古人相见，必执贽为礼，如卿以羔、大夫以雁等，称为"委质"。

〔9〕代若遐弃：如果人们以远弃砚台这一文化象征来代替正确的做法。

〔10〕畴依：依靠谁。指精神上没有依止点。

〔11〕肃观光而雾集：肃，严肃恭敬；观光，观见国之盛德光辉。

〔12〕赖设色而烟霏：设色，着色；烟霏，云烟弥漫。

〔13〕蕴玉而山辉：蕴藏有玉的山石可使山增添光彩。

〔14〕成性：本性，本质属性。

〔15〕蕴映：深藏不露的光辉。

〔16〕龟镜：借鉴。

〔17〕迁其常：变化。

〔18〕世费其不磷：世世代代的人看重其不受玷污这一特点。

〔19〕爰贡君子：于是送给君子。

〔20〕劲质：坚硬之质。

〔21〕草《玄》：作《太玄》。《玄》，汉·扬雄所作《太玄》，这里借来形容潜心著述。

〔22〕攻：治。

〔23〕作程：作典范。

【原文】吴融[1]，字子华，《古瓦砚[2]赋》：勿谓乎柔而无刚，土埏[3]而为瓦；勿谓乎废而不用，瓦斫而为砚[4]。藏器蠖屈，逢时豹变[5]。陶甄已往[6]，含古色之几年；磨莹俄新[7]，贮秋光之一片。厥初在冶成象，毁方效姿[8]。论坚等甓[9]，斗缥胜瓷[10]。人莫我知，是冬穴夏巢之日；形为才役，乃上栋下宇之时。扶同杞梓[11]，回避茅茨。若乃台号姑苏[12]，殿称枌诣[13]，楼标十二之笔，阁起三重之丽。莫不瓴甋[14]凝辉，鸳鸯叠势，缝密如镊[15]，行疏若缀。衔来而月影重重，漏出而炉香细细。觚棱[16]金爵，竞托岩崾[17]；玉女胡人，争来睥睨[18]。陵谷难定[19]，松薪忽焉。朝歌有已秀之麦，咸阳有不灭之烟。是则纵横旧址，散乱荒阡；风飘早落，雨滴仍穿。藏弥迤[20]之春芜，耕牛脚下；照青荧之鬼火，战骨堆边。谁能识处，亦莫知年。何期邂逅，见宠雕镌；资乎有作，备我沉研。磬在水以羞浮，钟因霜而谢响。玉滴一堕，松烟四上。山鸡误舞，澄明之石镜当头；织女疑来，清浅之银河在掌。异哉！昔之藏歌盖舞，庇日干霄[21]；繁华几代，零落一朝。委地而合堕尘土，依人而却住琼瑶。天禄石渠[22]，和铅即召[23]；风台雪苑，落笔争邀。依依[24]旧款，历历[25]前朝。沈家令座上回看，能无泪下；江中书归来偶见，得不魂销。有以见古今推移，牢笼眇漫[26]；成败皆分，短长一贯。何树春秋各千年，何花开落惟一旦？星陨地以为石，尽灭光辉；鸡升天而上仙，别生羽翰。异类犹然，浮生莫算！

【注释】〔1〕吴融（？—903年）：字子华，越州山阴（今浙江省绍兴市）人，唐代诗人。

〔2〕瓦砚：亦作"瓦研"。以古宫殿瓦制作的砚。

〔3〕埏：以水和土。

〔4〕瓦斫而为砚：将瓦雕斫成砚。

〔5〕藏器蠖（huò）屈，逢时豹变：蠖屈，《周易·系辞下》有"尺蠖之屈，以求信也"，后以蠖屈喻人不遇时，屈身退隐。豹变，变化。

〔6〕陶甄已往：陶甄，即造就、治理。指造好的陶器。

〔7〕磨莹俄新：磨得发亮后，顷刻之间就像新砚。

〔8〕毁方效姿：指把瓦砚制作成各种形态。

〔9〕论坚等甓：论其坚硬可与砖相同。甓：砖。

〔10〕斗缥胜瓷：缥，青白色、浅青色。论其浅青之色，可胜过瓷器。

〔11〕杞梓：指杞和梓两种优质木材。

〔12〕姑苏：在姑苏山上，相传为吴王阖闾或夫差所筑，又称"胥台"。《史记·太史公》载："上姑苏望五湖"即此。旧址在今江苏吴县。

〔13〕枍诣：汉建章宫中有枍诣殿，因美木茂盛而得名。

〔14〕瓴甋：砖。

〔15〕鏁：同"锁"。

〔16〕甋棱：殿堂屋角的瓦脊成方角棱瓣之形，故名，亦借指宫阙。

〔17〕岧峣（tiáo yáo）：高峻、高耸。

〔18〕睥睨：侧目而视。

〔19〕陵谷难定：陵，高山；谷，河谷。比喻世事的变化难以确定。

〔20〕弥迤：地形平坦延绵。

〔21〕庇日干霄：庇，遮盖；干霄，直冲云霄。

〔22〕天禄石渠：天禄，即天禄阁，汉殿阁名，藏典籍之所；石渠，即石渠阁，汉宫中藏书之处，在未央宫殿北。

〔23〕和铅即召：只要有墨块就会要来砚台。和铅，合成墨块。墨块由多种物质混合而成，像铅一样呈青黑色，故以"和铅"称之。

〔24〕依依：隐约。

〔25〕历历：分明可数。

〔26〕牢笼眇漫：包罗广大。牢笼，包罗。眇漫，辽远无际。

【原文】王嵩荸[1]《孔子石砚赋》：昔夫子有石砚焉，邈

□ **澄泥朱彝尊为马思赞铭砚　清代　天津博物馆藏**

马思赞，清初藏书大家，工诗绩学，诸子百家无不钻研。此砚铭文即为马思赞所题。夔纹刻满砚周边，质地细润，色品绝佳，加之文人名家的镌刻饰铭，当属澄泥古砚中的上品。

观[2]器用，宛无雕镌。古石犹在，今人尚传。从叹凤[3]兮何世？至获麟[4]兮几年？爰[5]止爰定？几徂[6]几迁？任回旋[7]于几席[8]，垂翰墨于韦编。时亦远矣，物仍在焉。非圣人之休祐[9]，安得兹而不捐[10]。洎[11]乎俗远圣贤，教移齐鲁，列庙以居，先师攸主。上荧荧以光彻，旁幂幂而色固。介尔坚贞，确乎规矩。昔有诸侯力政，周道无闻。嗟礼乐之仍缺，叹《诗》《书》之未分。圣人乃启以褒贬，垂以典坟；必借斯器，用成斯文：盖石固而人往，亦有事乎砚云。至乃方质圆形，铜模龟首，雕饰为用，陶甄可久。横彩烟而不绝，添渌水之常有。岂如是石，斯为不朽。昔偶宣父[12]，厥容伊何[13]；旁积垂露，中含偃波。时代迁移，去游夏[14]而弥远；日月其迈[15]，变炎凉之已多。别有缝掖[16]书生，献策东京。仰望先哲，攻文后成[17]。叨秉笔以当问，愧含毫而颂声[18]。

【注释】〔1〕王嵩蓴：唐人，生平事迹不详。

〔2〕邈观：远观。

〔3〕叹凤：孔子曾慨叹凤不再世，喻生不逢时。

〔4〕获麟：《春秋·哀公十四年》载："春，西狩获麟。孔子曰：吾道穷矣。"传说孔子作《春秋》，至此而辍笔。

〔5〕爰：语气助词。

〔6〕徂：往、到。

〔7〕回旋：指事物的更替。

〔8〕几席：几和席，为古时人们依凭、坐卧之具。

〔9〕休祐：古时对蒙受上天护佑的美称。

〔10〕捐：弃。

〔11〕洎：及，到。

〔12〕昔偶宣父：偶，辅助；宣父，对孔子的尊称。

〔13〕伊何：为何。

〔14〕游夏：子游和子夏的合称，二人均为孔门弟子，长于文学。

〔15〕迈：远，谓时光流逝。

〔16〕缝掖：宽袖单衣，为古代儒生所服，亦代指儒生。

〔17〕攻文后成：我后来写就了这篇文章。

〔18〕颂声：歌颂赞扬的声音。

【原文】李琪〔1〕《谢朱梁祖〔2〕大砚瓦状》：蒙恩赐臣前件砚者。伏以记室〔3〕，濡毫于楯鼻〔4〕，刃侧非多；史臣染翰于螭头〔5〕，筒形甚小。尚或文章焕发，言动必书，为号令之词，作典谟之训。如臣者，坐忧才短〔6〕，行怯思迟，自叨金马〔7〕之近班〔8〕，常愧玉蟾之旧物。岂可又颁文器，周及禁林〔9〕。制作泓渟〔10〕，规模广滑。闭宫苔而色古，连池石以光凝。敢不致在坐隅，酣兹笔阵。余波浸润，便同五老〔11〕之壶；终日拂〔12〕磨，岂但一丸之墨？如承重宝，倍感殊恩。

【注释】〔1〕李琪：字台秀，河西敦煌（今甘肃省敦煌市）人，素有文名。

〔2〕朱梁祖：后梁太祖朱晃（852—912年），宋州砀山（今安徽省宿州市砀山县）人，五代十国之后梁开国皇帝。

〔3〕记室：官名，东汉置，掌章表书记文檄。

〔4〕濡毫于楯鼻：指在行军中挥毫作文。楯鼻，盾后面的把柄。

〔5〕螭头：殿前刻有螭头形的石阶。

〔6〕坐忧才短：由于担心自己的才能不够。

〔7〕金马：指朝廷或帝都。

〔8〕近班：近臣行列。

〔9〕禁林：翰林院别称。

〔10〕渟：水积聚不流。

〔11〕五老：神话传说的五星之精。

〔12〕拂：击。

【原文】僧贯休《咏砚》诗：浅薄虽顽朴，其如近笔端。低心[1]蒙润久，入匣便身安。应念研磨久，无为瓦砾看。倘然人不弃，还可比琅玕[2]。

【注释】〔1〕低心：屈意迁就。

〔2〕琅玕：似珠玉的美石。

【原文】魏繁钦《砚颂》：有般倕[1]之妙匠兮，俯诡异[2]于遐都。稽山川之神瑞兮，识嘉璇之内敷[3]。遂萦绳于规矩[4]兮，假卞氏之遗模[5]。拟浑噩之肇制[6]兮，效羲和[7]之毁隅。钧三趾于夏鼎[8]兮，象辰宿之相扶。供无穷之秘用兮，御几筵而优游[9]。

【注释】〔1〕般倕：般，公孙般；倕，共工。传说中古代的两位巧工。

〔2〕俯诡异：俯，向下看；诡异，奇特。

〔3〕识嘉璇之内敷：嘉璇，美玉。指美石吸收了天地的精华。在此处指巧匠能识别最好的制砚之石。

〔4〕遂萦绳于规矩：于是将绳缠绕在规矩上。

〔5〕假卞氏之遗模：利用古代工匠传下的模具制砚。卞氏，善识石的古代巧匠。

〔6〕拟浑噩之肇制：开始对采得之石进行加工。浑噩：浑厚质朴。肇制，创制，这里指开始加工。

〔7〕羲和：羲氏、和氏的合称。传说尧曾命羲仲、羲叔、和仲、和叔两对

兄弟分驻四方，以观天象，并制作历法。

〔8〕钧三趾于夏鼎：把石块制成像夏鼎那样有三只脚，即制成三足砚。

〔9〕御儿筵而优游：御几筵，放在几案上；优游，悠闲自得。

【原文】庄南杰[1]《寄郑碏叠石砚歌》：娲皇[2]补天残锦片，飞落人间为石砚。孤峰削叠一尺云，虎干熊跪势皆遍。半掬春泉澄浅清，洞天彻底寒泓泓。笔头抢起松烟轻，龙蛇怒斗秋云生。我今得此以代耕[3]，如探禹穴[4]披峥嵘[5]。披峥嵘，心骨惊，坐中仿佛到蓬瀛[6]。

【注释】〔1〕庄南杰：与贾岛同时，工乐府杂诗歌。

〔2〕娲皇：女娲。

〔3〕代耕：指以某种职业谋生，代替农耕所入。

〔4〕禹穴：指会稽宛委山。

〔5〕峥嵘：山高峻貌。

〔6〕蓬瀛：蓬莱和瀛洲，神山神岛名，传为仙人所居，亦用以指仙境。

【原文】李琪《咏石砚》：远来柯岭[1]外，近到玉堂[2]间。乍琢文犹涩[3]，新磨墨尚悭[4]。不能濡大笔，何要别秋山。

【注释】〔1〕柯岭：长着大树的山岭。

〔2〕玉堂：玉饰之堂，亦为宫殿美称。

〔3〕乍琢文犹涩：刚雕琢好，纹路还不顺滑。

〔4〕墨尚悭：墨还不多。

【原文】刘禹锡《赠唐秀才紫石砚》诗：端溪石砚人间重，赠我应知正草《玄》[1]。阙里庙中[2]空旧物，开方灶下岂天然。玉蜍[3]吐水霞光净，彩翰[4]摇风绛锦鲜。此日佣工记名姓，因君数到墨池前。

【注释】〔1〕草《玄》：指扬雄作《太玄》，后借以表示淡泊名利，潜心著述。

〔2〕阙里庙中：指曲阜孔庙。

〔3〕玉蜍：玉雕的蟾蜍。

〔4〕彩翰：彩笔。

【原文】文嵩《即墨侯石虚中传》：石虚中，字居默，南越高要[1]人也。性好山水，隐遁不仕。因采访使[2]遇之于端溪，谓曰："子有朴质沉厚之德，兼有奇相，体貌紫光，嘘呵润澈，颇负材器，但未遇哲匠琢磨耳。《礼》不云乎：'玉不琢，不成器；人不学，不知道。'子其谓矣。今明天子御四海，六合之内无不用之材，无不成之器。吾今奉命巡察天下风俗，采访海内遗逸[3]，安敢辄怠厥职，见贤不荐者欤？子无恋溪泉自取沈弃[4]耳。"虚中曰："仆生此南土，远在峡隅[5]，自不知材堪器用。既辱采顾[6]，敢不唯命是从。"采访使遂命博士金渐之规矩磨砻[7]，不日不月[8]，果然业就。虚中器度方员[9]，皆有边岸，性格谨默，中心坦然，若汪汪万顷之量也。采访使以闻于省司，考试之。与燕人易玄光研核[10]合道，遂为云水之交。有司以荐于上，上授之文史，登台省，处右职。上利其器用，嘉其谨默，诏命常侍御案之右，以备濡染。因累勋绩，封之即墨侯。虚中自历位常，与宣城毛元锐、燕人易玄光、华阴楮知白，常侍上左右，皆同出处，时人号为"相须[11]之友"。史臣曰：卫有大夫石碏[12]，其先颛帝[13]之苗裔[14]也。出靖伯之后曰甫，甫生石仲，仲之后曰碏，春秋时仕卫，世为大夫焉。即墨侯石氏与卫大夫碏不同也。善出五行之精，八音[15]之灵，岳结而生，禀质而名，怀宝为玉，吐气为云，发硎[16]利刃，与天地常存者也。

【注释】〔1〕南越高要：南越，古地名，今广东广西一带。高要，今广东肇庆辖区。

〔2〕采访使：官名，唐初在各道设按察使，开元年间改设采访处置使，简称"采访使"。

〔3〕遗逸：隐逸之士。

□ **歙石眉纹枣心砚　宋代　安徽博物院藏**

　　歙石的地质年代为距今约六亿年的寒武纪，属于黏板岩。歙石在地壳运动的过程中，形成了不同的物理状态，也形成了各种纹理和色泽。歙石因有质地坚韧、遇水不耗、严寒不冻、易于清洗的特点，深受历代文人喜爱。此砚为歙石制成，上面密布细罗纹，砚堂内嵌有色泽莹润的椭圆形石片，能活动，便于清洗，砚首刻新月形水池。

□ **鎏金兽形铜盒石砚　汉代　南京博物院藏**

　　此砚造型奇特，采用了鎏金、镶嵌等精湛技艺。铜制盒盖与盒身以子母扣相合，呈怪兽状；鎏金兽体镶嵌珊瑚、青金石、绿松石等，难度极高，代表了汉代工艺的最高水平。

〔4〕沈弃：沉沦弃置，指隐退不仕。

〔5〕峡隅：山角。

〔6〕采顾：眷顾。

〔7〕䂵：磨物。

〔8〕不日不月：没多久。

〔9〕方员：同"方圆"。

〔10〕研核：研究考核。

〔11〕相须：同"相需"。

〔12〕石碏：公孙碏，字石，又称石碏。春秋时卫国贤臣，是"大义灭亲"典故的主角。

〔13〕颛帝：颛顼，上古帝王。

〔14〕苗裔：后裔。

〔15〕八音：乐器的通称。

〔16〕发硎：指刀刚从磨刀石上磨出来。

卷二 砚谱

◎ 文房用具之文具匣

文具匣最初是古代文房中用以盛放杂具的盒子，后逐渐演变成用以装饰书房所必不可少的杂具。它的内部空间一般很大，可放笔、墨、纸、砚、镇纸、水洗、砚滴等常见的文房用具。此文具匣装饰精美，内部容积大，在众多的文具匣中实属精品。

质地
此文具匣为木质，内盛器物大多选用名贵的玉石、玛瑙、水晶雕琢而成，还有一些是由蜜蜡、金星玻璃等稀有的材料制成的。这些器物大多是清代乾隆时制作的，也有清宫所收藏的宋元时期遗物，不仅制作精良，且造型别致。

装饰
此文具匣通体描金漆，在匣体的周边饰以扇形纹，颇具皇家富贵之气。

保存
此文具匣表面涂有金漆，因此保存时要谨慎，既要避免器物表面的漆层脱落，又要注意将其置于适宜的环境之中，避免过干或者过湿的环境对文具匣造成破坏。

器形
此文具匣分为上、下两层，是常见的结构，内部藏有四十一件精美的文房用具，有水丞、镇纸、清人临写的书法小卷，也有对数表、金属刀具、齐戒牌以及瓶、璧等并不多见的文房杂具。

描金漆多宝匣　清代

卷三·纸谱

本卷自简策开始，叙述"蔡伦造纸"后，纸大行于世的流变，逐一介绍历代名纸、造纸工序、纸之杂说、纸之赞歌。此卷从一个独特的角度全面阐述纸的产生、流变及制造过程，资料弥足珍贵，曾被视为全世界第一本论述造纸的专章。

纸之叙事

【原文】《周礼》[1]有史官掌[2]邦国，大事书于策[3]，小事简牍[4]而已。而古又用札[5]。《释名》云："札者，栉[6]也，如栉之比编[7]之也，亦策之类也。"汉兴，已有幡纸[8]代简，而未通用。至和帝[9]时，蔡伦[10]字敬仲，用树皮及敝布鱼网以为纸，奏上，帝善其能[11]。自是，天下咸谓之"蔡侯纸"。

左伯[12]，字子邑，汉末益能为之[13]。故萧子良[14]《答王僧虔书》云："子邑之纸，妍妙辉光[15]；仲将[16]之墨，一点如漆。"

【注释】[1]《周礼》：儒家经典，十三经之一，传为周公旦所作，实际成书时间约为战国时期。

[2]掌：治理。

[3]策：古代称编连好的竹简。

[4]简牍：古代用来写字的竹板，为未编成册之称。

[5]札：古时用来写字的小木片。

[6]栉：梳篦的总称。

[7]比编：并列排在一起。比，靠近。

[8]幡纸：指古代裁剪成一定规格，用来写字的绢帛。

[9]和帝：刘肇（79—106年），东汉第四位皇帝，在位时期，东汉国力达到极盛，时人称之为"永元之隆"。

[10]蔡伦（？—121年）：字敬仲，桂阳郡（今湖南省耒阳市）人，汉明帝永平末年入宫为宦官。经蔡伦改进的造纸术，被列为中国古代"四大发明"之一。

[11]善其能：赞赏他的才能。

[12]左伯：字子邑，东莱掖县（今山东省莱州市）人，工书，"左伯纸"的创造者。

[13]益能为之：指其造纸的技艺更精到了。益，更加。

[14]萧子良（460—494年）：字云英，东海郡兰陵县（今山东省临沂市）人，南朝齐宗室大臣。

[15]妍妙辉光：美好而有光彩。

〔16〕仲将：韦诞，字仲将。

【译文】《周礼》说有史官治理邦国，大事记在连编的竹简上，小事记在竹片上。古代还用小木片。《释名》说："札，就是栉，像梳齿那样靠近排列，像连编的竹简一类的东西。"汉朝建立后，已用锦帛代替竹简，但没有普及。汉和帝刘肇时，蔡伦（字敬仲）用树皮、破布、渔网为材料做成纸。皇上知道此事后，肯定了他的才能。自此以后，天下都将蔡伦造的这种纸称为"蔡侯纸"。

左伯，字子邑，到东汉末年时他又把造纸技术改进得更精到了。所以萧子良《答王僧虔书》中说："子邑制造的纸，美妙明亮；仲将的墨，点上去就像漆一样浓黑。"

【原文】《说文》云："纸者，絮一苫[1]也。从糸，氏声。"盖古人书于帛，故裁其边幅，如絮之一苫也。

【注释】〔1〕苫：用茅草编成的覆盖物。

【译文】《说文》说："纸，就是用絮状物制成的苫。从糸，氏声。"可能古人在帛上书写，要先裁剪帛的边幅，帛看起来就像絮编的苫。

【原文】《真诰》云：一条[1]有杨掾，掾名曦。书两本，一黄笺[2]，一碧笺。

【注释】〔1〕一条：一条山镇，位于今甘肃省白银市景泰县中部。
〔2〕笺：小幅华贵的纸张。

【译文】《真诰》说："一条山镇的杨掾，名曦。他写了两本书，一本写在黄笺纸上，一本写在青绿笺纸上。"

【原文】魏韦诞云：蔡邕非纨素[1]不妄下笔。
张芝善书，寸纸不遗[2]，有绢必先书后练[3]。

◎ 选纸标准

纸张的选择十分重要，一般从质地、色彩和光滑度这三个方面来选择。这三个方面也是选纸最基本的标准。

手卷前部的引首纸，出现于明代早期。下图为明代装裱于北宋书法家黄庭坚"磐石篇"手卷上的引首纸。纸上用白描法画两神仙，神态优雅洒脱，周边装饰蟠螭边框。明代文人多好飞仙题材，因为这种清雅、脱俗的生活情趣，恰能表达文人淡泊、宁静的精神气节。此纸为清宫收藏。

质地

质地是选纸的重要因素。好纸应质地柔韧厚密。次纸则纤维排列不均，既伤笔，也影响书写效果，且不易于保存。

光滑度

纸的表面有光滑和粗糙之分：粗糙纸凹凸不平，不易书写；光滑固然容易行笔，但若过滑则笔轻拂而过，运笔时，笔像马行走在冰上，同样不适宜书写。因此，选择纸张一定要选光滑度适中的。

色彩

纸的色彩应该洁白，洁白度越高，说明造纸工艺越细致。因纸放久后会变黄，影响其美观，故纸洁白一些可延长其保存期的美观度。

宣纸　清代

宣纸耐搓折，色泽白雅，质地绵韧，纹理纯净，光而不滑，有"纸中之王，千年寿纸"之称。

长丝绢　明代

由生丝织成，没有花纹的平纹织物，有生绢、熟绢之分。由于生丝的粗细、经纬密度之不同，所织就的丝绢在厚薄、软挺方面也有差别。

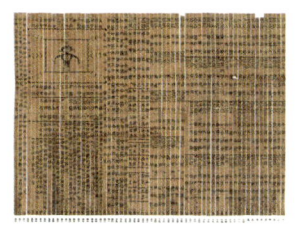

竹简　战国

该竹简出土于湖北，其制成年代大约在白起伐楚（前278年）之前。现藏于清华大学，被称为"清华简"。

【注释】〔1〕纨素：精致洁白的细绢。

〔2〕遗：丢弃。

〔3〕练：这里指将写过字的绢再漂白，反复使用。练，使柔软洁白。

【译文】魏时的韦诞说：蔡邕没有美妙明亮的丝帛不轻易下笔。

张芝擅长书法，一小寸纸也不会丢弃，自己有绢布，也必定先写字再漂染。

【原文】桓玄[1]诏平准[2]作桃花笺[3]纸及缥[4]绿青赤者，盖今蜀笺[5]之制也。

【注释】〔1〕桓玄（369—404年）：字敬道，一名灵宝，谯国龙亢县（今安徽省蚌埠市怀远县）人，东晋权臣，桓楚开国皇帝。

〔2〕平准：古代官府平抑物价的措施。

〔3〕桃花笺：又称薛涛笺，是由唐女诗人薛涛首创的一种小幅桃花色纸笺。

〔4〕缥：淡青色。

〔5〕蜀笺：产于蜀地的精美纸笺。

【译文】桓玄下诏，让负责平抑物价的官员安排人员制作桃花笺纸，以及缥、绿、青、赤色的纸，大概就是现在蜀笺的制法。

【原文】《真诰》云：三君[1]多书荆州白笺纸，岁月积久，首尾零落[2]，或兼缺烂。前人糊揭[3]，不能悉相连补。

《释名》曰：纸者，砥也。谓平滑如砥也。

幡纸，古者以缣帛[4]，依书长短随事截之，以代竹简也。

【注释】〔1〕三君：指东晋道士杨羲、许谧、许翙。杨羲（330—386年），字羲和，东晋时吴人，后居丹阳句容，少好学，工书画，自幼有通灵之鉴，与许迈、许谧有神明之交。许谧（305—367年），一名穆，字思玄，东晋时丹阳句容人，年少知名，博学有才章。许翙（341—370年），小名玉斧，字道翔，鄙视世务，勤修道经。

〔2〕首尾零落：首尾不相接，这里指书页错乱不能前后衔接。

〔3〕糊搨：粘连。搨，同"拓"。

〔4〕缣帛：一种细而薄的丝织品。在没有发明纸以前，常被用来书写文字。

【译文】《真诰》说：道教杨羲、许谧、许翙三位仙君多用荆州产的白笺纸书写，年深日久，有的书页会首尾脱落，有的则页面缺烂。前人动手裱糊，也不能都连补完全。

《释名》说：纸，就是砥。是说纸质地细腻平滑，就像砥。

幡纸，古代用绢帛书写，依文书的长短裁剪成一定的大小规格，以取代竹简。

【原文】服虔[1]《通俗文》[2]曰："方絮[3]曰纸，字从糸、氏，无氏下从巾者。"

【注释】〔1〕服虔：生卒年不详，初名重，又名祇，后改为虔，字子慎，河南荥阳人，有雅才，东汉经学家，著有《春秋左氏传解》。

〔2〕《通俗文》：我国首部俗语辞书，成书于东汉。

〔3〕方絮：絮纸；纸。

【译文】服虔《通俗文》说："絮纸称为纸，字从糸氏，没有氏下从巾的写法。"

【原文】又桓玄令曰：古无纸，故用简，非主[1]于恭。今诸用简者[2]，宜以黄纸代之。

【注释】〔1〕主：注重。

〔2〕诸用简者：凡是可以用简的地方。

【译文】另外，桓玄下令说：古代没有纸，所以才用竹、木简，并不是出于恭肃。现在各种用到简的地方，都可以用黄纸代替。

□ 云母笺　清代　安徽博物院藏

曹鉴冰《翎毛花卉图册》用纸，共二十二页。此纸手感较好，纸面很光滑，纸色与珍珠表层相似。此纸掺入了较多成分的贝粉，且涂刷的次数较多，有一定厚度，最适宜于细致的工笔画，不渗墨，且笔端润泽干净。

【原文】虞预[1]表[2]云：秘府[3]有布纸[4]三万余枚，不任[5]写御书[6]。乞四百枚付著作吏[7]，写起居注[8]。

【注释】〔1〕虞预（约285—340年）：本名虞茂，字叔宁，会稽余姚（今浙江省余姚市）人，东晋著名历史学家。

〔2〕表：名词动用，上表。

〔3〕秘府：古代称禁中藏图书秘记之所。

〔4〕布纸：幡纸，用缣帛制成。

〔5〕任：胜任。

〔6〕御书：皇帝书写。

〔7〕著作吏：古代记事之官吏，即史官，分记录类和编纂类两者。前者随侍皇帝左右，记录皇帝的言行与政务得失，后者专门编纂前代王朝的历史。

〔8〕起居注：皇帝的言行录。

【译文】虞预上表说：秘府有布纸三万多张，不适合写御书。请拨四百张交给著作吏，用来写起居注。

【原文】广义将军岷山公[1]以黄纸上表于慕容俊[2]，俊曰："吾名号[3]未异于前，何宜便[4]尔？"让[5]，令以白纸称"疏"[6]。

【注释】〔1〕广义将军岷山公：生平事迹不详。

〔2〕慕容俊（319—360年）：字宣英，鲜卑名贺赖跋，昌黎棘城（今辽宁省锦州市义县）人，十六国时期前燕皇帝景昭帝。

〔3〕名号：此名号应指其燕王名号。

〔4〕何宜便：如何自处。

〔5〕让：谦让。

〔6〕疏："疏"对应于前文中的"表"。用黄纸写"表"，专用于皇帝；用白纸写"疏"，可用于太子、王。

【译文】广义将军岷山公用黄纸上表慕容俊，慕容俊说："我的名号与以前没什么不同，你这么做让我何以自处？"真的谦让，所以要岷山公用白纸上书陈述。

【原文】古有藤角纸[1]。范宁[2]教云："土纸[3]不可作文书[4]。"皆令用藤角纸。

【注释】〔1〕藤角纸：古时用藤皮造的纸，产于浙江剡溪、余杭等地。

〔2〕范宁（约339—约401年）：一作范甯，字武子，南阳顺阳（今河南省南阳市淅川县）人，东晋著名儒学家、经学家。

〔3〕土纸：古时的一种粗纸。
〔4〕文书：各种文件的统称，这里应指正式文件。

【译文】古代有用藤皮造的藤角纸。范宁告诫说："土纸不可以用来写文书。"都令用藤皮造的纸。

【原文】古谓纸为幡，亦谓之幅，盖取缯帛[1]之义也。自隋唐已降，乃谓之枚。

【注释】〔1〕缯帛：丝绸统称。

【译文】古代称纸为"幡"，也叫它"幅"，大概是从缯帛每幅有一定的规格借用来的。隋唐以后，才称它为"枚"。

【原文】魏武令曰：自今诸掾属[1]、侍中[2]、别驾[3]，常于月朔[4]各进得失，给纸函各一。

【注释】〔1〕掾属：属官统称。
〔2〕侍中：古代官名，秦始置，是列侯以下至郎中的加官，员额不定，以其往来东厢奏事，故称之为"侍中"。
〔3〕别驾：亦称"别驾从事"，简称"别驾"。汉始置，为州刺史的佐官。
〔4〕月朔：每月的朔日，指旧历初一。

【译文】魏武帝下令说：从今以后，各官府属官、侍中、别驾，要在每月初一各自上书陈述其得失，给纸和匣子各一份。

【原文】张华造《博物志》成，晋武帝赐侧理纸[1]万番，南越所贡。汉人言陟厘[2]与侧理相乱，盖南人以海苔为纸，其理纵横邪侧，因以为名。

【注释】〔1〕侧理纸：纸名，亦省称"侧理"，即苔纸。
〔2〕陟厘（zhì lí）：一种蕨类植物。

【译文】张华写成《博物志》后,晋武帝赐给他一万张侧理纸,是南越进贡的。汉人发音,分不清陟釐纸和侧理纸,大概因为南越人用海苔造纸,纸的纹理纵横侧斜,所以有这样的名称。

【原文】《东观汉记》[1]曰:和熹邓后[2]临朝,方国贡献[3]悉令禁绝,岁时[4]但供纸墨而已。

【注释】〔1〕《东观汉记》:记录东汉光武帝至灵帝一百余年历史的纪传体断代史巨著,由班固、刘珍、蔡邕、杨彪等人编撰。
〔2〕和熹邓后:邓绥皇后。东汉时皇后的谥号由两个字组成,第一个字是皇帝的谥号,第二字则是皇后本人的谥号。于此,《后汉书》有注:"不刚不柔曰和,有功安人曰熹。"
〔3〕方国贡献:四方诸侯国进贡。
〔4〕岁时:每年一定的季节或时间。

【译文】《东观汉记》说:东汉和熹邓皇后临朝理政,下令禁绝各地进贡,每年只定时向各部门提供纸墨就可以了。

【原文】李阳冰云:纸常宜深藏箧笥[1],勿令风日所侵。若久露埃尘,则枯燥难用矣。攻书者[2]宜谨之。

【注释】〔1〕箧笥:藏物的竹器,古代主要用于收藏文书或衣物。
〔2〕攻书者:致力于书法的人。

【译文】李阳冰说:平常应当将纸放在竹箱里,不要风吹日晒。若长久暴露在尘土飞扬的地方,会变得枯燥没法用。致力于书法的人应认真对待它。

【原文】《墨薮》[1]云:纸取东阳鱼卵虚柔滑净者[2]。

【注释】〔1〕《墨薮》:考诸文献,原书疑有误,此条实出自《笔阵图》。

〔2〕东阳鱼卵虚柔滑净者：东阳鱼卵，即鱼卵纸，又称"鱼子纸"，产于东阳，因其纹理似鱼卵而得名。鱼卵纸柔软光滑，纸张薄，纸面洁净，所制信笺称"鱼笺"或"鱼子笺"。

【译文】《墨薮》说：纸应选取东阳鱼卵纸中柔软洁净的。

【原文】《三辅决录》[1]曰：韦诞奏：蔡邕自矜能书[2]，兼明斯喜[3]之法，非得纨素，不妄下笔。工欲善其事，必先利其器[4]。用张芝笔、左伯[5]纸及臣墨，皆古法。兼此三具，又得臣手，然后可尽径丈之势，方寸之言[6]。

【注释】〔1〕《三辅决录》：东汉·赵岐所撰的原书已佚，今有清人辑本。
〔2〕自矜能书：以擅长书法自夸。
〔3〕斯喜：指秦代李斯和汉代曹喜。
〔4〕工欲善其事，必先利其器：工匠想做好他的工作，必先让他的工具锋利起来。
〔5〕左伯：字子邑，东汉书法家，善八分书，能造纸。
〔6〕径丈之势，方寸之言：谓写出一丈大字和方寸小字。《晋书》卷三十六《卫恒传》："上谷王次仲始作楷法。至灵帝好书，时多能者，而师宜官为最。大则一字径丈，小则方寸千言，甚矜其能。"

【译文】《三辅决录》说：韦诞上奏：蔡邕自信自己书法好，还通晓李斯、曹喜的手法，没有精致洁白的细绢，他不轻易下笔。工欲善其事，必先利其器。用张芝的笔、左伯的纸及我制的墨，这都是按古代的方法制成的。有这三样，用我的手，我可以写出一丈大字和方寸小字。

【原文】《晋书》：为诏以青纸、紫泥[1]。

【注释】〔1〕青纸、紫泥：晋制，皇帝诏书用青纸、紫泥，后以"青纸"借指诏书。紫泥，即紫色封泥。

□ 描银云龙黄素笺　清代　安徽博物院藏

秦淦《小楷书册》扉页。此纸是选取经过加工制熟的矾宣——鹅黄素笺一方，用胶汁混合泥银粉末，用笔手绘云龙图案。经过拖胶矾、染色、描绘等各道工序制作而成。此纸色呈鹅黄，色调非常优雅。

【译文】《晋书》说：写诏书要用青纸，用紫泥封印。

【原文】贞观中，始用黄纸写敕制[1]。

【注释】[1]敕制：皇帝的诏令。

【译文】贞观年间，开始用黄纸写诏令。

【原文】高宗[1]上元二年[2]诏曰：诏敕[3]施行，既为永式[4]，比[5]用白纸，多有虫蠹[6]。宜令今后尚书省[7]颁下诸司[8]诸州县，宜并用黄纸。

【注释】[1]高宗：指唐高宗李治（628—683年）。
[2]上元二年：据《通典·尚书上》（卷二十二），此处应为"上元三年"。

〔3〕诏敕：皇帝下令。

〔4〕永式：这里指固定的格式。

〔5〕比：皆，都。

〔6〕蠹：蛀蚀。

〔7〕尚书省：自魏晋至宋的中央最高政令机构。

〔8〕诸司：众官署。

【译文】高宗上元二年（675 年）下诏说：诏令施行的，即为固定要求。现在都用的白纸，常遭虫蛀。下令今后尚书省向下属各司、各州县颁发的政令和所行文书，全都用黄纸。

【原文】欧阳通，纸必坚洁白滑〔1〕者方书之。

【注释】〔1〕坚洁白滑：对高级纸张的描述。

【译文】欧阳通，必定要坚挺、洁白、滋润的纸才下笔书写。

【原文】陶侃献晋帝〔1〕笺纸三千枚，极妙，并墨。

【注释】〔1〕晋帝：晋元帝司马睿（276—323年），字景文，河内郡温县（今河南省焦作市温县）人，东晋开国皇帝。

【译文】陶侃向晋元帝进献笺纸三千张，非常精妙，还有墨丸。

【原文】《东宫旧事》：皇太子初拜〔1〕，给赤纸、缥红麻纸〔2〕、敕纸〔3〕，各一百张。

【注释】〔1〕初拜：册立。

〔2〕缥红麻纸：指青色、红色的麻纸。

〔3〕敕纸：写诏书的纸。

【译文】《东宫旧事》：皇太子册立时，要给他红纸、青色麻纸、红色麻纸和敕纸各一百张。

□ 勾银填金蝙蝠祥云黄素笺
清代　安徽博物院藏

陈孚恩《楷书七言联》用纸。纸面上有祥云浮现，成对蝙蝠穿行其间。蝙蝠在古代也是吉祥图案，寓意"福如东海，好事成双"。此纸是用优质熟宣先制成鹅黄素笺，再用笔蘸泥银勾画图案的大致轮廓，后饱揿金粉填染局部，使其更显富丽堂皇。

【原文】雷孔璋[1]曾孙穆之，犹有张华[2]与其祖书，所书乃桑根纸[3]也。

【注释】[1]雷孔璋：雷焕，字孔章，东晋人，曾任丰城县令。
[2]张华：《博物志》作者。
[3]桑根纸：用桑树根皮为原料制成的纸，质地坚韧，耐用。

【译文】雷孔璋的曾孙雷穆之，还留有张华写给他曾祖父的书信，信是写在桑根纸上的。

【原文】王右军[1]为会稽[2]，谢公[3]就乞笺、笔，库内有

□ **描银勾墨云龙朱砂笺**
　清代　安微博物院藏

金长溥《楷书十言联》用纸。此纸制法如下：取朱砂研成粉末，反复涂抹于胶矾纸上，再用泥金银描绘祥云、腾龙等吉祥图案，最后蘸染淡墨勾勒。整体图案颜色绚丽而不失凝重，格调高雅且深邃。

九万枚，悉与之。桓宣武[4]云："逸少不节[5]。"

【注释】[1]王右军：王羲之。

[2]为会稽：这里指担任会稽内史。王羲之担任会稽内史时，领右将军，人称"王右军""王会稽"。

[3]谢公：谢安（320—385年），字安石，东晋名士、政治家。

[4]桓宣武：桓温（312—373年），字元子，谯国龙亢（今安徽省怀远市）人，东晋政治家、军事家，其子桓玄称帝后，尊他为"宣武皇帝"。

[5]不节：不受拘束。

【译文】王羲之做会稽内史时，谢公到他那里要笺纸和笔，府库内所藏有九万枚，王羲之全给了他。桓宣武说："王羲之目无法度。"

【原文】《抱朴子》[1]曰：洪[2]家贫，伐薪卖之，以给纸笔，故不得早涉艺文[3]。常乏纸，每所写皆反覆[4]有字，人少能读。

【注释】[1]《抱朴子》：东晋·葛洪撰，道教典籍。"抱朴"是道教术语，源于《老子》："见素抱朴，少私寡欲。"
[2]洪：葛洪（283—363年），字稚川，自号抱朴子，丹阳郡句容（今江苏省句容市）人，世称"小仙翁"。著有《抱朴子》《玉函方》等。
[3]艺文：指各种典籍、图书。
[4]反覆：这里指正反两面。

【译文】《抱朴子》说：葛洪家穷，要砍柴卖了买纸笔，所以无法在早年习文练字。因为经常缺纸，所以每一张纸正反两面都写了字，很少人能辨认。

【原文】《御史故事》[1]云：按弹[2]奏，白简[3]为重，黄纸为轻。今一例[4]白纸，无甚差降[5]矣。

【注释】[1]《御史故事》：《御史台故事》，唐·李构撰。
[2]按弹：按察纠弹。
[3]白简：白色纸。后专指弹劾官员的奏章。
[4]一例：一律。
[5]差降：按等第递降。

【译文】《御史故事》说：考察、弹劾官员的奏章，用白纸，表明事项重大；用黄纸，表明事情要轻一些。现在一律用白纸，就没有什么差别了。

【原文】古弹文[1]白纸为重，黄纸为轻。故《弹王源表》[2]云："源官品[3]应黄纸，臣辄奉白简以闻矣。"

【注释】〔1〕弹文：文体名。弹劾官员过错的奏疏。

〔2〕《弹王源表》：《奏弹王源》，南齐·沈约撰。

〔3〕官品：官职品第。

【译文】古代弹劾官员的文书，用白纸表明事情重大，用黄纸，表明事情轻微。所以《弹王源表》说："按王源的官位品级应该用黄纸，但臣下应当以白纸向陛下呈文。"

【原文】《国史补》[1]曰：纸之妙者，则越之剡藤[2]、苔笺[3]，蜀之麻面[4]、屑骨、金花、长麻、鱼子[5]、十色笺[6]，扬之六合笺，蒲州[7]白薄、重抄[8]，临川滑薄。

【注释】〔1〕《国史补》：又称《唐国史补》，是记载唐朝开元至长庆年间的杂史著作，唐·李肇撰。

〔2〕剡藤：剡溪出产的藤可造纸，负有盛名。

〔3〕苔笺：以苔纸制成的笺纸。

〔4〕麻面：以黄麻、布头、破履为主原料生产的强韧纸张。

〔5〕鱼子：鱼卵纸。

〔6〕十色笺：唐代名纸，传为蜀人谢公创制，故又称"谢公笺"，分深红、粉红、杏红、明黄、深青、浅青、深绿、浅绿、铜绿、浅云十色。

〔7〕蒲州：今山西永济。

〔8〕重抄：一种写经纸。

【译文】《国史补》说：好纸，有越州的剡藤、苔笺，蜀地的麻面、屑骨、金花、长麻、鱼子、十色笺，扬州的六合笺，蒲州的白薄、重抄，临川的滑薄。

【原文】唐韦陟[1]书名[2]如五朵云，每以彩笺为缄题[3]，时人讥其奢纵[4]。

【注释】〔1〕韦陟（697—761年）：字殷卿，京兆杜陵（今陕西省西安市）人，唐朝时期大臣、文学家，左仆射韦安石之子。

〔2〕书名：署名。

〔3〕缄题：信函的封题，也指书信。

〔4〕奢纵：奢侈骄纵。

【译文】唐时韦陟的署名写得像五朵云，每次都用彩笺写书信，当时的人讥讽他奢侈骄纵。

【原文】《抱朴子》曰：吴之杪季[1]，有不知五经[2]之名而飨[3]儒官[4]之禄；不娴[5]尺纸[6]之寒暄[7]而坐著作之地[8]；笔不狂简[9]而受驳议[10]之劳。

【注释】〔1〕杪季：犹言末代。

〔2〕五经：《周易》《尚书》《诗经》《礼记》《春秋》等五部儒经。

〔3〕飨：同"享"。

〔4〕儒官：掌管学务的官员或官学教师。

〔5〕不娴：不精通。

〔6〕尺纸：书信。

〔7〕寒暄：这里指信件往来中彼此嘘寒问暖。

〔8〕著作之地：秘书省的主官称秘书监，领国史、著作二局。

〔9〕狂简：志向高远而处世疏阔。

〔10〕驳议：古时臣属向皇帝上书的名称之一，就他人所论而予以辩驳。

【译文】《抱朴子》说：吴国到了末代时，有人不知道五经，却享受儒官的俸禄；有人连嘘寒问暖的信函都写不好，却坐在著作局里；有人并不关注世事，却享有驳议他人的职责。

【原文】干宝[1]表曰："臣前聊欲[2]撰记古今怪异非常之事，会聚散逸[3]，使自一贯[4]。博访[5]知古者，片纸残行，事事各异。又乏纸笔，或书故纸[6]。"诏答云："今赐纸二百枚。"

【注释】〔1〕干宝（？—336年）：字令升，汝南郡新蔡县（今河南省驻马店市新蔡县）人，东晋文学家、史学家。著有《晋纪》《搜神记》，被称作"中国志怪小说的鼻祖"。

〔2〕聊欲：姑且想要。

〔3〕会聚散逸：将散佚的资料汇编在一起。

〔4〕一贯：连贯。

〔5〕博访：广泛访求。

〔6〕故纸：旧纸。

【译文】干宝上表说："我之前想要撰记古今异乎寻常的怪异事，将散佚的故事收集在一起，使其前后连贯。我遍访熟悉过往故事的人，发现他们所记只言片语，而且事情也各不相同。又因为缺乏纸张，所以只得写在旧纸上。"皇帝看了干宝的上表，下诏说："现在赐你二百枚纸。"

【原文】晋令[1]，诸作纸[2]：大纸一尺三分，长一尺八分，听参作广一尺四寸；小纸广九寸五分，长一尺四寸。

【注释】〔1〕晋令：晋代颁行的律令。

〔2〕诸作纸：各造纸单位。

【译文】晋代的法律规定，各种纸张的造纸规格为：大纸宽一尺三分，长一尺八分；宽一尺四寸也可以。辅助用纸宽九寸五分，长一尺四寸。

【原文】石虎[1]诏曰：先帝君临天下，黄纸再定[2]。至于选举，于铨用[3]为允，可依晋氏九班[4]为准格[5]。

【注释】〔1〕石虎（295—349年）：字季龙，上党郡武乡县（今山西省晋中市榆社县）人，羯族，十六国时期后赵第三位皇帝。

〔2〕黄纸再定：再次规定皇帝诏书用黄纸。

〔3〕铨用：选拔任用。

〔4〕晋氏九班：晋朝时考核官吏的一种制度。《晋书·刘颂传》："久之，转吏部尚书，建九班之制，欲令百官居职希迁，考课能否，明其赏罚。"

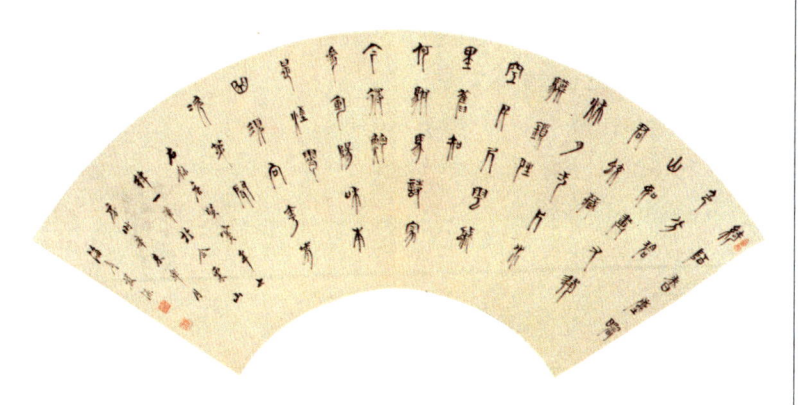

□ 云母扇面笺　清代　安徽博物院藏

严源《小篆折扇面》用纸为云母扇面笺。这种纸是明代发明的特殊加工宣，纸性极熟，宜用于工笔绘画和楷、隶、篆字的书写。因取材而得名。其制法复杂，成品的纸面甚至有浮光炫目。传世的云母纸制品中，根据质地不同可分为加贝云母纸和薄粉云母纸，形制多小品，如册页或扇面等。

〔5〕准格：犹言标准，规格。

【译文】石虎下诏说：先帝君临天下后，再次规定诏书用黄纸。至于推举选拔官员，全在才能大小，可按晋代九个等级制度为标准执行。

【原文】《京邦记》[1]：东宫臣[2]上疏用白纸，太子答用青纸。

【注释】〔1〕《京邦记》：南北朝时期的建康（今江苏省南京市）志书，南朝梁·陶季直撰。

〔2〕东宫臣：太子属臣。东宫，太子住的地方，故借以指太子。

【译文】《京邦记》：太子的臣属上疏用白纸，太子答复用青纸。

【原文】崔瑗[1]《与葛元甫书》：令送《许子》[2]十卷。贫不及素[3]，但以纸耳。

【注释】〔1〕崔瑗（77—142年）：字子玉，涿郡安平（今河北省衡水市安平县）人，东汉著名书法家，尤善草书。

〔2〕《许子》：不详。

〔3〕贫不及素：因家贫，不能用绢素书写。

【译文】崔瑗《与葛元甫书》：今天送你《许子》10卷。因为穷，没法用绢素抄写，只能用纸。

【原文】徐邈[1]《与王珉[2]书》：东宫臣既黄纸奉表于天朝[3]，则宜白纸上疏于储宫[4]。或说白纸称表，吾谓无此体[5]。

【注释】〔1〕徐邈（172—249年）：字景山，燕国蓟县（今北京市）人，三国时期曹魏重臣。

〔2〕王珉（351—388年）：字季琰，小字僧弥，东晋书法家，尤擅行书。

〔3〕天朝：臣属称本朝的朝廷。

〔4〕储宫：借指太子。

〔5〕体：礼数。

【译文】徐邈《与王珉书》：太子的臣属既然用黄纸上表于朝廷，就应该用白纸上疏于太子。有人说，用白纸的称为表，我不认为有这个礼数。

【原文】山简[1]表：臣父故侍中、司徒涛[2]，奉[3]先帝手笔青纸诏。

【注释】〔1〕山简（253—312年）：字季伦，河内怀县（今河南省焦作市武陟县）人，西晋时期名士，山涛第五子。

〔2〕侍中、司徒涛：侍中、司徒为官名，山简之父山涛生前历任侍中、司徒。

〔3〕奉：恭敬地接受。

【译文】山简上表：我的父亲，已故侍中、司徒山涛，曾敬受先帝亲笔写在青纸上的诏书。

文房四谱

◎ 文房用具之臂搁

臂搁，又作"臂阁""腕枕"，是书写时支撑手肘的用具。古代人是以从右至左的特殊方式书写，书写工具为毛笔。当书写至左侧时，为防止手腕与未干的字迹相接触而损坏纸面，故用臂搁垫起。臂搁多以竹、木、象牙、玉及陶瓷等制成，一般为扁长条状，两侧底边稍向下卷，长尺余，宽约二寸，其下有足，平放时面凸起用于放手肘。臂搁面上须光滑，手肘搁于上才较舒服。作为文房用具的臂搁始于唐代，盛于明清。

赏玩

玉质的器具在赏玩之时，要避免用面油、发油或吃剩的猪油涂抹在玉上，因为这些油脂会阻碍古玉透出精光，不能使之温润。正确的方式应是，每隔一段时间就用热水或热茶洗涤，作退油保养，可使玉细润。此外，玉有"三怕"，即怕冰、怕火、怕姜水。古玉若长期接触冰，玉色就会变"死"；若常与火近，色浆即退；若与姜水接触，已有的色沁会黯然无光，如浸得太久，更会浑身起麻点。

收藏

收藏臂搁，应从以下两类着手：一类是材质贵重的臂搁。尽管臂搁中最为常见的是竹制品，但也有相当一部分由贵重材质如象牙、玉、瓷等制成。由于这些品种大多源自名门望族，甚至是宫廷，雕刻工艺水平相当高，且市场较为广，价值也高。另一类是明清两代竹刻名家的作品。竹子本身材质优良，易于雕刻，对刻制者绘画、书法功底和刀功的要求都很高，因此其价值也要远远高于无名雕刻家的作品。

形制

此臂搁随器形制成树状，十分独特。

碧玉灵竹仙鹤松椿臂搁　清代

材质

臂搁通体为碧玉制成，质地细腻，有蜡状光泽，十分光滑，配以木质底座，装饰性极强。

纹饰

臂搁正面浮雕松树、仙鹤，寓意吉祥如意；背面浮雕竹子和水仙，寓意高洁贤德。木质底座镂雕以竹、松枝与水仙，和臂搁纹饰相得益彰。

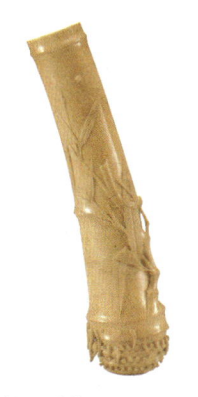

象牙雕竹虫臂搁　清代

象牙材制，雕成靠近竹根的竹节形状，形体上小下大，呈弯曲状，根部竹节较密且生出须叶。臂搁正面以浮雕手法刻一局部被虫蛀的竹枝，上面还伏有一只甲虫。臂搁内竹节中空并透雕昆虫，刻画栩栩如生。

铜十八罗汉臂搁　清代

铜制，臂搁正面刻有"般若波罗蜜多心经"，并以浮雕形式刻画一观音。臂搁内用失蜡法铸"十八罗汉渡海图"。臂搁的下部呈竹节状，人物、法器、坐骑等刻画精妙绝伦。

沉香木雕菊花臂搁　清代

以沉香木制成，长条形覆瓦状，弧形凸起较高，整体凸凹不平，宛如老树干，但手感光滑圆润，磨工极好。沉香木虽色泽深暗苍老，但此臂搁却极富韵味，雕刻刀法精细，器体变化自然。

竹雕一路连科臂搁　清代

仿竹形，弧形臂搁面上用留青技法刻莲花、芦苇等植物纹，并在荷叶上刻一神态自若的白鹭；臂搁取名"一路连科"，反映出古人对科举功名的神往。

金星玻璃书卷式山水图臂搁　清代

金星玻璃材质，此种玻璃在黄褐色玻璃体内有细密而发光的结晶，故而得名。此臂搁形制为书卷式。上面雕有山水图景，雕刻极其精细，层次分明，似一幅图画，臂搁整体的装饰有"开卷有益"的寓意。

瓷仿竹雕云蝠纹臂搁　清代

瓷制，器形仿制一小段扁竹，利用竹节分隔出三组云蝠纹，竹节上突起部分用堆珠方法塑成。竹雕肌理用深色丝条状的酱黄釉来表现。此臂搁制作精巧，造型和色泽都与竹极像，为文房用具中的精品。

纸之造

【原文】汉初已有幡纸[1]代简。成帝[2]时有赫蹄[3]书诏。应劭[4]曰:"赫蹄,薄小纸也。"至后汉和帝元兴[5]中,常侍[6]蔡伦锉[7]故布及鱼网树皮而作之弥工,如蒙恬已[8]前已有笔之谓也。又枣阳县南蔡伦宅,故彼土人多能作纸。又庾仲雍[9]《湘州记》云:"应阳县蔡子池南有石臼,云是蔡伦舂[10]纸臼也。"一云耒阳县。

【注释】〔1〕幡纸:一种用于书写的绢帛。

〔2〕成帝:汉成帝刘骜(前51—前7年),字太孙,又字俊,西汉第十二位皇帝(前33—前7年在位),喜文辞,宽博谨慎。

〔3〕赫蹄:亦作"赫蹏",古代称用以书写的小幅绢帛,后亦借指纸。

〔4〕应劭(约153—196年):字仲远,一作仲瑗,汝南郡南顿县(今河南省周口市项城市)人,东汉末年著名学者。

〔5〕元兴:东汉和帝刘肇的年号(105年4月—105年12月)。

〔6〕常侍:皇帝的侍从近臣。

〔7〕锉(cuò):锉。

〔8〕已:同"以"。

〔9〕庾仲雍:生卒年不详,前人多以为庾仲雍是刘宋或晋宋之际人,撰有《湘州记》《荆州记》。

〔10〕舂:把东西置于石臼捣碎。

【译文】汉初已经有绢帛代替竹简。成帝时有小幅绢帛写的诏书。应劭说:"赫蹄是一种薄而小的纸。"后汉和帝元兴年间,宦官蔡伦用锉切后的旧布、渔网、树皮造出了纸,像蒙恬造笔,造笔之前已有笔的说法是一样的。还有,枣阳县南有蔡伦的故宅,所以那里的人大多能造纸。还有,庾仲雍《湘州记》说:"应阳县蔡子池南有石臼,相传是蔡伦舂纸的石臼。"又有人说,那个石臼是在耒阳县内。

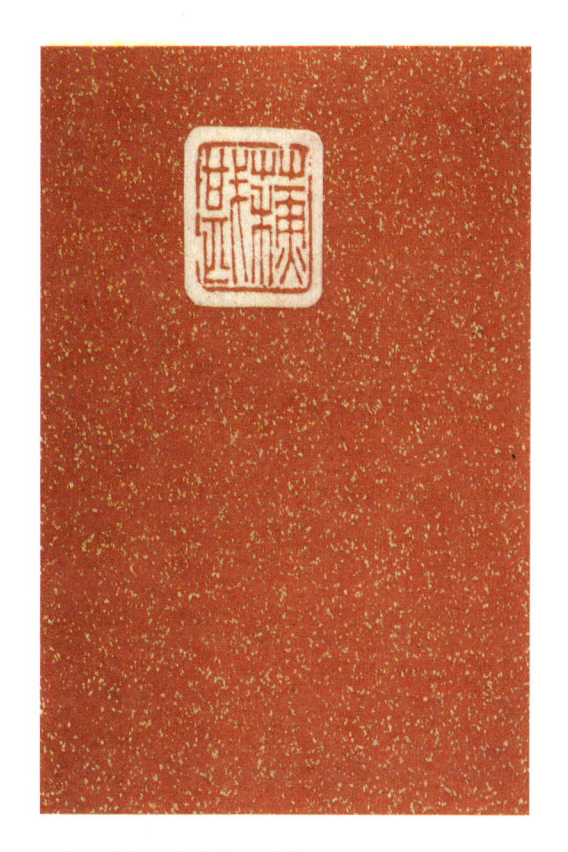

□ **橙红鱼子金笺　清代　安徽博物院藏**

郑孝胥《楷书八言联》用纸。此纸色彩明亮，质地匀称，虽搁置较久却依旧如新。此纸专供书写用，制作时要在熟制并染色的橙红笺上，不断重复涂撒金粉末，直至纸面出现霜粒。

【原文】黟、歙[1]间多良纸，有凝霜[2]、澄心[3]之号。复有长者，可五十尺为一幅。盖歙民数日理其楮[4]，然后于长船中以浸之，数十夫举抄[5]以抄之，傍[6]一夫以鼓而节[7]之，于是以大薰笼周而焙之[8]，不上于墙壁也。由是自首至尾，匀薄如一。

【注释】〔1〕黟歙：黟县、歙县。

〔2〕凝霜：凝霜纸，古代六朝纸名，又名"银光纸""凝光纸"，产于安徽的黟、歙两县。

〔3〕澄心：澄心堂纸，始制于南唐，南唐皇宫有一处藏书之所，名"澄心堂"，由此处精制出来的特殊用纸，即名"澄心堂纸"，是宫廷御纸，以肤卵

如膜、坚洁如玉、细薄光润著称。

〔4〕楮：指楮树皮。

〔5〕抄：指叉。

〔6〕傍：旁边。

〔7〕节：打拍子。

〔8〕周而焙之：上下烘烤。

【译文】黟县、歙县间多出产好纸，有凝霜、澄心的称号。更有长的，可达50尺一幅。歙县的百姓得用几天时间料理楮树皮，然后放在长船中浸泡，要数十壮汉同时举抄纸浆，旁边一壮汉击鼓打拍子。造出的湿纸，用大烘笼上下烘烤，不贴到墙上。这样造出的纸，从头到尾厚薄均匀。

【原文】蜀中多以麻为纸，有玉屑、屑骨之号。江浙间多以嫩竹为纸。北土以桑皮为纸。剡溪[1]以藤为纸。海人以苔为纸。浙人以麦茎、稻秆为之者脆薄焉，以麦槁、油藤为之者尤佳。

【注释】〔1〕剡溪：水名，浙江省绍兴市嵊州境内主要河流。

【译文】蜀中多用麻造纸，有"玉屑""屑骨"这样的称号。江浙一带多用嫩竹造纸。北方用桑皮造纸。剡溪沿岸的人用藤造纸。沿海一带的人用海苔造纸。浙江人用麦秆、稻秆造的纸又脆又薄，用麦槁、油藤造的最好。

【原文】汉末左伯，字子邑，又能为纸。故萧子良《答王僧虔书》云："子邑之纸，研妙辉光；仲将之墨，一点如漆；伯英[1]之笔，穷神尽思：妙物[2]远矣，邈不可追。"（仲将，韦诞字也。）

【注释】〔1〕伯英：张芝，善章草。

〔2〕妙物：这里指有特殊禀赋的人。

【译文】汉末的左伯，字子邑，也能造纸。所以萧子良《答王僧虔书》说："子邑造的纸，美妙明亮；仲将制的墨，一点如漆；伯英的笔，神思尽现。神妙莫测的人离我们很远，远得无法追赶。"（仲将，是韦诞的字。）

【原文】宋张永[1]自造纸墨。

【注释】[1]张永（410—475年）：字景云，吴郡吴县（今江苏省苏州市）人，南朝宋名将。

【译文】南朝宋时的张永自己制造纸墨。

【原文】蜀人造十色笺，凡十幅为一榻[1]。每幅之尾，必以竹夹夹之，和十色水逐榻以染。当染之际，弃置捶埋，堆盈左右，不胜其委顿[2]。逮干，则光彩相宜，不可名也。然逐幅于方版之上研[3]之，则隐起花木麟鸾，千状万态。又以细布，先以面浆胶令劲挺[4]隐出其文者，谓之鱼子笺，又谓之罗笺。今剡溪亦有焉。亦有作败面糊[5]，和以五色，以纸曳过令沾濡[6]，流离[7]可爱，谓之流沙笺。亦有煮皂荚子膏，并巴豆油傅[8]于水面，能点墨或丹青[9]于上，以姜揾[10]之则散，以狸须拂头垢引之则聚。然后画之为人物，研[11]之为云霞及鸳鸟翎羽之状，繁缛可爱。以纸布其上而受采焉，必须虚窗幽室，明棨[12]净水，澄神虑而制之，则臻其妙也。近有江表僧于内庭造而进之，御毫一洒，光彩焕发。

【注释】[1]榻：叠。
[2]委顿：疲乏，精神不振。
[3]研：用卵石或弧形的石块碾压或摩擦皮革、布匹、纸张等，使密实而光亮。
[4]劲挺：坚韧挺拔。
[5]败面糊：糨糊。
[6]沾濡：浸湿。

◎造纸原料

我国的造纸原料以植物纤维为主，一般分为针叶树或阔叶树木材、草类植物、韧皮纤维类、种毛纤维类、废纸纤维类。自东汉时蔡伦首次将树皮、麻头、破布、渔网等作为造纸原料，此后藤、竹、麻、树皮等就成为造纸的基础原料。

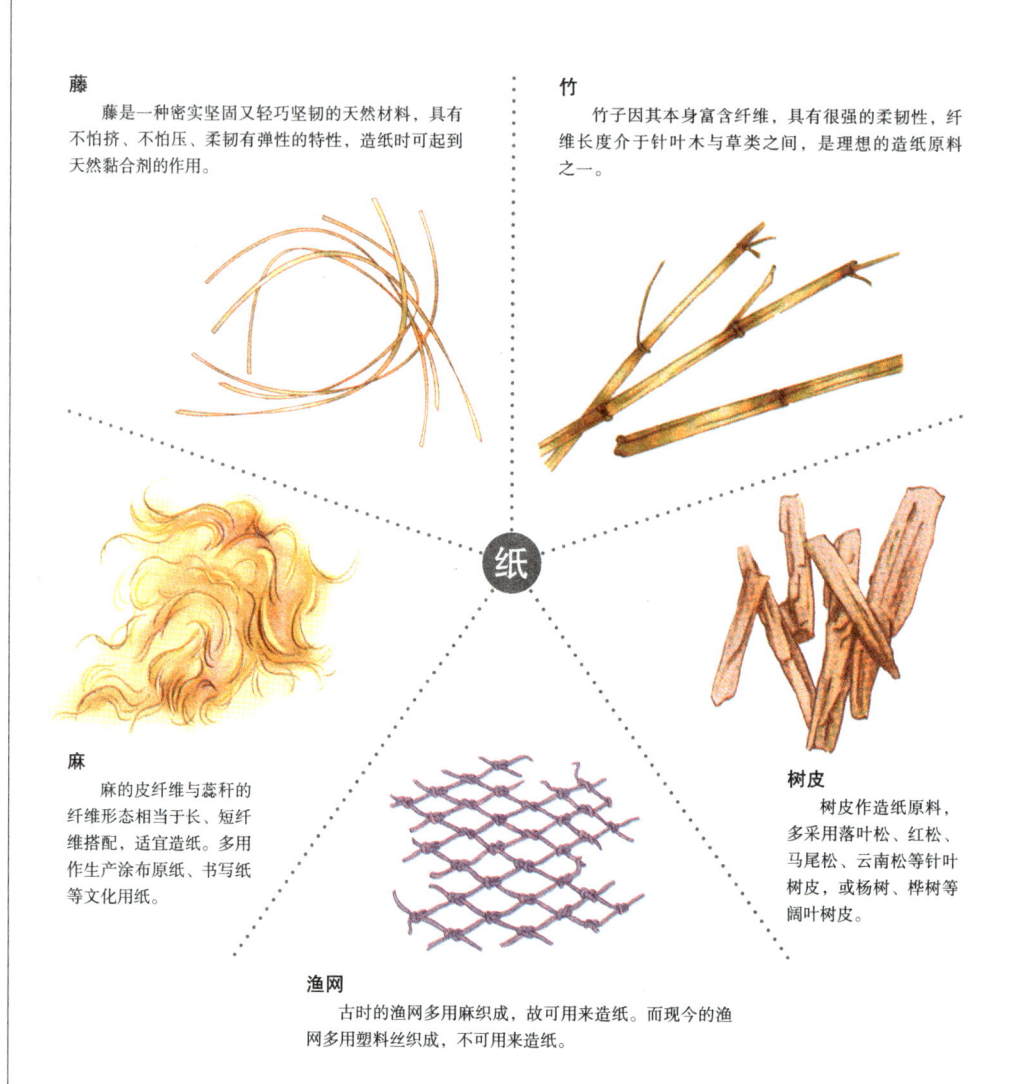

藤
藤是一种密实坚固又轻巧坚韧的天然材料，具有不怕挤、不怕压、柔韧有弹性的特性，造纸时可起到天然黏合剂的作用。

竹
竹子因其本身富含纤维，具有很强的柔韧性，纤维长度介于针叶木与草类之间，是理想的造纸原料之一。

麻
麻的皮纤维与蕊秆的纤维形态相当于长、短纤维搭配，适宜造纸。多用作生产涂布原纸、书写纸等文化用纸。

树皮
树皮作造纸原料，多采用落叶松、红松、马尾松、云南松等针叶树皮，或杨树、桦树等阔叶树皮。

渔网
古时的渔网多用麻织成，故可用来造纸。而现今的渔网多用塑料丝织成，不可用来造纸。

〔7〕流离：流光溢彩貌。

〔8〕傅：附着。

〔9〕丹青：代指绘画。丹，朱砂。青，石青。

〔10〕揾：把东西按进水里。

〔11〕砑：这里指把姜插入油脂，使其中颜料化开，形成特效。

〔12〕槃：同"盘"。

【译文】蜀人造十色笺，十幅为一榻。每张纸的纸尾，必定用竹夹夹住，再调十种颜色的水逐榻浸染。要染的时候，纸糊弃置捶埋，很不成样子。染好后晾干，则光彩映现，难以用言语形容。若逐幅放在刻有花纹的方版上砑印，则隐隐现出花木麟鸾的纹理，真是千姿百态。还有用细布砑压的，先用糨糊在布上上胶使其劲挺，在纸上隐隐压出布纹，这样加工过的叫"鱼子笺"，也叫"罗笺"。现在剡溪也有这种笺。还有一种表面施胶的纸，施胶时，用糨糊和五种颜料，纸拉曳而过，让五色糨糊刚打湿表面。这样的纸，光彩流离可爱，叫"流沙笺"。也有将皂荚子膏和巴豆油浮在水面，对纸进行点染。把姜放入水中，皂脂则散开，用拂了头发的狸须牵引，它又聚在一起。然后将皂脂画成人物，再用姜在周围点化出云霞和禽鸟翎羽的形象，采饰会显得富丽可爱。是画好后，用纸铺在水面采集，操作时，一定要在窗子开着的幽静房间内，盘子和水都要干净，神虑平静地制作，才能达到美妙的效果。最近有江南僧人在宫中制作，进献皇上，皇上御笔一挥，画作光彩焕发。

【原文】晋武赐张华侧理纸，已具《叙事》中。《本草》云："陟釐[1]味甘，大温无毒，止心腹大寒。温中[2]消谷，强胃气，止泄痢。生江南池泽。"陶隐居[3]云："此即南人用作纸者。"唐本注云："此物乃水中苔，今取为纸，名为苔纸。青黄色，味涩。"《小品方》[4]曰："水中粗苔也。音陟釐。陟釐与侧黎相近，侧黎又与侧理相近也。又云即石发[5]也。"（薛道衡[6]《咏苔纸》：今来承玉管[7]，布字[8]银钩[9]转。）

【注释】〔1〕陟釐：一种蕨类植物，可入药，又可造纸。

〔2〕温中：中医学术语，这里指温暖脾胃。

〔3〕陶隐居：指陶弘景。

〔4〕《小品方》：方书，今已散佚，东晋·陈延之撰，又名《经方小品》。

〔5〕石发：生于水边石上的苔藻。

〔6〕薛道衡（540—609年）：字玄卿，河东汾阴（今山西省运城市万荣县）人，隋大臣、著名诗人。

〔7〕玉管：毛笔的美称。

〔8〕布字：写字。

〔9〕银钩：比喻书法遒劲。

【译文】晋武帝赐张华侧理纸，已列记在《叙事》中。《本草》说："陟釐味甘，大温无毒，可以缓解心腹大寒的病症。能温暖脾胃帮助消化，增强胃气，止泄痢。生长在江南池沼湖泽。"陶弘景说："这就是南方人用来造纸的原料。"唐本注说："此物是水中的苔藓，现在用来造纸，叫'苔纸'。青黄色，气味沉涩。"《小品方》说："陟釐是水中的粗苔。读音为陟釐。陟釐与侧黎相近，侧黎又与侧理相近。又有人说，这就是石发。"（薛道衡《咏苔纸》说："今来承玉管，布字银钩转。"）

【原文】拓纸[1]画纸法。（见《杂说》。）

【注释】〔1〕拓（tà）纸：在刻铸有文字或图像的器物上蒙一层纸，捶打后使凹凸分明，涂上墨，可显出文字图像。

【译文】拓纸、画纸法。（见《杂说》。）

【原文】永徽[1]中，定州僧修德，欲写《华严经》[2]，先以沈香[3]渍水，种楮树，俟其拱[4]，取之造纸。

【注释】〔1〕永徽：650—655年，是唐高宗李治的第一个年号。

〔2〕《华严经》：《大方广佛华严经》，华严宗的立宗之经。

〔3〕沈香：亦作"沉香"，香木名，产于亚热带，木质硬而重，黄色，有

□ **各色印花诗笺　清代　安徽博物院藏**

清末新安画派书画家汪采白自制用纸，分浅青、淡米、乳白、鹅黄、淡黄、葱绿各色。纸上绘有精美图案，纸色调淡雅静穆，富古朴韵味，具儒雅之风。纸质细薄匀净，专用于书写诗词、信札。

香味。

〔4〕拱：或为一握。

【译文】唐高宗永徽年间，定州僧人修德，想抄写《华严经》，先用沉香浸水，种植楮树，待它长到一把粗时，再取它的皮造纸。

【原文】《丹阳记》[1]：江宁县东十五里有纸官署，齐高帝[2]于此造纸之所也，常送凝光纸[3]赐王僧虔[4]。（一云"银光纸"也。）

【注释】〔1〕《丹阳记》：现在看得到的最早的南京方志，今有辑本，原作者是南朝宋·山谦之。

〔2〕齐高帝：萧道成。

〔3〕凝光纸：凝霜纸，又名"银光纸"。

〔4〕王僧虔（426—485年）：字简穆，南北朝时期刘宋、南齐大臣。

【译文】《丹阳记》：江宁县东15里有纸官署，是齐高帝设立的造纸的管理机构。常造凝光纸赐给王僧虔。（一说赐的是银光纸。）

◎ 纸的传统制作

公元105年，蔡伦在总结前人经验的基础上，改进了造纸术，以树皮、麻、破布、旧渔网等为原料造纸。这种造纸方法不但大大提高了纸张的质量和生产效率，而且降低了造纸成本。从东汉开始，造纸成为一个行业。以下图文展示的正是汉代制造麻纸的场面。

1. 采集原料

将含有丰富纤维且具有韧性的植物，如竹子、树皮等收集起来待用。选料为造纸好坏的关键因素。

2. 洗涤

将采集到的竹子、麻、树皮等高纤维植物放在池塘里浸渍，清洗去除杂质。含纤维多、韧性强的原料，需要浸泡较长时间，以便彻底去除杂质。

3. 浸石灰水

将浸泡好的原料放入石灰水里面蒸煮，以去除纤维中的天然胶和木素，使原本相互结合在一起的纤维成为分散的纸浆。然后再将这些蒸煮过的纸浆冲洗，以便去除夹杂的石灰渣以及其他物质。

卷三　纸谱

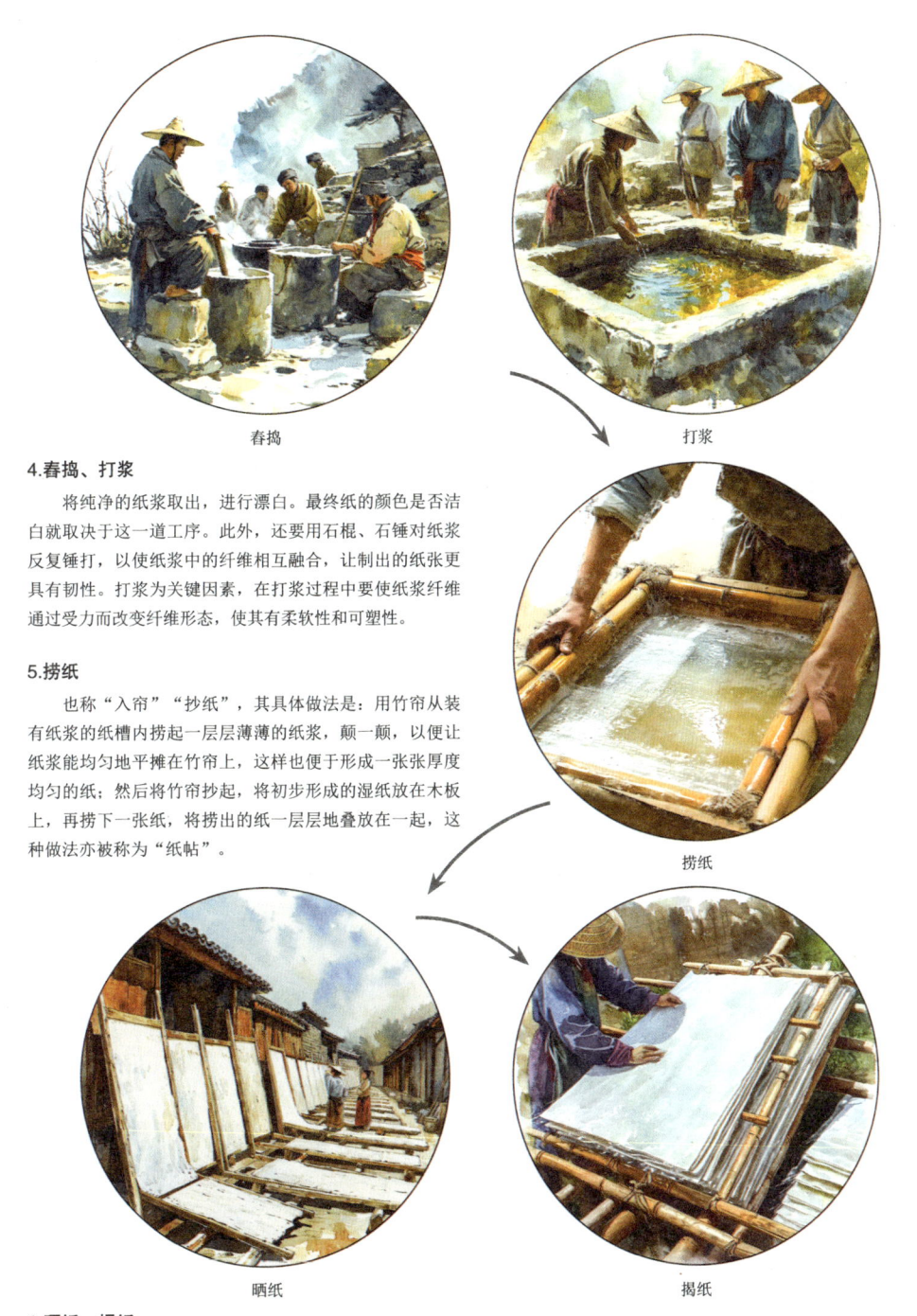

春捣

打浆

4.舂捣、打浆

将纯净的纸浆取出，进行漂白。最终纸的颜色是否洁白就取决于这一道工序。此外，还要用石棍、石锤对纸浆反复锤打，以使纸浆中的纤维相互融合，让制出的纸张更具有韧性。打浆为关键因素，在打浆过程中要使纸浆纤维通过受力而改变纤维形态，使其有柔软性和可塑性。

5.捞纸

也称"入帘""抄纸"，其具体做法是：用竹帘从装有纸浆的纸槽内捞起一层层薄薄的纸浆，颠一颠，以便让纸浆能均匀地平摊在竹帘上，这样也便于形成一张张厚度均匀的纸；然后将竹帘抄起，将初步形成的湿纸放在木板上，再捞下一张纸，将捞出的纸一层层地叠放在一起，这种做法亦被称为"纸帖"。

捞纸

晒纸

揭纸

6.晒纸、揭纸

将捞出的湿纸的水分挤出，以增强纸的强度。然后，将依旧湿润的纸贴在专门的晾晒工具上，再放在太阳下晒干或者焙干。待纸张干后，从晾晒的工具上揭下来，叠放在一起。揭纸时注意避免弄破纸张。至此，纸的制作工序完成。

275

【原文】《林邑记》[1]云：九真[2]俗，书树叶为纸。

【注释】[1]《林邑记》：撰者不详，已佚。
[2]九真：九真郡，位于今越南中部。

【译文】《林邑记》说：九真郡的习俗，是把树叶作纸书写。

【原文】段成式在九江出意[1]造纸，名云蓝纸，以赠温飞卿。

【注释】[1]出意：别出新意，推陈出新。

【译文】段成式在九江时别出新意造纸，叫"云蓝纸"，并以此赠给温庭筠。

纸之杂说

【原文】《邺中记》[1]：石虎诏书以五色纸[2]，著木凤凰口中，令衔之飞下端门[3]。

【注释】[1]《邺中记》：记载石虎治下邺城的专门史籍，原书已佚，晋·陆翙撰。
[2] 五色纸：在白纸上染色而成彩纸，以纯色为主，分红、黄、蓝、黑、紫五色。
[3] 端门：相传为天帝紫微宫、太微宫南天门，古代中国宫殿的南门，多取端门为名。

【译文】《邺中记》：石虎下诏书用五色纸，放在木凤凰口中，让它衔着飞下端门。

【原文】庾永兴[1]《答王羲之书》曰：得示[2]连纸[3]一丈，致辞一千，增其叹耳，了无解往怀[4]。

【注释】[1] 庾永兴：庾冰（296—344年），字季坚，颍川鄢陵（今河南省许昌市鄢陵县）人，东晋大臣，庾亮之弟。
[2] 得示：收到来信。示，对来信的敬称。
[3] 连纸：原称"连四纸""绵连四纸"，后讹称"连史纸"，亦省作"连史""连纸"，产自江西的一种纸，用竹子作原料，细密、洁白。
[4] 无解往怀：对你的思念无法消弭。往怀，往日的情谊。

【译文】庾永兴《答王羲之书》说：收到的来信，连纸有一丈纸，至少写了一千字，让我十分感慨，也抚慰了无法消解的思念之情。

【原文】江南伪主李氏[1]常[2]较举人[3]毕，放榜日，给会府[4]纸一张。可长二丈，阔一丈，厚如缯帛[5]数重，令书合格人姓名。每纸出，则缝掖者[6]相庆，有望于成名也。仆顷[7]使江表[8]，睹今坏楼之上，犹存千数幅。

【注释】[1]江南伪主李氏：指南唐·李煜政权，被宋所灭，故称。
[2]常：曾经。
[3]较举人：这里指举人的殿试环节。较，考较。
[4]会府：尚书省的别称。
[5]缯帛：丝绸的统称。
[6]缝掖者：儒士。缝掖，大袖单衣，古儒者所服。
[7]仆顷：我不久前。仆，文中作者自称，有谦敬对方之意。顷，不久前。
[8]使江表：出使江南。

【译文】江南伪主李煜曾在殿试后，放榜那天，给尚书省一张纸。纸长二丈，宽一丈，有几层缯帛那样厚。令尚书省在纸上写合格者的姓名。当纸展示出来时，儒生都额手相庆，希望一试成名。我不久前出使江南，看到现在已经坏损的楼上，还存有一千多张这样的纸。

【原文】《画品》[1]云：古画，尤重纸上者[2]。言[3]纸得五百年，绢得三百年方坏。

【注释】[1]《画品》：南朝梁·谢赫著，是流传至今的最早的一部绘画理论著作。
[2]纸上者：纸画。
[3]言：据说。

【译文】《画品》说：古画，画在纸上的尤其被看重。据说画在纸上要五百年，画在绢上要三百年，才会坏掉。

【原文】纸投火中，烟起尤损人，令肺腑中有所伤。坐客或云："天下神祠[1]中巫祝[2]间少有肥者，盖纸钱烟常熏其鼻息故也。"

□ **黄色写经纸　元代　故宫博物院藏**

此纸以麻为原料制成，品质坚硬有韧性，纸表涂有黄蜡，不但有光泽且有防潮功效。纸边缘有穿孔，可用绳将纸张串联在一起，如今天的活页笔记本。纸用黄檗汁浸染，呈现淡黄色，亦有防虫蛀之效，专用于书写佛教经典。

【注释】〔1〕神祠：祭神的祠堂。

〔2〕巫祝：古代称事鬼神者为巫，祭主赞词者为祝，后连用，以指掌占卜祭祀的人。

【译文】纸投入火中，烧出的烟尤其伤人，会让肺腑受到伤害。坐上的客人有说："天下祭神祠堂的巫祝少有肥胖的，大概是常吸呼纸钱燃烧的烟的缘故。"

【原文】山居者常以纸为衣，盖遵释氏[1]云"不衣蚕口衣[2]"者也。然[3]服甚暖，衣者不出十年，面黄而气促，绝嗜欲[4]之虑；且不宜浴。盖外风不入，而内气不出也。

【注释】〔1〕释氏：释迦牟尼佛，代指佛教。

〔2〕不衣蚕口衣：不穿蚕丝织成的衣服。

〔3〕然：虽然。

〔4〕嗜欲：嗜好与欲望，多指情欲。

【译文】隐居山野的人常以纸为衣，大概是遵照佛家所谓"不穿用蚕丝织成的衣服"。穿纸衣虽然很暖和，但不出十年，人就会面色发黄，呼吸喘急，完全不再有情欲；且不适合沐浴。大概是因为外风不入，而内气也不能出泄所致吧。

【原文】亦尝闻造纸衣法：每一百幅用胡桃、乳香各一两煮之，不尔[1]，蒸之亦妙。如蒸之，即恒洒乳香等水，令热熟，阴干，用箭干横卷而顺蹙[2]之，然患其补缀繁碎。今黟、歙中有人造纸衣段[3]，可如大门阖[4]许。近士大夫征行[5]亦有衣之，盖利其拒风于凝沍[6]之际焉。陶隐居[7]亦云："武陵人作谷皮衣，甚坚好也。"

【注释】[1]不尔：不然。
[2]顺蹙：使褶皱处平顺。
[3]纸衣段：专门制作纸衣的纸质材料。段，同"缎"。
[4]门阖：门扇。
[5]征行：远行，旅行。
[6]凝沍：结冰，冻结。亦作"凝沍"。
[7]陶隐居：陶弘景（456—536年），字通明，自号华阳隐居，丹阳秣陵（今江苏省南京市）人。南朝齐、梁时道教学者、炼丹家。

【译文】我曾听说造纸衣的方法：每一百张纸，用胡桃、乳香各一两，煮；不然，蒸也很好。如果蒸，就要不断向纸上洒含乳香的水，让它热熟，再阴干，用箭杆将纸横着卷起，把有皱折的地方顺平，但造纸衣，让人担心的是缝补连缀时很繁琐。现在黟县、歙县有人专门制作纸衣的纸质材料，可以有门扇那样大。近来士大夫远行也有穿的，可能是因为这种衣服便于在冰天雪地里挡风。陶弘景也说："武陵人制作谷皮衣，很坚硬，也很好用。"

【原文】今江浙间有以嫩竹为纸。如作密书[1]，无人敢拆发之，盖随手便裂，不复粘也。

【注释】〔1〕密书：指秘密信件。

【译文】现在江浙一带，有人用嫩竹造纸。如果用这种纸写秘信，没有人敢拆开看，因为它随手一撕就开裂，没法再黏合。

【原文】羊续[1]，字兴祖，以清率下[2]。纸帷布被，败以纸糊补之。时为南阳守。

【注释】〔1〕羊续（142—189年）：字兴祖，泰山郡平阳（今山东省新泰市）人，东汉大臣，廉洁自律，有"悬鱼太守"之美称。

〔2〕以清率下：以清廉之名统御部属。

【译文】羊续，字兴祖，以清廉成为属下的表率。他的纸布被，破了就用纸糊补上。当时他任南阳太守。

【原文】在昔书契以还[1]，简策作矣。至于厥后，或以缣帛。蔡侯[2]有作，方行于世。近代以来，阴阳卜祝通于幽冥者[3]，必斫纸为币，以赂[4]诸冥漠[5]君。每睹诸家玄怪之语，或有鬼祈于人而求之者，或有赂之而获洪福者。噫！游魂为变，绵古而然，汉室已前，鬼何所资[6]乎？得非神不能自神[7]，而随世之态乎？（唐末，太学博士[8]邱光庭[9]亦有《纸钱说》，文多不录。）

【注释】〔1〕在昔书契以还：远古自有文字以来。书契，指文字。以还，犹云以后，以来。

〔2〕蔡侯：蔡伦。

〔3〕阴阳卜祝通于幽冥者：与鬼神沟通的阴阳巫祝之人。

〔4〕赂：贿赂。

〔5〕冥漠：指阴间。

〔6〕何所资：以什么为依靠。资，依靠。

〔7〕自神：自奉为神。

〔8〕太学博士：太学学官。太学，古代设于京师的最高学府。

〔9〕邱光庭：唐五代太学博士。

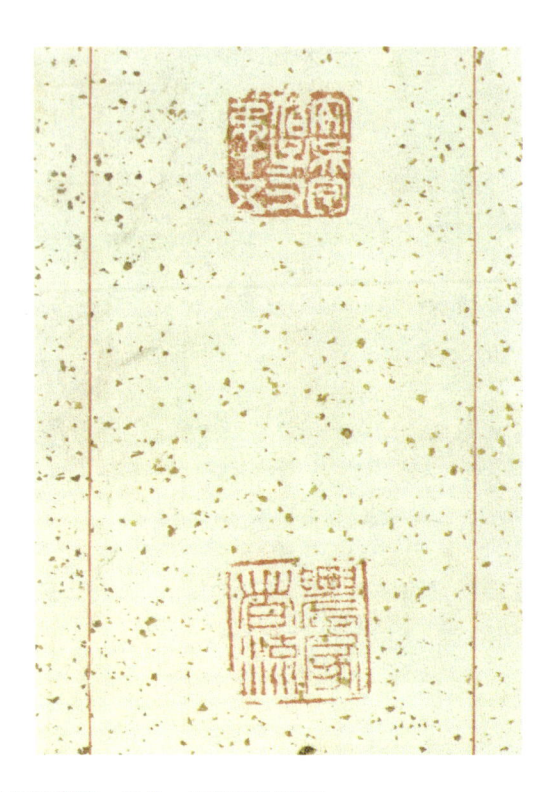

□ 芝麻金葱绿素笺　清代　安徽博物院藏

包世臣《草书条幅》用纸。此纸制法为：选优质纸张，经加工、染色后，在绿色纸上撒少量芝麻大小的细金粉末，使纸看上去颗粒斑驳，似有流沙，乐趣横生。

□ 雪金扇面笺　清代　安徽博物院藏

江召棠《墨梅折扇面》用纸。此纸在制作时用大块金片贴在清新的湖绿色素笺上，在其上书写、绘画，效果极佳。此纸透过开放繁盛的梅花，仍能使人感觉到金片发出的暖暖光芒。

【译文】自从有了文字，简策就出现了。在这之后，也有用缣帛的。蔡伦造纸成功后，纸才在世上被使用。近代以来，占卜、祭祀的人，为与幽冥连通，必用刀斧削纸为币，以贿赂阴间的各路鬼神。常常见到诸家关于玄怪的论说，有鬼向人祈求纸钱的，有人用纸钱贿赂鬼神而得洪福的。噫！游魂在变，一直在变，那么在汉代以前，没有纸又用的什么去贿赂鬼神呢？莫非鬼神不是自为的神，而在随世态变化？（唐末太学博士邱光庭有《纸钱说》，文字多，不录。）

【原文】《杜阳编》[1]：德宗[2]朝有朱鸟来，常啖玉屑，声甚清畅。及为鸷鸟[3]所抟[4]，宫人皆以金花笺[5]写《心经》[6]，荐其冥福[7]。

【注释】[1]《杜阳编》：《杜阳杂编》，笔记小说集，唐·苏鹗撰。苏鹗，生卒年不详，字德祥，武功（今陕西省咸阳市武功县）人，自幼好学，尤喜闻前代故实。

[2] 德宗：唐德宗李适（742—805年）。

[3] 鸷鸟：凶猛的鸟。

[4] 抟：指把东西揉弄成球形，这里指啄食致死。

[5] 金花笺：洒有泥金的笺纸。

[6]《心经》：《般若波罗蜜多心经》，简称《心经》，是佛经中字数最少的一部经典。

[7] 荐其冥福：为它在冥界祈福。荐，献祭。

【译文】《杜阳杂编》：唐德宗李适朝，宫里养有朱来鸟，常吃玉屑，鸣声清悠流畅。后来被凶猛的鸟啄死了，宫人们都用金花笺抄写《心经》，只为它在冥界能得以超度。

【原文】张平子[1]《与崔子玉书》云："乃者[2]朝贺[3]明日，读《太玄经》[4]，《玄》四百岁其兴乎？端力精思[5]，以揆[6]其义，使人难论阴阳之事。足下[7]累世[8]穷道极微[9]，子孙

□ 雪印花填彩加绘茶色绢纹纸
清代　安徽博物院藏

梁山舟《草书七言联》用纸。此纸制作工艺较为复杂：先用优质纸张染色后，涂面浆使纸质坚挺，再用带有绢纹的凹凸版压向纸面，使纸上显现绢质纹理。绢纹纸成型后，通过木刻浮水印法，套印出图案的大致轮廓，最后用画笔蘸淡彩绘填细部图案，使画面富有质感。此纸平滑细腻，质地均匀，纸面有绢质纹理。

必命世[10]不绝，且幅写[11]一通，藏之待能者。"幅写者，绢帛代纸以写也。

【注释】〔1〕张平子：张衡（78—139年），字平子，南阳郡西鄂县（今河南省南阳市）人，东汉天文学家、数学家、文学家，发明了浑天仪、地动仪，是东汉中期浑天说的代表人物。

〔2〕乃者：犹曩者，往日。

〔3〕朝贺：朝觐庆贺。

〔4〕《太玄经》：西汉学者扬雄的一部著作，用以阐述他的哲学体系和宇宙观。

〔5〕精思：精心思考。

〔6〕揆：揆度，猜测。

〔7〕足下：敬辞，用于朋友间。

〔8〕累世：好几代，数代。

〔9〕穷道极微：探究精微的道理。

〔10〕命世：著名于当世。

〔11〕幅写：写在绢帛上。

【译文】张平子《与崔子玉书》说："过去，朝贺日早晨，读《太玄经》，《太玄经》四百年后必会盛行吗？我竭力思考，以阐明其义理，让人再难与他人论说阴阳之事。你家好几代对阴阳之道精微探究，子孙一定代代闻名于世，我姑且'幅写'一遍，收藏起来等待有能力理解的人。"幅写，就是在绢帛上书写。

【原文】邢子才〔1〕少在洛阳，会〔2〕天下无事，专为山水之游，时人方之王粲〔3〕。其文一出，京师为之纸贵。

【注释】〔1〕邢子才：邢邵（496—569年），字子才，小字吉少，河间鄚县（今河北省任丘市）人，北魏至北齐时期大臣、文学家。

〔2〕会：适逢。

〔3〕方之王粲：将他比作王粲。王粲（177—217年），字仲宣，山阳郡高平县（今山东省济宁市微山县）人，东汉末年文学家，"建安七子"之一。

【译文】刑子才年少时在洛阳，适逢天下无事，便纵情于山水之间，当时的人将他比作王粲。他的文章一出现，京师的纸张必定为之涨价。

【原文】陈后主〔1〕常令八妇人襞〔2〕彩笺，制五言诗。

【注释】〔1〕陈后主：陈叔宝（553—604年），字元秀，小名黄奴，吴兴郡长城县（今浙江省湖州市长兴县）人，南朝陈末代皇帝（582—589年在位）。

〔2〕襞：折叠。

【译文】陈后主常常让八位妇人折叠彩笺，用来写五言诗。

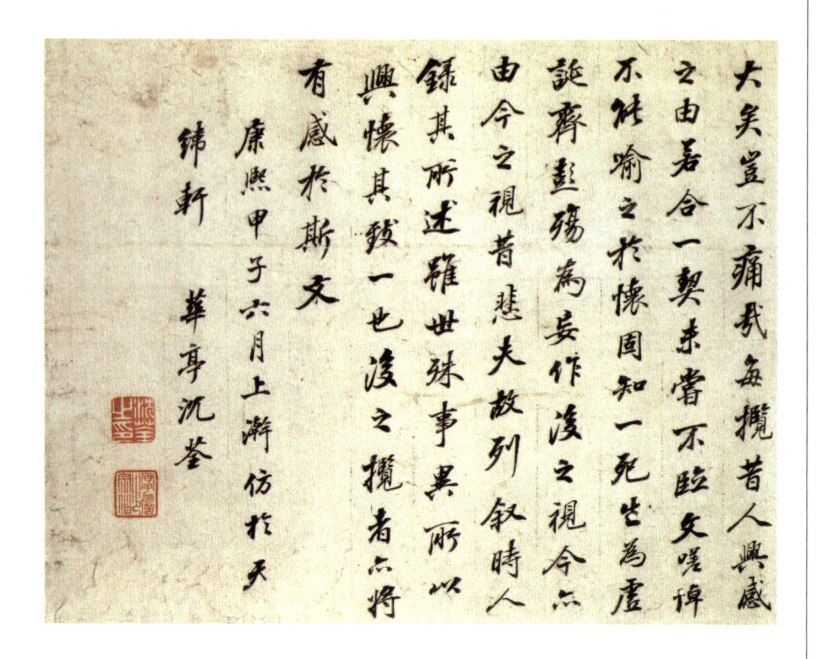

□ 茧纸　清代　安徽博物院藏

沈荃临《兰亭序》横批用纸。茧纸因纸质细腻、洁白如蚕丝而得名，始于魏晋时期，其制法继承并发展了蔡伦的树皮造纸法。原料为麻或布覆，质地细腻，纸平且均，布满帘纹，落墨半渗透，书写效果佳，属于最优质的一种茧纸。

【原文】魏收[1]，文襄[2]令为檄梁文[3]，初夜执笔，三更便成，文过七纸。

【注释】[1]魏收（507—572年）：字伯起，小名佛助，巨鹿郡下曲阳县（今河北省晋州市）人，南北朝北齐大臣，文学家、史学家。

[2]文襄（521—549年）：高澄，字子惠，渤海郡蓨县（今河北省衡水市景县）人，东魏时期权臣，政治家、军事家，北齐王朝奠基人之一。武定七年（549年），高澄在受禅东魏皇位的前夕，为膳奴所刺杀。同母弟高洋建立北齐后，追封其为皇帝，谥号文襄，庙号世宗。

[3]檄梁文：讨伐梁朝的檄文。

【译文】文襄帝令魏收写讨伐南梁朝的檄文，魏收入夜时开始动笔，三更时就写好了，文章很长，写了七张纸。

【原文】《唐书》：杜暹[1]为婺州参军，秩满[2]将归，吏以纸万张赠之，暹惟受百幅。人叹之曰："昔清吏一大钱，复何异？"

《异苑》：张仲舒[3]在广陵，天雨绛罗笺[4]，纷纷甚驶[5]。非吉兆也。

【注释】〔1〕杜暹（？—740年）：濮州濮阳（今河南省濮阳市）人，唐朝宰相，以清廉见闻于世。

〔2〕秩满：任期届满。

〔3〕张仲舒：生卒年不详，善画，隋朝人，作品有《后画品录》。

〔4〕绛罗笺：红色纱罗制成的纸笺。绛罗，红色纱罗。

〔5〕驶：飞快地跑，形容很急。

【译文】《唐书》：杜暹任婺州参军，任期届满要走，当地的官吏把一万张纸送给他，杜暹只收下一百张。时人感叹说："过去清官只收一文钱，杜暹与他们有何区别？"

《异苑》：张仲舒在广陵时，天上降下罗笺纸，雨滴般纷纷扬扬落得很急。这不是吉兆呀。

【原文】马融[1]《与窦伯向[2]书》曰：孟陵奴来赐书手迹，欢喜何量，次于面也。书惟两纸，纸八行七字。

【注释】〔1〕马融（79—166年）：字季长，扶风郡茂陵县（今陕西省兴平市）人，东汉时期著名经学家。

〔2〕窦伯向：窦章，字伯向，扶风郡平陵县（今陕西省咸阳市）人，东汉儒学家。

【译文】马融《与窦伯向书》说：孟陵奴带来了你写给我的亲笔信，我非常喜欢，仅次于见面。信虽然只有两张纸，每页八行，每行有七个字。

【原文】延笃[1]《答张惟奂[2]书》曰：惟别三年，梦想言念[3]，何日有违[4]。伯英来惠书[5]，书盈四纸，读之反覆，喜不可言。

【注释】〔1〕延笃（？—167年）：字叔坚，南阳郡犨县（今甘肃省武威市）人，东汉大臣，博通经传及百家学说，颇有文名。

〔2〕张惟奂：据《太平御览》与《艺文类聚》，"张惟奂"实为"张奂"之误。

〔3〕梦想言念：梦中想，嘴上念。

〔4〕违：见面。

〔5〕惠书：称对方来信的敬词。

【译文】延笃《答张惟奂书》说：分别三年，常在梦中梦到你，口中念到你，不知道何日才能与你再相见。伯英带来的信，整四页，我反复读很多遍，高兴得不得了。

【原文】张奂[1]《与阴氏书》曰：旧念既密，文章粲烂[2]，名实相副。捧读周旋[3]，纸弊墨渝[4]，不离于手。

【注释】〔1〕张奂（104—181年）：字然明，凉州敦煌郡渊泉县（今甘肃省酒泉市安西县）人，东汉名将。

〔2〕粲烂：形容辞采华丽。

〔3〕周旋：反复。

〔4〕纸弊墨渝：纸张摸破了，墨迹摸没了。

【译文】张奂《与阴氏书》说：我们不仅旧日情谊深厚，而且你的来信文采灿烂，与你的文名太相符了。我反复拜读，纸皱了墨迹摸脏了，也不忍离手。

【原文】羲之永和[1]九年制《兰亭序》，乘乐兴而书，用蚕茧纸[2]，鼠须笔，遒媚劲健，绝代更无。太宗[3]后得之。洎[4]玉华宫大渐[5]，语高宗[6]曰："吾有一事，汝从之，方展孝道。"高宗涕泣引耳而听。言："得《兰亭序》陪葬，吾无恨矣。"

【注释】〔1〕永和：晋穆帝司马聃的第一个年号。

〔2〕蚕茧纸：用蚕茧壳制成的纸。

〔3〕太宗：指唐太宗李世民。

〔4〕洎：及，到。

〔5〕大渐：谓病危。

〔6〕高宗：指唐高宗李治。

【译文】王羲之永和九年（353年）写《兰亭序》，他是趁着高兴写的，用的是蚕茧纸、鼠须笔，笔迹苍劲而妩媚，刚健又有力，真是绝世无双。唐太宗后来得了这字。等到在玉华宫病危时，对高宗说："我有一事，你要听我的，才能展示你的孝道。"高宗哭着竖耳去听。太宗说："有《兰亭序》陪葬，我就再无恨事了。"

【原文】郑虔[1]为广文博士[2]，学书，病[3]无纸。知慈恩寺有柿叶数屋，遂借僧房居止[4]，取红叶学书，岁久殆遍。

【注释】〔1〕郑虔（691—759年）：字趋庭，又作若齐、若斋，荥阳郡荥泽（今河南省郑州市荥阳市）人，工诗，善画，擅书法。

〔2〕广文博士：唐天宝九年（750年）设广文馆，设博士、助教等职，主持国学。

〔3〕病：苦于。

〔4〕居止：居住，停留。犹言起居行动。

【译文】郑虔做广文馆博士时，学习书法，苦于没有纸。得知慈恩寺有几屋的柿树叶，便去僧房居住，用红叶练字，数年后便将几屋的树叶写遍了。

【原文】《历代名画记》[1]云：背[2]书画勿令用熟纸[3]，背必皱起，宜用白滑漫薄大幅生纸[4]。纸缝先避画者人面及要节[5]处。若缝之相当，则强急[6]卷舒[7]有损，要令参差[8]其缝，则气力均平。太硬则强急，太薄则失力。绢素[9]彩色不可捣理，纸上白画可以砧石安贴之。仍候阴阳之气调适。秋为上时，春为中时，夏为下，暑湿之时不可也。

【注释】〔1〕《历代名画记》：我国首部绘画通史专著，唐·张彦远撰。

〔2〕背：装裱。

〔3〕熟纸：经过煮捶或涂蜡的纸。

〔4〕生纸：未经煮捶或涂蜡之纸。

〔5〕要节：重要部位。

〔6〕强急：僵硬，伸展不能自如。

〔7〕卷舒：卷起和展开。

〔8〕参差：使……错开。

〔9〕绢素：未染色的白绢。

【译文】《历代名画记》说：装裱书画不要用熟纸，不然背面必定皱起，应该用洁白光滑的大张生纸。纸张的接缝要避开画中人物的头面和重要部位。如纸缝与纸缝相对，在卷起和展开时则不能自如而损伤画面，要让纸缝与纸缝错开，这样才能让画面受力均匀。裱纸太硬，在收卷时容易折断；太薄，又会显得软绵无力。裱在染色的绢素上不能用力捣理，如果裱的是白描，可以用捣衣石压一压使其平整。都要选择湿燥相宜的时节，秋天是上好的时节，春天是一般的时节，夏天的时节最不好，又热又湿的时节不可以装裱。

【原文】《历代名画记》云：江东地润无尘，人多精艺[1]。好事者常宜置宣纸[2]百幅，用法[3]蜡之，以备模写。古人好拓画[4]，十得七八，不失神彩笔迹。亦有御府拓本，谓之官拓。

【注释】〔1〕精艺：精于技艺。

〔2〕宣纸：书画用纸，原产于安徽省宣城泾县，以府治宣城为名，故称"宣纸"。

〔3〕用法：按方法。

〔4〕拓画：以纸覆于画上进行描摹。

【译文】《历代名画记》说：江南气候湿润，少有灰尘，有很多精于书画的人。喜欢书画的人应当常备百来张宣纸，又在纸上

卷三　纸谱

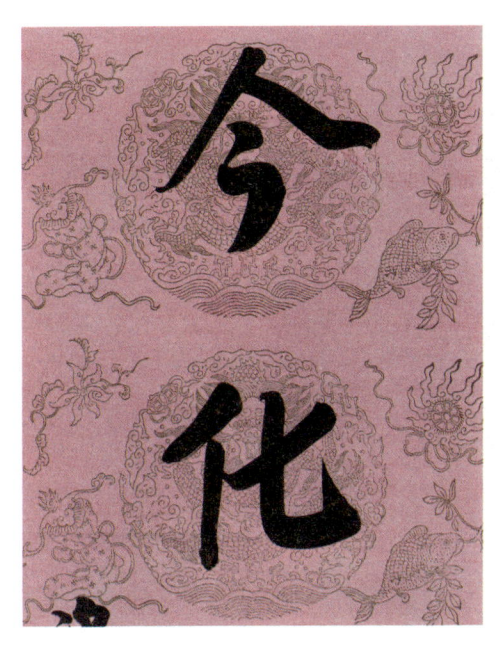

□ 印花团龙粉红蜡笺　清代　安徽博物院藏

李元度《行书七言联》用纸。此笺是在经过加工染色等工序的粉红蜡笺上，用土黄色印出鲤鱼、团龙、如意袋等吉祥图案。纸质描绘精细、设计严谨、颜色雅致，装饰韵味较浓。

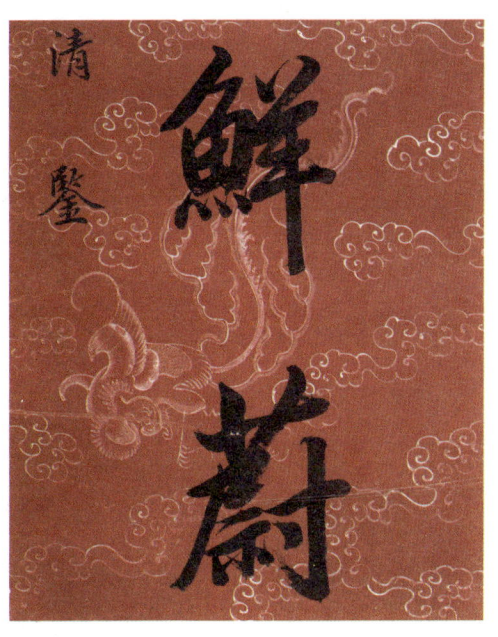

□ 描银龙凤朱笺　清代　安徽博物院藏

曹振镛《行书八言联》用纸。此纸制法复杂：在洁白绵纸上，先刷一层胶矾，再涂血丹，重复上述步骤，然后涂银朱，再用矾水铺盖，制成朱笺放置晾干，晾干后以泥银描绘祥云、蝙蝠、腾龙、飞凤等吉祥图案。此笺色调艳丽，亦体现出装饰之美。

上蜡，以备摹写。古人喜欢拓画，能将原画十之七八拓印下来，还不失原画的神采笔迹。也有御府拓本，被称为"官拓"。

【原文】拓纸法：用江东花叶纸，以柿油好酒浸一幅，乃下铺不浸者五幅，上亦铺五幅，乃细卷而砸之，候浸渍[1]染著如一。拓书画若俯止水、窥朗鉴[2]之明彻[3]也。（初举子[4]云："宜赍入词场以护试纸[5]，防他物所污。"）

【注释】[1]浸渍：浸在液体中泡透。

[2]朗鉴：明镜。

[3]明彻：明亮而清澈。

[4]举子：应试的举人。

□ 大片贴金宝蓝蜡笺　清代　安徽博物院藏

胡克家《楷书七言联》用纸。此笺制法为：用大片足赤金箔有秩序地贴在制熟的优质宝蓝笺上。其中联纸天头处金片贴得最密集，越往下金片越疏且越小，直至最下面完全空白。

〔5〕试纸：试卷用纸。

【译文】拓纸法：用江南的花叶纸，将其中一张用柿油和好酒浸泡，再在这纸下铺上五张没有浸泡过的，在上面也铺五张没有浸泡过的，然后卷成紧凑的纸筒捶打，直到所有的纸都浸染上一样多的柿油和酒。这样，在拓印时就可把纸下的字画看得清清楚楚，所拓的字画也很清楚。（昔日应试的举子说："应当带这样的拓纸进考场，以防止试卷用纸被他物弄脏。"）

【原文】庾阐[1]，字仲初，造《扬都赋》成，其文伟丽，时人相传争写，为之纸贵。

【注释】〔1〕庾阐：生卒年不详，字仲初，颍川鄢陵（今河南省许昌市鄢陵县）人，东晋文学家。

【译文】庾阐，字仲初，他写的《扬都赋》文辞端庄俊美，时人争相传抄，纸也因之变得很贵。

【原文】汉成帝[1]赵婕妤[2]妒。后宫有儿生八九日，客[3]持诏记[4]封绿小箧与狱中妇人[5]，发箧里有裹药二枚。赫蹄书曰："告伟能努力饮此药。"孟康[6]曰："赫蹄，染黄素[7]令赤而书之，若今黄纸也。"刘展曰："赫，音阋[8]，兄弟阋于墙。"应劭[9]曰："赫蹄，薄小纸也。"互有所说。

【注释】〔1〕汉成帝：刘骜（前51—前7年）。
〔2〕赵婕妤：赵飞燕的妹妹赵合德，二人"俱为婕妤，贵倾后宫"。
〔3〕客：宦官田客。
〔4〕诏记：皇帝亲手撰写的诏书。
〔5〕狱中妇人：宫人曹伟能，才貌双全，曾被选为赵飞燕的宫廷教习。
〔6〕孟康：字公休，三国时曹魏著名学者。
〔7〕黄素：黄色绢。
〔8〕阋（xì）：争斗。
〔9〕应劭：字仲远，东汉学者。

【译文】汉成帝的妃子赵婕妤嫉妒心重。后宫有男孩出生刚八九天，太监田客带着皇帝亲手撰写的诏书，还有一个绿漆的小匣子，给关在狱中的曹伟能，打开匣子发现有两枚药丸。赫蹄纸上写着："告诉伟能：要把这药丸吃了。"孟康说："赫蹄，是将黄色的绢染红，在上面写字，就像现在的黄纸。"刘展说："赫，读音是'兄弟阋于墙'的'阋'。"应劭说："赫蹄，是薄而小的纸。"其说法也有可取之处。

【原文】《本草拾遗》[1]云：印纸[2]剪取印处，烧灰水服，令人绝产[3]。

【注释】〔1〕《本草拾遗》：本草学著作，简称《拾遗》，共10卷，唐·陈藏器撰，已佚。陈藏器（约687—757年），四明（今浙江省宁波市鄞州

□ 粉色洒金彩绘花蝶绢　清代　故宫博物院藏

　　此绢是在硬白纸上先裱褙粉色绢，绢面要敷贴细小金箔片，并用工笔描绘梅花、萱草等各类花卉及花瓣，再绘彩蝶穿梭其间。此绢以黄、蓝、紫、金等色敷彩，色彩艳丽，既可作贴落，也可分割后作斗方在其上题字书画。

区）人，唐代中药学家。

　　〔2〕印纸：指加盖印章的纸张。戳印章的印泥是朱砂、艾绒、蓖麻油的混合物，有毒。

　　〔3〕绝产：绝育。

　　【译文】《本草拾遗》说：加盖印章的纸，剪取有印的地方烧成灰，用水冲服，让人不能生育。

　　【原文】抚州有茶衫子纸，盖裹茶为名也。其纸长连。自有唐已[1]来，礼部[2]每年给明经[3]帖书[4]。（见《茶谱》[5]。）

【注释】〔1〕已：同"以"。

〔2〕礼部：古代官署，北魏始置，隋以后为中央行政机构六部之一，掌管五礼之仪制及学校贡举之法。

〔3〕明经：汉以明经射策取士。隋炀帝兴科举，置明经、进士二科，以经义取者为明经，以诗赋取者为进士。

〔4〕帖书：书信。

〔5〕《茶谱》：已佚，作者不详。

【译文】抚州有茶衫子纸，大概是因为用之于裹茶而得的名。这种纸连接得很长。自唐以来，礼部每年都要把它作为明经科的考试用纸。（见《茶谱》。）

【原文】药品中有闪刀纸，盖裁纸之际，一角叠在纸中，匠人不知漏裁者。毉〔1〕人入药用。

【注释】〔1〕毉：同"医"。

【译文】药品中，有闪刀纸，是匠人在裁纸的时候，因纸角叠在纸中，匠人没发现而漏裁的纸。医生把这种纸当药引用。

【原文】孔温裕〔1〕因直谏贬柳州司马〔2〕。有鹊喜〔3〕于庭，儿孙拜之，飞去，坠下方寸纸，上有"补阙"字。未几征还〔4〕，果有此拜。（见《因话录》。）

【注释】〔1〕孔温裕（？—约873年）：孔子第三十九世孙，迭居要职，曾因参粲党项讨伐边乱，连岁无功，引起帝怒，被贬为柳州司马。

〔2〕司马：唐代制度，节度使僚属有行军司马，又于每州置司，以安置被贬谪的人。

〔3〕鹊喜：鹊的鸣叫声。旧传以鹊鸣声兆喜，故称。

〔4〕征还：征召回朝。

【译文】孔温裕因直谏被贬为柳州司马。一日，有鹊的鸣叫声从庭院传来，儿孙敬拜后，它就飞走了，却从身上坠下来方寸大小的小纸，上有"补阙"二字。不久孔温裕被召回朝，果然授"补阙"职位。(见《因话录》。)

【原文】《资暇》[1]云：松花笺，代以为薛涛笺[2]，误也。松笺其来旧矣。元和[3]之初，薛涛尚斯色，而好制小诗。惜其幅大，不欲长剩之，乃命匠人狭小为之。蜀中才子既以为便，后减诸笺亦如是，特名曰薛涛笺。今蜀中纸有小样者，皆是也，非松花一色。

【注释】[1]《资暇》：又作《资暇录》，3卷，唐代考据辩证类笔记，李匡乂撰。
[2]薛涛笺：女诗人薛涛设计的笺纸，便于写诗，长宽适度。薛涛（约776—832年），字洪度，唐代乐伎、清客，蜀中女校书、诗人，与卓文君、花蕊夫人、黄娥并称"蜀中四大才女"。
[3]元和：唐宪宗李纯的年号（806—820年）。

【译文】《资暇》说：松花笺，世代都以为是薛涛笺，这不对。松花笺由来已久。元和初年，薛涛喜欢它的颜色，而且喜欢用它写小诗。可惜当时松花笺纸太大，不想写完后剩太多，便命匠人制得窄小些。蜀中才子认为这开张用起来方便，后来就把各种用笺都减小到这么大，还特意取名"薛涛笺"。现在蜀中的小开张纸，都叫"薛涛笺"，并非只有松花笺一个品种是这样。

【原文】魏人谤邢邵[1]云：邢家小儿常作文表[2]，自买黄纸写之而送。

【注释】[1]邢邵（496—561年）："邵"一作"劭"，字子才，河间鄚（今河北省任丘市）人，著有《冬日伤志篇》。
[2]常作文表：典出《北齐书·邢邵列传》："邢家小儿常客作章表，自买黄纸，写而送之。"客作，受人雇用。文表，写给皇帝的谢表。

【译文】魏人毁谤邢邵说：邢邵这小儿常为他人写谢表，自己买黄纸写了再送去。

【原文】司马消难[1]不知书,书架上徒设[2]空纸。时人云"黄纸五经,赤轴三史"[3]。

【注释】〔1〕司马消难(？—589年):字道融,河内郡温县(今河南省焦作市温县)人,北周外戚大臣。

〔2〕徒设:虚设。

〔3〕黄纸五经,赤轴三史:五经指《周易》《尚书》《诗经》《礼记》《春秋》,三史指《史记》《汉书》《东观汉记》(后以《后汉书》取代《东观汉记》)。

【译文】司马消难不读书,书架上徒然放着没写字的纸。身边的人说:"黄纸是五经,红色卷轴的是三史。"

【原文】苏绰[1]为人公正,周文[2]推心委任[3]而无间。或出游,常豫置[4]空纸以授绰,若须有处分[5],则随事施行。及还,启知[6]而已。

【注释】〔1〕苏绰(498—546年):字令绰,京兆郡武功县(今陕西省咸阳市武功县)人,南北朝时期西魏名臣。

〔2〕周文:周文帝宇文泰(507—556年),字黑獭,代郡武川县(今内蒙古自治区呼和浩特市武川县)人,鲜卑族,西魏权臣,北周政权的奠基者。

〔3〕推心委任:信任备至。

〔4〕豫置:事先置办。

〔5〕处分:处置。

〔6〕启知:禀告。

【译文】苏绰为人公正,周文帝对他十分信任,而且关系亲密。文帝出游,常事先置办一些空白纸交给苏绰,让他在有必须处理的公务时,可自行办理。回来后再禀告他就行了。

【原文】南朝有士人朱詹[1],家贫力学,常吞纸疗饥。

【注释】〔1〕朱詹:生卒年不详,世居江陵,后出扬都,南朝梁义阳

（今河南省南阳市桐柏县）人，好学家贫，不废业而卒成学士，官至镇南录事参军，受梁元帝礼遇。

【译文】南朝有个叫朱詹的士人，家贫却勤奋好学，他常吞纸充饥。

【原文】今大寮[1]书题[2]上纸签，出于李赵公[3]。

【注释】[1]大寮：官府。
[2]书题：信函。
[3]李赵公：李绛（764—830年），字深之，唐宪宗时宰相，别称李赵公。

【译文】今官府书库中的书目都有纸签，这种习惯始于李赵公。

【原文】唐初，将相官告亦用销金笺[1]及金凤纸[2]书之，余皆鱼笺[3]、花笺[4]而已。厥后李肇[5]《翰林志》云：凡赐与、征召[6]、宣索[7]、处分曰诏，用白藤纸。慰抚军旅曰书，用黄麻纸。太清宫内道观荐告文辞，用青藤纸朱书，谓之青辞。诸陵荐告[8]上表、内道观文，并用白麻纸。凡赦书、德音[9]、立后、建储、大诛讨[10]、拜免[11]三公、命相、命将，并用白藤纸，不用印。双日起草，只日[12]宣。宰相、使相[13]官告，并用色背绫金花纸[14]；节度使，并用白背绫金花纸；命妇，即金花罗纸[15]；吐蕃[16]及赞普[17]书及别录，用金花五色绫纸、上白檀木、真珠、瑟瑟[18]、钿函[19]、金锁钥；吐蕃宰相、摩尼师[20]已下，书甲五色麻纸；南诏[21]及青平官[22]书，用黄麻纸。

【注释】[1]销金笺：敷贴金箔的饰纸。
[2]金凤纸：绘有金凤的名纸，唐时文武官诰及道家青辞常用。
[3]鱼笺：鱼子笺的简称。
[4]花笺：精致华美的信笺、诗笺。
[5]李肇：生卒年不详，字里居，唐人，著有《翰林志》《国史补》等。

〔6〕征召：指皇帝以特征或聘召的名义任用知名人士担任高级官员。

〔7〕宣索：皇帝下旨，向有司索取钱财用物，犹索取、宣唤。

〔8〕荐告：祭告。

〔9〕德音：帝王诏书。至唐宋，除诏敕之外，别有德音一体，用于施惠宽恤之事，犹言恩诏。

〔10〕诛讨：征伐。

〔11〕拜免：授予和罢免。

〔12〕只日：单日。

〔13〕使相：一种官名，晚唐朝廷为笼络跋扈一时的节度使，授予他们同平章事头衔，与宰相并称，号为使相。

〔14〕金花纸：唐代名纸，又称"金花笺"，以金粉等物为饰，光泽清亮。

〔15〕罗纸：用绫、绢装裱的纸。

〔16〕吐蕃：由古藏族在青藏高原建立的政权，自松赞干布至朗达玛传位九代，延续两百余年。

〔17〕赞普：唐代吐蕃君长的称谓。

〔18〕瑟瑟：碧色宝石。

〔19〕钿函：镶嵌金、银、玉、贝等物的盒子。

〔20〕摩尼师：摩尼教法师。

〔21〕南诏：8世纪崛起于云南一带的古代王国，由蒙舍诏首领皮罗阁于唐开元二十六年（738年）建立。

〔22〕青平官：唐南诏最高行政官员，有坦绰、布燮、久赞之分，共六人，相当于宰相。

【译文】唐代初期任命将相的文告，也用销金笺和金凤纸书写，其他文告都用鱼笺、花笺。后来李肇《翰林志》说：凡赏赐、征召、索要钱财用物、处分都称为"诏"，用白藤纸。安抚军队的称为"书"，用黄麻纸。太清宫内道观祭祀告神的文辞，却在青藤纸上用红笔书写，称为"青辞"。祭告各陵墓的上衣表、内道观文，都用白麻纸。凡赦书、恩诏、立皇后、建储、大诛讨、免拜三公、任命宰相、任命将军，都用白藤纸，不用印。双日起草文书，单日宣布。任命宰相、使相的文告，都用色背绫金花纸。节度使，都用白背绫花纸；命妇，用金花罗纸。给吐蕃及赞普的文书及礼品清单，用金花五色绫纸，装在上等白檀木、珍珠、碧色宝石及嵌金银玉贝

◎纸的装帧形式

随着纸张的出现，纸的装饰形式逐渐丰富起来。纸最早的装帧形式为卷轴装，此后逐渐向册页装发展，并在此基础上逐渐衍生出了经折装、蝴蝶装、旋风装等新的样式。

卷轴装

纸的最早装订样式，整体为长卷式，用木或竹作轴。阅读时，将长卷打开；阅毕，卷起，用丝带捆绑，置于插架之上。现今的国画多采用这种方式装裱。

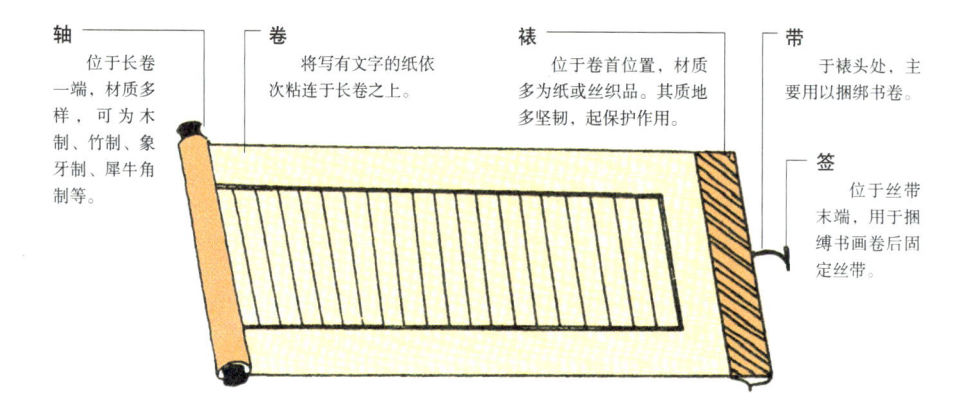

轴 位于长卷一端，材质多样，可为木制、竹制、象牙制、犀牛角制等。

卷 将写有文字的纸依次粘连于长卷之上。

裱 位于卷首位置，材质多为纸或丝织品。其质地多坚韧，起保护作用。

带 于裱头处，主要用以捆绑书卷。

签 位于丝带末端，用于捆缚书画卷后固定丝带。

经折装

又名"梵夹装"，是在卷轴的形式上改造而来的。因为早期图书长卷动辄数丈，为便利阅读，遂按需求将其反复折叠成折子，并在其前后加装硬纸板书面。因佛道两教经典普遍采用，所以称"经折装"。后凡经折装的书本，都称"折本"。

旋风装

旋风装又名龙鳞装，外观近似于卷轴装，但展开时，则是将一张张写好的书页，按先后顺序逐次错开一定距离然后再粘贴在同一张带有卷轴的整纸上面。因粘贴式样如鳞次，故得"龙鳞装"之名。翻阅时犹如旋风旋转一般，故又得"旋风装"之名。

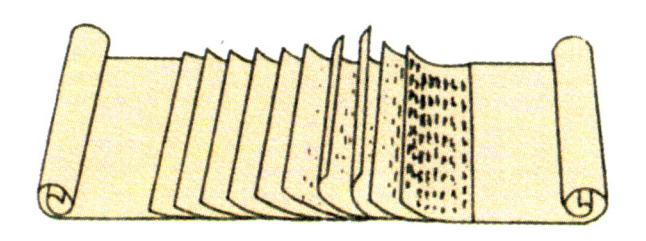

册页装

随着唐代雕版印刷术的发展,纸张的装帧逐步由卷轴装向册页装过渡。五代时出现了蝴蝶装,后出现了包背装、线装。册页装的出现彻底地改变了纸为卷轴装的装帧形式,成为书籍发展史上的一大革新,此法延续至今。

随着册页装不断地被推广,刻版也从原来的长条形变为长方形,并出现了一套相应的版式以及专业术语。

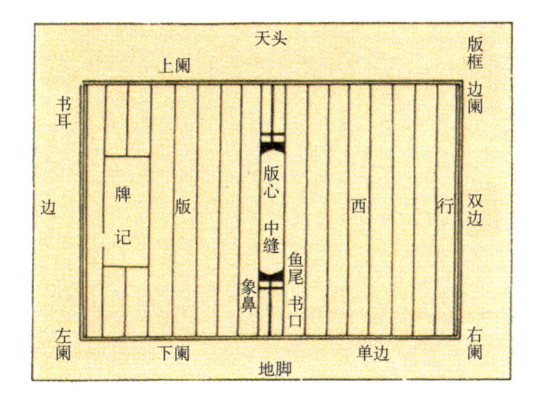

蝴蝶装

蝴蝶装起源于唐末五代。将每张有字的书页反折,使版口朝内,将各页中缝背口结成书脊,以硬纸包裹作为书面,阅读时似蝴蝶展翅飞舞,故名。由于当时的书页都是单面印刷的,所以蝴蝶装的书页打开之后,会出现无字的一面,且每读完一面,都需连续翻两页方能读下一页,极为不便。

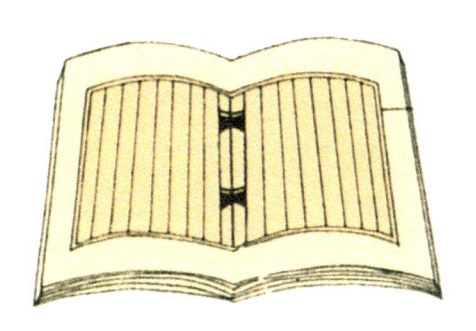

包背装

包背装出现于南宋后期。将有字的书页正折，书口向外，后背用书衣包裹，不露书脑，故名。包背装的出现有效地解决了蝴蝶装阅读时出现白页的问题。但是由于包背装的书口是朝外的，经常翻阅，磨损后会导致书页从中缝断裂。

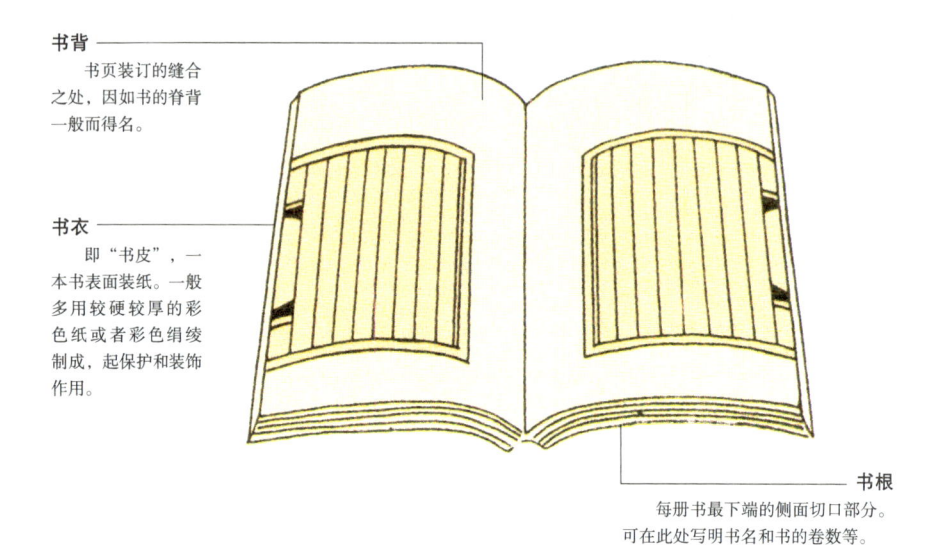

书背
书页装订的缝合之处，因如书的脊背一般而得名。

书衣
即"书皮"，一本书表面装纸。一般多用较硬较厚的彩色纸或者彩色绢绫制成，起保护和装饰作用。

书根
每册书最下端的侧面切口部分。可在此处写明书名和书的卷数等。

线装

因为包背装的书背处易破损，单靠纸捻很难将书脑部分压平，书脑的上下书角也易卷起，既影响外观也影响阅读，因此出现了线装。线装与包背装折法相同，只是书背不再糊纸，而是打孔穿线。

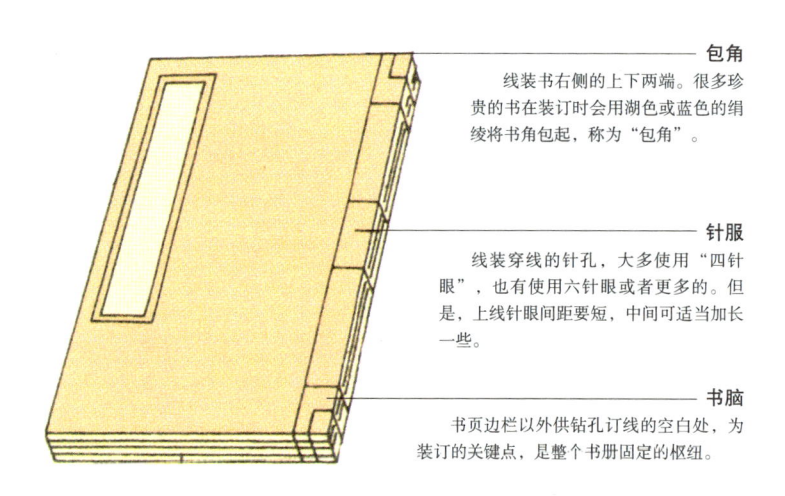

包角
线装书右侧的上下两端。很多珍贵的书在装订时会用湖色或蓝色的绢绫将书角包起，称为"包角"。

针服
线装穿线的针孔，大多使用"四针眼"，也有使用六针眼或者更多的。但是，上线针眼间距要短，中间可适当加长一些。

书脑
书页边栏以外供钻孔订线的空白处，为装订的关键点，是整个书册固定的枢纽。

的盒子里，配金锁钥。吐蕃宰相、摩尼师以下，文书都用五色麻纸。给南诏，以及它的宰相的文书，用黄麻纸。

【原文】唐朝进士榜头，粘坚黄纸四张，以毡笔[1]淡墨滚转，书曰"礼部贡院"四字。（或云文皇[2]以飞白书，或云象阴注[3]之象。）

【注释】〔1〕毡笔：羊毫笔。

〔2〕文皇：指唐太宗。

〔3〕阴注：冥冥中注定。

【译文】唐朝进士榜的榜头，竖着粘黄纸四张，用羊毫笔蘸淡墨滚动翻转，写"礼部贡院"四字。（又有人说是唐太宗用飞白笔法写的，也有人说这样写是表示这一切都是冥冥中注定的。）

【原文】宣宗[1]雅好文儒[2]。郑颢[3]知贡举[4]，忽以红笺笔札[5]一名纸[6]，曰"乡贡进士李（御名）"，以赐之。

【注释】〔1〕宣宗：唐宣宗李忱（810—859年），初名李怡，唐朝第十七位皇帝（846—859年在位）。

〔2〕文儒：有撰述才能的儒者。

〔3〕郑颢：唐宣宗时官员，生平事迹不详。

〔4〕知贡举：唐宋时主持进士试的特派大臣。

〔5〕札：书写。

〔6〕名纸：犹名片。

【译文】唐宣宗雅好儒生中从事撰述的人。郑颢是主持乡贡进士考试的大臣，有一次，唐宣宗忽然用红笺写了一张名纸，说"乡贡进士李"，并赐给了他。

【原文】孙放[1]《西寺铭》曰：长沙西寺，层构倾颓，谋欲建立。其日，有童子持纸花插地故寺东西，相去十余丈。于是建刹[2]，正当纸花处。

【注释】[1]孙放（327—?）：字齐庄，太原中都人，幼聪慧。
[2]刹：寺庙佛塔。

【译文】孙放《西寺铭》说：长沙西寺，多重高耸的建筑物倾斜败坏，想要重建。某日，有童子持纸花插在西寺原址的东西两端，相隔十丈多。于是重建此刹，就在所插纸花之间。

【原文】摄生者[1]尤忌枕高。宜枕纸二百幅，每三日去一幅。渐次取之，迨至告尽，则可不俟枕而寝也。若如是，则脑血不减，神光[2]愈盛矣。

【注释】[1]摄生者：养生者。
[2]神光：精神，神采。

【译文】养生家尤其避免枕头过高。适合枕二百张纸，每三日

□ 象牙文竹刻花鞘裁刀　清代　故宫博物院藏
　　裁刀为书房裁纸、割纸之用。此裁纸刀为扁体，长形。刀身为象牙制，轻巧细薄，刀柄及刀鞘为竹制，饰以缠枝莲纹，花纹之上又施以阴刻，勾勒出花筋叶脉。刀柄及鞘身、鞘尾均嵌有象牙装饰。这种将象牙和竹子结合在一起的文房用具是较为罕见的。

□ 象牙雕云龙纹裁刀　清代　故宫博物院藏
　　通体为象牙制，长条形，扁体。下半部分光素为裁刀，锋刃极薄；上半部分为刀柄，略厚，一面去地浮雕饰以龙戏珠纹。刀柄与刀锋的连接部分镂雕花叶纹。

揭去一张。逐日揭去,直到揭完,就可以不用枕也能睡好了。如果这样,则脑部供血充足,精力也更旺盛!

【原文】《神仙传》[1]云:李之意,神仙人也。蜀先主[2]欲伐吴,问之意。乃求纸笔,画作兵马数十,手裂坏之。又画一大人,又坏之。先主出军,败衄[3]。

【注释】〔1〕《神仙传》:志怪小说集,共10卷,东晋学者葛洪撰。
〔2〕蜀先主:刘备。
〔3〕败衄:指战事失败。

【译文】《神仙传》说:李之意,是神仙一样的人物。蜀先主刘备欲征伐东吴,征询李之意的意见。李之意要来纸笔画了几十组兵马,一撕就裂开了。又画一位高大的人,手一撕又坏了。刘备出兵,失败而还。

【原文】戴祚[1]《甄异传》[2]云:王肇常在内宿,晨起出外。妻韩氏时尚未觉,而奴子[3]云:"郎索纸百幅。"韩视帐中,见肇犹卧,忽不复见。后半岁肇亡。

【注释】〔1〕戴祚:生卒年不详,字延之,江东人,著有《西征记》2卷。
〔2〕《甄异传》:志怪小说集,戴祚撰。
〔3〕奴子:僮仆、奴仆。

【译文】戴祚《甄异传》说:王肇有次在家里睡觉,早晨起床即外出。其妻韩氏当时还没有醒来,听童仆说:"主人要了一百张纸。"韩氏看帐中,见王肇还躺在那里,但忽然又不见了。半年后,王肇就死了。

【原文】王琰[1]《冥祥记》[2]云:元嘉[3]八年,蒲坂城[4]

中大火灾。里中小屋虽焚，而于煨烬[5]下得金经纸，素如故。

【注释】[1]王琰：太原人，南朝齐学者。

[2]《冥祥记》：宣扬佛教的神异故事集，王琰撰。

[3]元嘉：南朝宋文帝刘义隆的年号。

[4]蒲坂城：今山西省永济市。

[5]煨烬：灰烬。

【译文】王琰《冥祥记》说：南朝宋文帝元嘉八年（431年），蒲坂城中突发大火灾，里中的小屋虽然被烧，却在灰烬下面找见写有佛经的纸，还像之前一样。

【原文】《林邑记》[1]："九真俗，书树叶为纸。"《广州记》[2]："取榖树[3]皮熟捶，堪为纸。"盖蛮夷不蚕，乃被之为褐也。

释迦佛为磨休王时，剥皮为纸，写《大乘经》。（见《笔谱》。）

【注释】[1]《林邑记》：古代占婆国的早期历史。

[2]《广州记》：东晋·顾微撰，已佚。

[3]榖树：楮树。

【译文】《林邑记》："九真的风俗，把树叶当纸书字。"《广州记》："取楮树皮熟捶后，可以当纸用。"大概因为蛮夷不养蚕，便将这种纸披在身上当布衣穿。

释迦牟尼佛在前世做磨休王时，剥树皮为纸，写《大乘经》。（见《笔谱》。）

【原文】王羲之《笔经》云：以麻纸裹柱根[1]，欲其体实，得水不化[2]。

【注释】[1]柱根：笔根。

[2]得水不化：遇水不变形。

□ 雕版砑印龙凤麟信札纸　清代　安徽博物院藏

此信札纸由竹纸制成，呈淡黄色，质地轻薄细软。信纸内芯以朱砂色印出分割线。首尾两面也均用朱砂色印刷，砑印麒麟、双龙、飞凤等图案，线条纤细利落，图案生动。

【译文】王羲之《笔经》说：用麻纸裹住笔柱的根部，是想让笔头结实，遇水也不膨胀。

【原文】《搜神记》：益州[1]西南有神祠，自称黄石公。祈祷者持一百幅纸及笔墨放石室中，则言吉凶。

【注释】[1]益州：中国古地名，汉武帝所设十三州之一，治所在蜀郡成都。

【译文】《搜神记》：益州西南方有一座神祠，所供的神自称黄石公。来祈祷的人只要将一百张纸和笔墨放在石室中，他就会告诉祈祷者所求之事的吉凶。

【原文】刘恂[1]《岭表录异》[2]云：广管罗州[3]多栈香树[4]，身似柜柳，其花白而繁。其叶如橘皮，堪作纸，名为香

◎ 文房用具之镇纸、镇尺

镇纸，又称"书镇"，即为压纸的文房用具。一般以铜、玉、石、水晶、玻璃或陶瓷等较重之材质制成，因此分量较重。镇纸形制各异，有蟾蜍、虎、螭、貔貅等形，体积较小。据目前出土文物来看，镇纸在汉代就已经出现。

镇尺亦称"书尺"，功用同镇纸，用以压纸张或书籍之用。形制多为长条形，整体厚重，有金、银、铜、玉、木、竹、石、瓷等材质，亦有成对两根，其上刻铭文或对联，彰显书卷气息。

桦木雕灵芝形长镇尺　清代

灵芝在古代被视为吉祥物，寓意吉祥如意。此镇尺材质为桦木，呈长条形。底部平整，上部因材而艺，镂雕各式大小灵芝草，雕刻简约，但刀法熟练，打磨精细。

紫檀嵌玉镇尺　清代

此镇尺为紫檀木制，上面嵌三块素面白玉，略带沁色。周围嵌银丝饕餮纹、夔纹等纹样。底面沿边线嵌银丝纹一周。此镇尺古朴典雅，做工精细，用料讲究，据推测为清宫廷御用之物。

青玉龙纹镇尺　清代

龙纹发展到清代已经趋于图案化，龙身比例失调，变形扭曲且有带状或叶状物衍生。此镇尺为青玉制，呈规矩尺形，表面用高浮雕刻龙纹，龙纹两侧有盘长纹，镇尺两侧刻回纹。此镇尺上的龙纹属典型的清代图案化龙纹饰。

铜嵌珐琅镇尺　清代

此镇尺为铜制，嵌掐丝螭纹珐琅面，镇尺中部有铆接凸起的圆雕螭钮。珐琅工艺属景泰蓝的一种，掐丝珐琅是元代从阿拉伯地区传入我国的一种工艺，即以铜胎为主，用铜丝在胎体上掐拍出图案，填珐琅彩烧制加工而成。

水晶古琴式镇纸　清代

此镇纸选取透明水晶材质，造型为仿古琴式，镇纸面弧形拱起，清晰地雕七个弦纽和十三个象征音位的徽。镇纸底足凸显古琴四脚。琴面的泛音位置及音位的徽定型于汉代，魏晋之后的古琴形制基本同于现在，徽的数量定为十三个。

象牙雕松树镇纸　清代

此镇纸选用象牙材质，器扁，略呈覆瓦式，面雕成松干状，用浅浮雕及镂雕技法表现松树表皮错落鳞片的形态，极具美感。镇纸正面卜部有一机关，拉动可掀起一椭圆形盖。现出的椭圆池可作水丞，背面设计成砚式。镇纸背面上部有圆形小池，反置也可作水丞。此镇纸功用较多，设计巧妙绝伦，雕刻磨工俱佳，属文房用具之珍品。

玻璃枭式镇纸　清代

此镇纸用透明玻璃磨制而成，枭形蹲式，后翘尾短，双目圆睁，眼圈用金条镶饰，眼眸丹红色玻璃装饰，炯炯有神。枭通体刻有细密的羽毛纹，形态逼真，属玻璃器作品中的传世精品。

背青玉竹节小镇纸　清代

此镇纸为青玉制，有玉皮，仿竹节造型，正面凸雕竹节和竹叶，背面形制像从纵面剖开的竹节，因用带玉皮雕成，竹节造型更是逼真。

铜嵌银丝蹲虎镇纸　清代

此镇纸为铜制，亦采用嵌银丝工艺。虎做蹲伏状，嘴紧闭，眼球凸起，双眼以金丝装饰，虎身及眉毛、耳朵、尾巴等部位都嵌有银丝，以示虎毛。此镇纸整体造型敦厚，虎身条纹用银丝嵌出，减弱了虎的凶猛，倒显几分憨态。

铜嵌银丝卧羊镇纸　清代

此镇纸为铜制，使用嵌银丝工艺，羊首及羊身上嵌制勾云等抽象纹样。嵌银丝是始于战国时期的金属装饰工艺，即先在器物上垂直錾出纹饰的凹槽，再把金或银片锤入凹槽中，然后打磨光亮。

玉螭龙镇纸　明代

此镇纸为扁圆体，玉质，根据形制在镇纸面上凸雕一条螭龙。此器将材质、用途、装饰都协调统一起来，既实用，又不失工艺价值。

铜错金银蟠龙镇纸　六朝

此镇纸材质为铜，形制呈蟠龙状，龙首扬起，龙身弯曲，周身装饰错金银云纹和圆圈纹。此镇纸工艺巧妙复杂，造型别致，属铜镇中的精品。

皮纸。皮白色,有文如鱼子笺。雷、罗州、义宁、新会县率多[5]用之。其纸漫而弱,沾水即烂,远不及楮皮者。

【注释】〔1〕刘恂:生卒年不详,唐朝河北雄县(今河北省保定市雄县)人,曾任广州司马,后寓居广州。

〔2〕《岭表录异》:地理杂记,全书共3卷,唐·刘恂撰。

〔3〕广管罗州:南朝宋元嘉元年(424年)设罗州县,时归广州高凉郡管,故有此说。

〔4〕栈香树:香木之一种,晋·嵇含《南方草木状·蜜香沉香等》:"交趾有蜜香树……其干为栈香。"

〔5〕率多:大多。

【译文】刘恂《岭表录异》说:广州高凉郡所辖罗州有很多栈香树,树身像杞柳,开花白而且多。它的叶像橘皮,可以造纸,名叫"香皮纸"。为灰白色,上面有鱼子笺一样的纹理。雷州、罗州、义宁县、新会县大多用这种纸。此纸纸质松散柔弱,沾水即烂,远不如楮皮制成的纸。

【原文】《世说》:戴安道[1]就范宣[1]学所为:范读书,亦读书;范抄纸,亦抄纸。

【注释】〔1〕戴安道:戴逵(326—396年),字安道,谯郡铚县(今安徽省淮北市濉溪县)人,东晋隐士。

〔2〕范宣:生卒年不详,字子宣,陈留(今河南省开封市)人,东晋名儒。

【译文】《世说》:戴安道随范宣学习时是这样做的:范读书,他也读书;范在纸上抄写,他也在纸上抄写。

纸之辞赋

【原文】傅咸《纸赋》：盖世有质文[1]，则治有损益，故礼随时变，而器与事易。既作契以代绳兮[2]，又造纸而当策[3]，犹纯俭之从宜，亦惟变而是适。夫其为物，厥美可珍，廉方[4]有则，体洁性真。含章蕴藻[5]，实好斯文，取彼之弊，以为此新[6]。揽之则舒，舍之则卷，可屈可伸，能幽能显。

【注释】〔1〕质文：质朴与文华。
〔2〕既作契以代绳兮：契，书契，指文字。绳，即结绳。在文字产生以前古人用绳子结扣来记事，相传大事打大结，小事打小结。
〔3〕策：简策、简册。古代连接成册的竹简。
〔4〕廉方：有棱角而方正。
〔5〕含章蕴藻：含章，包含美质。蕴藻，包含着美好的辞藻。
〔6〕取彼之弊，以为此新：指新纸是用废旧物资制成的。

【原文】梁江洪[1]《为傅建康咏红笺》诗：杂采[2]何足奇，惟红偏可作。灼烁[3]类蕖[4]开，轻明似霞破。镂质卷芳脂，裁花承百和。不遇情牵人，岂入风雅座。

【注释】〔1〕江洪：济阳考城（今河南省商丘市民权县）人，南朝诗人。
〔2〕杂采：各种颜色。
〔3〕灼烁：鲜明貌。
〔4〕蕖：荷花的别名。

【原文】后梁宣帝《咏纸》诗：皎白犹霜雪，方正若布棋。宣情[1]且记事，宁同鱼网[2]时。

□ 仿道林纸　清代　安徽博物院藏

　　竹禅法师《绘兰花册页》用纸，共12页，此纸是仿造美国道林公司所造纸，木材为原料，价格颇高，但不如舶来品质地好。此类纸面滑且质硬，着墨不晕，效果殊于宣纸，稍经时日纸色则趋红黄，别有韵味。

【注释】〔1〕宣情：抒发感情。
〔2〕鱼网：《诗经·邶风·新台》："鱼网之设，鸿则离之，燕婉之求，得此戚施。"意思是张网捕鱼，捉到的是鸿雁。这里比喻有多方面的收获。

【原文】薛道衡《咏苔纸》诗：昔时应春色，引渌泛清流。今来承玉管，布字转银钩[1]。

【注释】〔1〕今来承玉管，布字转银钩：指握笔写字。

【原文】梁刘孝威[1]《谢公纸启》略云：虽复邺殿凤衔[2]，汉朝鱼网，平淮桃花[3]中宫穀树，固亦惭兹靡滑，谢此鲜华。

【注释】〔1〕刘孝威（496—549年）：名不详，字孝威，彭城（今江苏省徐州市）人，南朝梁诗人、骈文家。
〔2〕邺殿凤衔：邺殿，指皇宫。邺在今河北临漳，为古代名都。凤衔，即

凤纸，绘有金凤的名纸，一种贵重的纸。唐朝文武官诰敕及道家青辞用之。

〔3〕汉朝鱼网，平淮桃花：汉朝鱼网，即汉朝蔡伦用破旧渔网、树皮等造的纸。平淮桃花，纸名，纸质薄而韧，可糊风筝或作窗纸等。

【原文】韦庄[1]《乞彩笺歌》：浣花溪上如花客，绿暗红藏人不识。留得溪头瑟瑟波，泼成纸上猩猩色。手把金刀裁彩云，有时剪破秋天碧，不使虹霓段段飞，一时驱上丹霞壁。蜀客才多染不工，卓文[2]醉后开无力。孔雀衔来向日飞，翩翩压折黄金翼。我有歌诗一千首，磨砻山岳罗星斗。开卷长疑雷电惊，挥毫只怕龙蛇走。班班[3]布在诗人口，满轴松花都未有。人间无处买烟霞，须知得自神仙手。也知价重连城璧，一纸万金犹不惜。薛涛[4]昨夜梦中来，殷勤劝向君边觅。

【注释】〔1〕韦庄（约836—910年）：字端己，长安杜陵（今陕西省西安市）人。晚唐诗人，五代时前蜀宰相。

〔2〕卓文：指汉代才女卓文君。

〔3〕班班：明显的样子。

〔4〕薛涛：唐代女诗人，自制"薛涛笺"。

【原文】僧齐己[1]《谢人赠棋子彩笺》诗：陵州[2]棋子浣花笺，深愧携来自锦川[3]。海蚌琢成星落落，吴绫[4]隐出凤翩翩。留防桂苑[5]题诗客，惜寄桃源敌手仙。捧受不堪思出处，七千余里剑关[6]前。

【注释】〔1〕僧齐己（约863—约937年）：俗姓胡，名得生，晚唐著名诗僧。

〔2〕陵州：故址在今四川仁寿县境，北周始置，隋废，唐复置。

〔3〕锦川：锦江，岷江分支之一，传说蜀人织锦濯于锦川则色鲜，濯于别水则色淡。

〔4〕吴绫：古代产于吴地的一种以轻薄名世的有纹丝织品。

〔5〕桂苑：科举考场。

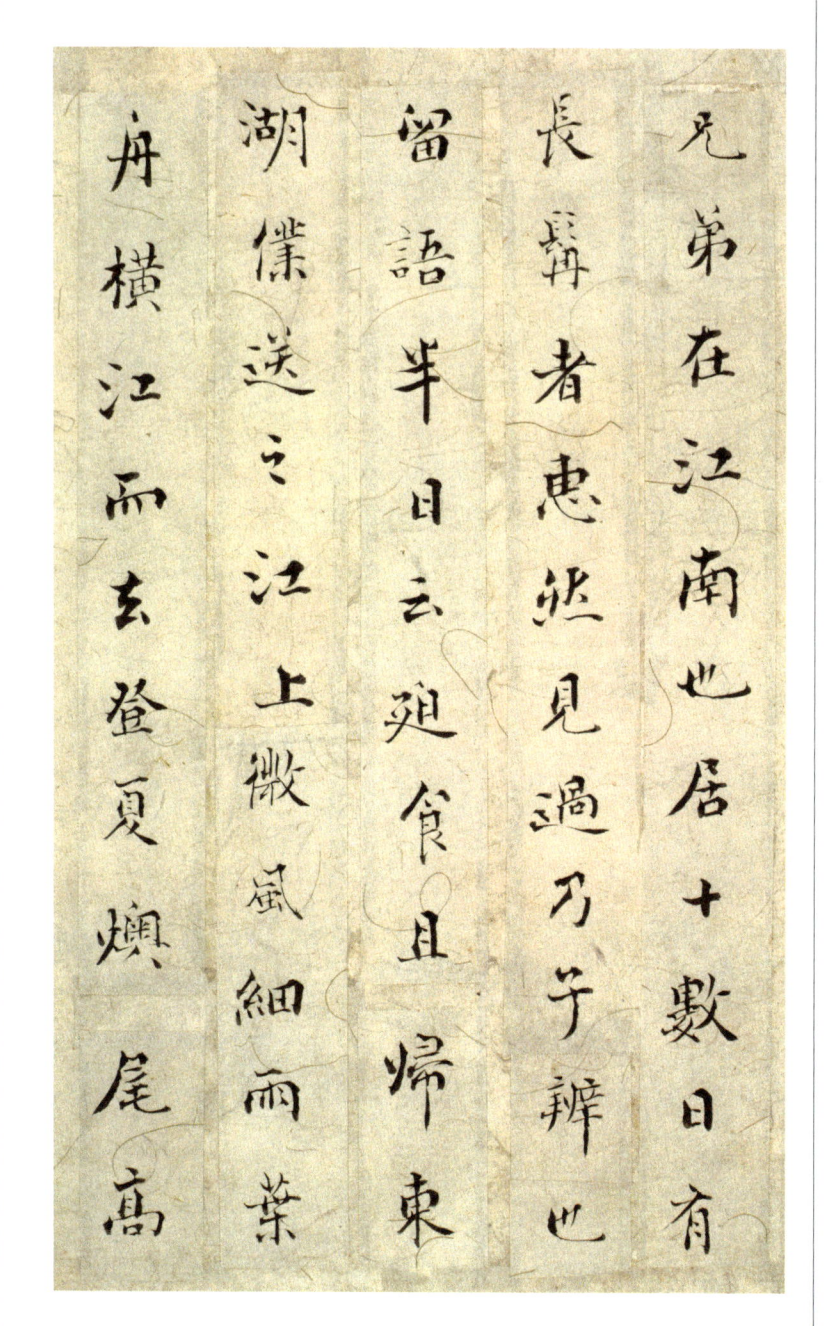

□ 发笺　清代　安徽博物院藏

发笺又称"苔纸"，始于晋代，是一种具有独特艺术韵味的原始加工纸。以麻、树皮类为主原料制浆，用绿色水苔或黑色发菜等有色纤维状物质作填料，确保成品纸面呈现有色纹理。发笺一般分大、小两种规格，大的发笺不常见。根据质地不同，发笺又可分为粗、细两种，粗者色红韧坚，北方多作糊窗纸；细者色白精密，南方多作书画纸。此笺为陈复初《字册》用纸，共23页。

〔6〕剑门：剑门关。

【原文】舒元舆[1]《悲剡溪古藤文》：剡溪[2]上绵四五百里，多古藤，株柄[3]逼土。虽春入土脉，他植[4]发活，独古藤气候不觉，绝尽生意。予以为本乎地者，春到必动。此藤亦本于地，方春且死，遂问溪上之有道者。言溪中多纸工，持刀斩伐无时，劈剥皮肌以给其业。噫！藤虽植物者，温而荣，寒而枯，养而生，残而死，亦将似有命于天地间。今为纸工斩伐，不得发生，是天地气力为人中伤，致一物疾疹[5]之若此。异日过数十百郡，泊东洛[6]西雍，历见言书文者皆以剡纸相夸。予悟囊[7]见剡藤之死，职止由此，此过固不在纸工。且今九牧[8]士人，自专言能见文章户牖者，其数与麻竹相多。听其语其自安重，皆不营握骊龙珠，虽有晓悟[9]者，其伦甚寡。不胜众者，亦皆敛手[10]无语。胜众者果自谓天下文章归我，遂轻傲圣人之道，使《周南》《召南》[11]风骨，折入于《折扬》《皇华》[12]中，言偃[13]卜子夏[14]文学，陷入于淫靡放荡中。比肩[15]握管，动盈数千百人，数千百人笔下动成数千万言，不知其为谬误。日日以纵，自然残藤命易甚桑枲[16]。波波颓沓[17]，未见止息，如此则绮文妄言辈，谁非书剡纸者耶？纸工嗜利，晓夜斩藤以鬻之，虽举天下为剡溪犹不足以给，况一剡溪者耶？以此恐后之日，不复有藤生于剡矣。大抵人间费用，苟得著其理，则不枉之道在。则暴耗之过，莫有横及于物。物之资人亦有时，时其斩伐，不为夭阏[18]？予谓今之错为文者，皆夭阏剡溪藤之流也。藤生有涯，而错为文者无涯，无涯之损物，不直[19]于剡藤而已。予所以取剡藤以寄其悲。

【注释】〔1〕舒元舆（？—835年）：字升远，江州（今江西省九江市）人，唐朝官员、诗人。

〔2〕剡溪：位于浙江省嵊县曹娥江上游。因剡溪古藤甚名，可造纸，名为"剡藤纸"。

〔3〕株柄：株蘖，树木的残根生出的枝条。

〔4〕他植：其他植物。

〔5〕疾疠：瘟疫。这里指受人工影响，古藤几乎灭绝。

〔6〕东洛：东都洛阳。

〔7〕曩：往昔。

〔8〕九牧：九州。

〔9〕晓悟：领会。

〔10〕敛手：拱手，表恭敬。

〔11〕《周南》《召南》：《诗经·国风》中的篇名。

〔12〕《皇华》：《诗经·小雅》中的篇名。

〔13〕言偃（前507—？）：字子游，春秋吴国人，孔门弟子。言偃才华出众，曾任武城（今山东省临沂市费县）宰。因提倡以礼乐教民，名声很大。

〔14〕卜子夏：卜商（前507—？），字子夏，春秋吴国人，孔门弟子。

〔15〕比肩：肩膀挨肩膀。形容一个接一个。

〔16〕桑柘：桑木与柘木。

〔17〕波波颓沓：波波，奔波。颓，通"堆"；颓沓，堆叠复沓。

〔18〕夭阏：夭亡，夭折。《红楼梦》："期汗漫而无夭阏兮，忍捐弃余于尘埃耶？"

〔19〕不直：不只。

【原文】周朴[1]《谢友人惠笺纸并笔》：范阳[2]从事独相怜，见惠霜毫与彩笺[3]。三副紧缠秋月兔，五般方剪蜀江烟。宵征[4]觉有文通梦[5]，日习惭无子谅[6]篇。收著不将两处用，归山闲向墨池前。

【注释】〔1〕周朴（？—878年）：字见素，福州长乐（今福建省福州市）人，唐末诗人。

〔2〕范阳：古地名，在今河北。

〔3〕见惠霜毫与彩笺：惠，赠送。霜毫与彩笺，指笔与纸。

〔4〕宵征：夜行。

〔5〕文通梦：见《笔谱·叙事》中"江淹梦得五色笔"条。江淹，字文通。

〔6〕子谅：卢谌（285—351年），字子谅，东晋大臣，擅写文章。

【原文】段成式《与温庭筠云蓝纸绝句并序》：一日辱[1]飞

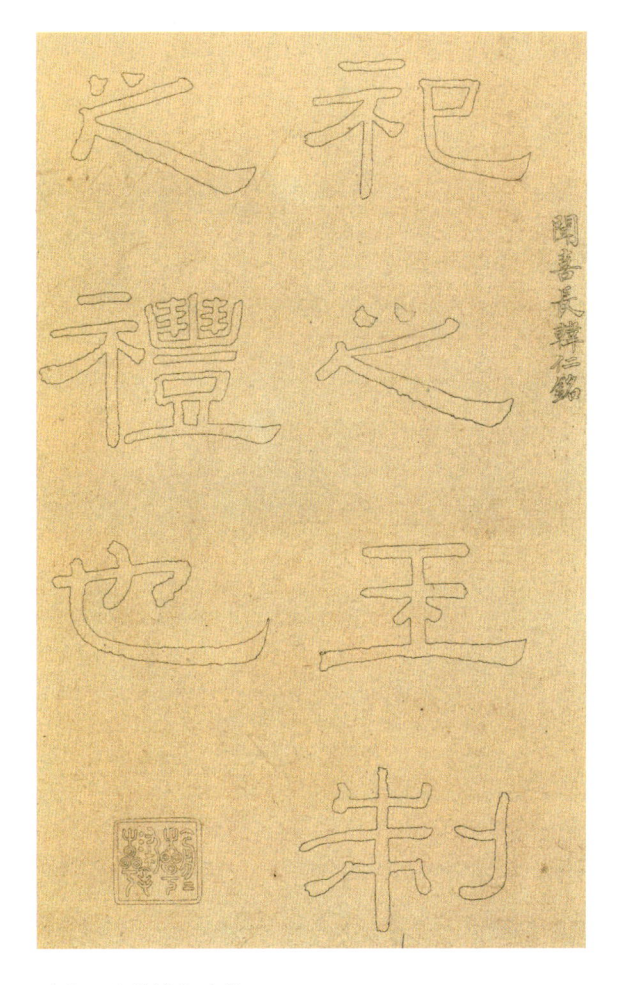

□ **油纸　清代　安徽博物院藏**

油纸是古代人为作勾摹之用而选精良宣纸加工而成的。因用途不同,制法也各异。用于书画的油纸成品呈半透明状,遇水成珠,不易晕墨,且具驱潮的功效。此油纸是巴祖慰《双勾汉碑册》用纸,碑册共10页,质地细薄匀净,润滑细腻,摹印效果佳。

卿[2]九寸小纸,两行亲书,云要采笺十番,录少诗稿。予有杂笺数角,多抽拣[3]与人。既玩之轻明,复用殊[4]麻滑。尚愧大庚[5]所得,犹至四百枚;岂及右军[6]不节,尽付九万幅。因知碧联棋上,重翻《懊恼》之辞;红方絮[7]中,更拟相思之曲。固应桑根作本,藤角为封;古拙不重蔡侯[8],新样[9]偏饶桓氏[10]。何啻奔走驰骋,有贵长帘[11];下笔纵横,偏求侧理[12]。

所恨无色如鸭卵，状如马肝，称写璇玑，且题裂锦者。予在九江，出意造云蓝纸，既乏左伯之法，全无张永之功[13]。辄分五十枚，并绝句一首，或得间中暂当药饵也：三十六鳞[14]充使时，数番尤得裹相思。待将抱拱[15]重抄了，尽写襄阳《播搦词》[16]。

【注释】〔1〕辱：谦词，表示承蒙。

〔2〕飞卿：温庭筠。

〔3〕抽拣：挑拣。

〔4〕殊：特别。

〔5〕大庾：地名，指大庾山。

〔6〕右军：王羲之。

〔7〕方絮：絮纸。

〔8〕蔡侯：蔡伦。

〔9〕新样：由桓氏发明的一种纸。

〔10〕桓氏：指桓玄，其建立桓楚后，曾颁行改简为纸的诏令。

〔11〕长帘：遮蔽门窗的竹帘。

〔12〕侧理：侧理纸。

〔13〕既乏左伯之法，全无张永之功：左伯、张永，是两位著名的书法家。

〔14〕三十六鳞：指书信。唐·段成式《酉阳杂俎·鳞介篇》："鲤，脊中鳞一道，每鳞有小黑点，大小皆三十六鳞。"因以"三十六鳞"为鲤鱼的别称。宋·葛立方《韵语阳秋》卷十六："段成式，以灵蓝纸赠温庭筠，有诗云：'三十六鳞充使时，数番犹得裹相思。'谓鲤鱼三十六鳞，充使谓凭鲤鱼寄书也。"

〔15〕抱拱：做礼状，表恭敬。

〔16〕《播搦词》：舞曲名，亦称作《掘柘词》。

【原文】文嵩《好畤侯楮知白传》：楮知白，字守玄，华阴[1]人也。其先隐居商山[2]，入百花谷，因谷氏焉。幼知文，多为高上之首冠，自以朴散[3]不仕。殷太戊[4]失德于时，与其友桑同生入朝直谏，拱于庭七日，太戊纳其谏而修德，以致圣敬日跻。因赐邑于楮，其后遂为楮氏二十二代祖支。因后汉和帝元兴中下诏，征岩穴隐逸，举贤良方正之士。中常侍蔡伦搜访得之于耒阳[5]，贡于天子。天子以其明白方正，舒卷平直，《诗》所谓"周道如砥，其直如矢"者也。用簉[6]史官，以代简策。寻拜治书侍御史。奉职勤恪，功业昭著，上用嘉之，封好畤侯。其子孙世修厥职，累代袭爵不绝。博好藏书，尤能遍求，自有文籍以来，经诰典策及释道百氏之书，无不载之素幅[7]。遇其人则舒而示之，不遇其人则卷而怀之，终不自矜其该博[8]。晋宋之世，每文人有一篇一咏出于人口者，必求之缮写。于是京师声价弥高，皆以文章贵达。历齐、梁、陈、隋以至今朝廷，益甚见用。知白为人好荐贤汲善[9]，能染翰墨，与人铺舒行藏[10]，申冤雪耻，呈才述志，启白[11]公卿台辅，以至达于天子，未尝有所难阻。隐蔽历落[12]，布在腹心，何只于八行者欤？知白家世，自汉朝迄今千余载，奉嗣世官，功业隆盛，簿籍图牒，布于天下，所谓日用而不知也。知白以为不失先人之职，未尝辄伐其功。与宣城毛元锐、燕人易玄光、南越石虚中为相须之友。每所历任，未尝不同。知白自国子受牒补主簿，直弘文馆，为书吏所赜，因润[13]而坠之。当轴[14]素知廉洁，怜而不问，他日方戒而用之，是以其道益光，曾无背面。累迁中书舍人，史馆修撰，直笔[15]之下，善恶无隐。明天子御宇，海内无事，志于经籍，特命刊校集贤御书。书成奏之，天子执卷躬览[16]，嘉赏不已，因是得亲御案。乃复嗣爵好畤侯。史臣曰：春秋有楮师氏，为卫大夫，乃中国之华族也。好畤侯楮氏，盖上古山林隐逸之士，莫知其本出。然而功业昭宣，其族大盛，为天下所利用矣。世世封侯爵食，不亦宜乎！

【注释】〔1〕华阴：今陕西省华阴市。

〔2〕商山：山名，在今陕西省商洛市。

〔3〕朴散：指世风日下。

〔4〕殷太戊：商代国君。

〔5〕耒阳：古市名，在今湖南省衡阳市东南部。

〔6〕簉：附属。

〔7〕素幅：素绢。

〔8〕该博：渊博。

◎ 文房用具之纸

纸在我国有着悠久的历史。造纸的主要原料多为植物纤维，以竹与木为主。因竹纤维脆硬，所制的纸吸墨性较弱，称弱吸墨纸，纸面光滑、墨浮于表面，不易洇开，色彩鲜艳，以笺纸类为主，包括澄心堂纸、蜀笺和藏经纸等，今天用的洋纸也属于此类；而木纤维柔韧，所制的纸吸墨较强，表面生涩，墨一落纸，易洇开，书写时常需加浆或涂蜡，色彩不鲜亮，以宣纸类为主，宣纸与仿宣最常见。

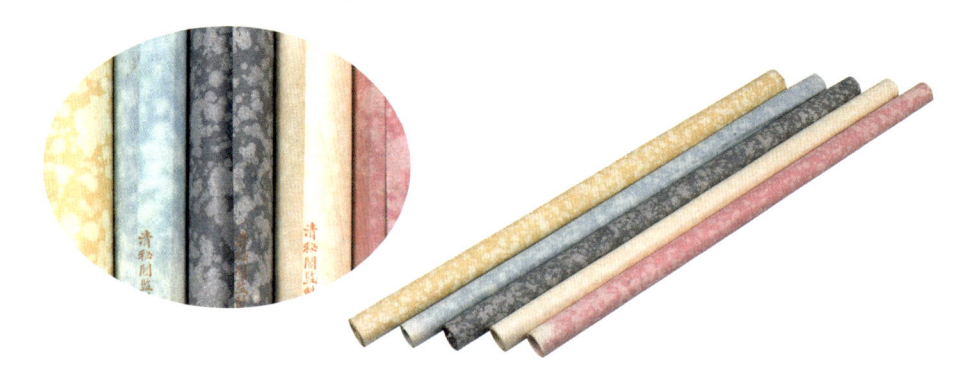

雪金蜡笺　明代

色分鹅黄、浅绿、淡蓝、瑰红等不一。皆选精良生宣，经染色、上矾水、拖骨胶、敷金片等复杂工艺制成。其斑驳的金片，在光照之下，亮闪如金。此种纸张，纸质坚硬厚实，多被用于书写对联、书柬、请帖等。

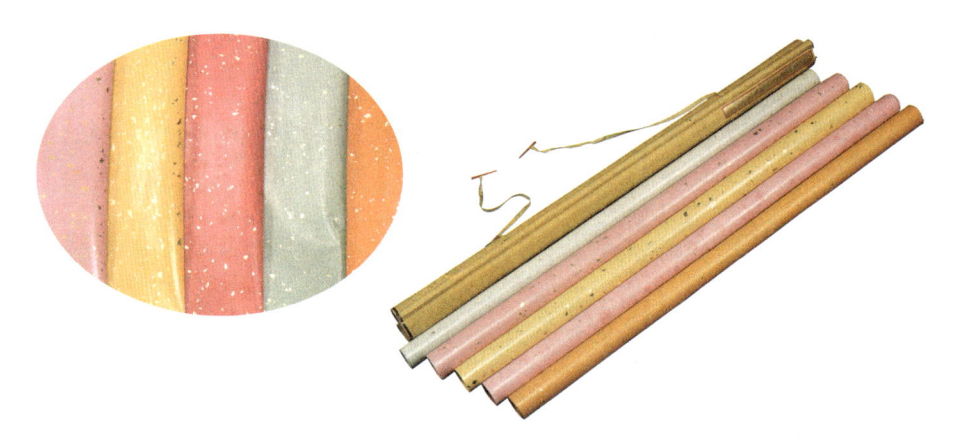

虎皮宣纸　明代

虎皮宣纸是清代特有的一种加工宣纸，选优质生宣，经过上矾、拖胶后，染深浅、浓淡各异的虎皮斑点。图中宣纸色分鹅黄、天蓝、浅灰、粉红等各种颜色。虎皮宣纸，纸性偏熟，受墨不晕，适于工笔画及楷、隶书体，书法中经常使用。

肩水金关纸　西汉

用废旧麻絮、布料等为原料制成，以麻的成分为主。因为纤维有明显的分丝帚化现象，说明我国在西汉中期已经出现了纸态雏形。肩水金关纸是我国现存的早期古纸标本，其发现为研究汉代造纸术的起源提供了重要的实物资料。

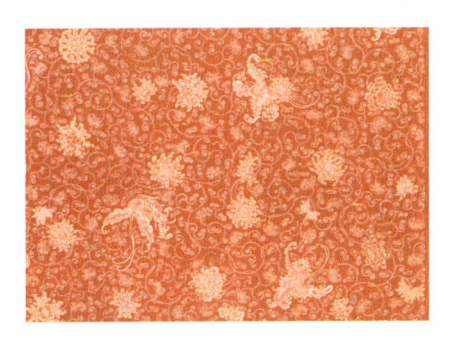

描金宫绢　清代

在乾隆年间极为盛行用描金绢书写，清内府制作的描金绢最精，被称为"描金宫绢"。此宫绢是在素白纸上裱朱红色绢，在绢底上描绘金缠枝莲纹，色彩鲜艳。绢质地柔韧、吸墨性强，用于书法，便于笔墨发挥，效果异于纸，极为珍贵。

粉白暗花龙纹宣纸　清代

纸质较厚，纸面以暗花纹画两条行龙，两行龙中间有一火珠，为双龙戏珠纹。此纸为宫中用纸。

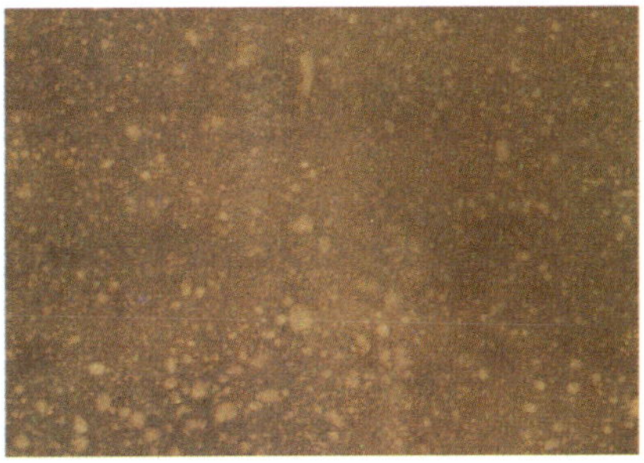

褐色虎皮宣纸　清代

褐色虎皮宣纸，纸表饰以各式浅色斑点，因似虎皮而得名。此纸质地薄，有少许纤维。虎皮宣纸传世实物不多，此为代表性的书画用纸。

梅花玉版笺　清代

梅花玉版笺是清康熙年间造的高级笺纸，乾隆时比较盛行，制作更为精湛，成为宫廷用纸。此纸为斗方式，皮纸为原料，纸表施粉蜡，厚薄均匀，面光滑，泥金绘冰梅图案，右下角勾云纹栏，内有隶书朱印。

珊瑚色开化纸　清代

开化纸，因清时产于浙江省开化县而得名，纸纯白，纸质细腻柔软。清康熙、雍正、乾隆年间产量最多，多用于清代殿本图画和印套色彩画。图中开化纸涂以珊瑚色粉加胶而成，用作书画或图书扉页，有防蛀避虫之功效，南方较为常见。

〔9〕汲善：引人向善。

〔10〕行藏：出处或行止。

〔11〕启白：陈述，白同秉。

〔12〕隐蔽历落：指或隐或显之事。

〔13〕润：利益。

〔14〕当轴：指掌权者。

〔15〕直笔：指史官记载史事时无所避讳，据实直书。

〔16〕躬览：亲自阅览，表恭维。

卷四·墨谱

本卷从解析墨与文章的阴阳关系开始，叙述墨的由来、产地、历代名家造墨经验以及文人墨客对墨的歌咏。墨的好坏对书画作品影响重大，好墨乌黑透亮，经久不变。用墨宜随用随磨，浓淡随意。历代名家的制墨之法多为后人所参考。

墨之叙事

【原文】《真诰》云：今书通用墨者何？盖文章属阴[1]，墨阴象[2]也，自阴显于阳[3]也。

【注释】〔1〕文章属阴：应指文章的内容、意涵隐于字里行间，未曾明示。

〔2〕阴象：墨为黑色，象征阴。

〔3〕显于阳：指文章的意涵得以明示。

【译文】《真诰》说：现在写字为何都用墨？大概因为文章属阴，墨的颜色也属阴，阳是通过阴来显现的。

【原文】《续汉书》[1]云：中宫令[2]主[3]御墨。

【注释】〔1〕《续汉书》：纪传体史书，记述了起于光武帝止于献帝的东汉约200年历史，共80卷，西晋·司马彪撰。

〔2〕中宫令：古官名，为内廷官，由太监担任。

〔3〕主：掌管。

【译文】《续汉书》说：中宫令掌管御墨。

【原文】《汉书》云：尚书令、仆、丞、郎[1]，月赐隃麋[2]大墨一枚、小墨一枚。

【注释】〔1〕尚书令、仆、丞、郎：分别指尚书令、仆射、丞相、郎官。

〔2〕隃麋：古县名，汉置，以产墨著称。

【译文】《汉书》说：尚书令、仆射、丞相、郎官，每月赐隃麋产的大墨一枚、小墨一枚。

【原文】《东宫故事》：皇太子初拜，给香墨四丸。

【译文】《东宫故事》：皇太子册立时，要赐给四丸香墨。

【原文】《释名》曰：墨者，晦[1]也。言似物晦墨也。

【注释】〔1〕晦：夜色。

【译文】《释名》说：墨，是黑夜的颜色，是指黑和暗的事物。

【原文】陆士龙[1]《与兄书》云：一日上三台[2]，曹公[3]藏石墨[4]数十万斤，然不知兄颇见之否？今送二螺[5]。

【注释】〔1〕陆士龙：陆云（262—303年），字士龙，西晋官员、文学家。
〔2〕三台：指邺城三台，包括金凤台、铜雀台、冰井台，位于今河北省邯郸市临漳县境内，是"建安文学"的发祥地。
〔3〕曹公：这里指曹操。
〔4〕石墨：这里指天然石墨。
〔5〕螺：应为一种螺形容器。

【译文】陆士龙《与兄书》说：有一天上三台，见曹公藏的石墨有几十万斤，不知兄长见过否？现送上二螺。

【原文】古有九子之墨[1]，祝婚者多子，善祷[2]之义也。词曰："九子之墨，成于松烟[3]。本性长生，子孙无边。"

【注释】〔1〕九子之墨：古墨名，古时祝贺婚礼用物。
〔2〕善祷：美好的祝福。
〔3〕松烟：指用松烟制墨。

【译文】古时候有九子墨，是用来祝福新婚的人多子的，有美满的意思。其祝词说："九子之墨，成于松烟。本性长生，子孙无边。"

◎ 墨的使用与保养

墨的使用与保养可分为四个步骤：保存、用墨、研墨、保养。简而言之，匣装保存，防潮防晒；用墨须新，以免褪色；加水须清，适量为宜；匀速磨墨，轻重有节。

保存

研墨完毕，即将墨取出，不可置放于砚池，否则胶易黏着砚池，干后不易取下，且易潮湿变软，两败俱伤。也不可在阳光下暴晒，以免干裂。最好的保存方法是将其置于匣内，既可防湿，又可避免阳光直射，不染尘。

用墨

用墨须用新墨。因墨汁若放置一日以上，胶与煤烟逐渐脱离，墨光既乏光彩，又不能持久，故以宿墨作书，极易褪色。而市面上所售的现成墨汁，有些胶重滞笔，有些则浓度太低，落纸极易化干，防腐剂又多，易损笔锋，不宜采用。

研墨

研墨时须加清水，水要清澈，不含杂质，若水中混有杂质，磨出来的墨就不纯了。至于加水，最先不宜过多，以免将墨浸软或墨汁四溅，应以逐渐加入为宜。

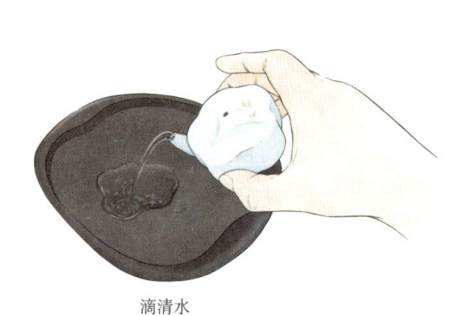

保养

磨墨时要垂直顺磨，用力须匀称，若过轻过重，太急太缓，墨汁必粗而不匀。用力过轻，速度太慢，浪费时间且墨浮；用力过重，则墨粗而生沫，色亦无光。正确的方法应该是轻重有节，切莫太急。

滴清水

磨墨

磨墨姿势

先将清水滴入砚面，磨好的墨汁推入砚池，反复研磨。研墨时墨身要垂直，要重按轻转，先慢后快，不可急性。执墨研磨方式：一以垂直推拉前后磨，二以斜的角度前后或旋转磨，三是不规则地随便磨，都不可太用力，用力过猛就无法磨出光泽。

【原文】顾微[1]《广州记》曰：怀化郡掘堑[2]，得石墨甚多，精好可写书。今山中多出朱石，亦可以入朱砚中使。

【注释】〔1〕顾微：字微之，东晋大臣。
〔2〕掘堑：挖壕沟。

【译文】顾微《广州记》说：有人在怀化郡挖壕沟，挖出很多石墨，精良的质地可以用来书写。现在山中大量出产朱石，也可以加到朱砚中用。

【原文】戴延之[1]《西征记》[2]曰："石墨山北五十里，山多墨可书，故号焉。"盛弘之[3]《荆州记》[4]曰："筑阳县[5]亦出。"

【注释】〔1〕戴延之：戴祚，字延之，东晋文学家。
〔2〕《西征记》：记载戴祚随军讨伐后秦时的沿途见闻，属地理风俗志，今有辑本。
〔3〕盛弘之：南朝宋官员。
〔4〕《荆州记》：记载刘宋时时荆楚自然地理、民风民俗、神话传说、名人轶事和历史遗迹等，属地理风俗志，今已佚。
〔5〕筑阳县：今湖北省谷城县境。

【译文】戴延之《西征记》说："石墨山向北五十里，山中有很多可以用于书写的石墨，石墨山也就此得名。"盛弘之《荆州记》说："筑阳县也出石墨。"

【原文】扬雄：诏令尚书赐笔墨，观书石室[1]。

【注释】〔1〕石室：指古代藏图书档案处。文出扬雄《答刘歆书》，参见《墨谱·杂说》中的"扬雄"条。

【译文】扬雄：诏令尚书赐给我笔墨，还允许我在皇家藏书的石室观看书。

【原文】《墨薮》云：凡书，先取[1]墨，必庐山之松烟，代郡[2]之鹿角胶[3]。十年之上强[4]如石者妙。

【注释】〔1〕取：选择。
〔2〕代郡：古郡名，今河北蔚县一带。
〔3〕鹿角胶：可作制墨之胶，用鹿角熬制。
〔4〕强：硬。

【译文】《墨薮》说：凡是写字，得先选墨，必须用庐山的松烟、代郡的鹿角胶制成的墨。存放十年以上硬如石头的最好。

【原文】《周书》[1]有涅墨之刑[2]。《庄子》云："舐笔[3]和墨。"晋公[4]墨缞[5]，邑宰[6]墨绶[7]。是知墨其来久矣。

【注释】〔1〕《周书》：《逸周书》，先秦史书，主要记载从周文王到景王年间的史迹。
〔2〕涅墨之刑：墨刑，是古代五刑之一。即在人身上刺字或图案，再涂以墨作标志。
〔3〕舐笔：蘸墨后，将笔毫中多余的墨水在笔舐上刮去的动作。
〔4〕晋公：晋国公，周代公爵。
〔5〕墨缞：黑色丧服。
〔6〕邑宰：县令。
〔7〕墨绶：黑色丝带。

【译文】《周书》有关于墨刑的记述。《庄子》说："舐笔和墨。"晋国公穿墨色丧服，邑宰佩墨黑色经带，由此可知，墨由来已久。

【原文】陶侃献晋帝笺纸三千枚，墨二十丸，皆极精妙。

【译文】陶侃献给晋帝笺纸三千张、墨二十丸，都很精妙。

【原文】王充《论衡》云：以涂[1]傅[2]泥，以墨点缯[3]，

□ **歙州黄山张谷男处厚墨　宋代　安徽省合肥市文物保护中心藏**
　　此墨于1988年1月出土于合肥市南郊城南乡五里冲朱岗村北宋马绍庭夫妻墓。墨为模制，松烟墨，形似织布的梭子。墨的正面中部线框内残存阳文篆书"歙州黄山张谷"六字，其余字迹模糊难辨。据专家考证，其后四字应为"男处厚墨"。此墨长25厘米，宽5厘米，厚1.2厘米，重158.8克，形制之大，实为罕见。据《墨法集要》载，"墨大最难搜和"，工艺稍有不当，极易开裂，所以古代墨工"不喜为厚大"。因此该墨作为宋代发掘尺寸最大的墨锭，在墨史研究上具有重要意义。

孰有知之？清受尘，白取垢，青蝇之污，常在绢素。

【注释】〔1〕涂：泥巴。
〔2〕傅：附着。
〔3〕缯：古时对丝织品的总称。

【译文】王充《论衡》说：将稀泥抹在泥上，将墨点在洁白的缯帛上，哪一种更能让人感知？干净的东西容易被灰尘污染，洁白的物品容易沉积污垢，苍蝇的污迹，常常出现在绢素上。

【原文】欧阳通每书，其墨必古松之烟，末以麝香，方可下笔。

【译文】欧阳通一旦写字，所用的墨必定是用古松的烟，和麝香末制成的墨，才下笔。

【原文】许氏[1]《说文》[2]云：墨者，书墨也。字从黑、土。墨者，煤烟所成，土之类也。

【注释】〔1〕许氏：许慎。
〔2〕《说文》：《说文解字》。

【译文】许慎《说文》说：墨，是写字的墨。字从黑，从土。

墨，是用煤烟制成的，与土同类。

【原文】古人灼龟[1]，先以墨画龟，然后灼之，兆[2]顺食墨[3]乃吉。《尚书·洛诰》[4]云："惟洛食[5]。"汉文[6]大横入兆[7]，即其事也。

【注释】〔1〕灼龟：用火烧灼龟甲，以其裂纹测吉凶。
〔2〕兆：龟甲所成的裂纹，可观其走势测其吉凶。
〔3〕食墨：龟卜术语，指灼龟时龟兆与事先画好的墨画相合。
〔4〕《尚书·洛诰》：《尚书》中的第一篇，是周公旦营造洛邑后，警示周成王的文章。
〔5〕洛食：只有在洛地的占卜是吉兆。食，食墨。
〔6〕汉文：指汉文帝刘恒（前203—前157年），汉高祖刘邦第四子，母薄姬，汉惠帝刘盈的异母弟，西汉第五位皇帝（前180—前157年在位）。
〔7〕大横入兆：龟卜卦兆名，龟文呈横形，故名。

【译文】古人用火烧灼龟甲占卜，要先用墨在龟壳上描画各种图形、文字，然后烧灼，如烧灼所显裂纹与墨所画的图形或文字相合就是吉兆。《尚书·洛诰》说："只有在洛地的占卜是吉兆。"汉文帝登基之兆的占卜，就是灼龟占卜。

【原文】北齐朝会[1]仪：诸郡守劳[2]讫，遣陈[3]土宜[4]。字有谬误及书迹滥劣者，必令饮墨水一升。（见《开宝通礼》[5]。）

【注释】〔1〕朝会：诸侯、臣僚及外国使者朝见天子。
〔2〕劳：用言语或实物慰问。
〔3〕陈：陈述。
〔4〕土宜：当地物产情况。
〔5〕《开宝通礼》：宋代首部官修礼书，北宋御史中丞刘温叟等奉敕修撰。

【译文】北齐朝会仪制：对各郡守慰问完后，让他们开出各地所产名目，字写错了或字写得潦草难看的，必定会让其喝墨水一升。（见《开宝通礼》。）

【原文】郦道元[1]注《水经》云：邺都[2]铜雀台北曰冰井台，高八丈，有屋一百四十间。上有冰室数井，井深十五丈，藏冰及石墨焉。石墨可书。（又见陆云《与兄书》云。）

【注释】[1]郦道元（466—527年）：字善长，范阳涿州（今河北省涿州市）人，北魏地理学家，遍历北方，留心观察水道等地理现象，为《水经》作注，撰成《水经注》40卷。

[2]邺都：曹魏都城，在今河北省临漳县一带。

【译文】郦道元注释《水经注》时说：邺都铜雀台以北叫冰井台，台高8丈，有房屋140间。台上还有好几口冰窖，深达15丈，里面藏有冰和石墨。石墨可用来写字。（又见陆云《与兄书》的描述。）

【原文】《括地志》[1]云：东都寿安县[2]洛水[3]之侧有石墨山，山石尽黑，可以书疏，故以石墨名山。

【注释】[1]《括地志》：唐代地理学专著，全书555卷，包括正文550卷、序略5卷，以州为单位，分述各地沿革、地望、得名、山川、城池、古迹、神话传说、重大历史事件，由唐太宗李世民第四子魏王李泰主编。

[2]东都寿安县：东都即洛阳，寿安县，今河南省宜阳县。

[3]洛水：洛河。

【译文】《括地志》说：东都寿安县洛水岸边有石墨山，山石全是黑色，可以用来书写奏疏或信札，所以山名叫"石墨"。

【原文】《新安郡记》[1]云：黟县南一十六里有石岭，上有石墨，土人多采以书。有石墨井，是昔人采墨之所。今悬水[2]所淙激[3]，其井转[4]益深矣。

【注释】[1]《新安郡记》：作者不详，今已散佚。

[2]悬水：瀑布。

[3]淙激：冲刷。

[4]转：变化。

◎ 文房用具之墨

墨与其他文房用具一样，是中国传统的手工艺制品之一。墨如绘画之颜色，作用很大，其给人印象虽稍显单一，但确实是古代书写中必不可少的用品。墨有不同的分类方法：按材质，可分为石墨和松烟墨；从用途上看，墨又可分为商品墨、珍藏墨、雅玩墨、贡御墨、礼品墨等。

孙隆制清谨堂墨　明代

孙隆为明万历时苏杭织造太监，自制墨品供入内廷。此墨造型奇巧，通体漆衣，正面作一体态柔媚女子背倚秀山灵石，身抱"阮"做弹拨状；背面雕湖石，有阴文楷书"清谨堂制"字样。墨质细腻亮泽，属明代墨品中少见的一类。

程君房制荔枝香墨　明代

墨呈折枝荔枝果式，通体漆皮，作荔枝果三颗，果身分饰以不同式样的锦纹，并刻出蒂枝，起烘托连接之用。此墨仿荔枝形貌并非完全写实，果壳装饰纹样别具一格，当属玩赏墨品。

汪次侯制荷叶砚式墨　清代

汪次侯，清康熙时徽州休宁制墨家，善制集锦墨。此墨为荷叶砚式，一面为砚池，上端雕金荷叶、荷花；一面刻荷叶两片，叶脉纹理清晰。砚式造型独特，墨质轻且薄，色黝黑似漆，在清代墨品中少见。

黄长吉制玉兰墨　明代

黄长吉，明代制墨家，擅画工笔山水，明·麻三衡《墨志》中记载有其人。此墨呈含苞待放的玉兰花式，通体漆衣，一花瓣上刻有"长吉"篆文小印。整体造型雅致，色泽光鲜，应属珍藏墨。

卷四　墨谱

龙香御墨　明代

御墨即皇帝所用的墨，材质多为上乘墨质。明代御墨多为长方形，清代御墨则形式各异。此御墨为圆形制，呈墨绿色，一面阴文楷书"大明隆庆年制"落款；一面描金双龙戏珠图案，纹样精细，中间以楷书刻"龙香御墨"四字。

方于鲁制仙桃墨　明代

方于鲁，明代歙县人，得程君房制墨法，名噪一时，有《方氏墨谱》存世。此墨曾录于《方氏墨谱》中，原名"仙桃枝"，呈桃形，墨质坚硬、色泽晶亮。此墨保存数百年仍完好如初，当为墨中上品，也是方于鲁制墨工艺的珍贵实物。

程君房制仿古玉妙品墨　明代

程君房为明代制墨名家，创"漆烟制墨法"，重制墨质量。此墨仿古玉鸡心佩形，边缘饰菱纹。另附墨盒，盒面书"程君房墨，漆皮仿旧玉，香阁藏"。盒内有曾任民国大总统的徐世昌族弟徐世章的印章。

方于鲁制妙歌宝轮墨　明代

此墨为圆形，一面金彩绘宝轮图案，一面金彩绘法器。另附墨盒，盒内题跋此墨"尤精"，并言"明制五彩以程方著，方出于程不虚也"。

舒霞飞碧彩墨　明代

彩墨亦称色墨，多采用天然植物或矿物色配制，用于绘画。此墨色彩比重较大，当含朱砂之类颜料。图中墨呈长方形，碣式圆首，淡紫色，图案起凸很高，有很强的立体效果，纹路刻画细致。此墨为罕见的成化年间彩墨，是珍贵的宫廷御墨。

龙香御墨　明代

明清时期御墨达到顶峰，故宫博物院现藏明代御墨基本分为宣德、成化、嘉靖、隆庆、万历五个时期，题款明确为双列竖行"龙香御墨"阴文楷书，四字之下竖行刻"大明**年制"。此墨呈银锭式，题款为"大明隆庆年制"。这种独特的造型当为明御墨所特有。

333

程君房制盘带式墨　明代

程君房制墨造型不拘一格，但求美观。此墨造型小巧奇特，呈金带式，腰际间束以同心结。一面左上方阳文楷书"君房妙品"字样。如此奇特的造型当供赏玩之用。

程一卿制凤玦墨　清代

程一卿为清乾隆时经学家，兼营墨业，其制墨主张"归于适用"。此墨呈双凤鸡心佩式，通体饰凤纹，雕刻精细，繁而有致，墨质黝黑。

西湖十景之花港观鱼墨模　清代

墨模又称墨印或墨苑，是制墨的工艺模具。从使用情况看，墨模是为制墨服务的，处于从属地位；而从艺术方面看，墨模雕刻又具极高的审美价值。墨模雕刻重自然情趣，得山水灵气。

汪节庵制书函式墨　清代

汪节庵与曹素功、汪近圣、胡开文并称"清代四大制墨名家"。此墨呈书函式，函套开启露出书册，书签处有阳文楷书落款，周身以饰缠枝莲花纹。汪节庵制墨合剂配方很有法度，其墨品常被选作贡品。

邵琼林制杨梅墨　明代

邵琼林，明嘉靖至万历时徽州休宁派制墨家，其名堪比方于鲁，但传世作品很少。休宁墨派的特点是华丽精致。此墨为折枝杨梅式，杨梅上凸起粟纹。墨体小巧玲珑，具有很高的实用价值和工艺美术价值。

胡开文制秦权形墨　清代

胡开文为清代四大徽墨制作名家之一，其制墨"造型新颖，墨质精良"。此墨即以秦权为墨形，权面阴文填金篆书权铭，附楷书记两江总督端方对度量衡的收藏与研究。此墨造型别致，审美价值较高。

【译文】《新安郡记》说：黟县以南十六里有石岭，岭上有石墨，当地人多采来写字。还有一口石墨井，是前人采石墨的地方。如今被瀑布哗哗冲击，井已变得越来越深了。

【原文】《陈留耆旧传》[1]云：王邯[2]刚猛，能解槃牙[3]、破节目[4]。考验[5]楚王英[6]谋反，连及[7]千余人。事竟，引入诘问[8]，无谬。一见，赐御笔墨；再见，赐佩带[9]；三见，除[10]司徒西曹属[11]。

【注释】〔1〕《陈留耆旧传》：我国首部记载陈留郡先贤嘉言懿行的专书，已佚。

〔2〕王邯：生平事迹不详，东汉人。

〔3〕槃牙：盘互，"牙"是"乏（互）"的讹字，喻错综复杂的局面。

〔4〕节目：麻烦。

〔5〕考验：审讯。

〔6〕楚王英：刘英（？—71年），东汉楚王，为东汉光武帝和许美人所生，自幼好游侠，喜交结江湖友朋，晚年还喜好道家黄老之学和佛家斋戒祭祀之事，被告发私造图谶，涉嫌谋大逆，后自杀。

〔7〕连及：连累到。

〔8〕诘问：追问。

〔9〕佩带：系衣服的带子。

〔10〕除：拜授官职。

〔11〕西曹属：中国古代官名，汉置，为三公府僚属诸曹之一，掌府史署用，正者称"掾"，副者称"属"。

【译文】《陈留耆旧传》说：王邯刚健勇猛，能应对错综复杂的局面和问题。审讯楚王刘英谋反时，发现牵连一千多人。案结后，到宫中被皇帝反复诘问，应答都合情合理。第一次召见，皇上赐他御用笔墨。第二次召见，皇上赐给他佩带。第三次召见，拜授他为司徒的西曹副官。

【原文】王充《论衡》云："河出图，洛出书[1]"，此皆自然[2]

也。天安得[3]笔墨图画乎?

【注释】[1]河出图,洛出书:又称作"河图洛书",是中国上古文明的著名传说,指龙马跃出黄河,身负河图;神龟浮出洛水,背呈洛书。

[2]自然:非人为,天然。

[3]安得:怎能得。

【译文】王充《论衡》说:"黄河出'图',洛水出'书'",都不是人为的。上天怎能得到笔墨画图呢?

【原文】晋令[1]:治书令史[2]掌威仪[3]禁令,领受[4]写书缣帛、笔墨。

【注释】[1]晋令:晋代法律。

[2]治书令史:官名,掌文书事务,历代因之。位卑秩下,不参官品,至明代遂废。

[3]威仪:帝王或大臣的仪仗、扈从。

[4]领受:领取和授予。

【译文】晋朝法令:治书令史掌管仪仗禁令,领取并授予写字用的缣帛、笔墨。

【原文】《笔阵图》:以笔为刀稍,墨为鍪甲。

【译文】《笔阵图》:以笔为长矛,墨为盔甲。

墨之造

【原文】韦仲将《墨法》[1]曰（即韦诞也）：今之墨法，以好醇松烟干捣，以细绢筛[2]于缸中，筛去草芥。此物至轻，不宜露筛，虑飞散也。烟一斤已上，好胶五两，浸梣[3]皮汁中。梣皮即江南樊鸡木皮也。其皮入水绿色，又解胶，并益墨色。可下去黄鸡子白五枚，亦以真珠一两，麝香一两，皆别治[4]细筛。都合调下铁臼中，宁刚不宜泽[5]。捣三万杵，多益善。不得过二月、九月，温时臭败，寒则难干。每挺[6]重不过二两。故萧子良《答王僧虔书》云："仲将之墨，一点如漆。"

【注释】〔1〕《墨法》：《合墨法》，韦诞所撰，可见于《齐民要术》。
〔2〕筛：古同"筛"，过滤。
〔3〕梣：白蜡树，落叶乔木，可放养白蜡虫，材质硬实，可制器物。
〔4〕别治：特别处理。
〔5〕泽：古同"释"，稀释之意。
〔6〕每挺：每枚。

【译文】韦诞《墨法》说：现在制墨的方法，是将上好的松烟（松树燃烧产生的烟炱）干捣，用细绢筛到缸中，去掉草芥。炱灰很轻，不宜露天过筛，是担心它会飞散呢。松烟一斤以上，加好胶五两，浸泡在梣皮汁中。梣皮，就是江南的樊鸡木皮。它的皮入水后水会变成绿色，能融于胶，又能增强墨色。此后可以加五枚鸡蛋的蛋清，再加入珍珠粉一两、麝香一两，这些都要提前细筛过。把以上各物和在一起调好，再放到铁臼中，宁可干硬一些也不要太稀。捣三万杵，愈多愈好。制墨不得在二月和九月之外，因为天热容易臭败，天冷又很难晾干。每锭不超过二两。所以萧子良《答王僧虔书》说："韦仲将制的墨，每一点都像漆那样黑。"

【原文】冀公[1]《墨法》：松烟二两，丁香、麝香、干漆各少许，

□ 鸣球款玄金墨　明代　故宫博物院藏

此墨为圆形，做双龙龙体相互盘绕的团卧状，龙首各居一面。其创作于崇祯年间，形式新奇，风格古朴，因镌刻有刻模人落款则尤显珍贵。

以胶、水溲[2]作挺[3]，火烟上薰之，一月可使。入紫草[4]末色紫，入秦皮[5]末色碧，其色俱可爱。

【注释】〔1〕冀公：生平事迹不详，南朝时期善制墨者。

〔2〕溲：浸泡。

〔3〕挺：挺立，这里指挺立成型。

〔4〕紫草：根粗，紫色可供染料和药用，属多年生草本植物。

〔5〕秦皮：白蜡树皮。

【译文】冀公《墨法》：松树燃烧产生的烟灰二两，丁香、麝香、干漆各少许，用胶和水浸调后制作成型，放在火烟上熏烤，一个月后可以使用。加了紫草末的，墨泛紫色，加了秦皮的，泛碧绿色，两种色都可爱。

【原文】昔祖氏[1]本易定人，唐氏之时[2]墨官也。今墨之上，必假其姓而号之，大约易水[3]者为上。其妙者必以鹿角胶煎为膏而和之，故祖氏之名闻于天下。今太行[4]、济源[5]、王屋[6]亦多好墨。有圆如规，亦墨之古制也；有以栝木[7]烟为之者,尤粗。又云:上党[8]松心为之尤佳,突[9]之末者为上。

【注释】〔1〕祖氏:祖姓,起源于商朝,始祖为祖己。

〔2〕唐氏之时:唐尧之时。尧,上古时期部落联盟首领,帝喾之子,祁姓,名放勋,原封于唐,故称"陶唐氏"。

〔3〕易水:易河,发源于河北省易县境内。

〔4〕太行:太行山。

〔5〕济源:古县名,在今河南省济源县。

〔6〕王屋:王屋山,在今河南省济源县。

〔7〕栝木:桧树,又称圆柏。

〔8〕上党:上党郡,为秦代所设。

〔9〕突:烟囱。

【译文】当年祖姓的本为易州、定州一带的人,是唐尧时代的墨官。现在制的墨上必定都会假借他的名号,大约易水一带的墨才是上品。其中,最好的必定是用鹿角胶煎成的膏调和的,所以祖氏之名得以闻于天下。现在太行山的济源、王屋等地出产很多好墨。有圆如规的,也是古墨的形制;有一种用栝木烟制成的,尤其粗糙。又有一说:用上党松树之心所烧的烟灰制成的尤其好,烟囱顶端的灰制成的是上品。

【原文】江南黟、歙之地,有李廷珪[1]墨尤佳。廷珪,本易水人。其父超,唐末流离[2]渡江,睹歙中可居造墨,故有名焉。今有人得而藏于家者,亦不下五六十年。盖胶败而墨调[3]也,其坚如玉,其纹如犀,写逾数十幅,不耗一二分也。

墨或坚裂者至佳。凡收贮,宜以纱囊盛。悬于透风处佳。

【注释】〔1〕李廷珪(?—967年):本姓奚,易水(今河北省保定市易县)人,其父李超为易水制墨名工,为避唐末战乱,举家南迁至歙县。因歙州多古松,廷珪遂重操墨业,在其父"易水法"的基础上,改进和胶技术,掺以珍珠、犀角、藤黄、巴豆等,制成的墨"拈来轻、嗅来馨、磨来清",时称"廷珪墨"。

〔2〕流离:流转离散,多出于灾荒战乱的缘故。

□ 胡开文制天然如意墨　清代

此墨为晚清徽商胡开文所制。面背俱有框，面有"天然如意"四字，下有一书桌，背有"经纬寸心光宇宙指挥如意落天花"字二行，下落款"胡开文制"。一侧"徽州休城胡开文造"，顶"五石顶烟"，俱楷书阳识。

〔3〕胶败而墨调：胶败，指时间太久墨中胶已腐。墨调，指墨的质量依然不错，各种原料搭配在一起很和谐。

【译文】江南黟县、歙县两地，李廷珪制的墨最好。李廷珪，本来是易水人。他的父亲李超，唐朝末年渡江，见歙县适合长住造墨，并因此有名。现在有人有李廷珪制的墨，在家里放的时间至少超过五六十年。墨中的胶质大概已经败坏了，但墨色仍然调和。外观坚硬如玉，上面有犀角纹，写数十幅字，也耗不了一二分。

墨坚硬有细小裂纹的非常好。要收贮，宜用纱囊盛装。悬挂在通风的地方才好。

【原文】造朱墨法：上好朱砂细研飞[1]过，好朱红亦可。以栎皮水煮胶清[2]，浸一七日，倾去胶清。于日色中渐渐漉[3]之，干湿得所，和如墨挺。于朱砚[4]中研之，以书碑石。亦须二月、九月造之。

【注释】〔1〕飞：制墨的一道工序，指将朱砂研成细粉后，浸水，以漂去水面杂质。

〔2〕胶清：亦作"胶青"。指已制成的色泽较纯净的胶质。

〔3〕漉：过滤。

〔4〕朱砚：红色石砚。

【译文】造朱墨的方法：将上好的朱砂研细后入水漂去杂质，用好的朱红也可以。用梣木皮水煮出的胶清，浸泡七天，再倒掉胶清。在天光下慢慢晾过，直到干湿适度，再处理成墨的形状。在红色的砚中研磨，可以在碑石上写字。也必须在二月和九月制作。

【原文】宋张永涉猎经史，能为文章，善隶书。又有巧思，纸墨皆自造。上[1]每得永表，辄执玩[2]咨嗟[3]久之，供御者不及也。

【注释】〔1〕上：这里指南朝宋太祖刘义隆。
〔2〕执玩：把玩，拿在手中欣赏。
〔3〕咨嗟：叹赏。

【译文】宋人张永涉猎经史，能写文章，擅长隶书。又常有精巧的构思，用的纸和墨都是自己造的。皇上每次得到张永所上的奏章，都要拿在手中欣赏赞叹很久，为御用匠人都不及他而叹息。

【原文】造麻子墨法：以大麻子油沃[1]糯米半碗强，碎剪灯心堆于上，然[2]为灯。置一地坑中，用一瓦钵微穿透其底，覆其焰上，取烟煤[3]重研过。以石器中煎煮皂荚膏，并研过者、糯米膏，入龙脑、麝香、秦皮末和之，捣三千杵。溲为挺[4]，置荫室[5]中俟干。书于纸上，向日若金字[6]也。秦皮，陶隐居云："俗谓之樊槻[7]皮。以水渍和墨，书色不脱，故造墨方多用之。"

文房四谱

◎松烟墨、油烟墨采烟法

制墨的材料一般分为油烟与松烟两大类。所谓油烟，是以植物种子油为主，也有用猪油的；松烟则以富含松脂的松枝为原料。制墨的第一个步骤就是采烟，采烟的方法又有窑烧法及灯烧法之别。通常松枝等大型固体原料燃烧系在采烟室为之，称为"窑烧"。油脂等液态原料则用燃灯方式，上方用灯罩集烟。大体而言，窑房所集之烟颗粒较大，小灯所集之烟颗粒较细。

油烟墨采烟

此图描绘的是采取油烟的场景，其具体做法是：以灯燃油，上方罩以灯罩，取烟时手要快，否则烟易变老。据宋应星在《天工开物》上的记载，一斤热油，可得一两多上品烟。

松烟墨采烟：取流松液

要获得松烟，首先要将松树里面的松香去干净，其具体做法是：在即将砍伐的松树上凿些小洞，任树液流尽，松香尽量除尽，避免制墨时出现渣滓。然后砍伐松枝，经过烧烟、筛烟、熔胶、杵捣、锤炼等研试而成，工序较为复杂。其特点是浓墨无光，质细易磨。松烟墨要经三冬四夏，还要加许多香料、烟叶等，以防虫蛀。

卷四　墨谱

【注释】〔1〕沃：浇。

〔2〕然：同"燃"。

〔3〕烟煤：这里指烧灼瓦钵所产生的烟灰，附着于瓦钵。

〔4〕溲为挺：浸水调制成方直形的块状物。

〔5〕荫室：指阳光照射不到的阴暗屋舍。

〔6〕向日若金字：指该墨所书写的文字有反光，像金粉所书写的。

〔7〕樊槻：秦皮的异名。

【译文】造麻子墨的方法：用大麻子油浸泡大半碗糯米，把灯芯剪碎堆在上面，灯一样点燃。将点燃的此物放在一个地坑中，用一个有小洞的瓦钵，盖在火焰上面。从瓦钵刮取的烟煤，反复研磨。用石器中煎煮过的皂荚膏，和研过的烟煤、糯米膏，再加入龙脑、麝香、秦皮末搅和，捣三千杵，浸水后成形。放在阳光照不到的房间里等它阴干。用这样的墨在纸上写的字，正对日头看，像是金色的呢。秦皮，陶隐居说："就是俗称的樊槻皮。在水里浸泡了和墨，字迹不会退色，所以造墨的人都用它。"

松烟墨采烟：烧取松烟
此图描绘的是烧松烟的场景。将松木斩成圆段，堆成雨篷的样子，放于窑中点燃。窑中松木连烧数日，待其冷却之后，便可入内扫烟。

【原文】近黟、歙间有人造白墨[1]，色如银。迨研讫，即与常墨无异。却未知所制之法。

【注释】〔1〕白墨：墨的一种，色白，研后即变黑。

【译文】近来黟县、歙县一带有人造白墨，像银的颜色。等它研磨好，即与平常的墨没有两样。却不知道制造它的方法。

343

墨之杂说

【原文】张芝临池书,水尽墨。

【译文】张芝在池边练字,把池中的水全染黑了。

【原文】《神仙传》[1]云:班孟[2]能嚼墨,一喷皆成字,尽纸有意义[3]。

【注释】[1]《神仙传》:志怪小说集,东晋·葛洪撰。
[2]班孟:《神仙传》中的仙人。
[3]尽纸有意义:满纸文字均有意义,指出口成章。

【译文】《神仙传》说:班孟能嚼墨,随口一喷即成字,而且满纸文意清晰。

【原文】王子年《拾遗》云:张仪[1]、苏秦[2]同志[3]写书,遇圣人之文,则以墨画掌及股里以记之。

【注释】[1]张仪(?—前309年):魏国安邑(今山西省运城市万荣县)人,战国时著名的纵横家。
[2]苏秦(?—前284年):字季子,东周雒阳(今河南省洛阳市)人,战国时著名的纵横家。
[3]同志:志趣相投。

【译文】王子年《拾遗》说:张仪、苏秦志趣相投,他们受雇为人抄书,遇见圣人的文句,没有竹简,就用墨在手掌或大腿内侧记录。

【原文】葛洪好学,自伐薪买纸墨。

□ 周栎园款赖古堂写经墨　清代　故宫博物院藏

此墨为明末清初文人周亮工托墨家制成，为清代十分名贵的文人墨代表。此款墨为大牛舌形，墨面阳文楷书"周栎园珍藏"，墨背填金隶书"赖古堂写经墨"，四周黑漆光润，有细裂纹。

文人墨这一风俗由东魏·韦诞所开，历代沿袭。它是指文人墨客或书画名家或达官贵族请墨家按自己的意愿情趣自制、订制、题铭、珍藏的专用墨。这类墨因按需订制，小批量生产，需专门刻模，再加之文人亲自设计，因此在图案、做工、烟料上都特别讲究，是文人雅士自用、品鉴、珍藏的珍品。

【译文】葛洪好学，自己砍柴换钱买纸墨。

【原文】《灾祥集》[1]曰：天雨墨[2]，君臣无道，谗人[3]进[4]。

【注释】[1]《灾祥集》：撰著者不详，约成书于南朝，今已佚。

[2]进雨墨：天上降下墨一样的雨。雨，从天而降。

[3]谗人：进谗之人，指小人。

[4]进：得势。

【译文】《灾祥集》说：天降墨色的黑雨，是因为君臣无道，进谗言的人得势。

【原文】《神仙传》：汉桓帝[1]征[2]仙人王远，远乃题宫门四百余字。帝恶而削之。外字去，内字复见，墨皆入木里。

【注释】〔1〕汉桓帝：刘志（132—167年），东汉皇帝。
〔2〕征：征召。

【译文】《神仙传》：汉桓帝召请仙人王远，王远便在宫门上题写了四百多个字。桓帝厌恶，让人刮去。谁知表层的刮去了，里层的又出现，是墨汁都浸到木头中去了。

【原文】扬雄《答刘歆书》云：雄为郎[1]，自奏[2]少不得学，而心好沈博绝丽[3]之文。愿不受三岁俸，且息休脱[4]直事[5]繇[6]，得肆心广意[7]。成帝[8]诏不夺俸[9]，令尚书赐笔墨，得观书于石室。故天下上计孝廉[10]及内郡[11]卫卒[12]会者，雄常把三寸弱翰[13]，赍[14]油素[15]四尺，以问其异。归则以铅摘[16]松椠[17]。二十七年于兹矣。

【注释】〔1〕郎：郎官。
〔2〕自奏：自己上奏。
〔3〕沈博绝丽：亦作"沉博绝丽"，指文章内容深沉渊博，文辞极其华丽。
〔4〕休脱：摆脱。
〔5〕直事：履职该承担的工作。
〔6〕繇（yáo）：同"徭"，指忙于政事。
〔7〕肆心广意：驰心肆意。
〔8〕成帝：汉成帝刘骜（前51—前7年），西汉皇帝。
〔9〕夺俸：停止发放俸禄。
〔10〕孝廉：汉代察举制的科目之一。孝，指孝子。廉，指廉洁之士。后来科举考试中的中举者也被称为"孝廉"。
〔11〕内郡：亦称内郡国。在汉朝版图内，缘边诸郡称外郡，缘边诸郡以里则称内郡。内郡和外郡所推行的政策有所不同。《汉书·宣帝纪》："诏内郡国举文学高第各一人。"颜师古注引韦昭曰："中国为内郡，缘边有夷狄障塞者为外郡。成帝时，内郡举方正，北边二十二郡举勇猛士。"

〔12〕卫卒：护卫的兵卒。

〔13〕弱翰：毛笔。

〔14〕赍：带着。

〔15〕油素：光滑的白绢，常用于书画。

〔16〕铅摘（tī）：以铅粉校正书籍中的谬误，代指校勘之事。

〔17〕松椠（qiàn）：松木制成的书版。椠，未写有字迹的素牍。

【译文】扬雄《答刘歆书》说：我任郎官时，自己曾向皇上奏明我虽然年少时没有机会学习，但心里却喜欢渊深广博极美华美的文章。自己愿意三年不受俸禄，脱离工作的劳苦，能够驰心肆意。汉成帝下诏说不停发我的俸禄，让尚书赐我笔墨，还可以去图书档案室看书。所以各地举荐的孝廉和京城卫兵会聚的地方，我常手握三寸毛笔，带着四尺白绢，向他们打听各地的怪异传闻，回家以后笔录在版片上。二十七年来都这样。

【原文】伪蜀[1]有童子某者能诵书。孟氏[2]召入，甚嘉其颖悟[3]，遂锡[4]之衣服及墨一丸。后家僮[5]误坠于庭下盆池[6]中。后数年，重植盆中荷芰[7]，复获之。坚硬光腻[8]仍旧。或云僖宗[9]朝所用之墨余者。

【注释】〔1〕伪蜀：指后蜀，又称孟蜀，是五代十国之一，开国者为孟知祥。

〔2〕孟氏：指后蜀皇帝。

〔3〕颖悟：聪慧过人。

〔4〕锡：赐。

〔5〕家僮：古时对私家仆役的统称。

〔6〕盆池：埋盆于地引水注入而成的小池。

〔7〕荷芰：荷藕和水菱。

〔8〕光腻：光滑细腻。

〔9〕僖宗：唐僖宗。

【译文】后蜀孟氏统治时期有一位童子某某能背诵诗书。孟氏召他入宫，很赞赏他的聪慧过人，便赐他衣服和一枚墨丸。后来这位家童不小心把墨丸掉到堂阶前的水池中了。数年以后，重栽池中的菱藕，又得到了这枚墨丸。墨丸仍旧坚硬光腻。又有一说：这是唐代僖宗朝用过剩下的墨。

【原文】唐王勃[1]为文，常先研墨数升，以被覆面，谓之腹稿。起即下笔不休。（幼常梦人遗之墨丸盈袖[2]。）

【注释】[1]王勃（650—676年）：字子安，古绛州龙门（今山西省河津市）人，出身儒学世家，与杨炯、卢照邻、骆宾王并称为"初唐四杰"。
[2]盈袖：满袖。

【译文】唐人王勃写文章，常常要先研墨数升，用被子盖着头脸构思，称为"腹稿"。被子揭开，他立即挥笔不停。（他年幼时曾梦见有人送给他满袖的墨丸。）

【原文】西域僧书言彼国无砚笔纸，但有好墨，中国者不及也。云是鸡足山古松心为之。仆尝获贝叶[1]，上有梵字数百，墨倍光泽。会秋霖[2]，为窗雨湿，因而揩[3]之，字终不灭。

【注释】[1]贝叶：这里指写在贝树叶子上的经文，多指佛经。
[2]秋霖：秋雨。
[3]揩：擦。

【译文】西域僧人在文章中说，他们国家没有砚、笔和纸，但有好墨，中国的墨没有它好。说是鸡足山古松树心制成的。我曾得到一枚贝叶，上有数百字梵文，墨色非常光亮。适逢秋天大雨，贝叶被窗口飘进的雨打湿了，揩它，但上面的字始终都在。

【原文】后周[1]宣帝[2]令外妇人[3]以墨画眉，盖禁中[4]方得施粉黛。

【注释】[1]后周：指北周（557—581年）。

〔2〕宣帝：宇文赟（559—580年），字乾伯，鲜卑人，北周皇帝。

〔3〕外妇人：皇宫外的女性。

〔4〕禁中：也作"禁内"，指帝王宫苑。因不许人随便出入，故称"禁中"。

【译文】北周宣帝叫宫外妇人只能用墨画眉，宫中女子可以以粉白黛绿化妆。

【原文】《汉书》：光武[1]起，王莽[2]以墨污渭陵[3]、延陵[4]周垣[5]。

【注释】〔1〕光武：光武帝刘秀（前5—57年），字文叔，南阳郡蔡阳县（今湖北省枣阳市）人，东汉开国皇帝。

〔2〕王莽（前45—23年）：字巨君，魏郡元城（今河北省邯郸市大名县）人，为西汉外戚王氏家族中的扛鼎人物，公元8年12月，王莽代汉建新，推行新政，史称"王莽改制"。

〔3〕渭陵：西汉元帝刘奭陵墓，位于陕西省咸阳市渭城区。

〔4〕延陵：西汉汉成帝刘骜墓，位于陕西省咸阳市渭城区。

〔5〕周垣：围墙。

【译文】《汉书》：汉光武帝起兵时，王莽用墨汁把渭陵、延陵的围墙涂得污黑。

【原文】仆将起赴举年，梦今上临轩[1]，亲赐墨一挺，仆因蹈舞[2]拜受[3]。且日，言于座客。有郭靖者，江表人也，前贺曰："必状元及第[4]。"仆诘之，郭曰："仆有征[5]方言也。"前春御试[6]，果冠群彦[7]，而郭公已有他事遄归江表。后言之于礼部郎中张洎[8]，洎曰："夫墨者，笔砚之前，用时必须出手[9]矣。手与首同音也。"仆亦自解之曰："天子手与文墨[10]也。"

【注释】〔1〕临轩：指皇帝不坐正殿而御前殿。

〔2〕蹈舞：亦作"蹈儛"，犹舞蹈，是臣下对皇帝表示敬意的一种仪节。

〔3〕拜受：拜而受之，常用作接受他人赠予或指教的敬词。

〔4〕及第：科举应试考中。

〔5〕征：征候。

〔6〕御试：殿试，由皇帝亲自主持。

〔7〕群彦：众英才。

〔8〕张洎（934—997年）：字师黯，一字偕仁，滁州全椒（今安徽省滁州市全椒县）人，少有俊才，博通古籍。

〔9〕出手：往外拿。

〔10〕手与文墨：喻指皇帝亲自指导文章写作。

【译文】我在即将动身前往参加科举那一年，梦见当今皇上在殿前亲手赐给我一挺墨，我因之向皇上行蹈舞之礼而受之。第二天，我将这事告诉了家里的客人。有个叫郭靖的，江南人，上前对我祝贺说："你必定状元及第。"我问他为什么，郭说："我对你说的有依据。"前年春天御试，我果然在众多俊才中得了第一，但那位郭先生因有他事归隐到江南去了。后来对礼部郎中张洎说到这事，张洎说："墨，在笔砚之前，书写时必先出手去拿。手与首同音。"我也自解说："是天子在亲手指点我的文墨呢。"

【原文】顾野王[1]《舆地志》[2]曰：汉时王朗[3]为会稽太守，子肃[4]随之郡，住东斋中。夜有女子从地出，称赵王女，与肃语。晓别，赠墨一丸。肃方欲注《周易》，因此便觉才思[5]开悟。

【注释】〔1〕顾野王（519—581年）：原名顾体伦，字希冯，吴郡吴县（今江苏省苏州市）人，是南朝梁陈时期大臣，文字训诂学家、史学家。

〔2〕《舆地志》：记述周、秦以来政区沿革、山川道里、城邑、古迹、事件、风俗、物产等，为南朝陈·顾野王所撰。

〔3〕王朗（？—228年）：本名王严，字景兴，东海郡郯（今山东省临沂市郯城县）人，汉末至曹魏时的重臣、经学家。

〔4〕肃：王肃（195—256年），字子雍，东海郡郯（今山东省临沂市郯城县）人，三国时期曹魏的著名经学家。

〔5〕才思：文思。

【译文】顾野王《舆地志》说：汉代的王朗在做会稽太守时，其子王肃随他在会稽郡，住在东边的书房中。夜里有女子从地下出来，自称赵王之女，与王肃闲聊。天刚亮，在临别时送了王肃一丸墨。王肃当时正想注《周易》，此事之后才觉得自己才思开悟。

【原文】《抱朴子》：友人玄伯先生以濡墨[1]为城池，以机轴[2]为干戈[3]。

【注释】[1]濡墨：蘸润墨汁，谓用墨书写。
[2]机轴：喻指诗文的构思、词采、风格。
[3]干戈：干和戈是古代常用武器，这里用作兵器的通称。

【译文】《抱朴子》：友人玄伯先生以书写为城池，以心智为干戈。

【原文】汲太子妻[1]《与夫书》曰：并致上墨十螺[2]。

【注释】[1]汲太子妻：李氏，生平事迹不详。
[2]墨十螺：十枚圆形墨。

【译文】汲太子妻《与夫书》说：一并送十螺墨。

【原文】葛龚[1]《与梁相书》曰：复惠[2]善墨，下士[3]难求。椎[4]骸骨，碎肝胆，不足明报。

【注释】[1]葛龚：生卒年不详，字元甫，东汉时期梁国宁陵（今河南省商丘市宁陵县）人，性慷慨壮烈，勇力过人。
[2]惠：惠赠。
[3]下士：德行差的人，文中乃自谦。
[4]椎：敲打。

【译文】葛龚《与梁相书》说：你再赠我好墨，这是我这样的读书人求之不得的。纵使椎骸骨，碎肝胆，也不足以报答你。

【原文】干宝《搜神记》曰：益州西有祠，自称黄石公。人或馈纸笔一丸墨，则石室中言吉凶。

【译文】干宝《搜神记》说：益州西部有一座神祠，所供的神自称"黄石公"。只要送上纸笔和一丸墨，他就会在石室中告诉你吉凶。

【原文】《本草》云：墨味辛[1]，无毒，止血生肌肤。合金疮散[2]，主产后血晕[3]，磨醋[4]服之。亦主眯目[5]，物芒[6]入目点瞳子。又主血痢[7]及小儿客忤[8]，捣筛和水调服之。好墨入药，粗者不堪。

【注释】[1]辛：辣。
[2]金疮散：药名，主治金疮。
[3]血晕：失血过多而昏厥。
[4]磨醋：将墨研磨后混以醋。
[5]眯目：指异物入眼，存留于角膜或结膜上而产生的病症。
[6]物芒：颗粒异物。
[7]血痢：亦称赤痢，指腹泻且排泄物带血。
[8]客忤：旧俗以婴儿见生客而患病为客忤。

【译文】《本草》说：墨味辛、无毒，能止血生肌肤。与金疮散合用，主治妇女产后血晕，要磨醋冲服。主治眯眼和异物入眼，将墨水点入眼中即可。又主治血痢及小儿受惊吓产生的病症，把墨块捣碎细筛后和水服下就行了。好墨才能入药，粗劣的不能用。

【原文】陶隐居云：樊槻皮水渍以和墨，书色不脱。即秦皮也。
陶隐居云：乌贼[1]鱼腹中有墨，今作好墨用之。（乌贼者，以其食乌也。）

□ **方林宗制鸠砚式墨　明代　故宫博物院藏**
　　方林宗为明万历年间徽州歙县制墨家。此墨仿宋代鸠砚形，通体漆皮，一面鸠背下凹为砚堂。此墨将砚、墨两种文房用具的形制结合于一体，构思巧妙。明·万寿祺《墨表》中将鸠砚式墨列入"戏墨"之类，由此可将此墨视为赏玩墨。

【注释】〔1〕乌贼：本名乌鲗，又称"墨斗鱼"或"墨鱼"。

【译文】陶隐居说：樊槻皮浸泡后的水和墨，写的字不褪色。樊槻皮就是秦皮。

　　陶隐居说：乌贼腹中有墨，现在制作好墨是在用。（乌贼，是因为它吃乌黑的东西。）

【原文】海人[1]云：乌贼鱼，即秦王[2]算袋[3]鱼也。昔秦王东游，弃算袋于海，化为此鱼。形一如算袋，两带极长。墨犹在腹，人捕之，必喷墨昏人目也。其墨，人用写券[4]，岁久，其字磨灭，如空纸焉。无行者[5]多用之。

【注释】〔1〕海人：海上渔民。
〔2〕秦王：秦始皇。
〔3〕算袋：亦作"算俗"，旧时百官贮放笔砚等的袋子。
〔4〕券：古时契据，常分为两半，各执其一。
〔5〕无行者：指无赖。

【译文】海上的渔民说：乌贼鱼，就是秦王时的算袋鱼。当年秦王东游，将贮放笔砚的算袋丢到海中，化成了这种鱼。形状像算袋，只是两条带子很长。墨仍然在(袋)腹中，人捕捉它，它必定喷墨弄污人的眼目。如果用这种墨写契据，年深日久上面的字会被时光磨灭，变得像白纸一样什么也没有。品行不好的人都用它。

【原文】《国语》[1]：晋成公[2]初生，梦人规其臀以墨，曰："使有晋国，三世。"故名黑臀。

【注释】[1]《国语》：又名《春秋外传》，是我国最早的一部国别体史书。

[2]晋成公（？—前600年）：姬姓晋氏，名黑臀，晋国绛（今山西省临汾市翼城县）人，晋文公之子，春秋时期晋国第25任国君（前606—前600年）。

【译文】《国语》：晋成公出生时，他母亲梦见有人用墨在他的臀部画圆，说："让他执掌晋国，共三代。"所以起名"墨臀"。

【原文】颍川荀济[1]与梁武[2]有旧，而素轻梁武。及梁受禅[3]，乃入北[4]。尝云："会于楯鼻[5]磨墨，作文檄梁[6]。"

【注释】[1]荀济（？—547年）：字子通，颍川颍阴（今河南省许昌市）人，世居江左，初与梁武帝萧衍为布衣之交。

[2]梁武：梁武帝萧衍。

[3]受禅：王朝以和平方式更迭，新皇帝承受旧皇帝让予的帝位。文中所指为中兴二年（502年），萧衍接受萧宝融"禅位"，开创南梁。

[4]入北：逃进北方。

[5]楯鼻：盾牌，把手。

[6]作文檄梁：书写讨伐梁武帝的檄文。

【译文】颍川的荀济与梁武帝是旧交，因此一向轻看梁武帝。在梁武帝接受禅让做了皇帝后，荀济便投奔北魏。他曾经说："我会在盾牌的手把上磨墨写讨伐梁武帝的檄文。"

【原文】今常侍[1]徐公铉[2]云："建康东有云穴，西山有石墨，亲[3]常使之。"又云，"幼年常得李超墨一挺，长不过尺，细裁如筋。"与其爱弟锴[4]共用之，日书不下五千字，凡十年乃尽。磨处边际如刃，可以裁纸。自后用李氏墨，无及此者。超即廷珪之父也。

【注释】[1]常侍：皇帝的侍从官。秦汉有中常侍，魏晋以降有散骑常侍，隋唐内侍省有内常侍，均简称"常侍"。
[2]徐公铉：徐铉（921—975年），字鼎臣，五代至北宋初年的文学家、书法家。公，敬称。
[3]亲：父亲。
[4]锴：徐锴（921—975年），字楚金，徐铉的弟弟，五代至北宋初年的训诂学家。

【译文】本朝常侍徐铉说："建康城的东面有云穴，西山有石墨，我父亲常用它。"又说，"我幼年曾经得到一挺李超制的墨，长不过尺，裁得像一条筋。"他与他的爱弟徐锴共用，每天所写不下五千字，也十年才用尽。磨过的地方边际有刃，可以裁纸。自那以后所用的李氏墨，没有可以与此墨相比的。李超是李廷珪的父亲。

【原文】唐末，陶雅[1]为歙州刺史二十年，尝责李超云："尔近所造墨，殊不及吾初至郡时，何也？"对曰："公初临郡，岁取墨不过十挺。今数百挺未已，何暇[2]精好焉？"

【注释】[1]陶雅（857—913年）：字国华，合肥（今安徽省合肥市）人，唐末五代时期吴国将领。唐末群雄蜂起，陶雅随淮南节度使杨行密转战江淮，辅佐杨行密建立吴国，先后镇守舒州、池州、歙州等地。
[2]何暇：哪里有时间。

【译文】唐末，陶雅在歙州任刺史二十年，曾责问李超说："你

□ 新安大好山水墨模　清代
安徽博物院藏

南宋时，朱熹曾书"新安大好山水"，石刻于歙县南长岭。古徽州又称"新安"，制墨家独具匠心，将新安大好山水镂刻在方寸之间的徽墨上，更具浓厚的地方特色。墨模原由汪君齐刻于乾隆二十年，原有三十二景，并附赵青藜题诗，此墨模则是胡开文在光绪年间翻刻而成，且将原三十二景改为十大景。

近来所造的墨，很不及我初来时，为什么？"李超回答说："公初来时，每年要上交的墨不过十挺。现在每年上交已不止百挺，哪有时间造得精良美好？"

【原文】山中新伐木，书之，字即隐起[1]。他日洗去墨，字犹分明。又书于版牍[2]，岁久木朽，而字终不动。盖烟煤[3]能固[4]木也。亦徐常侍[5]言。

【注释】[1] 隐起：凸起。
[2] 版牍：古时用于书写的薄木片。
[3] 烟煤：文中指墨。
[4] 固：黏固。
[5] 徐常侍：徐铉。

【译文】山中新伐的木材，写上字，字立即凸起。改天洗去墨，字仍分明。还有，在版牍上写字，年深日久木头腐烂，但字始终不褪。大概是造墨所用的烟煤能黏固在木头上吧。这也是徐常侍说的。

【原文】今之小学[1]者，将书，必先安神养气，存想字形在眼前，然后以左手研墨，墨调[2]手稳方书，则不失体[3]也。又曰："研墨如病。"盖重其调匀而不泥也。又曰："研墨要凉，凉则生光。墨不宜热，热则生沫。"盖忌其研急而墨热。又李阳冰云："用则旋[4]研，无令停久，久则墨埃相污，胶力隳亡[5]。如此，泥钝[6]不任下笔矣。"

【注释】〔1〕小学：文字学、训诂学、音韵学的总称。
〔2〕墨调：指研墨至均匀。
〔3〕体：这里指字体形制。
〔4〕旋：临时。
〔5〕隳亡：灭失散佚。
〔6〕泥钝：凝滞不畅。

【译文】如今研习小学的人，写字之前，必定先安神养气，存想字形就在眼前，然后，用左手研墨，直到墨汁均匀，手也稳住了才书写，如此才会不失字体的形制。又说："研墨养病。"大概是说要调和而不凝滞。又说："研墨要凉，凉则着墨生光。墨汁不宜热，热会产生细沫。"也就是说研墨不能急，急了墨会发热。还有，李阳冰说："用时立即研，不要让研好的墨放得太久，太久了墨会被尘埃污染，导致胶力减弱。这样，墨汁会黏稠凝滞，无法随心书写。"

【原文】初，举子[1]云：凡入试[2]，题目未出间，豫[3]研墨一砚。盖欲其办事[4]，非主于事笔砚之妙者也。

【注释】〔1〕举子：应科举试的学子。
〔2〕入试：入场考试。
〔3〕豫：同"预"，预先。
〔4〕办事：犹成事，这里指应付考试。

【译文】当初，应试的学子都说：凡是进场参加考试，题目没有出来的间隙，要预先研一砚墨。这样做是为了应付考试，而不是要展示笔砚的美妙。

【原文】今之烧药[1]者，言以墨涂纸裹药，尤能拒火。

【注释】[1]烧药：炼制丹药。

【译文】现在炼制丹药的人，说用涂了墨的纸包药，尤其能拒火。

【原文】王嘉《拾遗记》：昔老君[1]居景室山，与老叟五人共谈天地之数[2]，撰经书垂十万言。有浮提国二神人出金壶器，中有墨汁，状若淳漆。洒木石，皆成篆隶，以写之。及金壶汁尽，二人乃欲刳心[3]沥血以代墨焉。五老，即五天之精[4]也。景室，即太室[5]、少室[6]也。

【注释】[1]老君：老子李耳。
[2]天地之数：自然万物的运行之道。
[3]刳心：挖出心脏，表示忠心。
[4]五天之精：五天，指五天竺，即东、西、南、北、中五大天竺。
[5]太室：山名，在今河南省登封市北。
[6]少室：山名，在今河南省登封市西北。

【译文】王嘉《拾遗记》：昔日太上老君住在景室山，与五位老叟一起谈论天地运行之道，撰写经书近10万字。有浮提国的二位神人拿出一件金壶来，内有墨汁，状若淳漆。洒在木石上，都成了篆隶。二神人就这样代老君书写。到金壶中的墨汁用完，二人只得挖心沥血代替墨。五位老人，即为五天竺之精灵。景室，即为太室山、少室山。

【原文】王献之与桓温[1]书扇[2]，误[3]为墨污，因就成一驳牛[4]，甚工。

【注释】〔1〕桓温（312—373年）：字元子，谯国龙亢县（今安徽省蚌埠市怀远县）人，东晋权臣，姿貌伟岸，为人豪爽，工书。

〔2〕书扇：在扇子上题字。

〔3〕误：不小心。

〔4〕驳牛：毛色驳杂的牛。

【译文】王献之为桓温写扇面，不小心弄脏了，便顺手画了一头毛色驳杂的牛，很工致。

【原文】曹不兴[1]画屏，误污为蝇，大帝[2]以手弹之。

【注释】〔1〕曹不兴：亦名弗兴，生卒年不详，吴兴（今浙江省湖州市）人，孙吴画家。

〔2〕大帝：指吴大帝孙权。

【译文】曹不兴画屏风，将不小心造成的墨污画成苍蝇，孙权见了竟然用手去驱赶。

【原文】义熙[1]中，三藏佛陀跋陀罗[2]住建业[3]谢司空寺[4]，造护净堂，译《华严经》。堂下忽化出一池，常有青衣童子自池中出，与僧洒埽[5]研墨。

【注释】〔1〕义熙：东晋安帝司马德宗的年号（405—419年）。

〔2〕佛陀跋陀罗：佛教高僧，意译"觉贤"。晋升平三年（359年）生，卒年不详，释氏，北天竺迦毗罗卫国（今尼泊尔境内）人，佛经翻译家。

〔3〕建业：今南京，三国时为孙吴都城。

〔4〕谢司空寺：今南京道场寺，始建于东晋太宁初年（323年），故名。

〔5〕洒埽：洒扫庭院。埽，同"扫"。

【译文】东晋安帝义熙年间，三藏佛陀跋陀罗住在建业谢司空寺，造护净堂，译《华严经》。堂下忽然化出一个水池，经常有穿青衣的童子从池中走出来，与僧人一起洒扫庭院并研墨。

◎ 文房用具之墨床

墨床是供临时搁放墨锭的文房用具，也称"墨架""墨台"。墨床的造型一般为几案式或床式，因其形似床而得名。墨床一般不会太大，宽不过二指，长不过三寸，上面往往雕刻各种纹饰，有些还配有硬木座。目前所见最早记载墨床的文献为明·汪砢玉的《珊瑚网》。

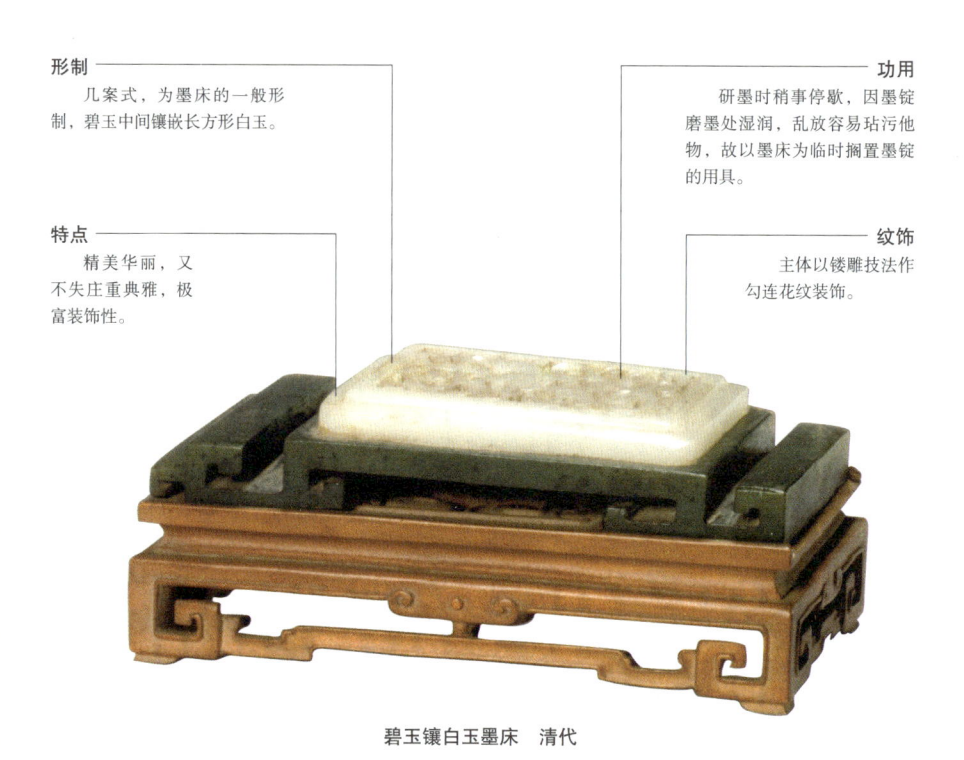

形制
几案式，为墨床的一般形制，碧玉中间镶嵌长方形白玉。

特点
精美华丽，又不失庄重典雅，极富装饰性。

功用
研墨时稍事停歇，因墨锭磨墨处湿润，乱放容易玷污他物，故以墨床为临时搁置墨锭的用具。

纹饰
主体以镂雕技法作勾连花纹装饰。

碧玉镶白玉墨床　清代

粉彩墨床　清代
呈长方形，有四足，白瓷方块镶嵌在床面中部，四足周侧以红色镂空花纹作装饰，整体造型古朴精致。

红木石香刻骏叔句墨床　清代
书卷式，床面上刻隶书"人与墨磨有时倦"，题句诙谐，书体匀称秀逸。另有署款"骏叔句""石香刻"。

卷四 墨谱

青白玉螭纹墨床　清代

青白玉材质，几案式家具状。床面上的云螭纹与青白玉质料相合，制作十分精美。

象牙刻字墨床　清代

象牙材质，呈束腰条案式。床面阴刻填蓝大篆"宝其万年"，线条刻意模仿金石历经岁月而剥蚀的独特韵味。此器虽小却工整规矩，工艺精湛，属牙雕文房雅玩玉床中引人注目者。

青玉书卷式墨床　清代

青玉材质，有皮色，书卷式造型，墨床边沿折角一方一圆，便于湿墨倚靠。墨床配檀木座。墨床形制规整、简练，却不乏情趣。置墨于青玉制墨床时，在墨的映衬下，玉床更显细润。

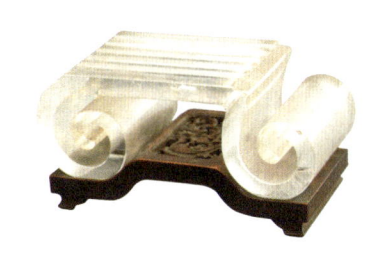

水晶墨床　清代

水晶材质，晶莹剔透。六条凸棱平均分布在床面上，两侧分别向上、下卷曲成足，造型典雅美观。配红木底座，底座中部向上凸起，饰雕卷草纹。

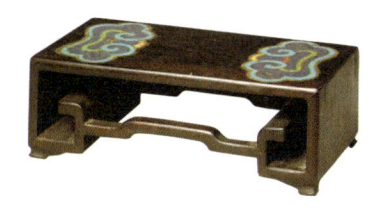

紫檀嵌珐琅云头纹墨床　清代

几案式，紫檀木材质。两片云头纹掐丝珐琅对称嵌于床面，调和了气息深沉凝重的紫檀木。整体造型周正，棱角分明，形制虽小，但颇具明代家具遗风。

金星玻璃书卷式墨床　清代

长方形，金星玻璃材质，两端内拱成书卷式，形同几案。顶面长方形框内雕夔龙一条。墨床整体小巧，做工考究。

剔红墨床　清代

几案式，四腿做如意状，通体饰剔红雕漆，重菱纹床面，回纹床边，内镂刻小花龟背纹饰床裙。此器精美华丽，又不失典雅庄重，装饰韵味强烈。

361

【原文】《宋云行记》云：西天磨休王斫髓为墨，写大乘经。（见《笔势》中。）

【译文】《宋云行记》说：西天磨休王，砍断自己的骨头取髓为墨，写大乘经。（见《笔势》中。）

【原文】石崇[1]《奴券》曰：张金[2]好墨，过市数蠡[3]，并市毫笔[4]，备郎[5]写书。

【注释】[1]石崇（249—300年）：字季伦，小名齐奴，渤海南皮（今河北省沧州市南皮县）人。西晋时期大臣、文学家、富豪，"金谷二十四友"之一。
[2]张金：石崇奴。
[3]蠡：瓠瓢。
[4]毫笔：毛笔。
[5]郎：仆称主为郎。

【译文】石崇《奴券》说：张金造的好墨，要买几瓠瓢，还买来毛笔，为主人准备起。

【原文】赵壹《非草书》云：十日一笔，月数丸墨。（见《笔势》中。）

【译文】赵壹《非草书》说：十天用坏一支笔，一个月用掉数丸墨。（见《笔势》中。）

【原文】刘恂《岭表录异》云：岭表[1]有雷墨。盖雷州庙中雷雨勃起[2]，人多于野中获得石，状如黳石[3]，谓之雷公墨也。扣之铿铿[4]然，光莹可爱。

【注释】[1]岭表：指位于五岭以南的地区，即岭南。

〔2〕雷雨勃起：指庙里连鼓雷车引发的雷雨。

〔3〕黳石：黑色的石砾。

〔4〕铿锵：形容金属撞击等响亮、清脆之声。

【译文】刘恂《岭表录异》说：岭南有雷墨。大概是因为雷州的雷公庙中每当雷雨大作，人都会在野地见到一种石块，状如黑色的石砾，所叫它"雷公墨"。敲击它，有清脆的铿锵声，光润晶莹，让人喜爱。

【原文】《典论》[1]云：袁绍[2]妻刘氏性妒，绍死未殡[3]，杀其妾五人。恐死者[4]知，乃髡[5]其发，墨[6]其面。

【注释】〔1〕《典论》：中国文学批评史上首部文学专论，魏文帝曹丕撰。

〔2〕袁绍（？—202年）：字本初，汝南汝阳（今河南省周口市商水县）人，汉末群雄之一。

〔3〕殡：出殡。

〔4〕死者：指袁绍。

〔5〕髡：古代一种把头发剃光的刑罚。

〔6〕墨：墨刑，在面额上刺字后涂墨。

【译文】《典论》说：袁绍的妻子刘氏生性善妒，袁绍死后未及出殡，她便杀了袁绍的五个妾。刘氏怕死了的袁绍知道，就把她们的头发剃去，又用墨把她们的脸涂黑。

【原文】曹毗[1]《志怪》[2]云：汉武[3]凿昆明[4]极深，悉是灰墨[5]，无复土，举朝不解。以问东方朔[6]，朔曰："臣愚，不足以知之，可试问西域胡僧。"上以朔不知，难以核问[7]。后汉明帝[8]时，外国道人[9]入来洛阳时，有忆方朔言者，乃试问之。胡人曰："经云：'天地大劫将尽，则劫烧灰。'此烧之余。"乃知朔言有旨[10]。（又云，出《幽明录》[11]。）

□ 紫檀木旅行文具箱　清代　故宫博物院藏

文具箱一般采用紫檀木、花梨木等材质，风格上倾向于脱俗。此箱为紫檀木制作，设计精妙，关闭时呈长方形，打开后可成为四足小桌样式，便于旅行携带。箱内由两个多宝格构成，内有笔、墨、鼻烟壶、烛台等文房用具以及趣味文玩多达64件。所藏器物还包含玉器、珐琅器、漆器等多种工艺精品，赏玩价值极高。

【注释】〔1〕曹毗：生卒年不详，字辅佐，谯国（今安徽省亳州市）人，东晋文学家。

〔2〕《志怪》：今已佚。

〔3〕汉武：指汉武帝刘彻。

〔4〕昆明：昆明池，位于今陕西省西安市长安区鱼斗路。

〔5〕灰墨：暗黑色的灰烬。

〔6〕东方朔（约前161—前93年）：字曼倩，平原郡厌次（今山东省滨州市惠民县）人，西汉时期著名文学家。

〔7〕核问：核实盘问。

〔8〕后汉明帝：刘庄（28—75年），字子丽，东汉王朝第二位皇帝（57—75年在位）。

〔9〕外国道人：指西域僧人。

〔10〕有旨：有道理。

〔11〕《幽明录》：志怪小说集，亦作《幽冥录》《幽冥记》，南朝宋宗室刘义庆门客所撰，共30卷，已佚。

【译文】曹毗《志怪》说：汉武帝凿昆明池到很深处，全是灰墨，不再有泥土，举朝上下都不明白是怎么回事。汉武帝以此问东方朔，东方朔说："臣愚钝，没有能力知道这些，可以试着去问问西域来的胡僧。"汉武帝认为东方朔不知道的事，找他人核实也难。后来，在汉明帝时，又有西域僧人来洛阳，有还能想起东方朔之言的人，试着问了问。胡僧说："佛经说：'天地间的大劫难将要结束时，万物都遇劫成了灰。'你问的就是那时的灰烬。"人们这才明白，东方朔当时说那话是有道理的。（此事也记于《幽明录》。）

墨之辞赋

【原文】后汉李尤《墨铭》：书契既远，研墨乃陈[1]。烟石相附，笔疏以伸[2]。（一作"烟石附笔，以流以伸"。）

【注释】〔1〕书契既远，研墨乃陈：大意为文字产生的历史悠久，砚台和墨块因书写文字的需要而产生。

〔2〕烟石相附，笔疏以伸：墨块和砚台相磨产生墨汁，奏章等得以书写。烟，指墨块产生于松烟。石，砚台。

【原文】曹植乐府诗：墨出青松烟，笔出狡兔翰[1]。古人成鸳迹[2]，文字有改刊[3]。

【注释】〔1〕狡兔翰：兔的毫毛。
〔2〕鸳迹：指古人留下的文字著述。
〔3〕改刊：修改刊正。

【原文】张仲素[1]《墨池赋》：黑之为用也，以观其妙，池[2]之为玩也，不伤其清。苟变池而尽墨，知功积而艺成[3]。伊昔伯英[4]，务兹小学。栖迟[5]每亲乎上善，勤苦方资乎先觉[6]。俾夜作昼，日居月诸，挹[7]彼一水，精其六书[8]。或流离[9]于崩云[10]之势，乍滴沥[11]于垂露之余。由是变此黛色，涵乎碧虚[12]。浴玉羽之翩翩，或殊白鸟；濯锦鳞之潋潋[13]，稍见玄鱼。自强不息，克臻其极，何健笔以成文，俾方塘之改色[14]。映扬鬐之鲤[15]，乍谓寓书[16]；沾曳尾之龟，还同食墨[17]。沮洳[18]斯久，杳冥[19]莫测。受涅者必其缁[20]，知白者成其黑。苹风[21]已歇，桂月初临；玄渚[22]弥净，元流更清。所以恢弘学海，辉映儒林；将援毫而悦目，岂发册而赏心。其外莫测，其中莫见。同君子之用晦[23]，比至人[24]之不炫。冰开而纯漆重重，

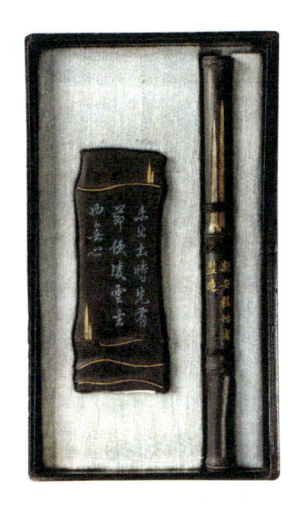

□ **程怡甫制竹节墨　清代　安徽博物院藏**

程怡甫是乾隆、嘉庆年间制墨名手，生卒年不详，安徽歙县人。其造墨受法于族兄程一卿，墨肆名"尺木堂"，和程一卿"佩韦斋"、程后村"五云斋"并称清代安徽歙县制墨业的"三鼎足"。据程怡甫《尺木堂墨等跋》说："族兄易田，见古法沦没搜讨诸家遗意，参与心裁，绝不珍奇，归于适用。"

石映而玄圭[25]片片。倘北流而浸稻，自成黑黍之形；如东门之沤[26]麻，更学素丝之变。究其义也，如虫篆[27]之所为；悦其风也，想鸟迹[28]之多奇。将与能也，而可传可继；岂谋乐也，而泳之游之。耻魏国之沈沈，徒开墨井[29]；笑昆山之浩浩，空设瑶池[30]。专其业者全其名，久其道者尽其美。譬彼濡翰，成兹色水。则知游艺之徒尽，以墨池而窃比。

【注释】〔1〕张仲素（约769—约819年）：字绘之，符离（今安徽省宿州市）人，唐代诗人。

〔2〕池：墨池，即砚台。

〔3〕苟变池而尽墨，知功积而艺成：如果换了一个又一个砚台，用完了一块又一块的墨，则可知下了苦功，而学业技艺必有成就。

〔4〕伯英：东汉著名书法家张芝的字号，他与弟张昶并善草书，尤长章草。相传他临池学书，池水尽墨，家之衣帛，必先书而后漂煮。人称其为"草圣"，王羲之的草书亦深受张芝影响。

〔5〕栖迟：滞留，文中与"勤苦"相应，意指孜孜不倦。

〔6〕先觉：先开悟的人。

〔7〕挹：舀，盛水之意。

〔8〕六书：亦称"六体"，指古文、奇字、篆书、左书、缪篆、鸟虫书六种字体。

〔9〕流离：流转离散。

〔10〕崩云：碎裂的云彩。

〔11〕乍滴沥：乍，突然。滴沥，水下滴貌。

〔12〕碧虚：绿水。

〔13〕潋潋：鱼游水中。

〔14〕俾方塘之改色：指张芝临池勤学书法，池水尽黑。俾，使。

〔15〕扬鬐（qí）之鲤：指游动的鲤鱼。鬐，鱼脊鳍。

〔16〕寓书：寄信。

〔17〕食墨：龟卜术语，指的是烧灼龟甲时龟兆与事先画好的墨画相吻合。

〔18〕沮洳：低湿之地。

〔19〕杳冥：犹渺茫。

〔20〕受涅者必其缁：涅，黑色。缁，黑色的绢。

〔21〕苹风：拂过苹草的微风。

〔22〕玄渚：指水中被染黑的小块陆地。

〔23〕用晦：隐藏才干。

〔24〕至人：超凡脱俗达到无我境界的人。

〔25〕玄圭：黑色玉器，上尖下方，古时用以赏赐建立特殊功绩者。

〔26〕沤：长时间浸泡。

〔27〕虫篆：犹虫书，亦指秦八体书之一。

〔28〕鸟迹：犹鸟篆。

〔29〕耻魏国之沈沈，徒开墨井：沈沈，本指深邃貌，此指魏国国力强盛。墨井，古指煤矿。晋·左思《魏都赋》："墨井盐池，玄滋素液。"

〔30〕瑶池：古传说中昆仑山中池名，为西王母居。

【原文】李白《酬张司户赠墨歌》：上党碧松烟[1]，夷陵丹砂末[2]。兰麝凝珍墨，精光乃堪掇。黄头奴子双鸦鬟，锦囊卷之怀抱间。今日赠余兰亭去，兴来洒笔会稽山[3]。

【注释】〔1〕上党碧松烟：指上党松心墨。

□ **胡星聚制卧兽墨　清代　故宫博物院藏**

　　圆雕卧兽状，卧兽粗眉、细须，勾云纹饰背部，尾巴饰回纹。一面兽足上有楷书"星聚"落款。此墨制作精巧、造型别致，是胡星聚制墨中精品。

　　〔2〕夷陵丹砂末：指夷陵朱砂。

　　〔3〕今日赠予兰亭去，兴来洒笔会稽山：指东晋永和九年（353年）王羲之和谢安等于此同游，王羲之作《兰亭集序》之典故。

【原文】僧齐己《谢人惠墨》诗：珍我岁寒烟，携来路几千。只应真典诰[1]，销得苦磨研[2]。正色浮端砚，精光动蜀笺。因君强濡染，舍此即忘筌[3]。

【注释】〔1〕典诰：《尚书》中《尧典》《汤诰》等篇的合称。
　　〔2〕销得苦磨研：要想将墨块融成墨汁，得下功夫研磨。
　　〔3〕筌：竹制的捕鱼器具。比喻为达到某种目的而使用的工具和手段。

【原文】段成式《送温飞卿墨往复书十五首》：段云：近集贤[1]旧吏献墨二挺[2]，谨分一挺送上。虽名殊九子，状异二螺[3]，如虎掌者非佳，似兔支者差胜[4]。不意吴兴道士忽遇，因取上章[5]；赵王神女得之，遂能注《易》。所恨隃糜松节[6]，绝已多时；上谷獬头[7]，求之未获也。成式述作中踬[8]，草隶非工，惟兹白事[9]，足以驱策[10]。讵可供成篆之砚，夺[11]如椽之笔乎？

【注释】〔1〕集贤：集贤殿书院的略称。

〔2〕二挺：两块。挺，方形块状物。

〔3〕虽名殊九子，状异二螺：九子，九颗星。螺，螺子墨的简称。

〔4〕差胜：勉强可以。

〔5〕上章：道士上表求神。

〔6〕所恨隃麋松节：隃麋，地名，在今陕西千阳县，其地产墨。汉代始有隃麋墨，史书曾有"尚书丞、郎月赐赤管大笔一双，隃麋墨一丸"的记载。因此有了"隃麋""麋丸"为墨之代称。松节，也指墨，因墨为松树炭烟制成。

〔7〕上谷櫠头：上谷，地名，今河北易县。櫠，木名，也用来烧烟炭制墨。

〔8〕中踬（zhì）：中断。

〔9〕惟兹白事：只有这件事。

〔10〕驱策：驱使。

〔11〕夺：争取。

【原文】温答云：庭筠白：即日僮干[1]至奉披荣诲[2]，蒙赍[3]易州墨一挺。竹山奇制，上蔡轻烟[4]，色掩缁帷，香含漆简。虽复三台[5]故物，贵重相传；五两新胶，干轻入用。犹恐于潜[6]旷远，建业尫羸[7]。韦曜[8]名方，即求鸡木；傅玄佳致[9]，别染龟铭。恩加于兰省[10]郎官，礼备于松梘介妇[11]。汲妻衡弟，所未窥观；《广记》《汉仪》，何尝著列。矧又玄洲上苑[12]，青琐西垣[13]，板[14]字犹新，疑签尚整[15]。帐中女史，每袭清香，架上仙人，常持缥帙[16]。得于华[17]近，辱在庸虚[18]。岂知夜鹤频惊，殊惭志业；秋蛇屡绾[19]，不称精研。惟忧瘠[20]物虚投，蜡盘空设。晋陵虽坏，正握铜兵；王诏徒深，唯磨石砚。捧受荣荷，不任下情。庭筠再拜。

【注释】〔1〕僮干：最低级的胥吏，如童仆之类。

〔2〕奉披荣诲：我恭敬地打开书信，很荣幸接受你的指教。

〔3〕赍：带来。

〔4〕轻烟：指墨为松烟制成。

〔5〕三台：官名。汉因秦制设置尚书为中台，御史为宪台，谒者为外台，合称"三台"。

〔6〕潜：隐藏。

〔7〕尫（wāng）羸：瘦弱。

〔8〕韦曜：三国时吴国人。

〔9〕佳致：美好的情趣。

〔10〕兰省：兰台，一般指称史馆之官。

〔11〕礼备于松棂介妇：棂，窗或栏杆上雕有花纹的木格子。介妇，古代宗法制度下长子之妻为冢妇，非嫡长子之妻为介妇。

〔12〕矧又玄洲上苑：矧，况，又。玄洲，传说中的地名。汉·东方朔《海内十洲记》说："玄洲在北海之中，戌亥之地，方七千二百里，去南岸三十万里。上有太玄都，仙伯真公所治，多丘山。"

〔13〕青琐西垣：青琐，宫门上镂刻的青色图案，借指宫门。西垣，中书省的别称。

〔14〕板：古时帝王诏书或官府的文件，记录雕刻在板上，故称"板"。纸张流行后，仍沿称板。

〔15〕疑签尚整：指文书尚在整理中。

〔16〕缥帙：书卷。古时多用淡青色丝织品制作书套，因此代指书卷。

〔17〕华：指文德。

〔18〕庸虚：指身无所用，身无所有。

〔19〕秋蛇屡绾：字面意思为秋蛇屡次旋绕打结，借指文思不畅。

〔20〕瘖：病、忧伤。

【原文】段答云：昨献小墨，殆不任用。籍枨[1]之力，殊未坚刚；和麸[2]之余，固非精好。既非怀化[3]所得，岂是筑阳可求。况某从来政能[4]，惭洎祖之市果；自少学业，愧稚川[5]之伐薪。飞卿掣肘功深，淬掌[6]忘倦，齐奋五笔，捷发百函。愁中复解玄嘲，病里犹屠墨守[7]。烟石所附，抑有神手；裁札承讯，忻怿兼襟[8]。莫测庚词[9]，难知古训。行当祗谒[10]，条访阙疑[11]。成式状。

【注释】〔1〕枨：支柱。

〔2〕麸：小麦的皮屑。

〔3〕怀化：归服向化。

〔4〕政能：政治才能。

〔5〕稚川：葛洪，字稚川。

〔6〕淬掌：用火烧灼手掌，同悬梁刺股一样，均用来形容读书刻苦。

〔7〕墨守：战国时，墨翟善守城术，后因此称牢固防守为"墨翟之守"或"墨守"。

〔8〕忻怿兼襟：指心情愉悦。

〔9〕庾词：像大文豪庾信那样的文辞。

〔10〕祗谒：恭敬地拜访。

〔11〕阙疑：遇有疑惑，暂时空着。

【原文】温答云：昨夜安东听偈，北窗追凉[1]，楠枕才欹[2]，兰缸未艾[3]。缥绳初解[4]，紫简[5]仍传，丽事[6]珍繁，摛笔[7]益赡。虽则竟山充贡，握椠[8]堪书，五丸二两之精英，三辅九江之清润。葛龚[9]受赐，称下士难求；王粲著铭，叹遐风[10]易远。俱苞输囷，尽入渌池，遗逸皆存，纤微悉举。鷃观鹏运[11]，岂识迢遥；鲲入鲋居，应嗟坎窞[12]。愿承謦咳，以牖愚蒙[13]。庭筠状。

【注释】〔1〕追凉：纳凉。

〔2〕楠枕才欹：指刚睡下。

〔3〕兰缸未艾：灯未熄灭。兰缸，用兰膏点的灯。艾，尽，停止。

〔4〕缥绳初解：刚刚打开书套的绳子。

〔5〕紫简：道教术语，亦称"玉牒金书"，指以金玉装饰或以玉简金字所作的道经。

〔6〕丽事：事多。

〔7〕摛笔：执笔。

〔8〕椠：削木为牍，未经书写的素版称"椠"。

〔9〕葛龚：字元甫，东汉梁国宁陵（今河南省商丘市宁陵县）人。

〔10〕遐风：指影响深远的教化。

〔11〕鷃观鹏运：鷃，即幽鷃，古传说中的怪兽。鹏运，大鹏借以飞行的双翅。

〔12〕坎窞（dàn）：坑洼之地。

〔13〕愿承謦咳，以牖愚蒙：愿借你的谈吐来启发我的愚钝。

□ **詹成圭制竹燕图诗集锦墨　清代　故宫博物院藏**

集锦墨，即装饰美观的成套丛墨，首创于明代安徽休宁派。其形状、图案优美，雕工精良，一般以几锭、十几锭为一套。此成套丛墨质地细腻，制作精细，装饰华丽，适于馈赠或收藏。图中墨四锭为一套，长方形，一面拼合成竹燕图，另一面有题诗。

【原文】段答云：昨更拾从土黑声之余，自谓无遗策矣。但愧井蛙尚犹自恃[1]，醯鸡[2]未知大全，忽奉毫白[3]，复新耳目。重耳[4]误彻，谬设生惭；张奂[5]致渝，研味难尽。讵同王远术士，题字入木；班孟仙人，喷书竟纸。虽赵壹《非草》，数丸志征；汲媛饷夫，十螺求说。肝胆将破，翰答已疲，有力负之，更迟承问。成式状。

【注释】[1]自恃：自负。

[2]醯鸡：小虫名。

[3]毫白：指来信。

[4]重耳：晋文公，名重耳，春秋时晋国君主。

[5]张奂（104—181年）：字然名，东汉名将、学者。

【原文】温答云：伏蒙又抒冲襟[1]，详征故事。苍然[2]之气，仰则弥高；毖彼之泉[3]，汲而增广。方且惊神褫[4]魄，宁唯衿甲[5]投戈。复思素洛[6]呈祥，翠妫垂贶[7]，龟字著象，鸟莩含华。至于汉省五丸，武部三善。仲宣[8]佳藻，既咏浮光；张永[9]研工，常称点漆。逸少[10]每停质滑，长康常务色轻。捣乃韦书，知为宋画。荀济提兵之檄，磨楯而成；息躬覆族[11]之言，削门而显。敢持蛙井，犹望鲲池[12]，不任惭伏宗仰[13]之至。庭筠状。

【注释】〔1〕冲襟：旷逸的襟怀。

〔2〕苍然：茂盛貌。

〔3〕毖彼之泉：喷涌而流之泉水。

〔4〕襫：夺。

〔5〕衿甲：糸甲，谓不解甲。

〔6〕素洛：洛水所出的素书。素，指写在白绢上的书信。

〔7〕贶：赐。

〔8〕仲宣：王粲，"建安七子"之一，善诗赋，以《登楼赋》著称。

〔9〕张永（410—475年）：字景云，南朝宋官员。

〔10〕逸少：王羲之，字逸少。

〔11〕覆族：灭族。

〔12〕鲲池：这里泛指大海洪川。

〔13〕惭伏宗仰：惭伏，惭愧地趴伏在地。宗仰，推崇景仰。

【原文】段答云：赫日初升，白汗四匝[1]，愁议墨阳之地，懒窥兼爱之书[2]。次复八行，盈襞[3]交互。访伏牛之夜骨，岂望登真[4]；迷良兽之沈脂，虚成不任。更得四供晋主，五入汉陵，隐侯[5]辞著于麝胶，葛玄[6]术成于鱼吐。宁止千松，政染二丸，可和僧虔[7]独擅之才，周颙[8]自谓无愧而已。支策长望，梯几熟眠。方困九攻[9]，徒荣十部[10]，齐师其遁，讵教脱肩。成式状。

【注释】〔1〕白汗四匝：汗水四流。

〔2〕兼爱之书：指墨家著作。因为墨家主张兼爱，故有此说。

〔3〕襞：衣服上打的褶子。

〔4〕登真：升仙。

□ **罗小华制半桃核式墨　明代　故宫博物院藏**
　　半剖桃核状，边缘两侧刻阳文隶书、篆书，中心有阳文行书"小华"落款。此墨造型新颖别致，大小适宜，造型、纹路非常逼真，属玩赏之墨。在其凹处注水用笔捺墨，可书写小楷短笺。

〔5〕隐侯：南朝梁·沈约的谥号。

〔6〕葛玄（164—244年）：字孝先，号葛仙翁，为葛洪祖父，好仙术。

〔7〕僧虔：王僧虔，南北朝时期书法家。

〔8〕周颙：字彦伦，南朝宋大臣。

〔9〕九攻：多次攻击。

〔10〕十部：即"十部从事"，典出《三国志·魏书·刘司马梁张温贾传》"子熙嗣"裴松之注引晋·孙盛《晋阳秋》："每有兴发，守书郡国，丁宁款密，故莫不感悦，颠倒奔赴，咸曰：'得刘公（刘弘）一纸书，贤于十部从事也。'"

【原文】温答云：窃以童山[1]不秀，非邹衍[2]可吹；眢井[3]无泉，岂耿恭[4]不拜。墨尤之事，谓以获麟[5]；笔圣之言，翻同倚马。静思神运，不测冥搜[6]。亦有自相里而分，岂公输[7]所削。流辉精绢，假润清泉。铭著李尤[8]，书投苏竟[9]，宁忧素败，不畏飞扬。传相见贻[10]，守宫斯主，研蚌胎[11]而合美，配马滴以成章。更率荒芜，益惭疏略。庭筠状。

【注释】〔1〕童山：无草木的山。

〔2〕邹衍（约前305—前240年）：战国末齐国人。阴阳家代表人物、五行

创始人。

〔3〕窅（yuān）井：废井。

〔4〕耿恭：字伯宗，东汉官员。

〔5〕获麟：指鲁哀公十四年（前481年）猎获麒麟事。

〔6〕冥搜：搜肠刮肚地冥思苦想。

〔7〕公输：公输班。

〔8〕李尤（约55—约135年）：字伯仁，东汉文史学家。

〔9〕苏竟（前40—30年）：字伯况，汉代学者、官员。

〔10〕见贻：见赠。

〔11〕蚌胎：指珍珠。

【原文】段答云：蓝染未青，玄嘲转白；责羝羊[1]以求乳，耨[2]石田而望苗。殆将壮肠，岂止憎貌。犹记烟磨青石，黛渍幕书，施枨易思，号令难晓。苏秦同志[3]，佣力有而可题；王隐[4]南游，著书无而谁给。今则色流琅研，光滴彩毫，腹笥[5]未缄，初不停缀，疲兵怯战，惟愿竖降。成式状。

【注释】〔1〕羝羊：公羊。

〔2〕耨：锄草。

〔3〕苏秦同志：指张仪和苏秦志趣相投。

〔4〕王隐：生卒不详，字处叔，史学家，撰有《晋书》，今已失传。

〔5〕腹笥（sì）：腹中所记的书籍和学问。

【原文】温答云：驿书[1]方来，言泉[2]更涌，高同泰峙[3]，富类敖仓[4]，怯蒙叟[5]之大巫，骇王郎[6]之小贼。尤有刚中巧制，庙里奇香。征上党之松心，识长安之石炭[7]。马黔靡用[8]，龟食[9]难知；窥虞器以成奢，阙梁刑而严罪。便当北面，不独栖毫[10]。庭筠状。

【注释】〔1〕驿书：经驿站递送的文书。

〔2〕言泉：话语涌出如泉水。

〔3〕泰峙：古代天子祭天神的地方。

〔4〕敖仓：粮仓。

〔5〕蒙叟：盲人。

〔6〕王郎（？—24年）：王昌，新莽末年邯郸（今河北省邯郸市）人。冒称汉成帝之子刘子舆，被西汉宗室刘林和大豪族李育拥立为帝，都邯郸。不久，败死于刘秀之手。

〔7〕石炭：煤。

〔8〕马黔靡用：黔地都用马。

〔9〕龟食：龟卜术语，龟卜之裂纹与墨画重合叫"食墨"，吉。

〔10〕栖毫：停笔。

【原文】 段答云：飞卿博穷奥典，敏给芳词[1]，吐水千瓶，有才一石。成式尺纸寒暑[2]，素所不闲，一卷篇题，从来盖寡。窃以墨事故附，巾箱[3]先无，可谓有骐骥[4]而虽疲，遵绳墨而不跌者。忽记业西古井，更欲探寻；虢[5]略镂盘，谁当仿效。况又剧问可答，但愧于子安[6]；一见之赐，敢同于郅恽[7]乎？阵崩鹤唳，歌怯鸡鸣，复将晨压我军，望之如墨也。岂胜愁居慑处之至。成式状。

【注释】 〔1〕芳词：美好的文词。

〔2〕尺纸寒暑：书信中的嘘寒问暖。尺纸，书信。寒暑，指彼此问候起居寒暖。

〔3〕巾箱：存放书卷、文件等物的小箱子，文中指学问。

〔4〕骐骥：骏马。

〔5〕虢：周代诸侯国。

〔6〕子安：指唐代著名诗人王勃，字子安。

〔7〕郅恽：字君章，东汉官员、经学家。

【原文】 温答云：庭筠阅市[1]无功，持挝寡效，大魂障听，蜗脘伤明。庸敢抚翼鹓鹏，追踪骐骖[2]？每承函素，若涉沧溟[3]。亦有业憭[4]尚存，戈[5]余与记。至于缯[6]从权制，既御秦兵；绥匪旧仪，仍传汉制。张池造写，蔡碣含舒。荷新渰之恩，空沾子野；发冶城之诏，独避元规。窜类轹羹[7]，碎同拾饫[8]，其为愧怍[9]，岂可胜言。庭筠状。

【注释】〔1〕阅市：勤奋好学。
〔2〕骥骓：良马。
〔3〕沧溟：大海。
〔4〕憭：疑而未定。
〔5〕戋：少。
〔6〕缞：粗麻制成的丧服。
〔7〕轹羹：搅拌羹汤。
〔8〕饫：同"饭"。
〔9〕愧怍：惭愧。

【原文】段答云：韫椟[1]遍寻，缄筠[2]穷索，思安世[3]箧内，搜伯喈[4]帐中。更睹沈家令[5]之谢笺[6]，思生松黛；杨师道[7]之佳句，才焕烟华[8]。抑又时方得贤，地不爱宝，定知灾祥不两，讵谕穹昊[9]所无。还介方酬，郁仪未睍，羽驿沓集，笔路载驰。岂知石室之书，能迷中散[10]；麻缯之语，只辨光和。底滞[11]之时，征引多误，弹笔搦纸[12]，惭怯[13]倍增。成式状。

【注释】〔1〕韫椟：藏在柜子里。
〔2〕缄筠：缄，书信。筠，喻指竹简。
〔3〕安世：张安世（？—前62年），字子孺，京兆杜陵（今陕西省西安市）人。西汉大臣，御史大夫张汤的次子。
〔4〕伯喈：蔡邕。
〔5〕沈家令：南朝文学家沈约。家令，官名。
〔6〕谢笺：答谢的信件。
〔7〕杨师道（？—647年）：字景猷，弘农华阴（今陕西省华阳市）人，唐宰相。
〔8〕华：才华。
〔9〕穹昊：穹苍。

□ 张英恭呈凤阁书云石绿墨　清代　安徽博物院藏

此墨为长方形，石绿色，一面正中阳文篆书"凤阁书云"；另一面正中阴文楷书"贡砆"，左下阴文楷书"臣张英恭呈"，另有一圆、一方两连珠印"张英"（张英为清康熙时的重臣），两面的四角都有对称蝴蝶形图案。此墨墨色纯正，文图典雅，为张英订造的贡墨。

〔10〕中散：中散大夫的略称。

〔11〕底滞：迟钝。

〔12〕殚笔搦纸：殚，竭尽。搦，拿着。

〔13〕惭怯：羞愧胆怯。

【原文】温答云：昨日浴签[1]时，光风亭小宴，三鼓方归。临出捧缄，在酲[2]忘答，亦以蚍蜉[3]久罄，川渎[4]皆陨。岂知元化[5]之杯，莫能穷竭；季伦[6]之宝，益更扶疏[7]。虽有翰海垒石，溃阳水号。烟城佺咏，剩出青松；恶道遗踪，空留白石[8]。扇里止余乌牸[9]，屏间正作苍蝇，岂敢犹弯楚野[10]之弓，尚索神亭之戟？谨当焚笔，不复操觚[11]矣。庭筠状。

【注释】〔1〕浴签：为佛教语，朝拜的意思。
〔2〕酲（chéng）：形容神志不清的醉态。

379

〔3〕蚳蝝（chí yuán）：蚁卵和蝗虫子，亦泛指幼虫。

〔4〕川渎：河流。

〔5〕元化：造化。

〔6〕季伦：指石崇，字季伦。

〔7〕扶疏：枝繁叶茂分披貌。

〔8〕白石：传说中神仙的粮食。

〔9〕牸：母牛。

〔10〕楚野：楚地原野。

〔11〕操觚：执简，谓写作。

【原文】段答云：问义不休，揽笔即作，何啻[1]悬鼓得捶也。小生方更[2]陪鳃[3]，尚自举尾；更搜屋火，复得刀圭[4]。因记风人[5]辞中，将书乌皂。《长歌行》里，谓出松烟。供椒掖量用百丸，给兰台[6]率以六石。棠梨[7]所染，滋润多方；黎勒[8]共和，周遮无法。傅玄称为正色[9]，岂虚言欤？飞卿笔阵[10]堂堂，舌端滚滚[11]，一盟城下，甘作附庸。成式状。

【注释】〔1〕何啻：岂只。

〔2〕方更：重新。

〔3〕陪鳃：精神奋发貌。

〔4〕刀圭：一种中药的量器，亦指药物。

〔5〕风人：采集民歌风俗以观民风的官员，亦指诗人。

〔6〕兰台：泛指宫廷藏书的地方。

〔7〕棠梨：俗称野梨。

〔8〕黎勒：指诃梨勒，植物名，常绿乔木，果实可入药。

〔9〕正色：指青、赤、黄、白、黑五种颜色。

〔10〕笔阵：喻指写文章。

〔11〕滚滚：滔滔不绝貌。

【原文】文嵩《松滋侯易玄光传》：易玄光，字处晦，燕人也。其先号青松子，颇有材干，雅淡清贞，深隐山谷不仕，以吟啸

□ **方于鲁制文彩双鸳鸯髹彩墨　明代　故宫博物院藏**

方于鲁存世髹彩墨有六锭，此为代表作之一。《方氏墨谱》记载有此墨。此墨呈圆形，通体漆皮，两面起漱金边框，一面刻两只鸳鸯立于水草繁茂的湖石间，湖面微波起伏，有髹金、碧、朱、蓝、绛等色。此墨墨模雕镂精湛，墨质坚硬，为明墨珍品。

烟月自娱。常谓门生邴炎曰："余青山白云之士，去荣华，绝嗜欲，修真得道，久不为寒暑所侵，寿且千岁。然犹未离五行之数，终拘有限。予渐觉形神枯槁，是知老之将至矣。余他日必为风雨所踬[1]，后因子炽盛[2]，余当神化为云气之状升霄汉矣。其留者号玄尘生，徙居黔突[3]之上，必遇胶水之契，隃糜[4]处士鹿角煎和丹砂麝香数味，遗而饵之。"其后果然，门生皆以青松子前知定数矣。玄尘生饵药[5]得道，自黄帝时苍颉比鸟迹为文，以代结绳之政，玄尘便与有功焉。其后子孙皆传其术，以成道易水之上，遂为易氏焉。玄光即玄尘曾孙也。家世通玄处素[6]，其寿皆永。尝与南越石虚中为研究云水之交，与宣城毛元锐，华阴楮知白为文章濡染[7]之友。明天子重儒玄[8]，慕其有道，世为文史之官。特诏常侍御案之右，拜中书监儒林待制，封松滋侯。其宗族蕃盛，布在海内，少长皆亲砚席，以文显用也。史臣曰：古者得姓，非官族世功，则多以地名为氏，或爵邑焉，或所居焉。松滋侯易氏，盖前山林得道人也。青松子富有春秋，不显氏名，

◎ 文房用具之墨盒

墨盒亦称墨匣，多呈方形或圆形，是古代文房用具的一种。内放丝绵，灌上墨汁，供毛笔蘸用，盒盖的反面嵌着一块捺毛笔用的石捺板。墨盒分盒盖、盒身两部分。也有多层墨盒，但不多见。盒盖是墨盒最重要的组成部分，因为包含很多相关历史信息，反面石捺板的质地也都集中反映在这盒盖上，是决定这方墨盒优劣的关键。

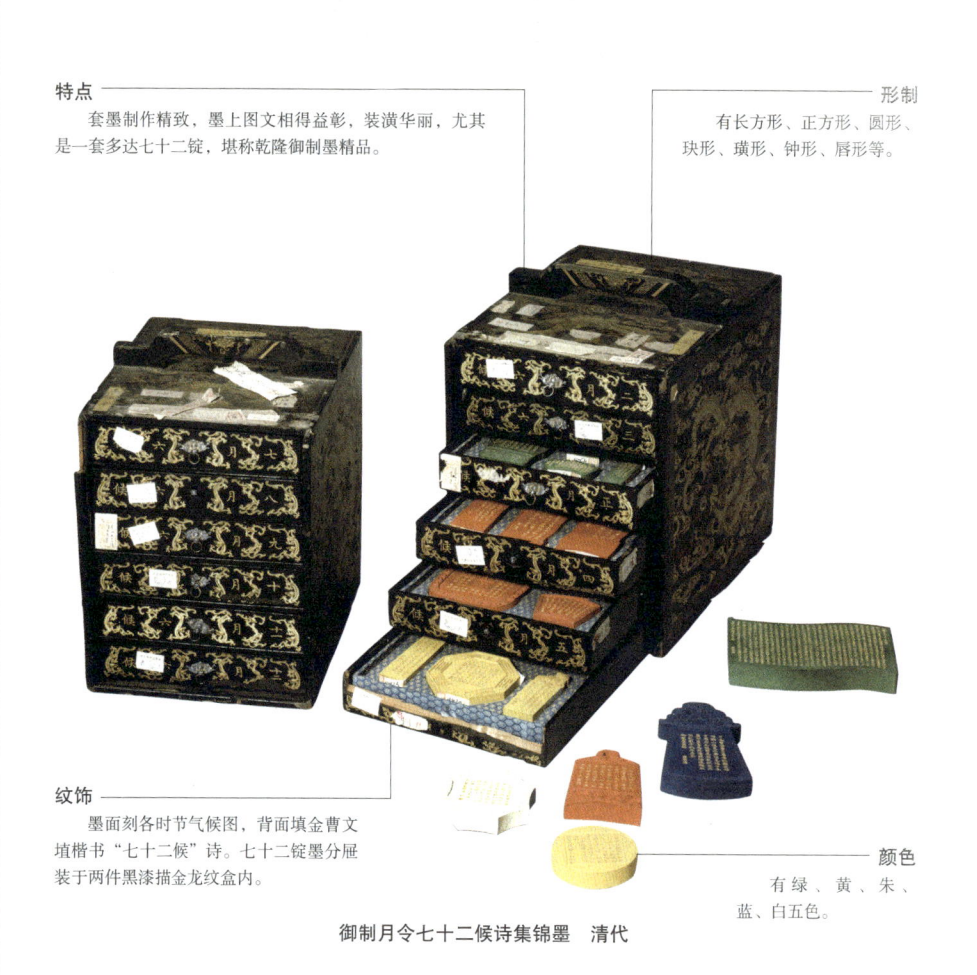

特点
套墨制作精致，墨上图文相得益彰，装潢华丽，尤其是一套多达七十二锭，堪称乾隆御制墨精品。

形制
有长方形、正方形、圆形、玦形、璜形、钟形、唇形等。

纹饰
墨面刻各时节气候图，背面填金曹文埴楷书"七十二候"诗。七十二锭墨分屉装于两件黑漆描金龙纹盒内。

颜色
有绿、黄、朱、蓝、白五色。

御制月令七十二候诗集锦墨　清代

彭元瑞恭进四灵诗集锦墨　清代

此集锦墨制造于汪近圣鉴古斋，套墨装于雕花木盒内，盒面雕刻有牡丹花，且有阴文填蓝隶书"御咏四灵诗墨"。套墨共四锭，分别为圆形、八边形、圆角长方形、圆角正方形，两面均起边框。墨面分别雕以龙、洛书图、凤、麒麟纹；背面填隶书作诗咏龙、龟、凤、麟；侧面有阳文楷书"大清乾隆年制""臣彭元瑞恭进"落款。

御制四库文阁诗集锦墨　清代

清乾隆年间，朝廷曾组织编撰《四库全书》，并建北四阁、南三阁来收藏此丛书。此集锦墨即以北四阁为题，制作精美，制造于汪近圣鉴古斋。此套墨共五锭，分为圆形、长圆形、双联长圆形、璜式、磬式；墨面雕刻有十二生肖、文渊阁、文源阁、文津阁、文溯阁图；背面填金楷书乾隆御制诗；侧面有阳文楷书"乾隆年制"款。整套墨装于黑漆盒内，盒面镶嵌螺钿，有隶书"御制四库文阁诗墨"。

曹云崖湖制八宝龙香剂墨　清代

有一种墨，既可做墨又可做药，因制作时加入一定药物，故而得名"药墨"。药墨只可由松烟制成，油烟不可。此墨即药墨，墨呈长方形，墨面有填金阴文楷书"八宝龙香剂"；墨背有填金阴文楷书"珍墨"，篆书"重二钱五分"；左右侧面分别填金阳篆书"咸丰己未年"，楷书"徽歙曹素功八世孙云崖造"；墨顶有填金楷书"德酬虔制"。墨上标明了重量，便于药店配药时掌握剂量。

张大有恭进万寿无疆墨　清代

此墨为特制进贡宫廷墨品，长方形制，一面填金饰银龙纹，一面以双龙环绕篆书"万寿无疆"。不但墨体装饰华丽，而且墨套以素面黄绫配以锦盒，装饰考究，构图别致，尽显高贵。

其族或隐天下名山，皆避为栋梁之用也。有居太山者，秦始皇巡狩至东岳，因经其隐所，拜其兄弟五人为大夫焉。其参玄得道能神仙者，则自易水之上，后代故用为姓云。

【注释】〔1〕踬：止。

〔2〕炽盛：兴旺，繁盛。

〔3〕黔突：烧火煮饭时熏黑了的烟囱。

〔4〕隃糜：隃糜以产墨名闻于世，后便借指墨或墨迹。

〔5〕饵药：服药。

〔6〕通玄处素：精通并坚守玄道之术。

〔7〕濡染：指互相影响。

〔8〕儒玄：儒学和玄学。

后序

【原文】班《志》[1]有言曰:"小说家流千三百八十篇,盖出乎稗官[2]道途之说也。孔子曰:虽小道,必有可观者焉。"苟致远[3]而不泥[4],庶亦几于道也。矧[5]善其事者必利其器,寻其波者必讨其源。吾见其决泄[6]古先[7]之道,发扬翰墨之精,莫不由是四者[8],方传之无穷乎?苟阙其一,虽敏妙之士[9],如廉颇[10]不能将[11]楚人也。

尝观《茶经》[12]《竹谱》[13],尚言始末,成一家之说,况世为儒者,焉能无述哉?因阅书秘府[14],遂检寻前志,并耳目所及、交知[15]所载者,集成此谱。闻之通识者[16],识者亦曰可,故不能弃。其冠序[17]则有骑省徐公[18]述焉。敢以胸臆之志[19],复书于卷末云。

时皇宋龙集[20]丙戌,雍熙纪号之三载九月日,翰林学士苏易简书。

【注释】〔1〕班《志》:指班固的《汉书·艺文志》。

〔2〕稗官:小官,后世沿称小说家为"稗官"。

〔3〕致远:致力于远大理想,追求卓越。

〔4〕泥:拘泥。

〔5〕矧:况且。

〔6〕决泄:除去壅塞,排去积水。

〔7〕古先:古代先贤。

〔8〕由是四者:依靠笔墨纸砚这四样东西。

〔9〕敏妙之士:敏锐巧思的读书人。

〔10〕廉颇(前327—前243年):字洪野,中山郡苦陉(今河北省定州市)人,战国末期赵国名将,与白起、王翦、李牧并称"战国四大名将"。

〔11〕将:统率。

〔12〕《茶经》:中国乃至世界上现存最早、最完整、最全面的茶学专

著，被誉为"茶叶百科全书"，为唐·陆羽所撰。

〔13〕《竹谱》：记载竹子61种，被誉为"植物谱志之祖"，南朝宋·戴凯之撰。戴凯之，生卒年不详，字庆豫，或名戴凯，曾任参军、南康相，以诗文名世。

〔14〕秘府：禁中藏图书秘记之所。

〔15〕交知：知心朋友。

〔16〕通识者：学识渊博的人。

〔17〕冠序：冠以序言。

〔18〕骑省徐公：指散骑常侍徐铉。

〔19〕胸臆之志：心中所思所想。

〔20〕龙集：犹言岁次。龙，指岁星。集，次于。汉·王莽《铜权铭》："岁在太梁，龙集戊辰。"

【译文】 班固《汉书·艺文志》说："小说家们所写有一十三百八十篇。大都出自稗官的道听途说。孔子说：虽是小道，也必定有值得看的东西。"如能追求卓越而不拘泥于它的小，或许也可以接近道。况且要想把事情做好的人，必定先制作精美的工具，要寻找流水的情形，必定得先探到它的源头。在我看来，转述古代先贤之道，发扬笔墨之精要，没有不仰仗于笔、墨、纸、砚这四样东西就能代代相传的。如缺其中一样，即使是思维敏捷的人，也会像廉颇不能统率楚人一样一无所成。

我曾看过《茶经》《竹谱》，这两书言及茶、竹的来龙去脉，尚能成一家之说，更何况我家世代都是读书人，对笔、墨、纸、砚又怎能不去考述呢？因为在宫中藏书秘记之所，我查找了前人关于"四物"的记述，再加上自己平常目染手追，以及朋友所记，便把所有这些集成了此谱。我将所写的内容对学识渊博的人说起过，他们都说可以，所以我不能放弃。这书前面的序是散骑常侍徐铉先生所述的。我也斗胆把自己心中所思所想，再写在卷末。

时在丙戌，即大宋雍熙三年（986年）九月某日，翰林学士苏易简书。

文房肆考图说·白话选译

〔清〕唐秉钧　撰

此处仅译《文房肆考图说》卷一、卷二、卷三之"古砚考下"和"纸墨笔考"、卷四之"古今琴考"、卷五、卷六及卷七的"杂考",而卷三之"古窑瓷考"、卷四之"古铜器考"和"古今玉考"、卷七之"人参考"未译,因其与文房用器并无直接关系,虽然文房用器中也有陶瓷、古铜及古玉制器。

沈初 序

　　汪少山先生是知识广博、为人宽厚的君子。此前我在京师做官时，少山经常到我暂居的地方通宵交流。少山对于经史字句、各家诗古辞句，没有不探究原委的，又非常擅长考古鉴定。但凡名人的书画作品或铜器、陶瓷、玉石等古玩，少山对于新旧、真伪能够根据形式、款识进行分析辨别。我真心佩服少山。少山说："我这些见识并不值得称赞，上海唐衡铨先生虽然年轻，但是非常博学，刚学习不久就留心鉴定的学问。大至人品学问，小到事物的形象名称，只要见到、听到或有所领悟，都详细地记录下来。长期积累以至于著作等身。我认为只是检别人话题讨论，好比是没有源头的水，稍微舀几下就没有了，并没有什么大不了。"我说少山是虚心谦让、奖励后进，说的话不无溢美之词。但是唐先生这个人的事已经在耳边很熟了。戊戌年的秋天，我奉命到福建省督学，少山和我同行。阅卷闲暇的时候，少山拿出唐先生编写的《文房肆考》一本，请我作序。我阅读之后，发现该书对于事情的原本、是非的判断以及有疑问的问题引经据典详细考证，可以使人阅读之后有暗室中点燃蜡烛、缺失方向时获得指南车的感觉。本来艺术圈里文雅的事物，不是世俗每个人都涉及的，但是现在造假的情况屡见不鲜，优劣悬殊，其中的奥秘有些皓首穷经的老者也无法辨别。唐先生还很年轻却能够博闻强记，下笔成章，随着年龄的增长将更不可限量。知识搜罗越广，见识越丰富，我难以预知他的成就。我认为唐先生是真的能够鉴定古玩，从而也相信少山的嘉奖不是夸张的，现在只是简单地写几句在文首。

　　　　乾隆四十三年十二月　云（椒）沈初书写于官署的友清轩

汪少山　序

　　象牙、犀角、珍珠、美玉之类的宝物，不花大价钱是不能购买的，即使是摆满房屋也只是增添美观罢了。不如书房摆设的器物，能够被文人雅士把玩叹赏。所以清雅的房舍斋轩都会精心地布置茶具、香炉、牙具等器物，体现文人雅士的情志。论诗一定要参考司空图的《诗品》，评书法则是要依据张怀瓘的《书估》，欣赏文章不能不谈及刘勰的《文心雕龙》，分析绘画则要了解荆浩的《笔法记》，之所以能够广泛流传是因为他们的清淡。但是近年来鱼龙混杂，真假难辨，许多人不能明确地了解意图，分析出处，纨绔子弟也多来附庸风雅。唐衡铨少年时期就能够很好地积累知识，日积月累，研究古今学问，甄别不同时代的特征，汇总写成《文房肆考》。文中辨别墨、笔、砚、纸，并且还绘制成图形，便于辨认。文中不仅讨论了玉器，还解释青铜器，介绍各种官方文体的演变，对于各地各时的陶瓷器也详细地进行介绍。其文字准确，可以称为文坛的支流，也可以看作是文艺论的别样表现。早年衡铨的祖父仁严先生很有修养，有很多著述，父亲桐园先生也很有学问。父祖两代人都有很多文章，有些并没有刻版印刷，但是亲戚朋友都有些赠言。本书把这些赠言附在卷末以增加家世的声势。其他有些这方面的资料虽然也很深奥，但是都有不同的弊病。衡铨二十多岁的年纪就已经有了等身的著作，日后成就不可限量。此书使人看了之后可以辨别真伪，免于欺骗的灾祸。介绍本书大概的情况来作为序。

乾隆丙申年初春正月，汪照（字少山）书写于过学斋

原序：发凡十五则

　　这部著作是秉钧跟随师傅学习后，对有关文房日用资料的整理汇编。著书期间，我翻阅经、史、子、集各类书籍，或旁听师长与见闻广博的前辈学者谈论，只要是与文房日用相关的知识我都记录下来，避免过时遗忘。也许这本书只能算作一鳞半爪，或是小孩游戏的产物。那怎么敢刻印出来让大家欣赏呢？大家都知道书籍众多，各自按类分别，很难搜全查阅，不如这本书来得简要清晰。如果想博览群书，也可以从这本书起步。成就并非来自天生，一切都要有一个好的开始。所以聚集资金将此书刻印成册，但是难免贻笑大方。

　　这本书虽然是为考据和收藏之用，看似与研究身心性命的"大学问"无关，但字里行间却透出正义、忠孝的倡导。看这本书的诸位如果留心体会观察，便能够发现秉钧编这本书的苦心了。

　　凡是自己编著书籍，书首罗列评阅该书的前辈姓名字号，体例只称某某先生。这本书称老先生或大人，是因为秉钧我年纪轻、地位低，所以平日听到哪些，就记载哪些，这里这样称呼是为了表示自己对于尊长的尊崇，并非是无稽之谈，也不敢遭受杜撰的质疑。

　　用端溪老坑的子石做的好砚都是唐宋时期的旧物。熙宁年间以来，新坑开采的石头越来越差，原来制作的砚越来越少。但是天下之大，流传在世上的砚怎么可能都知道呢？这本书中所绘制的各名砚图，只是就我家珍藏和亲戚朋友处见到或听说过的而记载。有的已经送给某些官长，或经过他们送给皇帝使用了。起首列出太极砚，最后配合井田砚。中间罗列的是以星斗、龙凤、山水和花卉等物命名的砚。这样排列是依据"天覆盖、地承载、中间包纳万物"的意思，并借此来说明上下、尊卑、贵贱的等级关系。

铜器，诸如正式礼仪场合使用的钟、角、彝、尊之类器物，一般只通过辨析款识颜色、质地来判断真假。像今天流行的自鸣钟、洋表、洋舟、洋车之类，都是用铜匙开启机关，就能够运行自如。这些只是灵巧的机器而已，都概置不论。即使陶瓷类盛具，也只取浑厚质朴的，通过色泽辨别来判定真假新旧而已。花纹精细、玲珑剔透、雕镂纤巧，都不是应该提倡的风格，所以都不涉及。

金银、皮革、珠宝、雕饰，经书古籍上也经常记载。但是追求金银珠宝不符合礼节，珠宝虽然世人都喜欢，但这只不过是帷帐上的饰品而已。这些都不是书房文雅布置所应有的物品。所以这本书中并没有涉及金银珠宝，而只是对古代玉器进行考证。即使是玉器，也只是记载祭祀、朝会、婚嫁等重要场合摆设或佩戴使用的各种器物。这些玉器主要以中规中矩的形制为主，并且考虑到儒家的"比德"要求。自唐宋以来，用玉器殉殓死者的各种器物名称繁多。最初这种玉是从奢靡富贵之家的墓室中盗掘而来，但这种风气不可提倡。并且这些器物本来就不祥，甚至有污秽，难登大雅之堂，怎么可以作为文房清玩呢？所以就都不进行考证。射礼是"六艺"之一。投壶这种游戏秉承"射礼"的精神，详细地记载在《射义投壶篇》上。剑铭刻德行，也记载在《戴礼》上面。所以说，佩执宝剑，练习射礼，古代圣贤也并没有废弃。但是射礼毕竟有战争的影子，投壶又太过游戏化，舞剑虽然慷慨也究竟还是属于武术范畴。孔子说，君子以忠为本质，以仁为护卫，有什么需要剑的必要呢？因此知道舞剑、习射不是文房所应该有的事，所以本书只是考证琴的相关知识。

讨论书法，强调以融和神、气，端正形象为根本，下笔应该是以中锋平直为标准。首先要把握宾主、远近的关系，其次应该注重气韵、骨力的体现，其他的错综变化等形式都根据作者的喜好不同而有侧重。所以，书画纵横奇崛的形式，如果不是一般性的规矩，就一概不详细论述。

对于人参的考证，似乎和本书的书名不相符，不应该列在书里面。但是人参从来没有专门的书进行讨论，即使是李时珍先生所撰写的《本草纲目》，已经成为本草类中的经典，也只是谈到上党出产的人参最好，并没有涉及如何辨别高下和真假。现在赶上本朝德高福厚，所以天地的精英灵气荟萃辽东，生产的人参形质超过前代，所以特别考证介绍，如果文人士大夫偶尔需要使用，借此可以判断等级，不受市侩小人的欺骗，也算是"格物"的好处之一。

　　不论是什么身份的人，如果是生逢盛世，能够安享朝廷太平的福德，都应该心怀感激，立志做一个善良的人，以感谢上苍对我们的高情厚谊。"士"作为四民之首，能够生活得悠闲，在窗明几净的书房里，早晚读诵经史，难道不应该保持忠爱、诚信的态度，立志做一个端庄正直的人吗？所以在"文章考"中，把诏、敕、诰、谕、奏、议之类的体裁罗列在前面，是为了他日凭此作为报效国家的基础。最后介绍谥法褒贬的意义，让大家明白劝戒的本意，进而规范自己的行为。

　　人的形体智慧和学问文章，都是从先天、后天积累而来的。所以汉朝人的书籍，书中都列有一篇自序家世的文章。由此可见，凡是有所成就者，都莫不追念祖宗的功德。所以我们应该饮水思源，望木重本。这本书中的"竹庄文献考"，也是秉承这样的思想而收入的作品汇编。

　　家中祖父、父亲以及自己著录的书籍、诗文虽然很多，但是考虑到印刷出版的费用，所以并没有都进行印刷。有的只是登录书名，有的一并记录序跋。如果是已经印刷出版的书籍，序文都已经印在每本书的卷首，这本书中就不重复收入了。

　　人情交往由于都是与雅士往来，所以往来的书信经常是堆积如山。近处的亲友书信大都篇幅较短，远地的朋友来往的信件，常常篇幅较长。这本书收入的小部分书信，都是谈论经义或考古方面重要的文字。如果是与这些方面无关的书信都没有收入。

　　为什么书名定为"文房肆考"呢？《说文解字》中说

"肆"是肆极陈列的意思。《玉篇》则解释"肆"是放恣的意思。《周易·系辞》说"肆"是事情的应对,"疏"文解释"肆"是辞语放肆显露,这些书中所讨论的义理都是深奥而幽隐的。既然想博览事物,难道还可以不亲自反观自己的身心吗?"日省簿"部分,是自己考校的方法,可以算作是端正修身的根本、入道的正途、积德的基础、为人的重要关口。虽然列在本书的最后,看似是全部的结束,实际上是最开始的准备。

其他的部分如碑帖真赝的考证、经籍校订讹误、音乐正变的分析、几何勾股的介绍、茶的种类和泉水的等级、香谱和竹刻不同的种类等都需要在续编中介绍。

乾隆乙未年八月二十八癸卯日,嘉定人唐秉钧(字衡铨)著于竹映山庄书房

卷一

　　本卷，作者以图绘方式展现自家珍藏及亲戚好友中所见所闻的名砚。名砚排列有一定程式，旨在表现上下、尊卑、贵贱的等级关系。图绘名砚质地、镌刻精美，多经名人手泽，为后人鉴定砚台提供了可参考图式。

◎选砚四字诀

砚是集文学、绘画、书法、雕刻等多种艺术于一身的文房用具。历代文人在玩墨、赏墨之时逐渐总结出来一套辨别砚优劣的方法，即从质、工、铭、饰四个方面分辨。下面以图示的形式来解析选砚四字诀。

砚饰

砚饰指砚匣、锦套之类的装饰。一些名贵的砚往往配有精致的砚套。这些外在装饰不仅起装饰和保护的作用，还对砚的品质起到陪衬作用。一般来说，砚匣多为木制，上等的砚匣还嵌有白玉、象牙或金银丝。

雕工

砚既是实用的书画工具，也是雅致的工艺美术品。名贵的上等砚除了具备质地细腻温润、纹理致密的特点外，还有造型生动、雕工精湛的特征。

砚质

砚的材质不管是石、玉、砖、瓦还是陶、金等，它们内在的选择标准都是：要坚实细腻，温润如玉，易发墨，不损笔锋，不吸水，寒冬储水不冻，盛夏储水不腐。

砚铭

砚铭包括砚台的雅名、收藏款式、记事、诗词等。砚铭不仅可让后人了解砚所蕴涵的文化底蕴，还可提升砚自身的价值。因此，一些名贵的砚除了有优良的质地，精湛的雕工，往往还附有名人故事或者诗词。

古今名砚图

本卷所列数十幅砚图,可从砚的形制和纹饰上区分。

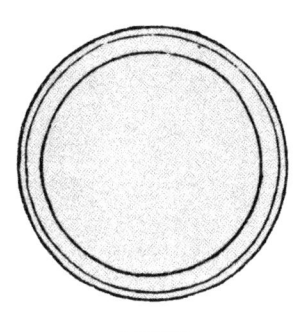

| 大圆福寿 | 大圆福寿(背阴) | 松寿万年 |

| 天保九如 | 天保九如(背阴) | 五岳朝天 |

| 保合太和 | 保合太和(背阴) | 龙马负图 |

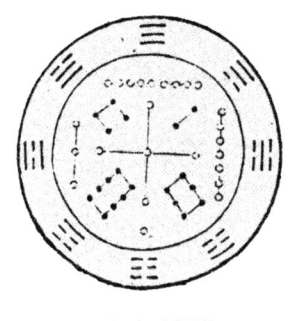

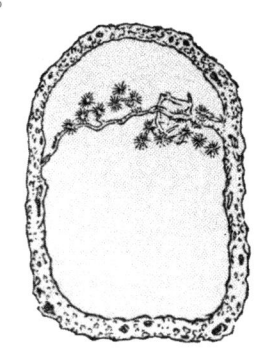

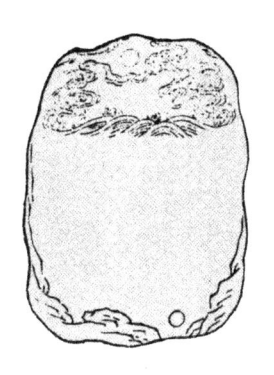

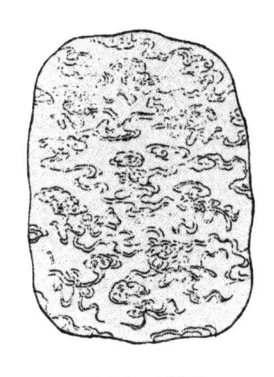

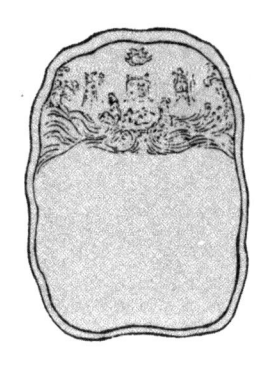

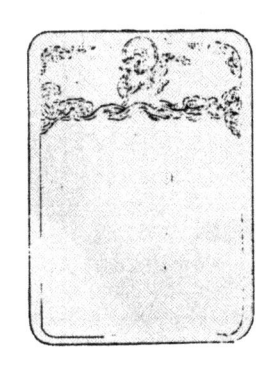

文房肆考图说·白话选译

凤舞蛟腾	海屋添筹	黼黻帝躬

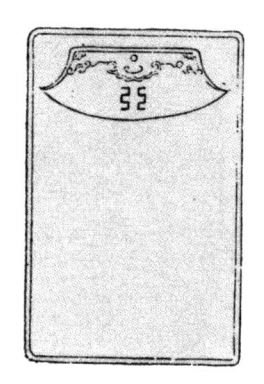

太平有象	大象纹饰	化平天下

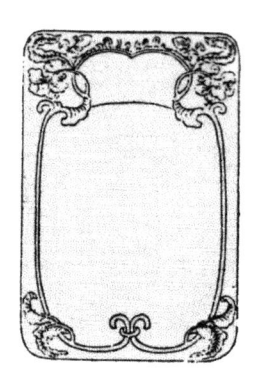

景星庆云	寿山福海	海天旭日

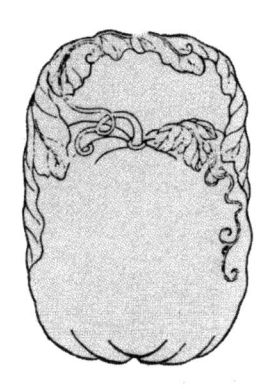

献生瓜瓞 　　龙吟虎啸 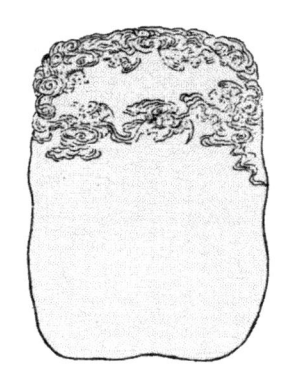　　福自天来

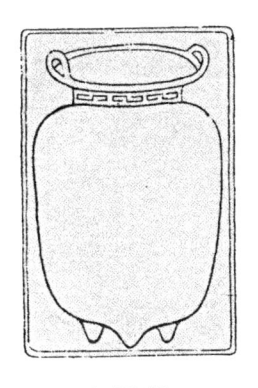

汉朝灯瓶 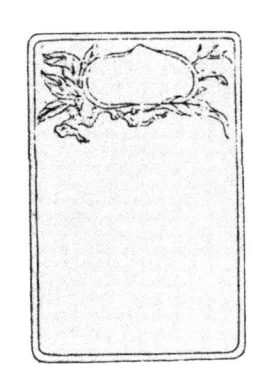　　九重春色 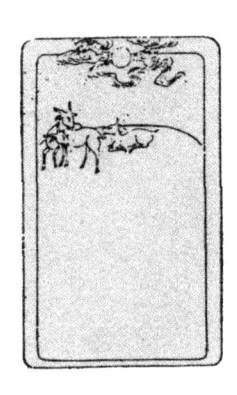　　三阳开泰

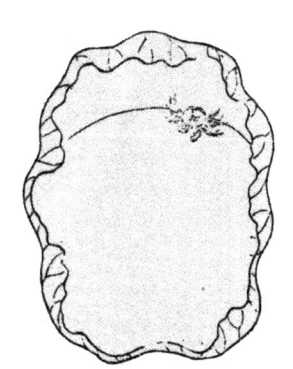

花中君子 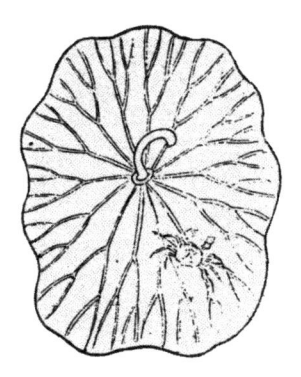　　花中君子（背阴） 　　龙飞凤舞

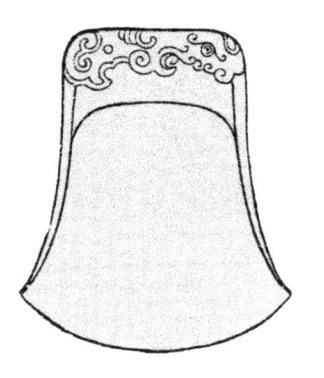

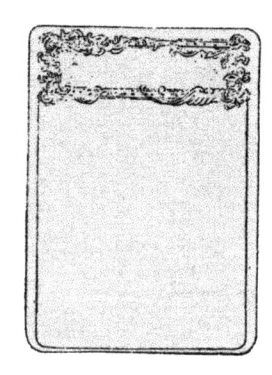

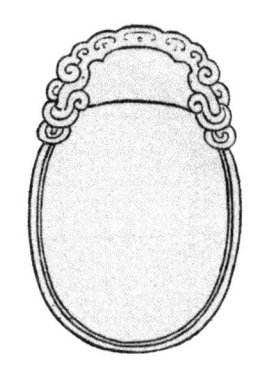

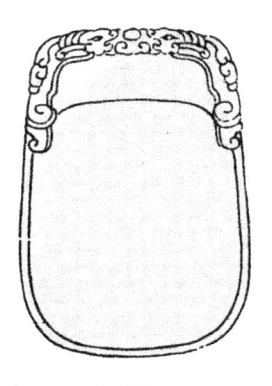

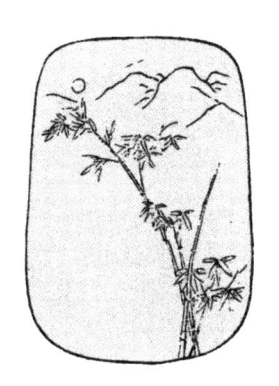

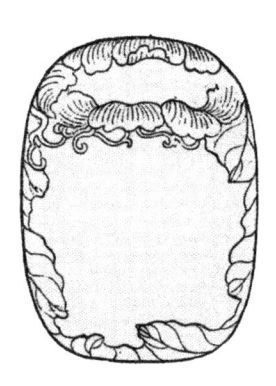

文章刚断	德辉双凤	结绳砚式
东井砚	东井砚（背阴）	林塘锦绣
丹凤朝阳	龙门变化	回文观德

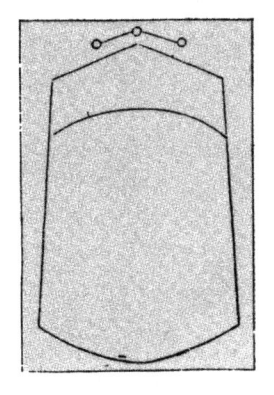

卷一

三星拱照 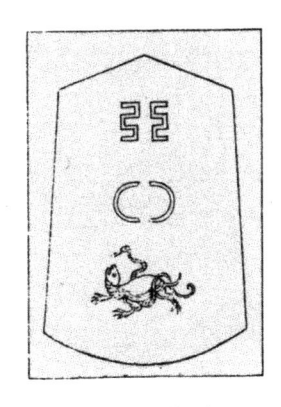　　三星拱照（背阴） 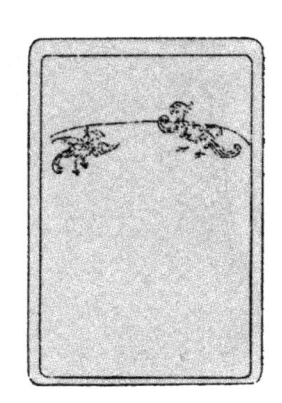　　身到凤池

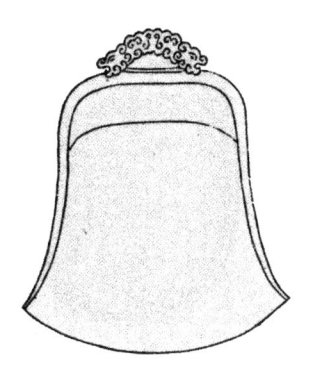

北宋钟砚台 　　北宋钟砚台（背阴） 　　鸠献蟠桃

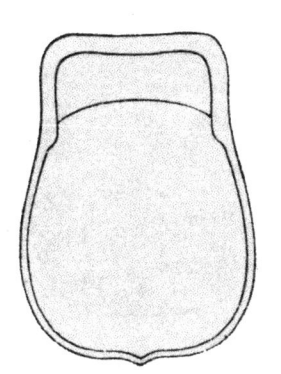

锦囊封事 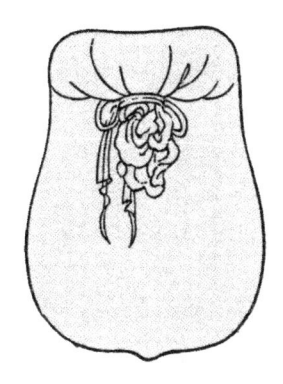　　锦囊封事（背阴） 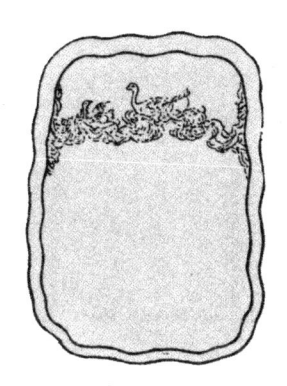　　义爱金鹅

401

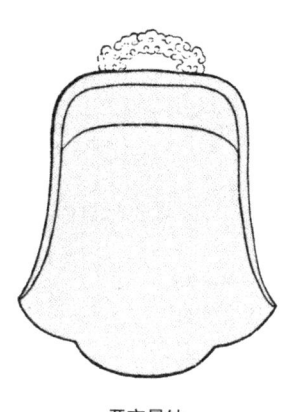

开宝晨钟 　　　　　开宝晨钟（背阴） 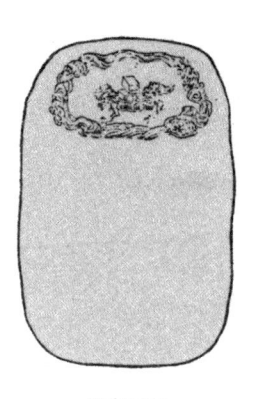　　　　图书呈瑞

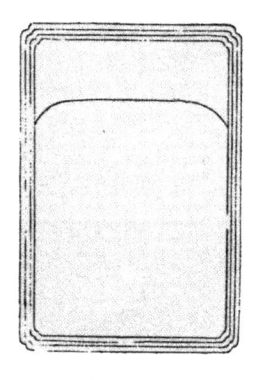

端方正直 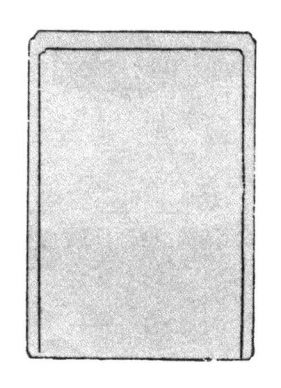　　　　　端方正直（背阴） 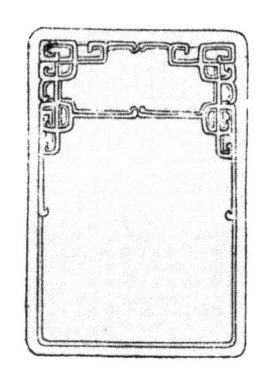　　　　濯渊进德

寿同日月 　　　　　寿同日月（背阴） 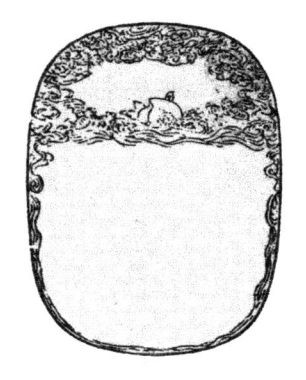　　　　五福奉寿

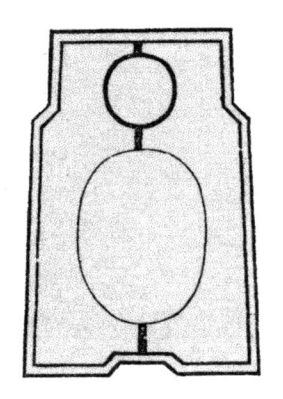

卷一

砚池泉布 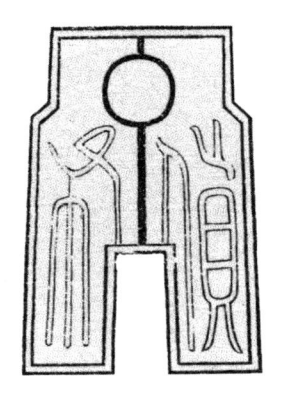　　砚池泉布（背阴） 　　青鸾献寿

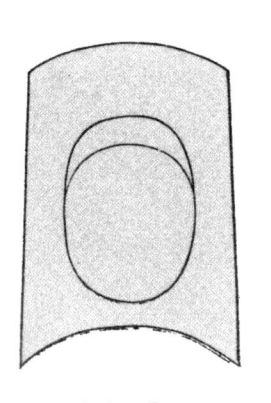

铜雀瓦砚 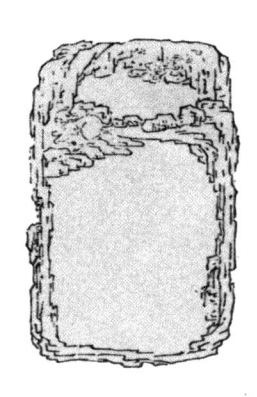　　犀牛望月 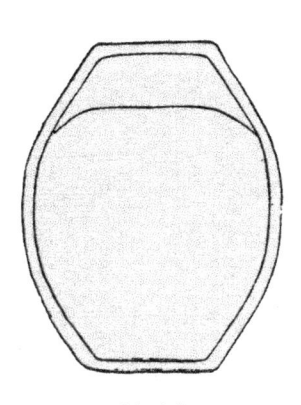　　太极义象

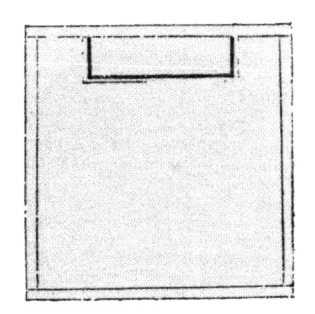

井田砚 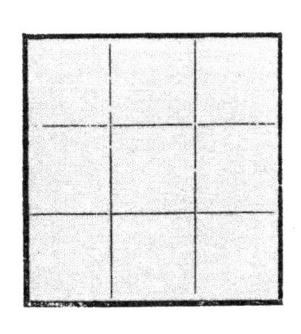　　井田砚（背阴） 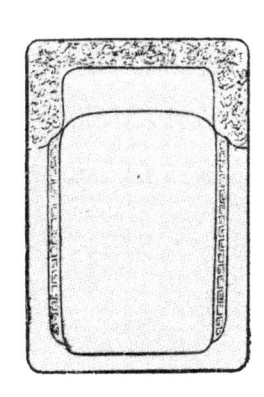　　连篇月露

403

卷二

　　本卷对古砚进行考证。古砚考上篇主要是对端砚考证，涉及端砚得名原因、所处地理位置与相应的天文、历史和地方志中的记载、纹色与命名、新旧坑之辨、各坑石的品第、各岩新旧坑辨别、石眼之辨和品第关系、花纹辨、古制砚的名称、玉堂新样、端溪砚的地位等问题。

古砚考上

端砚自古为世人所看重，此考使人了解如何辨别真假端砚，并辨别端砚品第等次。

端砚得名缘由

端砚之所以得名，是因为其产地。端砚产于广东端州（今肇庆市）高要县的端溪，这一带在隋唐宋各代均称为"端州"。政和初年，宋神宗封其第十一子，即后来的徽宗为端王，并将潜藩赐其为官邸，因此，改端州为肇庆府（此处有误，应是徽宗登基后，才改端州为肇庆府）。

斧柯山位于西江南面，羚羊峡对面，距肇庆府治所在地大约三十三华里。斧柯山山势峻峭，山下便是滔滔江水。从江旁步行登山三四里便到砚岩，最先到达下岩，下岩中有泉水涌出，即令遇到大旱，也未见干涸过。中岩位于下岩之上，上岩又位于中岩之上。从上岩转到山的背面便到了龙岩，唐朝的砚石出自龙岩的居多。后来，人们发现下岩的石材优于龙岩，便不在龙岩中取石了。

端溪

端溪位于羚羊峡东面，又称为"西江"。溪长约一华里，宽不超过一尺。从端溪口向北步行约三十步，便会发现山下有一洞穴，高约三尺，这便是水岩的入口。侧匐前行约五六丈便是正坑。从正坑向右前行几丈是西坑，西坑坑门最小。从西坑旁边进去便是中坑。从正坑向左十几丈是东坑，东坑的外面即为大江。坑中水流不断，用瓮罐之类容器盛水注入水槽中让水流出，这样，待坑中的水慢慢消停后，才可以开凿以采石。石层共分为三层，上层材质较粗糙，中层有许多鸲鹆眼，下层则沉在水底，多破碎不堪而不能开凿。东、西、中三坑中的情况与此类似。坑又称为"洞",所以三坑又称为"三洞",以东洞的石头最好。

端溪砚石是星宿灵气聚集

端州一带地处牛宿、女宿的分野之内。唐代管理天文观测的僧一行说,天地两界,山河与天上的银河的始末关系称为"星纪"。银河下降的气息,变为山川。羚羊峡在端州的东面约三十华里,是西江、北江、绥江三江汇聚之处。山上产的石头类似美玉。唐宋以来,文人学士选取此地的石头,雕琢成砚。苏轼曾称该石为"宝石"。这真是两广地界上秉承天地的灵气而蕴藏的宝物。距离羚羊峡约十里有大尧山,山上都是牛毛细皴的岩石,如画境一般。峡与山一青翠,一苍茫,两相对峙。江水宽广深邃而清澈,与岩濑峡很相似。

关于历史和地方志的考证

据《端溪郡志》记载,端溪石砚中有青纹的称为"青条",青纹较短的称为"眼睛",这种青纹石下岩中也有。石砚上有细微色斑的称为"火黯",这种火黯石下岩中没有。又有称为"赤裂""黄霞""铁线""白钻"等不同的品种。色斑圆且深,犹如钻眼的称为"压矢",颜色极为斑斓绚丽。

唐代柳公权说,端州有溪,所产子石用于做砚。子石上有红色、白色、黄色斑点的称为"鸲鹆眼",子石纹理呈黄色的称为"金线纹"。

《六一集》中的记载

欧阳修的《欧阳文忠公外集》记载,端石产于端溪,颜色晶莹,纹理滑润,以子石为上品。子石生于大石中,是石头的精华。而历代流传误以紫石为上品。

端石中以存水不耗的为佳品,有"鸲鹆眼"的最为名贵。此种砚石只有北岩才有。

《事林广记》中的记载

《事林广记》记载，端砚产自端溪，端溪以上下岩及西坑产石为佳，其余地方所产均略逊。三处所产，又以北岩即下岩所产为最好。下岩石颜色晶莹纹理滑润，有石铓的更加发墨。端石以子石为上品，子石生于大石，是石头的精华。有的砚石还有细密的金线纹，有"鸲鹆眼"的纹理精美，最为名贵。

石以纹、色为名

砚石的花纹和颜色，以青花最为名贵。青花细微如尘，隐隐约约地凸起。细如虮虱脚的为上品，粗点成片的为次品。青花是因为石纹细腻至极才有的。青花是砚石的精华。还有红色、绿色斑点分明的称为"朱砂斑""翡翠斑"，也同样名贵。

此外，砚石的表面上有的如黄色气雾散布开来，鸿鸿蒙蒙，称为"黄龙纹"；有的黄色斑点如粟米大小，称为"麻雀斑"；有的黄色条纹如丝如缕，称为"金线"；有的斑纹如虫子咬啮的痕迹，称为"虫蛀"；有的两旁呈红褐色，称为"鱼边"。还有的如水汽，曲折围绕似一道河流的；有的是圆形纹，如水花珍珠层层洒出的；有的是绿纹，拖出纤长犹如玉带的；有的如紫气奔走流动，称为"火捺"；有的是纯白色成大片，称为"蕉叶白"；有的似血色晕散开来，如云雾之气的；或者是小而圆呈轮状似金钱的。但是"黄龙纹""金线"等纹色都是石头的毛病。"火捺""蕉叶白"也只是石头表面的纹色，真正的鉴赏家能够识别它们。近来凡夫俗子均推崇"蕉叶白"为端砚之最，这大概是由于他们认识不足，辨别不细，便以讹传讹吧。

粗糙的青花纹是岩石的底部最下一层的沙板，不算珍贵。上层为天花板，不仅粗糙而且干燥。上下以及四旁的岩石大多不精细，价值不高。唯独中层岩石色泽纯净秀嫩，好似一片真气飘逸，又如清新的泉水盈溢，又似云霞氤氲，有一股温暖的气息，这是砚石的精华。得到这种砚石，其他砚石便可以抛弃了。

旧坑、新坑

　　唐宋时的古砚大多产自老坑新坑等十余处。老坑有龙岩、汲绠、黄圃三处，汲绠产出的砚石全部没有眼。新坑则有后磨、小湘、唐窦、黄坑、蚌坑、铁坑六处。新坑出的砚石都比不上龙岩、汲绠、黄圃这三个旧坑产出的砚石。

各坑石的品第

　　半边山位于斧柯山麓偏东面。半边山有大秋风、小秋风、兽头、骑子、桃花河头、新坑、黄坑等名目的岩坑，这些坑产出的砚石均比不上斧柯山产出的。半边山产出的砚石灰青色泽的较少，与下岩的南壁石、中岩的北壁石相似。但半边山砚石眼较多，只是晕较少。靠近山南面的砚石眼较大，但晕微绿。靠近山北面的砚石眼较小，晕更少，这就是所谓的"绿豆眼"。但是，这些砚石均比不上下岩的砚石。至于中岩的砚石，晕层中多带有青、绿、红、黄、紫等深浅不一的各种颜色。

　　蚌坑石取于鼎湖山下涧谷中，石性坚硬，没什么价值。由鼎湖山各谷谷水汇聚成的一条大溪，环绕着流经斧柯山下，汇入大江。因此，山下的涧谷都是由于波涛冲击、水波浸蚀、风吹、日晒、雨淋等综合作用形成的。其石质坚硬，都是顽劣而不堪使用的材质。不过，此石获取较为容易，当地人称为"野石"。山谷涧水附近，遍地都是，易于得到。外地人不认识这种石头，往往珍爱它们，正是所谓"郑声乱雅"（出于典故《论语·阳货》，原指郑国的靡乱音乐扰乱了优雅音乐，比喻邪扰乱了正）。野石颜色深紫，石上有眼，但都偏斜不正，呈黄色、白色，稍微带点青色。没有晕道和瞳子，有疤痕，虽然润泽但不发墨。

　　黄坑石与上坑岩产出的砚石相似，新坑石与半边山产出的品质较差的砚石相似，但都是半段碎小的砚石。

　　小湘峡在距离端州约四十里的西面。小湘峡的石头类似于岩石，石性较松软干燥，多为深紫色，似蚌坑石和后历石，石眼也类似蚌坑石。大体而言，小湘峡石的润泽程度比不上坑石，但比坑石更加发墨。

后历山在距离端州约十里的北面，所产砚石的石性松软干燥，多为深紫色微带黄色或赤红色。有的石头有眼，极似蚌坑石，但润泽程度及发墨均比不上蚌坑石。

龙岩石颜色深紫，眼较少，有眼的则与中岩和半边山的砚石相似。石，又称"石钟"，有十一处。北岸坑或称为"阿婆""白婆坟"，所产砚石的石质不鲜艳，偏黯黝。佳品也有火捺纹、蕉叶白，与水岩及朝天岩的砚石相似到可以乱真，只有青花中有黄点密布似尘，眼比螺蛳还要大，好像人张开的眼睛，湛湛无神。真正的鉴赏家以此来辨别它与水岩及朝天岩所产砚石的区别。北坑石上碧点长而且斜，好像眼睛没有瞳孔，每一块石上一片就有十二三甚或数十点这种碧点。

梅花坑在峡外三水汇聚的地段，峡的尽头也是即将到岸的地方。南山坳有一个洞。洞旁书刻"宋治平四年差太监魏某重开"。本地人称之为"岩仔坑"。其石叩击有泠泠声，磨较长时间才能光滑。洞旁有一个冢，相传当时开凿的洞因中间空虚致使坍塌，闷死数百人，魏太监也死了，当地人把他的官服葬于此地。

新坑在岩仔坑的下面，翻过小山就是新坑。新坑的石头质地细润，微带青色，产出的蕉叶白也呈青色。

从新坑向西行，越过水涧，隔里（当地人把士坑称为"隔里"）就称为"朝天岩"。这里的石头石质坚硬，研磨不能滑润细腻。火捺纹打成结，不流畅，像蜡烛向白墙壁斜着燃烧后的形状，或者说是几案烧损的样子。蕉叶白呈暗黄色，如果纯洁而没有痕迹也是可贵的材质。

古塔岩的石头与朝天岩的相比，没有火捺纹和蕉叶白。

屏风背在古塔岩背后，石头如木质，颜色像暴晒在太阳下被风吹干的猪肝色。宣德岩在屏风背下面，离水岩大概有二里远，石质与水岩的石头相似，但很久以前就已经采不到了。

从岩仔坑向东，有宽广如房屋的洞，是原来开坑时石工的栖身之所。又向东有小山圆丘，下面就是水坑。向上折过来数十步远有立石刻记，记载万历二十八年（1600年）差遣督理珠池市舶的内官监，太监李凤开坑封坑的日期。

端溪有三岩，下岩无新坑

端溪下岩旧坑中的石头大至数尺，雕琢去除外面粗糙发黄的表层，才能得到石璞中的砚材，即俗称的"子石"。其色黑如漆，细润如玉。子石有眼，眼内有晕，三四层或五六层不等。晕中心有像瞳孔的黑点，有的六七个眼相连，排列成星斗似的奇异形状，敲一敲能听到清雅悦耳的声音，而研磨却听不到什么声音。盛上水研墨不热，也无泡。砚与墨像是恋恋不舍，墨越坚硬，恋石也越严重。油光发亮像云气蒸涌，稍微研磨墨汁就满了。如果是与其他材质的砚石比较，一样的水，一样的墨，手研磨的力道轻重也一样。水岩砚经常是比其他砚石省十分之三四的墨，所以不费墨。长时间研磨后才稍微浸墨，发墨像油一样艳丽。笔一着墨笔头就弹起，积的墨痕细薄，书写时墨色都脱尽，所以不损笔毫。这一砚品在南唐时就已经颇难得了，到宋代庆历年间就已经采尽了。

还有一种卵石，也是琢去外壳才能得到材质，颜色青黑，细润如玉，有青花如筷子头大小，色点像碧玉般晶莹。又或者在青花之中有如粟米大小的白点，但是与原材质不同，排列形状如星斗一般，被水打湿以后才能看得见。敲一敲没有声音，磨墨也没有声音，也是宋代时采尽的。这种砚和旧坑石砚一样，久用也不会锋芒消退而变钝，不需磨砻的是最贵重的。唐代吴淑的《砚赋》所谓"点滴青花"，指的就是这种砚石，所以称为"青花子石"，现在讹称为"青花紫石"。李贺也只是听说而没有用心鉴赏分析，所以他的诗也是把"子"字讹作为"紫"字，其实青花子石不是紫色的。

下岩又称为"北壁"，在大江之中，所以相传北壁有龙潭砚。苏轼《端砚铭》有"千夫挽绠"句，就是说有上千民工挽牵绳子，这是夸张地描写采下岩石的情景。下岩只有旧坑，并无新坑。上岩、中岩都别有新坑。旧坑已采尽，另外开个坑穴，称为"新坑"。下岩处于深江险坎中，没有办法另开新坑，所以就没有。

中岩旧坑新坑辨别

端溪中岩旧坑的石卵，紫如鲜嫩的肝脏颜色，细润如玉。圆而正的纹路是"眼"，横纹并且细长则称为"条纹"。敲一敲没有声音，磨墨也没有声音。这两种石砚最贵重。外面有横石包裹。久用锋芒也不退。这种石头，在宋代石坑中已采尽了。总而言之，石性以细润为贵，颜色以青、紫为贵。

中岩新坑石的颜色淡紫，眼如鸲鹆眼一般大，中间有晕。嫩的石头敲一敲也没有什么声音，磨墨时稍微有些声响。久用锋芒会消退。石头有枯有润，润的也很难得，但比下岩石头低了三个等级。

上岩旧坑新坑辨别

端溪上岩旧坑有青、紫色石头，新坑都是灰色的。紫色石头稍微有些粗糙，并且有些干燥，眼如雄鸡眼大小。敲击或摩擦均有声音。多有松板纹，或者整齐如塔的形状。这种石头，用久了便光亮得如同镜面。旧坑的石品稍胜于新坑。

岩石各有三叠优劣

凡是岩底的石头都顽劣，虽然极细但不发墨，且色泽污杂，不可以做砚，当地人称为"鸭屎石"，底石以上部分像石榴子，又像砖坯，自底至顶中间形成三叠。下叠处于底石之上，是最好的砚石，石一定会有眼，当地人把这层称为"脚石"。中叠处于下叠之上，是次一等石材，有的有眼有的无，当地人称为"腰石"。上叠又处于中叠之上，是又次一等的石头，都没有眼，当地人称为"顶石"。顶石之上是盖石，盖石顽劣粗厚且不能使用。一般三叠均有粗络外层包裹，而里面无非是子石。所以，世人传说的另有一种子石是错误的。大概是因为经常有崩落岩下泉涧中的石头，形状有圆润如蛋卵形的，偶尔有人从水中摸得便认为这是子石，于是有了这种误传。

眼辨

石头有眼就如木头有节，不知道的人往往还以为是石头有缺陷。但是，眼也不宜过多，就好比木头的节不宜过密一样。所以古人说的"无眼不成端，有眼端之病"，就是说没有眼就算不得端石了，但是有眼也正是端石的瑕疵。只有端石有眼，但眼也有死眼、泪眼、活眼之分。黄黑相间，瞳睛在内，晶莹可爱的石眼，称为"活眼"；四周浸泛而不清楚的石眼称为"泪眼"；形体虽然具备，但是内外模糊的石眼称为"死眼"。活眼最上等，泪眼次之，死眼最次。凡是有眼的石头，在水岩中的最为缜密温润。照端州人的说法，石嫩则石眼温润，石老则石眼干涩。嫩石细润发墨，所以有眼为贵重。有青脉的石头就一定有眼，端州人称青脉为"眼筋"。因为腰石、脚石多有眼，所以腰石、脚石多有青脉。而顶石无眼，所以，也就经常是光净而没有青筋的。

石有眼容易分品第

岩性若干枯，就会现黄、褐、灰、苍色。岩性若润泽，就会现青、紫色。所以，带有黄色、赤红色眼的石头是下品。若眼的赤红色、黄色较为清淡，青色、绿色加重，也就渐渐升为上品了。龙岩石的颜色虽是深紫，眼少，但也有类似中岩半边的石头。

眼生得好的石品，多是青、绿、黄三色相间，晕多的从外至心有九重，大的尤为稀有。或者石眼布列在砚中，如同北斗、心宿、房宿的形状。世人以眼的多少来判别价格高低。生于墨池之外的眼称为"高眼"，生于墨池之内的眼称为"低眼"。高眼尤其受人推崇。

根据眼的形状不同，可分为鸲鹆眼、鹦哥眼、了哥眼、雀眼、鸡眼、猫眼、绿豆眼。大的如五铢钱，小的如芥子。以翠绿、圆正，晕多清朗，有瞳子，非肉、非泪、非死的活眼为贵。眼又以碧绿色为贵而不以赤红色为贵，以圆形为贵而不以长形为贵，以阳为贵而不以阴为贵。绿色且明朗为阳，黄色且暗晦为阴。大多数晕有奇数，有偶数，多的有至十余重的。李贺曾作有《端州青花岩歌》，以此推崇青眼石。大概是唐宋时期，就以青眼为上等，黄色稍次，赤红色最次。此外，也有别具特色的石眼。眼如珊瑚鸟眼，色赤、环圆的，此等石质也较为细嫩。眼浸染土气如同象牙色，瞳孔分明，形象非常可观。碧绿色的鸲鹆眼，数层晕色，观看时明光可鉴。圆正、明媚的石头均不易得手。

花纹辨

火捺纹是气血在石头的坚硬处凝结而成的，所以色红紫或发黑。纹如朝霞蔚然兴起，散如马尾般千丝万缕，又像丝素萦绕，绚烂多姿，艳丽熊熊。大小如钱形，有石芒的称为"金钱火捺纹"，是上上品。

蕉叶白是在石头的细嫩膏腴处汇集而成，所以一片纯白而无斑。有蕉叶白的地方，上下左右一定有火捺纹掩映。老坑中的蕉叶白皎洁得可以媲美洁白的绸缎，新坑中蕉叶白的白色杂有青花。

带有青花的端石是上品，青花如同河涧、小岛旁的细藻，红绿相间，丝缕隐隐浮现。有的绵密如秋云，有的微细如水波上的浮尘，平时看不见，浸入水中才能看见。这一奥妙，需心细如发才能洞察。这种石头产于深渊，是水汽、云气所凝结而成。似玉非玉，似水非水。水是其精气，云为其神韵。这种石的石质如水汽凝结，形体似重实轻，质地似刚实柔，摩擦而没有丝毫声响，如同小孩肌肤一般温润柔软，细嫩而不滑腻，秀美而多姿。握的时间稍久，掌中即有水滋润，称为"灵泉"。这种石头，真是端溪的精华，其优点胜于美玉，如同《笔阵图》中所谓的"浮津无价之奇宝"。

凡是香木，必有汇结处，石头也如此。香木的结点为香源，端石的结点为砚石。砚石大至数尺，去除不凝结的部分，取凝结的核心，只有巴掌大小。这凝结的石子真是璞玉，所以形体较大而质地佳美的砚不易得手。

通水岩中的石头汇结的精品不多，并非片片都是好的精品。有的石头像鱼队巡游。

青花中有如同石花菜纹的，石工称之为"芋纹"，是中中品。斜画于石面上的黄龙纹，石工认为是瑕疵。如果游扬如云气，如薄罗，也颇能吸引人。铁捺纹色黯黑，凤涎纹如蚯蚓，都是石头的瑕疵。

古制砚的名称

古人获得美石就请石工砚匠依据石子的形象、眼的高低，因材而做砚，如前面所列砚图中的各砚。此外，如苏东坡曾经得到美石，不予加工就直接用来作砚。后人找到自然平整的砚石，仿效苏东坡，直接当作砚，称为"天妍"。宣和初年，由皇宫发布纹样，造型如风字，如凤池样，只需把底凿平。面上四周环刻海水、鱼龙、三神山，水池做成昆仑形状，左日右月，星斗罗列，以供当时的太上皇（宋徽宗）使用。此外，又有的砚石称垂裙风字，称平底风字，称有角风字，称古样风字，称琴足风字，称凤池，称四直，称古样四直，称双锦四直，称合欢四直，称箕样，称斧样，称瓢样，称瓜样，称人面，称莲，称荷叶，称仙桃，称钟样，称卵样，称笏样，称圭样，称璧样，称鼎样，称玉台样，称蟾样，称龟样，称梭样，称琴样，称琵琶样，称鏊样，称整样，称双鱼样，称团样，称八棱角柄乘砚，称八棱乘砚，称竹节乘砚，称砚砖，称砚板，称房相砚，称月砚，称腰鼓，称马蹄，称月池，称蓬莱样。

玉堂新样

宋代丁宝臣任端州知州时，以诗配端溪绿石砚送给王安石，称为"玉堂新样"。玉安石写诗回报，诗为："玉堂新样世争传，况是蛮溪绿石镌。嗟我长来无异物，愧君持赠有新篇。

久埋瘴雾看犹湿,一取春波洗更鲜。还与古人袍色似,论心于此亦同坚。"

水坑难采,世上罕见

岩仔坑以东,小山圆阜下为下岩。下岩有两个口,其中相通为一洞穴,称为"水坑"。大口是取砚出入的门户,小口是泉水流出的所在,所以又称为"水口"。洞口临江,小口小于圭窦。石工先裸身进入上面的头洞,如果要下到水坑,必须自高而下。二里左右都要像鱼一样游过去,在其中不能昂首直立。中间有空旷的平地,亦有像窗户样的洞穴,需要攀援爬行,才能够到水坑。

在水坑中两人仰卧,照明的瓷盘放置在膝前与胸部相齐。瓷盘中燃烧着猪油浸泡的布索。沿着弯曲的石洞,螺旋而进,一直向东,入洞后西转。遇到不可测的深渊,得先投石问路,听水声来判别。需急转向东折行,不然就坠下深渊了。所以开坑先要放水过一个月左右,甚至数月,花费上千两银钱。

苏东坡《端砚铭》有"千夫挽缒,百夫运斤。篝火下缒,以出斯珍"(上千人牵着绳索,上百人开山凿石,点燃篝火,用绳垂下去才能够得到这个珍宝)。这并非有意尊崇端砚而欺世盗名的虚夸之词。

水坑内有三个洞,分别称为"正洞""东洞""西洞"。正洞的石质是上上等,东洞稍次,西洞最次。当地人将这三洞统称为"老坑"。由口而入,最先到达的是西洞,其中的石头没有眼,再往里是康子坑,这个岩寒气最重,能伤人。康子坑前面再走就到了东洞,东洞多蕉叶白石,其后才是正洞,又称为"北洞"。石质越纯粹,其间水越多。这是由于泉生于石,而不是石生于泉,故能润自性生。外近江水,江水弥漫涌溢,年岁长久而崩塌摧毁,使山岩中的石屑更加遮蔽阻塞。非常值得担心的是穿漏。宋代治平年间,考虑到倾塌颓倒,所以开凿留下数根石柱,分别称为"东留柱""西留柱",后来又用木柱取替。洞石悬崖,积水渊深浩瀚,崩坠深浅不可测,石工不能再行开采。（水坑坑石）宋末就已经是不易得的宝物了。

端溪久重天下

端溪砚历代均颇受重视。至南唐李主时，端溪旧坑已采尽，不得已而求其次，于是开凿新坑。宋代时，贡砚只赐给史官，故而端溪被天下人所看重。熙宁年间，杜谘任端州知州，禁止百姓采石而由自己独占端溪开凿，世人谣称他为"杜万石"。濂溪周敦颐当时任广南东路刑狱提点官，痛恨杜谘夺取他人的生活来源，所以提请凡是在端州任职的官员买砚不得超过二枚，之后这就成为规定。杜谘因而得了恶名。元代的制度是一名把总专门管辖守坑，按律盗坑石与盗窃同论。明代永乐、宣德年间，开的坑不久就罢除了。崇祯末年，四川人熊文灿任两广总督时，指挥苏万邦网罗石工，因不敢白天开凿，常于夜间在江西岸用乱麻引燃照明开坑。丁亥（1651年）以后守禁令罢黜，曾有多次开坑。工人是为官府服役，时间有限，不择肌理，胡乱凿伐，优质的石材，灵秀的山脉，被此等鲁莽的开凿而破坏，这样就割裂了山川元气，天地真蕴也日渐耗竭。即使居民采石养家糊口，也是图简便，都以赝石欺人。从此，就再无宝砚了。端石之所以名重天下，或许是因为这山川陵谷之间没有可问津的地方了吧！

卷三

本卷包括三部分，分别对前卷古砚考的接续，纸笔墨考和古窑器考。古砚考是对端砚砚石瑕疵、造假、价格问题的考辨，以及歙砚、澄泥砚、瓦砚等的产地、命名、辨析、修补、洗涤、保存方法；纸笔墨考分别就纸、笔、墨的产生和分类进行考证；古窑器考对陶瓷的产生发展与名窑进行考证，并从颜色、釉水、火候、修补方面进行综合评价。

古砚考下

端砚、歙砚和澄泥砚并重天下,汉官瓦砚也为世人推崇。本考在端砚之外别论他砚,并对修补、洗涤、保存之法多有高论。

体味下岩水坑石子精美

下岩的子石产于深渊下,肌理如玉般细腻,拿在手里有温润感,视之自有一种生气。砚石光滑细腻,磨的时候与墨相亲,抚摸着使人心动。砚槽里的水,隆冬时候极为寒冷。其他的砚石都是在常温水中,只有水岩不是。水岩子石的体质精美,千变百怪,不能细论,其他内容可以参考上一卷。

审辨诸坑石瑕疵

石头的瑕疵称为"铁线",是表皮各面阻隔的部分。如果是从线上看,能够随手折断。石头的瑕疵有多种情况,灰黄色的称为"黄龙纹",如龙蛇横斜盘旋在石面上;白色纹称为"钻",如虫蛀的眼;如果被斧凿触裂的称为"惊";有斜斑的地方如果像火烧的形状就称为"火黯",又称为"熨火焦"。只有岩石有这种情况,其他山石都没有。端州人认为这只是小瑕疵而已,不是大毛病。

水岩石子是天地之精、山灵之宝,得之有命

端溪之南第一峰的第一条坑是水岩,第三条坑为文殊坑,两者当中的一条称为"虎坑"。水岩的上边分别称为"屏风背""朝天岩""新坑""岩仔"和"宣德岩"。宣德岩很久没有产出砚石了,西洞在明代初年还不断开凿,现已凿穿,江水灌进里面,再也不能重新开凿了。即使没有进水,如果开凿,也只能容纳四个人拿两把斧凿而已。因为取石的时候需要一人拿着工具开凿,一人捧着灯火照明。中洞尚且可以容纳

十二人拿六柄斧锤开凿。东洞可以容纳八个人四柄斧锤。这个岩洞自宋代治平四年（1067年）重开，有太监魏封在上面刻石可以证明。魏封当时与江西石匠数十人在岩裂后被压死在洞里。至今，岩口还有魏太监坟，埋葬的只是他的衣冠。

据传，砸死的石匠经常出来作怪，呼叫哀告，曾经投掷石砾以吓人。入洞者害怕鬼魅害人和因采石而受罚，常被自个儿吓得毛发直竖。其他的如亚婆坑在峡的北面。从第一条坑进去。黄坑在峡南面，从龙华寺后面进去，其石头都有眼，色紫，质地较粗。梅花坑在峡口的东面，从沙步典水村进去，石头也有眼，大且晕重，不是很分明。色青，质地也粗。这些粗质的岩石分布较多，山灵不会吝惜于让人开采。

宋初，水岩还未加开采时，大都在七星岩北部、将军岭以下的将军坑取石。这里的石头黑且没有眼，质地也粗。至今黄岗砚仍然在这里取石。大概是因为各坑的石头易采，只有水岩难采。因水岩积水并有深渊，采取时必定冬初开始，春天结束。天气寒冷，江水低伏时，才可点燃火炬进去，用勺舀泉水才能够露出石头。若不是有力气大的人，这个事不能办成。即使花费大量的钱财，获得的砚石也很少，甚至有没有都难说。如果为了一块石与蛟螭在水中争斗，倘若崖壁一塌，性命都要搭进去。怎么不可怕呢？况且宝物出现一定要恰逢其时。佳石获得与否，也得看个人造化。天地间的英华有限，而日月消磨，金矿、银坑、沙窟尚且有穷尽之时，况且是九渊神髓，超过美玉的砚石呢？

崇祯末年，四川人熊文灿任两广总督时，所开采的石砚尚且比后来某藩王开采的石头多且好，但此后越来越不如前人开采的多了。由此可推知，端溪的精华也渐渐枯竭。为什么一定要这个山的陵谷才有宝石呢？除此之外难道没有别的了吗？

端砚宋时已假

端砚在宋代时不仅帝王看重，官员每年都进贡，即令民间也是竞相争奇斗艳。曾经有人用开采的其他石材制成砚来迷惑世人，但是十个里面连一两个发墨的都没有，只能当玩物。现在文人士大夫家中所收藏的砚，多是此等品类。

其他地方产出的石质有与端溪相似但不同的。一种叫"洁石"，出自九溪的黎溪，表面色深青，里面深紫略带点点红。有的质地极为细润，但用它磨墨，却经常出现水壅塞而不松快的情况，愈用愈光，且顽劣坚硬得像镜面。还有一种，表面有金线黄脉，直截如界行相间的，称为"紫袍金带"。宋高宗当朝时，外戚曾以其进呈高宗，未获欢心。

又有一种辰州、沅州产出的墨石，色深黑，质地粗糙，有的稍微有小眼，但是黯淡不明。一般人不认识，常称之为"黑端"。其实，这种石材与端州所产的有霄壤之别。现在，端州倒卖砚台的人，经常是购回沅州的砚璞，将其雕刻成端砚模样，用来在士大夫面前炫耀，常能卖个好价钱。如果是辰州、沅州的人自己镌刻的，则形体较大。雕篆文或者做荷花、莲水波、犀牛、龟、鱼、八角、六花等样式，装饰异常华丽。虽然样式极工巧，但材质不堪用。

羚羊峡的南岸有金渡村，居民都以制作龙须蒲席谋生。西北岸有黄冈村，居民有五百多户，没有什么耕田种桑的生计，均靠采石为生。当地村民性狡黠，惯用赝品坑石来骗人。雕琢紫石来制作砚台的人家有一半，另一半是雕琢白石、锦石以制作屏风、几、案、盘、盂等各类物件。当地人每年外出售卖这类物品，获益丰厚，年收入在万金以上。即使是西洋各国的人，也来购买白石制品。由于黄冈人的衣食均靠石头，故而自宋至清，黄冈人享受山岩的利益已数百年了。近年，又往往有一两处新开采的石头，极近端石，气韵、颜色几可乱真。现在世上所谓端砚，大概说的就是这种东西。有的在上面伪造成佳眼，打蜡后几可乱真。虽不是真的可观赏的宝物，但很少有人能鉴别。候补官高固斋有诗："石工欺汝只纤毫，翡翠朱砂点未高。鸲鹆眼多堪抵鹊，梅花坑好可磨刀。"（意思是说石工欺骗世人只是依靠极小的部分，伪造翡翠、朱砂的还不是高手，把砚石的鸲鹆眼布置得如鹊眼一般多，就可以冒充梅花坑的砚石了。）由此可知，奸恶的工匠伪造砚石的历史很漫长，并非从现在开始。

砚价

苏易简的《砚谱》记载，端溪砚石，产于水中的石头色较青，产于半山腰的石头色发紫，产于山顶的石料尤其润泽，以猪肝色为最佳。若工匠能够了解山的脉理开凿一窟，就自然能够获得圆滑的青、紫色石头。以此类石材雕琢而成的砚，可值千金，称为"子石砚"。

魏秦东的《轩笔录》记载，端溪砚有三种，分别称为"岩山石""西坑石"和"后磨石"。石色深紫，拿着顺手且富温润感，敲一敲声音清越悠扬，有青绿圆小的鸲鹆眼，这样的砚石是产自山上的石头。次一等的砚石色赤红，呵气才润，有鸲鹆眼，鸲鹆眼的色发紫，纹散漫而大，这是"西坑石"。再次一等的砚石为青、紫色，在光下侧视，有碎星光映照，像沙中云母，干燥而不润泽，称为"后磨石"。三块西坑石抵一块岩山石，三块后磨石可以抵一块西坑石，由此可见后磨石的品第了。

砚买卖价格不等

砚的优劣有天渊之别，所以定价高低也差别很大。下岩水底的脚石是中岩南壁石的十倍价格，南壁石又是中岩北壁石的十倍价格。半边山以南各岩石的价格是中岩南壁石的二倍，半边山以北的各岩以及龙岩中岩南壁石是上岩各洞穴石的二倍价格。上岩各洞六石的价格又是小湘石的二倍，小湘石又是后历蚌坑石价格的二倍。后历蚌坑石中品质好的，有的也可以与上岩各穴石价格相等。

歙砚

歙石砚产出于徽州婺源龙尾山西侧的连武溪，质地坚硬虬劲、莹润可爱，易于发墨。歙砚有五种品次，以金星为贵重，其中又以斑点显现鲜明，如泥金状的为上等。最好的金星歙砚，斑点形状如龙尾，称为"龙尾金星"。其他散布如花瓣满落状的稍次。凡是有金星的砚石，一定带有绿色。有的砚石带有芦花纹，有的像轻软的丝织品，有的像眉毛，有的如鹧鸪身上的斑点，这些纹均为白色，隐隐如银色，这四种又都次一等。如果没有花纹的，就不讨论了。歙砚若形状较大，颜色又不是很黑，也无纹理，就不好以纹样来命名了。

只是歙砚的石质纹理略粗，用手摩擦，暗含瑟瑟锋芒，故而易于磨墨。歙砚也是佳品，不要因为质地粗而轻视它。欧阳修年轻时，曾得到一金坑矿石。该石坚硬且易于发墨，欧阳修称其为"世间罕有"。端石以端溪北壁子石为上等，歙石以深溪龙尾所产的砚石为上等。若比较它们的优劣，龙尾所产的砚石远胜过端溪砚石。但出现较晚的端溪砚，因其雅俗共赏，而广受后人称赞。

歙溪龙尾新旧坑

歙溪龙尾旧坑产出的石材也是卵石，故而难得有体积较大的，最大的也不过四五寸，可将就石坯的原来形状，制作成月形砚。色青灰，清澈如秋水且无杂纹。用水浸泡，色微紫而石质更加细润如玉。有的隐隐有白色纹样，细看纹样，有如山水、墨牛、星、月等幻化。水干后白纹就不见了。其发墨如油，磨墨时没有声响。即使用得再久，砚池的锋芒也不会磨损。纯墨如角的砚石较为珍贵，最受苏东坡看重。苏东坡认为，此类砚石不次于端溪砚中的上品。龙尾旧坑的砚石虽质地极细，但稍微有些涩墨；而端溪下岩石则如鳌盘烤蜡，滑润无比，这也是端溪下岩石的辨别方法。

南唐才开凿的龙尾旧坑，现在已经没有了。新坑的石色也是青色、黑色，但没有纹样且粗糙。磨墨蘸笔，用久了便钝乏，不易研磨。无论是端溪下岩，还是歙溪旧坑，石子砚材总是不大。若有特别大的三尺左右的石材，那就是四旁或顶上等地方的石头，而不是子石。

歙溪四品新旧坑

歙溪旧坑的石材有四品：一种称为"罗纹"，因其纹样如同细罗的纹理，质地温润如玉而得名；一种称为"刷丝"，纹样细密如发丝，每条丝理相距一二分不等；另一种称为"金银间刷丝"，纹路黄白相间，也是细密精雅；还有一种称为"眉子"，纹样如指甲掐过的痕迹，或者像卧蚕，有的长至两三寸。以上旧坑出产的四品，都呈青黑色，均开凿于南唐时，宋时已采尽，因而十分珍贵，不低于龙尾旧坑产出的砚石价值。

新坑所产石材，罗纹如二三寸大小的萝卜；新坑四品砚材各不相同，但纹样均较旧坑华丽，质地都比旧坑所产的枯燥。

金星新旧坑辨

金星新旧坑的石料都显粗糙，色均呈淡青黑色。虽然砚表布满金星，但有金星处并不适合磨墨。工人多从侧面加工，使星在外侧，称为"金星墙壁"。该砚磨墨像拉锯，而且损笔。大的可有一尺，久用砚池则褪乏，变得光滑。

银星新旧坑辨

银星砚的面上多有粟米大小的白点。旧坑的银星石色均为淡青黑色，并且粗糙，有星的地盘不适合磨墨。工人多侧取制砚。久用也就褪乏如金星砚。小的银星砚如镜面大小，大的有一尺左右。

澄泥砚

虢州澄泥砚在唐时被称为"砚中第一"，而现在人们很少得见了。现在所谓的澄泥砚是陶工以河、海的沙土为原料塑形，再像烧制砖瓦那样入窑烧制而成。最上等的澄泥砚称为"鳝黄"，次等的称为"绿头青"，再次的称为"玫瑰紫"。澄泥砚的黄色上有大斑点的称为"豆瓣砂"，有细小斑点的称为"绿豆砂"。有斑点的澄泥砚易于发墨，但多粗糙，损笔严重，因此很少受文人士大夫所珍重，仅供普通官吏和抄书匠使用。

唐桐园先生澄泥砚说（唐千顷，字桐园，唐秉钧之父）

曾经听论砚的人说，端石、歙石、澄泥三者并重。澄泥砚中最上等的是鳝黄，其次是绿头青，再次是玫瑰紫。澄泥砚的黄色上有大斑点的称为"豆瓣砂"，斑点细小的称为"绿豆砂"，带砂的砚都易于落墨。

《文房四谱》记载，山西绛县人擅长制作澄泥砚。制作澄泥砚时，先缝绢袋放到汾水（汾水在汾州汾阳县）中，过一年后，绢袋中的泥沙已满。或者用夹布囊盛墐泥，在容器中用水淘洗，从布囊中漏出的就是细泥，待泥水澄清后去除清水，得到的便是砚泥。将得到的细泥稍稍晾干，放入黄丹（铅丹），像和面一样揉压入模，压实以使其坚硬，再用竹刀刻成砚状，使其阴干。或用利刀削成，直接晒干。用稻糠和黄牛粪包裹厚实，如烧陶般烧制一天。取出后放入墨蜡，再放在米醋中蒸五至七次，使其硬度不亚于石，这样盛水就不易干涸。

又有江南的通州宝山，也以出产澄泥砚而闻名。这都是住于海滨的大川沙、小川沙、黄窑等处的人，用在海滩泥沙中挖得的泥砖做成的砚。有人说，战国时期楚国的春申君黄歇，曾在该地开窑，用澄泥烧陶，故得"黄窑"之名。战国至今已有两千几百年了，即使真有春申君在该地烧陶一事，也未必有残砖断块能保留至今。能保留下来的砖块，一定是出于明代洪武年间所筑的宝山、吴淞两所砖城。筑造砖城时，曾经在黄窑开陶窑，直接选取海滩近水边澄细坚硬的沙泥做砖。当时残缺断废的砖块都倾弃在海滩，后来宝山城被海水淹没，颓墙坏堞被波涛流沙冲荡到海塘。由于久埋于海，故而火性消失殆尽。当地人偶尔捡到用来做砚，但好的很少。

记得甲戌、乙亥两年，我寓居在月浦，距离黄窑不过数里，多次从别人家中见到澄泥砚。当时朋友钱文叔家中藏有大小两块澄泥砚。朋友将小的送我。此砚质地粗糙，不易落墨，还易伤笔毫。我暂时用作考砚，不过利于携带方便或在科举考试中使用罢了。我曾经托朋友郁印垂拿着它到专诸巷做砚匣。砚工顾店，愿意用六两银子来购买。印垂以东西不是自己的为由推辞，可见不燥落墨的砚，价值也不低。

又记得庚寅年仲夏，通州知州沈先生请我到其官署中做客达半月之久。沈先生是北直隶省的甲榜出身，名雯，字成章，伟貌长髯，为人正直。原籍文安县南门外苏桥镇。我居住其官署期间，沈先生曾送我两方砚。他善于鉴别砚的真伪优劣，且丝毫不差。当时正值奉旨修城，而通州城倾倒的十有七八。我在沈先生书厅外边见到有数方毛石，当时心中倍感诧异，故而问他此为何物，沈先生说这是宋代澄泥。我问如何知道是宋代澄泥呢？沈先生说，通州城是宋代韩世忠所修建，建成后没有维修过，这从州志上可以考证。这次工程和新建差不多，将水关改换石底，这砖便是从关底拆出的。经检验，此物确实是澄泥，故而推测出是宋时的东西。我请求沈先生送了我一块，并将其放入书箱中带到苏州。后来又制砚做匣，一共花费了三两工价银。做成的砚坚硬、沉重、细润，四周呈鳝鱼黄与绿豆青相间，如虹晕月华般有五六层。针头银星密布满面，在水中被阳光照射，闪耀夺目。豆瓣砂稀疏间杂其中，落墨快速且细，真是宝砚。现今官吏和商人只是听说通州产澄泥砚，每次到那里都想买进一两块，但很难买到，即使买到了也难辨真假。我曾经看见每年三月，狼山上的香客便会聚在山下赶集，市面上多的是赝品澄泥砚，都是骗人的，但是来往客人没有不买的。他们哪知，这不过是苏州灵岩山蓑村石伪造的。哎！真澄泥已经难得，况且是宋代的呢！汾州的澄泥砚，我没有见过，也不知道那里现在是否还在生产。以上只是就我亲眼所见和所知而发表的看法。

汉未央宫瓦砚

未央宫在长安，汉高帝七年（前200年），由丞相萧何负责督建。宫中各殿瓦的形状如同半边筒。而用来覆盖檐边的宫瓦，头一面向外，面的直径五寸，周长有一尺六寸多。面上有四个篆字，字有六等。一种称为"汉并天下"，一种称为"长乐未央"，一种称为"储胥未央"，一种称为"长生无极"，一种称为"万寿无疆",一种称为"永寿无疆",一种称为"太极未央"。"万寿无疆"和"永寿无疆"是同一等变体。由面到背厚一寸左右。背面平整可以研磨。

唐宋以来,若有人得到此类宫瓦,就去掉瓦身,将瓦头做成砚,所以俗称为"瓦头砚",或称为"瓦砚"。也许有人认为瓦砚的质地稍粗,埋入土中时间又较久,非常吸水,比起铜雀台瓦砚要差一些。他们哪里知道,曹操所建的铜雀台砖瓦,虽然精致,但没有什么值得宝贵的,怎堪和未央宫各瓦相比呢?出于汉初才是更为贵重的瓦砚,自汉代到乾隆甲午年已经两千余年了,其为宝物可想而知。能够遇到,岂是偶然的吗?

江西新造未央宫瓦砚

明代吉水人王佐,字功载。据他说,宣德年间江西藩王宁府老殿下,仿造汉未央宫瓦砚,改做成现在的布瓦样,极为精致。官员之间往来多以此砚相赠,但因研磨时不是很吸水,所以众人多将其用作清玩。其瓦高八寸多一点,宽六寸,厚不到一寸。面上共有铭文十一行,每行六个字,末尾有"曜仙书"三字。字都是古隶书字体,下面有小图书章"宁国"二字。砚面挖刻中间部分,留下四周,做小条环样砚,砚上有水池,左边刻有"炎汉古甓,维天所赐";右边刻有"子子孙孙,永宝世袭",各八个篆字。下面有"为爱甄陶之质,宜加即墨之封"十二个篆字,共四行。背面中央,大书"未央宫东阁瓦"六字,结成一平方寸大小。左边有"大汉十年"四字,右边有"酂侯萧何监造"六字,均为隶书,略小于中间的字体。

各处产砚

北京:在北京郊区梅山出产一种石头,石质如乌金,也有金星,较为珍贵。

江南:江南不只是徽州府出产歙砚,苏州府的灵岩蓂村石也可做砚,有淡青、鳝鱼黄两种颜色。现在好的石材都已经被取尽了,没有可以继续开采的了,山上的店铺用来骗人的假砚，不是粗、燥，就是不能发墨。沈归愚先生年轻时，在苏州居住，曾经向我介绍过这种石砚。

浙江：衢州的常山开化出产黑石，坚硬圆润，稍次于歙砚，但也非常好。形体大的，有的达到三尺，不过多数不易发墨。

湖广：荆州府归州的大沱石，色青黑，纹理斑驳，微粗，也非常发墨。归峡人称江水为"沱"，所以沱石就是指江水中的石头。川峡人也使用，但没有流通，所以外人很少知道名称。欧阳修为夷陵令时曾经得到过一枚。

辰州府沅州出产一种石头，颜色漆黑，质地粗、燥，有的石上有小眼。二州人自制的多做成犀牛、龟、鱼、八角等样式。端溪附近的市侩之人，购买回来刻作端石的样式，称之为"黑端"，以卖给士商官宦。

黎溪石产于常德和辰州两府交界的地方，表面淡青色，内部深紫色而带点点红。金线或黄线相间的，称为"紫袍金带"。有的极为细润，用久了则光亮如镜。但是紫袍金带多有伪作，伪者多以药制成，通过石头上的纹路可以辨别。

长沙府所产的绿石砚，又称为"洮石"。多是用黎石的表面石头，或者长沙府山谷中的石头，尽管光润但是不易磨墨。

河南：相州的古瓦砚，尽管非常不错，但是很少有真的。因为真瓦多腐朽，不可以用。世俗都崇尚"古砚"这个名称，所以现代人用泥做成古瓦状，在土中埋上一段时间，再烧制成砚，人们便竞相传为相州古瓦砚了。凡是瓦都发墨，比石质更优。现在官府中的典吏都用破瓦、瓮片，研磨墨以写作文书，尤其快。但是其质地粗、燥，样式不雅观，不适合作文人学士文房案头摆设的器物。

山东：紫金石砚出产于青州府，纹理粗也不发墨，只有京东人使用。

《六一外集》中记载有红丝石砚，此砚为青州石质，是唐彦猷赠给君谟的。唐彦猷说，此砚需要吸足够的水才可以使用，不然砚池就很干燥。彦猷认为这个砚很奇特，发墨效果不比端石差。君谟又说端石莹润，只有带锋芒的更为发墨；歙石多锋芒，只有肌理细润的非常好。若是奇特的事物就必然超出同类，这个说法让我感觉很奇异，所以记在这里。我认为君谟的话不是认识事物的定论，世上不同的事物属性各不相同，不可以执着于一个。

　　青州、潍州的石末砚均为瓦砚，也是非常易于发墨的砚，不是石砚可比的。但是质地稍微有些粗，有损笔锋。石末砚本来用潍水石，所以唐人只称潍州。现在的青、潍二州所产的石末砚，制作都颇佳，而尤以青州擅名于世。潍州是指现在莱州府平渡州的潍县。

　　山西：绛州角石，颜色如白牛角，有像浪花一样的纹理，与牛角没有区别。有的像佛塔，但是太过滑腻而不发墨，一般都只是用来研丹砂。

　　陕西：临洮府洮河绿石的颜色翠绿偏蓝，温润如玉，发墨程度不低于端溪下岩。这种石头产于大河的深水处，非常难得。

　　广东：广东不仅有肇庆府端溪出产的子石砚，还有琼州府万州悬崖出产的金星石可以做砚。金星石的质地比端溪下岩石稍差，颜色漆黑，细润如美玉。用水湿润后则金星自然显现，水干后则消失。用此石做成的砚极为发墨，用再久也不褪乏，和歙石不同。其贵重程度，不低于端溪下岩石。

诸砚题名

　　龙尾砚、金星砚、罗纹砚、蛾眉砚、角浪砚、松纹砚、豆斑砚，以上七种砚出自歙县，都是由于石质的花纹形状而得名。实际上这些都产于龙尾溪，以金星砚为上等，龙尾砚尤其好。

　　红丝砚、黑角砚、黄玉砚、褐色砚、紫金砚、鹊金墨玉石砚，以上六种砚都出自山东，唐彦猷认为红丝砚最上等，号称天下第一。

　　子石砚、鸲鹆砚、绿条砚，以上三种砚都出产自端溪，都是子石。凡是端砚总是以子石为极品。犹如璞中美玉，令人称羡。"鸲鹆""绿条"，是就它们的眼和纹色的不同而称呼的，也都是子石。

紫金石砚，这种砚产于吉州。

黄金砚、金雀石砚，以上两种砚产于淄州。

熟铁砚、石末砚，以上两种砚产于青州。

磁洞砚、悬崖金星砚，以上两种砚产于万州。

古瓦砚，这种砚产自相州，也就是铜雀砚。

鲁水砚，这种砚产自南剑州。

乐石砚，此砚产自宿州。

绿石砚，这种砚产自洮州。

角石砚，这种砚产自绛州。

澄泥砚，这种砚产自虢州。

大沱石砚，这种砚出自归州。

鼍矶岛石砚，这种砚产自登州，有金星雪浪纹的最佳。

制砚法

凡是制造石砚，镌刻成砚以后，先是用水岩口前亚婆井的粗石打磨。其次，用灵山寺前的细砂配合粗石打磨，再次，用蚺蛇坑的石子细细打磨。又用飞鼠岩的石头细细地打磨。然后上蜡，使其色泽更加光滑细润。凡是伪造的假砚，也一定是要用蜡封一遍。

造瓦砚

《文房四谱》有造瓦砚的方法的记载，一般人很少知道它的奇妙。之前有著作佐郎（文官名，负责文化典籍方面的事物）刘义叟曾用这种方法制造瓦砚，非常好。用此法制作的砚不是很多，士大夫家收藏的更是甚少。刘义叟死后，我有幸获得两块。一块送给刘原父，另一块被我放在书阁当作宝物珍藏。

现在士大夫不学书法，所以很少准备笔砚。如今能够被推崇的砚只有这种。由此可知，好砚，即使是甄陶造作而成，但到宋代也已经很少了。欧阳修尚且只获得一枚，何况其他人呢？当时尚且如此，又何况今天呢？

补砚法

砚有剥落处，就用黄蜡和墨，用火烘补。

诸砚总评

石末砚易发墨但易磨损笔毫，龙尾砚发墨较慢但长久不干燥，罗纹石砚起墨超过龙尾砚。端溪龙窟岩紫石，不是水坑中的物品，是岩上石头，所以又次一等。古瓦砚与石末砚之流相类，其他的就没必要讨论了。

铁砚

欧阳修称铁砚的制作方法非常精巧，但是担心铁砚不易发墨，故往往安置端石于其中。一般人很难得到铁砚。只有砚筒便于收拾携带，官员往往随身携带以方便随时赏玩。现在的砚筒都用牛角制成。

暖砚

冬月严寒，砚池支架容易冻结，市场上都用锡造成笔筒形支架，下边放置油盏点火，上面研墨。或者是用陶窑造成的瓦器隔火。一方面是由于烟煤污秽混浊，恐怕沾在案上或手上；另一方面是因为火烘水干的器具，不是文房可用的东西。家父请锡工制造了三层砚。上层四面钩镶，中央配置薄端石砚，以方便磨墨。砚的高处制作锡池储水。下层无底中空，可以放置一个小炉，储炭可以使其不冻结。中间一层多积存热水，使水汽蒸腾向上，保持常湿，所以砚墨不会立即干燥，是极好的设置。

涤砚法

古人说，宁可三天不洗脸，不可三天不洗砚。这种说法很正确。砚是一定要常洗，多洗就不会枯竭干燥，且会增加砚的神韵气质。若超过三天不洗，则宿黑胶凝，书写时滞笔，墨色发暗、不清净新鲜。春夏时，砚内易起霉，更应该频繁洗涤。洗涤砚不能用热水，须用洗脸的温水，然后用清水过一过。除墨不可以用毛毡片或者旧纸，只有把新鲜莲房剥去周围青皮，切去面上发青的部分，阴干后揩擦砚，即可去宿墨。若不方便获得莲房，则可用老丝瓜的枯筋或姜也可以。如果有油气就用皂角水洗净。半夏切平片，也可以去滞墨。如果油气重，砚就不能发墨。不了解事物性理的人，以为是好砚变坏，所以就产生厌弃心理，哪里知道墨是烟煤制造的，原本就有油性。并且，凡是造印墨锭，工匠手印板都用油抹，才能够不沾污。所以，砚用墨时间久了以后，一定会导致砚的表面油滑而不再发墨。

无论端砚、歙砚或澄泥砚等好砚如何佳美，都不能避免这一种情况。如果出现不发墨的情况，可用旧黄砖片或者黑色蟋蟀盆片，轻磨洗砚面，就会继续发墨。如果用其他的砖，会因质粗而起纹路。用磨剃头刀的羊肝石磨砚可使砚更滑腻而不易磨墨。这些都是能坏砚的砖石，不可以用来刮墨。

砚匣考

砚匣不可以用金、银、铜、铁、锡五金制作，因为金属是从石头中化生出的，金是石头的精华。如果母子同处一起，五金会吸收砚石之气，反而能使砚石变得干燥。况且金属坚硬而石头细嫩，容易导致擦伤，加之五金珍贵，易诱人偷窃。所以，应当用好的漆制作砚匣。制作的方法是用绢做胎，用碗砂和生漆涂抹，等干了以后再磨光。外面用琴光，不必镶嵌珠宝玉石。

我们家只用紫檀、枸、梓等木材做砚匣，里面的底、盖，仍然用生漆，再加琴光素漆。外面能够耐得住磕碰，里面又不渗水。还有，砚虽然低，但匣盖一定要高过砚一寸左右，才算雅观。匣刚好能够容下砚，而周围留约宽三纸厚的空间，放黄绫绢作衬里，切忌用细花、犀皮之类。有人在匣底留小穴、小窍容纳手指，以方便取出砚洗涤，这大可不必。

唐桐园先生宝砚山房记

宝砚山房是我们家藏砚的地方。古人说，美女梳妆，不可以没有古镜，士人作书，不可以没有古砚。而我家世代清寒，无力购买好砚。自从先父在南京担任文教之官，情况才开始略有改观。学校中的优秀人士钱义上，其父是贩卖古物的大商人，正好有焦叶白砚一方，便拿来送给先父。先父珍藏着该砚，常常放置在案头，凡是批改文章或写作，都研磨不辍。

除了儒家经典外，我还喜欢读《内经》《难经》等医经，所以略懂医术。父亲的老朋友楼西岩先生名俨，与父亲从小是好朋友。他从广东观察使任上，改任江西道台后又转为京城的堂官，后来因病而告假归乡。我家与他家世代交好，他儿子德修与我又是同学，故请我为他治病。待其病情好转后，因我不接受报酬，楼先生就拿出原来在广东得到的古砚——日月运行砚送给我。其质地细润如玉，用手抚摸，感觉像吮乳婴孩的肌肤。握在手中不久便感到有灵泉涌流。其长约五寸有余，可以供挥洒小幅卷册使用。

又有一苏姓朋友，从在广东任职的亲戚印先生处回来，送给我井田砚一方。虽然砚石产自新坑，但却细润，积墨十多天也不干。当然，远远比不上宋代老坑砚，也比不上我原来赠给冯婿的明代新端砚。由此可知，山灵产石越来越不如前，天地精华日渐枯竭。

后来有月浦的朋友钱文叔送给我澄泥小砚一方，非常落墨，且不干燥，但出墨不是很细，一直没能弄清该砚的新旧等级如何。等到后来阅读《文房四谱》，并且在通州沈先生的官衙中，获得宋代韩世忠监造的澄泥砚一大方，于是才开始深究澄泥砚的奥妙。我曾请工人制砚，打算做成古样四种，长宽一尺左右，砚池较大，可以供写匾额、对联的大字使用。可惜被匠人取走隐匿了旁边一条，用锯分裂截断，只有做成四考砚。我感念天下宝物，不可个人独占，所以并未追问索要。

沈先生曾经奉旨委办皇上用砚。所有被选中的砚，比寻常的砚石要高出万万倍，不是寻常的寒儒所能见到的。沈先生的门生武进人钱维乔，因孝廉获得了其中一枚。沈先生素来知道我的儿子秉钧虽年少但所学广博，喜好收集文具，所以也惠赠了一方青鸾献寿砚。砚仅四寸长一点，可以供撰写小楷使用。我接受了此砚以后就放置在随行的小箱子中，回来以后拿给秉钧看。秉钧见是与原来楼先生送的砚一样，同是宋代水坑石子雕琢，所以就视如至宝，摩挲不肯释手。他高兴地请求我说："我们家屡次获得佳砚，合上祖父遗留下来的蕉叶白砚，父亲传下来的日月运行砚、井田砚、大小澄泥砚，砚田可以称为富有，从此就不用担心年景不好了。应该专门开辟一个房间收藏这些宝砚，题写匾额以作纪念，您看可不可以？"我答"可以"。所以就利用南轩收藏，改称"宝砚山房"。

纸笔墨考

纸、笔、墨虽与砚并重，但不便久藏，故本考合而论之，并重笔墨收藏使用的问题。

纸说

纸就像磨刀石，取其平滑如磨刀石之意。纸又称为"方絮"，主要是因为纸多是白色。上古时代并没有纸，所以记载文字的工具是简、策、方、牍。因此，《王制》记载太史典礼时，手执竹简记录帝王的名讳和忌日。杜预说，大事写在策上，小事就用简牍记录。《尔雅》中解释"简"就是毕，用竹制作，称为"简札"。凡是书写字都有多有少，一行可以写完的，书写在简上面。方如果是容纳不下，就得书写在策上。策的规格是长的二尺，短的一尺。之后流行使用缣帛，依照书写的长短而予以剪裁，称为"幡纸"。这是以纸替策的开始，所以"纸"从"纟"。路温舒喜欢书写，但是家贫无纸，便截蒲席来写字，所以有"蒲竹""蒲牒"之类称呼。

汉代元兴年间，中常侍蔡伦裁割旧布，捣碎做纸，这就是所谓的"蔡侯布帋"。故此，"帋"从"巾"。又有一种说法是，蔡伦捣旧渔网做纸，称为"网纸"。后人用生布做纸，丝如过去的麻纸。东晋·王羲之书写《兰亭序》，用蚕茧做纸，所以名为"茧纸"。现在京城中所用的高丽纸，开始制造于建中元年（780年）。日本使者兴能所献的贡品内有似茧的纸即指此。用树木皮做纸，称为"谷纸"。唐明皇与杨贵妃赏牡丹，曾命令李龟年将一种名为"金花笺"的纸赐给李白。此外纸名多种多样，如硬黄、缥红、藤角、桑根、雁头笺、布头笺、薛涛笺、衍波笺、云蓝纸、蜜香纸、桃花纸、琅玕纸、刻藤纸，难以一一列举。

更比如说现在的"宁国劈纸""松江绢笺"盛行于世。

纸上用铅条或者淡墨画格，称为"乌丝栏"，乃是开始于霍小玉、宋亳问的时候。总之，纸应该选取细结光亮的。纸的特点是喜风怕湿，应该卷好后挂在通风的高处，久放仍可使用，仍能任意挥毫。湿燥都由自己把握。所以，书画家都推崇澄心堂的宋纸以及宣纸、旧库藏的疋纸和楚纸。

笔说

结绳记事，没有毛笔。到黄帝时代，天下太平，仓颉造字，然后改用书契记事。依类象形称为"文"，形声配合称为"字"，若写在竹帛上称为"书"。书有六义，是指契约。两书相同，为了加以区别另称为"契"。

从而，笔开始了它的发展历程。笔本意为记述，是为了替代用语言表达的记述内容。《尚书》记载，在玄龟负河图时，周公用笔将当时的文字记述下来。《曲礼》记载，史官依靠笔，士人依靠语言，所以可知秦以前就有了笔。但是，只有秦代的蒙恬以制笔闻名，我猜想或许是蒙恬改进笔的贡献较大吧！

各个时期的诸侯国对于笔的称呼并不一致。楚国称为"聿"，吴国称为"不律"，燕国称为"拂"，秦国称为"笔"。笔的称呼一直延续至今。汉代制作笔曾经用黄金雕琢，装饰用玉碧、宝珠、翡翠等珍宝，笔管不是用犀牛角制作就是用象牙制作，极其华丽。现在狼（黄鼠狼）、狐以及别的动物杂毛均可用于制作笔，但只有秋天的兔毫最佳。王羲之的《笔经》记载，只有赵国（主要指今河北南部，邯郸周围区域）生产的毫使用起来最好。但是现在的人都说兔毫无优劣，只是制作笔的匠人有巧拙罢了。我认为匠人虽然需要巧手，但毫和管也需要拣择。像我这等贫寒文人，每天都要和笔、砚打交道，怎么用得起华丽美妙的笔呢？不过，竹竿一定要选坚实、较重且圆而直的，这样制作的笔管，手握着运转方可得心应手，没有牵强掣肘的毛病。笔毫一定要选尖、齐、圆、健四个特点都具备的，又要刚柔相济，这样，使用时才能挥写自如。尖、齐、圆、健强调的是体，也就是说的外在形体。刚柔强调的是笔的运用，也就是内在特征。"尖"是指笔头尖细；"齐"是指在牙齿间轻缓地咬开，将指甲轻压使其扁平排开，内外的毛都是长短一致的齐整；"圆"是指笔毫周身圆浑饱满，如同新出土的竹笋，没有低陷凹凸；"健"是说在手指上打圈子，绝对不会滞涩。"柔"是强调笔头在指头上打圈时，不会觉得强硬；"刚"则是说圈停后提起笔，笔头自己就能够尖齐圆整。凡是笔外边装饰的毛，有的是用雉尾制成，那么就会五彩可爱，也会有助于文思。如果是大提笔，一定要用猪鬃制作。每根劈开，分成四五根制作，就会健爽松泛。并且笔芯长，也能够收放称意，挥洒自如。

胶笔头耐久不脱

笔头一般是工匠用松香熔化后粘成的，这样往往不牢固，易坠落。必须将松香剔干净，将粉团或角黍用杵捣成胶状，粘结笔头，这样，可以使其牢固直到毛尖秃尽也不脱落。如果是着水的排笔，施力取势的提笔，就可以用漆粘合，更是坚固而不怕湿了。

洗笔法

文人用笔书写，写完以后立即把笔放到清水中洗去墨汁，又用白纸在笔外抹去余墨，原本是要求不使墨有一点存留。如果遇上不爱惜笔的人，偶然留了宿墨在上面，以至于笔毫相粘连变硬，这一定要洗去，才能使笔毫恢复轻活灵便。方法是用瓷盏盛热汤，频繁蘸擦几遍。等候一顿饭的工夫，宿墨已经润透了，就轻轻摆洗掉；再用冷水洗涤干净。若沾了油腻，再用皂角汤洗，然后用清水冲洗一遍。

藏笔法

苏东坡用黄连煎汤，调和白色粉末在笔头上，等干了以后再收藏。黄庭坚用蜀椒和黄柏煎汤，磨松煤染笔后再收藏。这两种方法均可免虫蛀。我经常用纸封住笔帽的空孔，又在笔匣中放置蜀椒、樟脑，觉得这样特别节省、方便而又能达到防虫的效果，并且芳香悦意。笔匣也可用香樟木制造。我们家里的书牍、衣箱、卧榻等物，都是用香樟木制造的，因为香樟木不生蛀虫和虱子。

墨说

上古无墨，用竹棍点漆而书写。中古时代方才用石磨汁，或称为"延安石液"。到魏晋时，才开始有墨丸，用漆烟松煤夹杂混合制成。所以，晋人多用凹心砚，是为了磨墨储存。此后出现的螺子墨，也是墨丸遗制。唐代，高丽每年进贡的松烟墨，是用多年老松烟和麋鹿胶制作而成。到了唐末，墨工奚超与他的儿子廷珪，从易水迁居至歙州，南唐朝廷赐他们姓李。廷珪父子制作的墨集前代大成。其制墨原料也是松烟，墨色浓黑但不很精纯。宋代熙丰年间，张遇进贡的御墨，用油烟加入樟脑、麝香、金箔制成，称为"龙香剂"。元祐年间，潘谷墨称颂一时。后蜀中的蒲大韶、梁杲、徐伯常以及雪斋、齐峰、叶茂实、翁彦乡等所制的墨皆不及潘谷墨。元代中统、至元以来，各有所传，后人可以仿古。古制墨法可以参见《丹铅总录》卷八。

用墨诀

高深甫在谈墨的使用时说道：看墨，选取质地轻盈，轻盈中又选取纯黑，嗅闻时没有香味，研磨时没有声音的。研墨法则是强调用新砚和新水，研磨用力，研磨时忌用热水。发热墨就会产生泡沫。研墨一定要研好即用，用得到时才开始研磨。研磨不要停放太久，否则尘埃会污染墨，墨中的胶质会使之凝固。砚中不要存留宿墨，用过之后就洗濯，且不要让墨积聚太多。墨陈放的时间宜久一些，因为墨块储存久了胶力就弱了，这样的墨用起来才精纯。选取墨时应选厚重的，这种墨放久了也不会变形。陈继儒说，这是鉴墨的三个秘诀。

藏墨法

用熟艾配合墨收藏。每次遇到黄梅久雨的天气，空气潮湿，就用纸把墨裹起来放置在石灰末中。这样就不会被蒸发起白点霉花。常用炉火护着也很好，但是不能烘晒。一湿一烘晒，没有不开裂的，甚至会破碎，以致不可研用而成了废品。凡是墨锭，厚的可久藏，薄的经不起干燥、潮湿的环境，所以随用也有剥裂现象。

卷四

本卷原书是对古铜器、玉器、古琴的考证。古铜器考主要是对正式礼仪场合所用器物在款识、颜色、质地等方面予以考辨。玉器考主要是对在祭祀、朝会、婚嫁等重要场合摆设或佩戴使用的各种器物予以考辨，强调用玉要符合标准和儒家的"比德"思想，难登大雅之堂的玉器并不在考证之列。古琴是古代文房必备之物，所以此卷仅译古琴考。古琴考较为全面地辨析了古琴的制式、名义、琴色、断纹，以及弹琴所要关注的琴台、琴价、弹琴要领等。

古今琴考

琴作为乐器，与阴阳日月相对应，配合五行而演五音，实为雅音之器中的君子。

琴制

考较琴的德行，可以导气养神，宣情和志，古代圣明君王和君子因此都喜欢亲近琴。琴的材质多采山峰阳面生长的桐木，弦取檿桑树上的蚕丝，徽用丽水产的金，轸崇尚用昆山产的玉。记载在诗、书以及子、史各种文献上的有关琴的资料举不胜举。上古时代的伏羲制作琴，用来修身养性、返璞归真。琴是音乐的统领，足以和人意气。《白虎通》讲，琴是禁的意思，禁止邪气，用以正人心，感发善念，所以君子经常弹奏，不离身边，没有特殊原因一刻也不撤除。

桐属阳，作为琴面；梓属阴，制为琴底，取阴阳相配以召和气。面圆以象征天，底方以象征地。宽广六寸，象征六合。长三尺六寸，象征三百六十天，符合周天度数。徽有十三个，用来对应律吕，象征十二个月，剩下一个中徽，象征闰月。弦有三节声音，从尾至中徽是浊声，自中徽至第四徽为中声，上至第一徽为清声。开始是黄钟，最终是应钟。文上又称作"池"，池是水，象征文上要平。下边的称为"滨"，滨是服从的意思。前面宽广，后边狭窄，象征尊卑。龙池八寸，象征八风。凤池四寸，象征四气。腰腹四寸，取法四时。舜作五弦，象征五行而应对五音。第一弦为宫音，对应中央土；次弦为商音，对应西方金；再次为角音，对应北方水；依次再为羽音，对应东方木；最末是徵音，象征南方火：用依次遵循相生的顺序配合，暗合四序（四季）变化。弦大的是君，弦小的是臣，用来配合君臣之义。文王增一弦称为"少宫"，武王增一弦称为"少商"，象征七星。

阴阳有清浊之分

桐阳梓阴的说法前面已提及，单就桐木而言，面向太阳生长的称为"阳"，背向太阳生长的称为"阴"。无论新旧的桐木放在水上，属阳的浮起，属阴的沉入水中，反复多次均不会改变。阳桐木造琴，声音早晨浊而下午清，晴天音浊而雨天音清。因为天的阴气接触琴的阳气而趋于中和。阴桐木造琴，声音则是早晨清而下午浊，晴天音清而雨天音浊。因为天的阳气接触琴的阴气而趋于中和。刚柔不应偏，表现在琴上，让人感悟性情应该端正。桐是枯桐木，取它最轻，并且靠近寺院宫观，早晚听闻钟鼓声的最好。

纯阳之琴

底和面都用桐木的称为"纯阳琴"，近代人开始制作。取其晚上晴雨不同时间弹奏的时候声音都不沉。但是此琴声音不实，不能传远。古代没有这种制法。

古今琴式

琴只有孔子制和列子制两样最合古制，因为现在无法考证神农伏羲开始制作的琴是什么样子，炎帝、虞舜时期的五弦琴也不用说了。唐代有雷霄、张越两家，因为制琴而得名。他们制作的琴龙池、凤沼之间有舷，其他的地方都洼，使关声而不散。宋代设置官局专门制琴，所制的琴长短、大小均有定式，因而得名"官琴"，不合其规定的就是"野制"。近来有云和样，样式不一样，但都不是古制。

表琴名义

琴作为器物，有龙池在其上，象征龙潜伏在那里，龙出来则云雨润泽万物，象征君主之仁。有凤池，代表南方的禽鸟，它沐浴则洁净它的身体，象征君主品德。有轸池，也叫"轸杯"，因为它急于发令，一定要把握礼度。池旁边有两个凫掌，是为了保护轸的行动合制。凤的额下有一个凤嗉，用来接喉舌以传达命令。琴底有凤足，用黄杨木制成，以象征凤足的颜色本为黄色。临岳像山岳，极为峻险，用枣木制作，以暗示赤心之意。人肩，身份像顾命大臣，有抬头低头都要随着肩膀运动的意思。凤翅位于左右两侧，象征君主的辅佐。龙唇是声音发出的地方，龙龈是吟声所生发的地方，也是龙口所以受弦，而其鬣所以装饰的原因。凤额之所以制嗉，是为支撑之用。

总而言之，琴长三尺六寸六分，是对应天数。腹中的天地两柱，担当心膂的任务。天柱方厚七分，居于姑洗、仲吕的分界处。地柱方厚六分，居于南吕、无射的分界处。如果是定位稍有差池，接近上邻则损上声，接近下邻则损下声。定位在中心则声音品节就确定了。

自古以来，制作琴的妙手，蜀地称颂雷霄、郭谅，吴地称颂沈镣、张越。雷霄、郭谅制作的琴清雅而沉细，沈镣、张越制作的琴共鸣而响亮。唐明皇从蜀地回来后诏令雷俨任待诏。襄阳冯昭也善于制琴，但没有买家。节度使卢钧听说此人，极看重他，向他买了一张琴，并且赠他一首诗。自那以后，冯家门庭若市。

琴色及断纹

古琴经历的时间长久，漆光都退尽了，色像乌木。琴不经历数百年不会出现断纹。断纹以龟纹最好，梅花纹也不错。蛇腹纹稍差，羊毛纹更差。梅花断纹像梅花。蛇腹断纹横截于琴面，相距寸许，内外不等。羊毛断纹像千百条头发。有的背面也出现断纹。如今的琴虽然古老但无断纹，声不精实，音不脆透，大约是明代器物。有断纹的，声韵清远、幽雅，不同凡响。

百衲琴

琴名百衲，是因为削桐木条用漆胶制成，像百衲衣的样子。每条面宽一寸左右，是传说中的列子样式。其断纹较多，弹奏声音和其他琴相当，也没有节病。

伪断纹

　　常有在琴上伪做断纹用来骗人的。这种断纹是冬天在太阳下晒琴，或者用猛火烘烤琴到极热，随后用雪罨而引起激烈的变化。这样一来，断纹虽然出现，但是漆色还显得较新，仍可分辨得出。有的在造琴时，用蛋清拌灰漆琴，后来用甑蒸，悬在干燥处，自然会有断纹，这些都是伪做的。每次遇到断纹，都应先检验琴的漆色，审听琴的声音，然后分辨真伪。金徽玉轸是外在装饰，不足为凭。如果是真古断纹但有其他毛病的，也算不得稀奇。

古琴之名

　　汉代吴地的某人用桐木烧火，蔡邕听到火声烈烈，知道所烧的木头是块好材料，便留下用以制琴。此琴果然声音美妙，但因尾部已经烧焦，故而称为"焦尾琴"。

　　黄帝的琴叫"清角"，楚庄王的琴叫"绕梁"，司马相如的琴叫"绿绮"，赵飞燕的琴叫"凤皇"。古今以来琴名很多，但是传到现在的较少，这里就不细说了。

琴台

　　琴桌要用维摩桌的样式，高二尺八寸；宽一尺多点，可以容纳三张琴的宽度；长五尺，约超过琴一尺许。桌面用玛瑙石、南阳石、汞石为最好，用郭公砖也不错。这些砖石上的琴在演奏时有清声，泠泠可爱。如果用木桌，必须坚厚一寸许，再加灰漆使之黑光发亮方可。

　　郭公砖是灰白色的，中空，面上有像眼的花纹。相传，郭公砖出于河南郑州，以在泥水中日久年深，消磨了火烈燥气的才算好。清代各处窑工依样伪造，须仔细辨别。

琴曲

　　琴的乐曲有畅、有操、有吟、有引、有弄、有调。配合乐而弹奏的，称为"畅"。畅是指道义的优美顺畅，一般不敢自称，如尧的《神人畅》。忧愁时弹奏的曲子称为"操"。操是指困顿穷迫时候德操不改，如文王被拘于羑里而作《拘幽操》，孔子感伤生不逢时而作《龟山操》《猗兰操》等。"引"是指引发所述说的事情，如鲁国有《关雎引》，卫国有《思物引》之类。"吟"是吟咏某些事情，像《箕子吟》《夷齐吟》之类。"弄"则是习练之意，如《广陵弄》。"调"则是调理之意，像《子晋调》之类。

鼓琴

凡是鼓琴，都要寓以调性适时。古代善于弹琴的人有鲍巴、师父、师襄、成连、伯牙、方子春、钟子期等。自唐虞尧帝至晋宋南朝初，著名的有八十多位。习者应知道"十善五能""十疵五谬""七大病""五小病"，然后选好的去学习，避免不好的过失，这才是学琴正道。若天性聪明，弹奏得心应手，音律奇异，那更是不同凡响了。

十善五能

"十善"，是指淡雅要合乎古音、取舍要符合规矩、轻柔但不浮躁、沉重但不粗俗、拘谨要有分寸、飘逸要自然、用力似乎没有感觉、纵情要欣然自若、舒缓但不间断、急速而不烦乱。"五能"，是指坐要安稳、看要专心、意定神闲、神性悠远、指力坚硬。

十疵五谬

"十疵"，是指太淡雅的就趋于拙劣、选取多样就会驳杂、太轻柔就如同抚摸、太重就如同攫取、拘谨就如同怯弱、飘逸如同折损、用力太过显得艰难、纵指而相互阻拦、缓慢如同昏聩、急躁如同奔跑。"五谬"，是指头脚摇动、胡乱观望、错乱而导致中途停止、精神散漫、下指疏乱散杂。

大病小病

"大病"有七种：坐无规矩、头脚摇动是一种；张口怒目，不能平心静气，或上下左右胡乱观望，是第二种；眼睛快速转移、气息不匀称、进退无法度、心不在焉是第三种；面色变化，或青或红，如羞惭样，是第四种；弹的时间长久，取声杂乱，不能合理安排五音，或虽能取声，但不了解用指，以至于手势繁杂，按指不妥，是第五种；调弦不准，声韵不按韵律，不能正确表达意思，听不到正确的声音，是第六种；弹琴时用力过度，节奏不合，音韵繁杂，自以为是、失却古意，是第七种。

"小病"有五种：弹琴时，身体姿势偏向一边，手势繁乱，弹弦用指轻重不匀，是第一种；如果左右总是用指甲，那么声音就会枯焦，虽有悲思，却无音韵，声音不平，是第二种；左右多用指腹，那么声音就会浊钝，音韵不清晰，取声繁重，导致声音不清爽，是第三种；左右手多用指甲少用指腹，音韵不匀，取声轻重重叠，节奏混乱，不能很好地分辨音韵，是第四种；取声迟缓，音律断断续续，不连贯，调弄无味，是第五种。

鼓琴手法的象征

鼓琴手法所有的象征本于"蔡氏五弄"，赵耶利曾做过修订。左手大拇指象征天，左手中指象征太阳，左手无名指象征月亮。右手大拇指象征大风，右手食指象征青云，右手中指象征高山，右手小指象征地，右手无名指象征下方的水。龙行是指以手指的运行来表示，虎行是以手指迈步来表示，蟹行用抡指来表示，鸾行用轮指来表示，轻行用泛指来表示。

弹奏《孺父吟》时，最末按覆手弦。弹奏《亮生啸》则是小起手。《仙人吟》用下璪。但是弹琴的方法必然是两手相附，好比双鸾对舞，两凤同翔。要在附弦上做手势，而不是在琴声音控制区以外遥指。赵师弹琴，没有一声是无指法的。凡是一弄之内，清侧方法不一样；一勾之中，都有阴阳弧润之别。如楚《明光白雪》寄于清调中，弹楚清声。《易水风归林》寄于清调中，弹楚侧声。《登垄望秦》寄于胡笳调中，弹楚侧声。《竹吟风哀松露》寄在胡笳调中，弹楚清声。这类情况不一而足，可以称妙了。

鸣琴要略

鸣琴的方法总是以闲暇、简静为本。句度、节奏，不能太过。取声要有和谐的节奏，不能差距太大。用指甲和指腹相兼弹奏，则声音清美。右手用弦，不可太高，也不得绝音而抛琴曲，也不能按着别弦。两手一定欲相附着，如双鸾对舞，两凤同翔。使徽不可以误按，弹弦不可以错鸣；弄吟不可以尽，起伏不可以无法；段叠不可以不知晓，句读不可以无节拍。

把琴放在面前，身体应该卓然而坐，先定神气，两手放置像是看不到琴的样子。提起精神，集中心力，摒除杂念，专心致志。不能让精神紧张，也不能让筋骨宽缓。肩、胛、手臂都应依次调整通畅。按弦用力不要让人看出来，不能断断续续。用指的手势要依据法度，轻重缓急都应得体。眼睛注视左手，用耳听取声音，眼睛不看别处，耳朵也不听别的声音，心思专注。无论是否有听者，都必须庄严，如同面对长者。一则声韵要雅正，二则宜感动幽明。若乱做大动作，精神有大变化，还不如放着琴，默默坐着。正如古人所说，若只了解琴中乐趣，为何还要烦劳琴弦发声呢？

琴声

琴声有经有纬：宫、商、角、徵、羽、文、武为七种"经声"，又称为"正声"；黄钟至大吕以及闰徽十三声为"纬声"，又称为"副声"。风雅、阴阳、武成、吟咏、谈话、始息、长乐、胡笳、止息、五音、五调、蹙臑抑扬、调弦齞掠、长弹掉搦、度弦摘声、楚清侧声、雅质侧声、躅扶轮指、宛美清声、高望远侧声、吴声、蜀声、齐声、楚声，共二十四声是为"从声"。正副相应，一弦合十三种升降共为九十一声。琴含太虚一气，运九十种声，这样变化也就极尽了。至于取声之法又有本、泛、散、末、剔、擽、擘、绰、璨、龊、伦等不同变化，是去四清二变以谐和音律。这样琴音协调就可以有统一规定了。

左指按弦，因指打声振动，左指使其接触琴面，右指击打琴弦，隐约像雷声一样，这是本声。左手微微按弦，右手击打弦，泠泠轻清的声音是泛声。左指不按也不击，弦锵锵然像钟铎声，这是散声；左指按弦，右指击打出声，抑戚向前后，使声音含有惆怅之意，也是散声；右指向下抹二三弦，左指不接触，是末声。右指向上剔一弦是剔声。右手食指在第一横纹处向上擽擽二三弦后举起，食指合势望天，是擽声。右手指向上擘二弦为擘声。右指向下，反剔一弦，为绰声。右手指食指第二横纹上，向下击下弦，从宽至急，可以十余声，是为璨声。右手两指各按一弦齐声打，是龊声。右手两指伦次共一弦为伦声。

琴有五不弹

抚琴的品次，前面鼓琴等小节已经谈及。又有所谓的"五不弹"，即疾风暴雨不弹，廛市热闹处不弹，对俗人不弹，不坐不弹，不穿衣戴冠不弹。这五种禁忌是遵守圣人之道且依琴理而定的。

琴价

琴这种乐器近来弹的人少，认识的人也少。物不逢时，所以价不贵，大约一百两为最高价的了。无纹理的琴，价格从二三两到几钱不等。

训理琴病

古琴如果潮湿而不能发声的，用布包热砂掩盖，等冷了就换。几次之后，又制作长甑，等到有风的日子，用甑蒸琴，使汗蒸馏，取出吹干，声音便会恢复如常。时间久了琴弦就不鸣的琴，用桑叶揩擦，过一段时间即可使声音鸣亮如新了。只要是蓄藏琴，不论寒暑，均不可放在风吹日晒处。须用薄锦囊裹好，在阴暖处悬置。琴无论新旧，适合经常放在床上，以近人气。早晨人起床后，放在暖被中盖起最好。

卷五

　　第五卷是对文书、书法、画学的考证。文书考主要考证文字起源和不同时期的发展变化。书法考则强调书法讲究融和神气、端正形象，而且要把握好宾主、远近关系，体现气韵、骨力，还要明白书法的传承次第。画学考主要是对绘画起源，书画关系，构图，墨法，人物、山水、鸟兽等不同对象表现区别，绘画的宜忌要求等进行考辨。

文书考

文字的出现是文明出现的一个重要标志，汉字自其产生屡经增益，从未中断。本考对不同时期不同的书写予以考证，使后人得以了解这一发展进程。

文溯元始

上古无文字，结绳以记事，民风纯朴，此后各时期圣人相继出世，文明得以慢慢发展。相传伏羲治天下时，有龙马自黄河中浮出，背负河图以献给伏羲，于是伏羲便依此推演出先天八卦。黄帝的史官仓颉，善于观察，他参考天上星宿的分布、地上山川脉络的变化，以及鸟兽虫鱼的活动轨迹，造出种种符号，并为每个符号定下各自代表的含义，这便是后世文字的原型。夏禹治水成功，洛河中浮出神龟。大禹根据其背上的纹路制定九章大法以治天下。周文王依此推演出后天八卦。箕子也据此向周武王陈述天地之大法，于是便有了《尚书·洪范篇》。从此以后，文明日益繁盛。

文、字、书、契之意

文，是因为仓颉观察自然万物的形状痕迹，并依类将其形状记录下来，所以称为"文"。后来将形符与声符相结合，便成了"字"。字，意思是说孳生繁多。字写在竹简丝帛上称为"书"。书，如、庶的意思，记载诸多庶物。五帝和后来的夏、商、周三代，把异体字加以改进，几乎没有重复的。契，是约的意思。上古结绳记事，后来有了贤能的圣人加以改进，改用书契。契又有合的意思，两片书简为一契，书、契本质相同又有一些区别。汉高祖刘邦赐予功臣的剖符、丹书、铁契也证明了这一点。

六书名义

伏羲依据河图而画出八卦，自此文字产生。仓颉仰观俯察天地之间，于是六书齐备。《周礼》记载，古人八岁进入小学，由保氏首先教习六书。

一是象形，象形就是纹理，是字的母体。将物品画出来，模仿其外形，并表现其踪迹，如日满月亏就是如此。二是会意，会意就是比类合义，组合两个以上的字表示一个新的意义。比如说"人言"就是"信"字，"止戈"就是"武"字。三是转注，转注是把相类似的字归为一类，表意大体相近，然后同类的各字起到标注的作用。比如说，考、老互注。四是指事，指事就是外形难以描绘，就强调事情的发生，比如说人在一上为"上"，人在一下为"下"，直接描述事件，让人一看就明了。五是假借，假借就是该字本来没有这个意思，或是借用象形、指事、会意、形声各字的意思，或者是借用象形、指事、会意、形声各字的形体，依靠声音寄寓意义。也就是说，并不是那个本字，仅仅是借用。一个字可能有两种用法，比如令、长等字。或是一个字有数个声调和意思，比如辟、射等字。六是形声，形声又称"谐声"，是以事件来命名的，取其本意和譬喻意相结合。先定下形符，并附带配合其他的字，用以调和其读音。比如江、河，以水为形符，以工、可为声符。总的来说，象形和指事是字的根源，会意和形声是支流。转注、假借又补充了源流的不足之处。主要是象形、指事、会意、形声之间加以变化。书写六义大概就是这样。

《汉书·艺文志》记载，书法有六种体例：古文体，孔子旧宅墙中古籍上所载的文字即是古文体；奇字体，也是古文体，但与古文体稍有不同；传书，就是秦篆书体；佐书，就是隶书；缪篆体，是用来摹印的；鸟书体，是用来写传递命令的幡信的。许慎著有《说文解字》，他认为书有八体，分别是大篆、小篆、刻符、虫书、摹印、署书、殳书、隶书。

古文、蝌蚪文

古文是指黄帝的史官仓颉所造的字。仓颉双眼各有两个相叠的瞳孔，可与神明相通。他通过对星辰分布状况特别是奎星的运行轨迹，以及鸟兽虫鱼形象的观察，选其特征造出的字，被称为"古文"。

西汉时，鲁恭王重修孔子旧宅，从墙壁中获得《尚书》《论语》《孝经》等古文经传；河内有女子从毁坏的老子屋中，获得《秦誓》《顾命》，都是以蝌蚪文写成的。《孝经·援神契》有"奎主文章"之说，与仓颉造字仿效形象有关。蝌蚪文即是古文字的别名，仓颉则是"古文字之祖"。

大篆

大篆是周宣王时太史史籀所创造的。也有人说，是柱下史将古文变为大篆的。有些说法相同，有些则有区别。篆，是传的意思。传达物理，施用无穷。王莽时，使司空甄酆校定文字，确定的六书中，篆书为第三。八体书法中，大篆为第一。《汉书·艺文志》称"史籀十五篇"包括大篆的主要文字。所谓的篆籀，是自大篆演化而出的。史籀即"大篆之祖"。

籀文、史籀

籀文是周代太史史籀所作，与古文、大篆稍有不同，疑是由大篆稍加变化而来的，后人便以其名字命名，称为"籀文"。西汉·刘歆在其所作《七略》中认为，籀文是周时史官教育学童所书写的，与孔子旧宅墙壁中的古文字有所不同，应为甄酆所定六书中的第二种，称为"奇字"。周宣王石鼓文便是史籀遗留的旧法。上蔡（今河南省驻马店市上蔡县）人李斯所作的小篆也借鉴了籀文的笔意。史籀也被认为是"籀文之祖"。

小篆

小篆，是秦始皇的丞相李斯所作。李斯在大篆和籀文的基础上加以变化而创作出的字体，称为"小篆"，也称为"秦篆"，当时被推广到全国。小篆笔画如同铁石，字形飞动空灵，笔法稳定，是楷、隶之祖。通常用其在钟鼎之上铭刻，以及刻制符印，至今依然沿用，称之为"玉筋"。李斯作小篆，虽是草创，但已登峰造极，被称为"小篆之祖"。

八分

八分书相传为秦代上谷的羽人王次仲所作。他在古汉字的基础上，减少波势，进而创造出来"八分"。秦始皇时期，官务繁杂。王次仲书写较为简略，非常适合应急时使用。秦始皇非常喜欢，便派使臣去召他进宫。可连召了三次王次仲都不来，秦始皇大怒，便造了囚车押送他。在半道上，王次仲化为一只大鸟飞去。此后东汉时期的蔡邕将八分书法发挥到了极致。王次仲被认为是"八分书之祖"。

据《书苑》记载，蔡琰说八分书割程邈隶字的八分取二分，割李斯小篆的二分取八分，所以称为"八分书"。任玠也说，八分书介于小篆和隶书之间，同隶书有八分相似。二者区别就在于此。有的人认为是由于字的大小多为八分，故而得名，其实这是错的。北宋时期欧阳修所著的《集古录》里认为八分书就是隶书，现在人也多把八分书看作是隶书，这也是不对的。总的说来，八分书是汉魏之际，对隶书加以改进并融入篆书笔法而作的。楷书则是汉魏之际，自隶书的省略写法发展而来的。

隶书

隶书是秦代下邳人程邈所创造的。程邈，字符岑，开始是一个县的狱吏，主要负责文书一类差事。后来获罪于秦始皇，被幽禁在云阳狱中。在狱中，程邈苦思了十年，将大篆、小篆圆转的笔画转变为方折，同时删繁就简，去粗取精，经加工整理，终于创造出书写便利且易于辨认的三千个隶字。他将这些字呈献给秦始皇。秦始皇非常高兴，不仅赦免了程邈的罪，而且还提拔他为御史。当时的政务繁多，而篆字书写极为不便，于是便用隶书取而代之。因为是职位低贱的官吏所使用的书体，所以被称为"隶书"。八分书是小篆的简化，隶书则又是八分书的简化。西汉杜陵人陈遵善写隶书，与人书信往来，人们都以收藏他所写的书信为荣。此后，钟繇、王羲之都在隶书上取得了极大成就。程邈被尊为"隶书之祖"。

章草

"章草"是汉元帝时期的黄门令史游所创。汉俗较崇尚简略，所以章草便逐渐流行开来。这种书体是将汉字的主要部分保留，去掉隶书的种种规矩，纵横奔逸，快速书写而成。因取其草创之义，故而称为"草书"；取其就章之义，又称为"章草"。按照章草的写法，每个字都是有区别的。

东汉·张芝变章草为"今草"，如水流溢，拔茅连茹，字与字之间，上下相互牵连。有的借用前一个字下面的部分而作为后一个字上面的部分，千奇百怪，形状各异，如悬猿饮涧，又如钩锁连环，神态自如，变化无穷。称史游的草书为"章草"是相对于张芝的草书而言的。就如同篆书是周宣王时期所创的，后来秦篆出现了，于是便有了大小篆的称谓了。

魏晋时期，社会上层的名流君子，一概将"章草"和"今草"统称为"草书"，只有一些专业人士才能分辨出二者区别。章草实际上是对隶书的简化。张芝所创的草书则是对章草的再次简化。卫恒和李诞都说，汉初便有了草书这种书体，但不知道始创者是谁。萧子良说，章草是汉齐相杜度变隶法，将隶书的字体分解，草草而写来的。杜度生活在史游之后一百年的时代，与崔寔一样都擅长写草书，也就是分解隶书的字体。所以可知草书是史游所创，史游即"章草之祖"。张芝认为自己同崔寔和杜度所写的草书还有距离。

草书

草书是东汉的征士张芝所创造的。杜度擅长章草，崔瑗、崔寔父子延续了他的才华，罗晖、赵袭也学习他的风格。赵袭和张芝十分要好。张芝说，自己的书法虽不如崔寔、杜度，但比罗晖、赵袭的要好。张芝学习崔、杜二人的书法，反复推敲琢磨，并加以变化，终于创出了"今草"。其笔画圆转，连绵不断，字的体势一笔而成，偶有没连起的，但是字间的"血脉"却没有断开，待到再次相连时，气势是贯穿于整体之中的。只有王献之意识到了其中的精要，所以每行起首的字往往会和前一行最后一个字相连。世人所谓的"一笔书"，就始于张芝。张芝最先创造草书，并将其发挥到极致。草书简约方便，有利于随时记录，所以后来运用广泛。张芝被目为"草书之祖"，韦仲将其尊为"草圣"。

行书

行书是东汉末颍川人刘德升所创造的书体，实由楷书稍加改变而成，以追求简易为导向。相互流行，所以称为"行书"。王愔说，晋代以来，写书法的人大多数以行书闻名于世，钟繇善写行书，后来王羲之、王献之父子都在行书上取得了极大成就。

王献之常对父亲王羲之说，万事贵在变通，"章草"字与字之间的独立，以及波磔的生发，不能表现出更为宏大的气势以及奔逸的律动。在一番深入研究之后，他发现在"藁草"与行书之间可找到突破"往法"的途径，建议父亲王羲之改体，并从烟火飞腾、河流变化中寻求灵感。父子二人的书法各有所长，论纵横飘逸，王羲之不如王献之；论雍容大度，则是王羲之为上。王献之的书法显得遒劲挺拔。

自古以来，人们的相貌各异，这是自然的原因，没有什么可攀比的。而书法则不一样，学习书法先要有天赋，其后还要努力研习。善于学习的人，是在自然中探求，尽管不能探得本源，也能顺其自然。刘德升即"行书之祖"。

飞白

飞白为东汉左中郎将蔡邕所创。汉灵帝熹平年间，命蔡邕作《圣皇篇》，完成后到鸿都门上等候。那时正在修饰鸿都门，蔡邕在门下等候，看到有人用破扫帚写字，心里面很喜欢，回去便写出了带有飞白的书法，也就是今天所俗称的"枯笔"。汉末魏初之际，在宫殿中题字，约有两种书体，分别取自八分书和小篆。如果不是蔡邕的妙想，又怎么能作出飞白？张芝的草书得自书写的简化迅速，蔡邕的飞白得自华美艳丽、空灵飘荡，每个字都富含逸趣。书法难以绕过这两种书体，后来的王羲之、王献之父子都在这上面取得了很大成就。梁武帝曾经对萧子云说，他看王献之的书法，白而不飞，再看萧子云的书法，飞而不白，并希望萧子云细加琢磨，以悟出其中精要。尔后萧子云改用篆文作书法，迎合了梁武帝之意。后世的欧阳修也取得了较大成就。王隐和王愔都说，由飞白变为楷书，本是宫殿题字，文字讲究气势，有些字的笔画不必写满，所以便称其为"飞白"。八分书较轻的笔画也有这样的效果，但是并未听说原本就有。所以按照熹平年间的事，推蔡邕为"飞白之祖"。

楷书

楷书，在三代时尚未出现，建初年间，变篆、隶二书体而得。说有模楷，所以称为"楷书"。因其笔画平直，形体方正，所以又被称为"正书"。不涉及行草的疏略问题，所以还被称为"真书"。楷书始于三国时期的钟繇，而钟繇师从曹喜，后在蔡邕那里兴盛起来。刘德升以真书绝世，点画之间，多有异趣。秦汉以来，也仅是这几个人的楷书有名而已。

庾肩吾说，隶书就是现在的正书。《正字通》里面也讲到，东魏大觉寺碑，题写上面说是用隶书写的，实际上就是今天的楷字，那么楷书与隶书被看作是一种书体。秉钧我对此非常疑惑，后来看了蔡邕的《三体石经》的隶书，对比现在所保存下来的汉碑，都与真书的字体不同。于是也就知道了，汉代自从出现隶书后，便逐渐演变为现在的正书。

书法考

文字作为思想文化的载体，其艺术化在形式上就发展为书法。书法虽是一种形式艺术，但其文思一致的特点使其上升为形而上的视觉审美对象。

学书之法

书法与射箭同理。《礼记》说，射箭是仁爱之人所崇尚的礼仪。射箭要求自己得正派，又要求温和宽容，此外还要求内心正，身体直，这样手持弓箭才会牢固。持弓箭牢固，那么便容易射中目标。学书法的人也当如此，首先使自己神气平和，端正外部的形貌，然后就要讲求执笔。

执笔的方法，以拨镫悬腕为最好；其次是平覆依靠桌几。这是因为悬腕使得毛笔竖起，笔锋正。笔锋正，那么四面的笔势就全。但是，悬腕很难写楷书。所以，唐代一些出名的文人便用左手枕在右手下面，称为"枕腕"。因为手挨在桌子上面导致手指不宽展，勉强作悬腕的姿势，笔势又容易散漫，所以用枕腕的姿势仅作为悬腕的一个过渡。现在的人所用的"臂搁"这个名称，说的就是枕腕法。这种方法极为精妙，一则可以避免左手疲劳；二则可以保持身体不向右偏；三则可以闲出左手以备不时之需。

拨镫法

拨，就是要使得笔管挨着中指和无名指指尖，令其圆活易转动。镫，就是马镫，既然要求执笔要直，那么虎口之间空圆有如马镫一般。脚踏马镫浅，则易出入；手执笔管浅，则易拨动。拨镫之法是南唐后主李煜从陆希声那里学来的。陆希声说，晋代的"二王"父子都用这种方法，写出来的书法遒劲有力。有这样五个字——撅、压、钩、揭、抵（有的记载还附有"拒"字，但《书史会要》少一"拒"字，故成为五字），后主李煜又加了两个字——导、送，成为七字法则。这一法则自卫夫人、钟繇和王羲之传授于欧阳询、颜真卿、褚遂良、陆柬之，直到今天，也还是不可变更的妙法。

八字法解

撅，《说文解字》里面解释为"一指按"。大拇指上节下端用力，就像要提起千斤重物一般。

压，将笔压在食指中节旁边。以上两根手指，主要是用力按压。

钩，中指指尖钩住笔，钩笔是为了使其向下。

揭，高举的意思，揭笔就是用无名指指尖与指肉接触的部分，使笔向上。

抵，挤的意思，无名指揭笔，中指抵住。

（拒，是御的意思，中指钩住笔，无名指拒定。按：此字解法为补入内容，不在七字之内。）以上二指主要是起到转笔、运笔的作用。

导，引的意思，小指引无名指向右。

送，遣的意思，小指遣无名指向左边。

这一手指主管笔的往来。

掌虚指实

但凡学习书法首先要讲执笔，其方法包括双钩双挑、平腕覆掌、实指虚拳。双钩又称"双包"，是食指与中指抱住笔管。双挑，是指无名指与小指抵住笔管。手掌向下，所以手腕是平的；握的拳头是虚的，所以手指是实的。《翰林要诀》中写道：指欲实，掌欲虚；管欲直，心欲圆。指实，那么筋力就会比较均匀；掌虚，运笔、用笔便更为容易。管直、心圆，运笔、用笔就会方正。这是对拨镫法作了补充，更为精妙。

去毫分寸

握笔用拨镫法，使手腕放松，而不使其拘谨。写楷书时，手距笔毫约一寸远；写行书，两寸远；写草书，三寸远，手腕都不可以挨在桌子上。这是王羲之的妙法。用力三分只有一分写在纸上，笔势便显得多余；用力一分却有三分写在纸上，笔势又显得不足。

笔妙七条

晋代卫夫人对李斯书写的妙法进行修改，加以润色，总结出七条，并描写出了各自的形态，留给子孙后代作范本。后来人反复欣赏，以作为参考，秉钧我也较感兴趣，记述如下：

一，像千里排列的阵云那样，在写横画时隐约显现云层重叠覆盖的走势。

丶，像高峰坠落巨石那样，笔锋作点时磕碰纸面，墨迹犹如崩石一般沉重。

丿，像宝剑砍断犀牛角和象牙一般，骏快利索。

丨，好比万年的古藤倒挂，显得坚韧而挺拔。

𠃋，类似张开弓弩，使出筋骨的强劲挽力。

乀，颇如巨浪崩翻、阵云滚滚那样，表现迅猛咆哮异常。

乚，犹如遒劲苍松倒折，悬挂在石崖上一般险峻。

欧阳询在以上七条的基础上又加了"乀"条，称为一波三折过笔。以上统称为"八法"，这是学习书法的人最精妙的语言。如果再能在结构上有如篆书一般圆备，如章草一般飘荡洒落，如八分书一般凶险令人生畏，如飞白一般窈窕出入，如鹤的头一般耿介特立，如古隶书一般郁拔纵横，心里面含蓄而不张扬，每写一字都与它的形象近似。这样，书法便会取得很大的成就。

学书三要

学习书法，一要注重用笔，二要识势，三要注重裹束。此三者兼备，即为学书三要。若只注重其中一条，那是没有用的。用笔不仅仅是停留在偏旁向背的问题之上，其要点在于对笔画起伏的驾驭。识势不仅仅是散水烈火，其要点在于灵活应付随时变化的情况，并找出应对法。裹束，不仅仅是虚实长短的问题，其要点在于交错穿插。知道了以上三点，才可以论书法。

永字八法解

侧，就是点。《楷书散笔》写道，上面的一点写出来像芝麻的形状，尖斜而带有光芒。又说，左边的点最好向右倾，就像是送人出门或是迎接客人。右边的点最好向左边盼望，有如去了又回。姜立纲说，点就像瓜子，里面蕴含了万象之光。在此不说点，而说侧，是为了表明书写时要侧向下笔。作点本来是向左的，却用中指斜顿笔锋而顾右，使得墨气向下流动，慢慢地反揭，这样就会显得笔法流利。

勒，就是画。《楷书散笔》说，上面的画要求尖利，如同一把当头横着的宝剑。下面的画虽是平坦的，但只有藏锋才能赋予其情韵。姜立纲说，画应该如同一把横放的宝剑，劈开太极阴阳。在此不说画，而称为"勒"，意思是说笔锋看起来快要挨到纸上了，这时就要缓慢细致地落笔，使画略虚，中间高两头向下，显得劲涩，如同勒马用缰绳之势。方法是用中指钩住笔管，挽勒涩行覆画，用中指顿笔，然后用大拇指遣到尽处，这样就成功了。

努，就是直。不说直，而说努，意思是说头向右，发笔时微努，稍微停顿一下就趋笔向下行，不可以直接下笔。中间自然就向外凸出。若是直了，那么就失去了笔势而显得软弱无力，竖画虽极短，也不可以是直的。比如说"申"字中间的一竖，就要写得努而悬针。"事"字的中间一竖，努而缓慢地写出。向则努而向，背则努而背。唐太宗说，写竖必须是努的。并非此外另有一笔。

趯，与挑是一样的笔势。竖趯称为"趯"，横趯称为"挑"，说法上小有不同。趯是努笔的停笔收锋，讲求用笔要涩，也就是想要挑起来却还放置在那里。竖笔蕴藏着劲势，借着势转笔出锋。提趯抱身以短为贵，如脚趯物一般，这样就不会失掉神纵之势。

策，圆锋向左出，势尽后，笔画向上收笔。如同用马鞭鞭策座下马，力用在着物的地方。又称为"折翼画"，必须是仰笔趯锋，轻抬而向前，所以称为"策"。《笔诀》说，开始时笔锋就要向侧上方扬，然后再慢慢转笔写出。

掠，又称为"分发"。点的开头而尾部较为收缩了，如同用篦子梳头发。借着策势，稍作停领，右揭手腕，笔锋迅速向下由左边出，但是不向下坠，这样就显得自然。如果稍微迟疑停留，那么就显得滞缓。

啄，就是撇。不说撇，而称为"啄"，意思是说笔势有如禽鸟啄物。向下按笔蹲锋，潜劲向右，借着笔势收锋，然后迅速向左旋转，以轻柔劲健为上，不可缓慢停滞。

磔，裂的意思。书法中右下方为磔。开始入笔时，紧劲而使笔微微向上仰，随后便向下缓慢行笔，暗中收笔存势，笔势充足便磔之。这是从上面的啄取势，如同裂开的丝帛。唐太宗说，磔，不快也不慢，运笔就如同去了之后又想停下来然后放开。出锋与藏锋，依照个人喜好而定。

以上八法始于隶书，其后取法崔瑗，经历钟繇、王羲之及后世所传授使用的都是这八法。永字八法说开来内容极为庞杂，而且书法的学问极高深精妙，无法全部弄明白。姑且就先到此为止，权当是基础的概说。

作书四知

但凡进行书法创作，首先要了解砚。选砚最好是秀润如玉，墨池宽阔，表面细腻的。每天清洗一次，这样可以将水墨调匀，血肉各得其所。

其次是要了解墨。最好是选择轻且坚韧，并墨色黝黑且带有鲜艳的光彩，入砚时没有声音的墨。字是从墨中生发出来的，而墨则是生于水中，水是字的血液。若仅仅是笔尖受水，一点就要枯。所以水、墨必须都藏于副毫之内。蹲毫是为了使水向下，停顿下来水就聚在一起，提笔后水都被吸到纸里面了。磨墨的方法：用新打来的井水，到了用墨时，重重地按下去，轻缓地推磨。切不可用墨池里面的剩水，因为这样会令墨不流畅，笔毫闭塞。

再次是要了解用笔。蘸墨不应超过三分，不能过深或过浅，浅了会导致笔枯，挥写不能随心意；深了则会使得笔毫软弱无力。写一寸大的字，笔毫蹲七厘，提五厘，捺九厘，画一分，以此为表率。若要求清新爽健，则要分别减去三厘。刚开始学的时候，提笔要灵活，蹲笔要轻柔，这样写出来的字比较圆润。当逐渐老成之后，提笔则要劲健，蹲笔要重，这样写出来的字就显得爽利。

最后要了解纸。纸必须是要坚韧、轻薄、洁白、润滑，细致而有光泽的。若粗厚稀松或沾满了灰尘，这样不仅会损坏毛笔，字也写不好。纸硬就用软毫的笔，纸柔软就用硬毫的笔。纯刚是指在非常硬的纸上用硬毫写字，就如同用锥在石头上画。纯柔是指在很软的纸上写字，就如同用泥印在沙子之上。纯刚和纯柔都不能将字写得十分圆润流畅，神格也不存在。纸的强弱是有区别的，在写书法时，笔力视实情而定。在石头上写字，就参照前面说到的写在硬纸上的范例。

真、行、草，笔法不同

楷书用笔不要太肥，若肥了，字形就会显得浑浊。但是又不能太瘦了，瘦了，字形就会显得干枯。不应过多显露锋芒，以免笔意显得不够持重。也不应深藏圭角，以免字体不够精神。不能上小下大，不能左低右高，不能前多后少。

点是字的眉目，全凭借着顾盼精神，有向有背，伴随着字的形势。横、直、画，是字的骨体，要求使其坚韧、正直、均匀、干净，有起有止。最为可贵的是长短合适，笔触厚重坚实。撇、捺是字的手足，伸缩范围不同，变化无穷，如鱼的鳍、鸟的翅，有翩翩自得的形态。挑、趯是字的步履，有长有短，有上有下，有左有右，有的稍稍倾斜，有的如同剑刃一般险峻，这都是依据字的用处而定的。转折，是方圆的关键，真书多用折，草书多用转。折是稍作停顿，停顿就会有力；转就不要求停滞，停滞就显得不太遒劲有力。不过还是有真书用转而显得遒劲有力，草书用折显得劲健的情况，这是不可不知的。悬针，自上而下就像是下垂的长针，笔要非常端正，如同牵引的绳子。如露水向下滴而又缩回去，被称为"垂露"，首尾相等，但笔锋略尖，不要像老鼠尾巴。古人只有垂露之法，悬针是《兰亭序》里面才出现的，如"年"字。米芾说，"无垂不缩，无往不收"，但是也需要有灵感支持才能感动神明。

魏晋行书自有一体，与草书不同，大概就是变化楷书以便于挥洒运用而已。草书出于章草，行书出于真书。虽是行书，但每个字都还是有其各自固定的体态。就是晋代的那些贤达之士也是相差不远的。《兰亭序》以及王羲之其他的字帖排在首位，谢安、石大令的字帖排在其次，颜真卿、杨凝式、苏轼、米芾也是后世中可以观赏的。大多是以用笔老辣为贵，稍微有些失误，也可以挥洒掩映。最可贵的是浓纤配合、血脉相连、筋骨老辣苍健、风神洒落、姿态齐备。真书、行书、草书各自有其独特的姿态风度，必须要多加学习才可做到全部精通。

行书不是草书也不是真书，不方不圆，介于二者之间，兼具楷书笔意的称为"行楷"，兼具草书笔意的称为"行草"。王献之的书法，不是楷书，也不是草书，其开创行书新体，流传方便胜过草书。因为处于二者之间，没有具体的依据，所以宁可拘泥于法则，临摹范例，意适简便，在此基础上再自己揣摩。风行雨散，润色开花，行书是几种书体里面最为俊逸风流的。王羲之掌握了行楷的精要，王献之则在行草方面称为权威。父亲的书法灵和，儿子的书法神俊，父子二人都是古往今来独一无二的书法家。

学唐代书法不如学晋代书法，这话每个人都会说，但他们又怎么知道晋代书法不是那么易学的呢？学唐代书法，尚且不失规矩。比如说《化度寺》《九成宫》《庙堂牌》这三者的书写之法，平正恬淡，分间布白，行笔停匀。学这种书法横画必须要两头均平，不能左低右高。而且在十字交叉处，比如说中、牛、年等字，凡是一横一直中间停顿一下，都要用心凝思，正直平均。不能一高一低，一斜一敧，要较少关涉媚俗的形态。坚持这样的法则，那么凡是涉及间架结构时，自然就会平直匀称，使字体显得不俗。人们都知道《兰亭序》雅致而有韵味，所以就取类似事物以相同风格为书写规范，但他们哪里知道体态风度是书法之余，骨骼才是书法的正宗呢？不讲求骨骼而先崇尚体态风度，是舍本逐末。所以学晋代书法而不从唐代学起，可以看出他们不知道量的积累，可见是自不量力。仅仅是能模仿而已，想媚而又媚不起来，就好像画虎类犬了。

草书字体，犹如人的坐卧行立、揖让纷争、乘舟跃马、歌舞跳跃。一切变化的形态，并不拘谨。而且一个字可以有很多变体，有起有呼应，这样起势必然要这样呼应，各自有其意义道理。王羲之的"当""得""深""慰""羲""之"数量最多，多达数十种字形，字形没有雷同的，字意大体是相同的，可以说随心所想而不超越规则。

但凡学习草书，应当先取法张芝、皇象、索靖等人。章草要求结体平直方正，下笔有根源。在这之后就要效仿王羲之，并加以变化，融入奇崛险峻的意味。广泛地学习各家书法，字显得工劣不一，下笔多有失误。应当连起来的地方反而断开，应该断的地方反而接上，不分向背，不分起笔与收笔，不顾笔的转换，随意用笔，任由其书写，这些失误过错反而使书法显得新颖奇特。从石大令开始，便是这样了，更何况今天。

自唐代以来，大多是单独的草字，最多也不过是两个字相连，到后来数十字相连而不断，被称为"连绵游丝"，虽然是出自古人，但也不必感到新奇，更可能形成大的毛病。古人写草书就好比今人写真书，怎么会偷工减料？其相连处，就是所谓的"引带"。若去考证草字点画之处，下笔都比较有力；不是点画的地方偶尔相互引带，下笔都比较轻柔。虽然变化多端，但是并没有乱了书法的原则。张旭、怀素二人均以野逸的书风闻名，但他们也没有脱离这些原则。宋代黄庭坚自称得了怀素真传，即怀素草书的写法，这是草书的又一变化，一直流传至今，但已没有什么可欣赏的了。唐太宗说，每一行要像蜷曲的蚯蚓，每一字要像盘绕的蛇，切忌无筋骨。一般来说，用笔有缓急，有的有锋，有的没锋，有的是承接上文，也有的是牵引下面的字，看起来是缓慢的但实际上是急促的，忽然出笔而又迅速收回。慢可以仿古，快则可以出奇。有锋可以显耀字的精神，没锋则包含了气韵。横斜曲直，钩环盘纡，均以笔势为主。但是不要相连带，连带则显得俗气。横画不能太长，太长则笔的运转变换就会迟钝。直画不能太多，多了就会令神气凝滞。用捺替代"乚"，用发和捺代替"辶"，只有"丿"偶尔可以使用，意尽则画用悬针，但是意尽应该再生出笔意来，不如用垂露。

骨肉肥瘦

字是有筋骨的。能写出字的筋骨的部位是大拇指下节骨头，提起就使得字筋骨劲健。提，立起大拇指下节骨头的下端，提住笔的尾部停顿或是挥洒，任其纵意而为，那么字中筋骨就如同有转轴一般而活动起来。纵是靠着大拇指下节下端的关节，蹲笔停顿，再写一捺，就像是用刀子划过一样。

字的肉，就是笔毫。墨太浓，字就显得呆滞；墨太淡，字又显得太单薄；水太多，字就会散掉；太干，又会显得干枯。稀疏处，要把捺写满；密集处要提笔飞起。平处捺要写满，险要处要提笔飞过。捺写满了，就显得肥，提笔飞过就显得瘦。

所谓肥者，笔毫与纸接触的部分多；所谓瘦者，笔毫与纸接触的部分少。字不可以过肥，肥了会显得滞浊，必须要有骨；字也不可以太瘦，瘦了字形就显得干枯，必须要有肉。古人学习书法，学其工巧处；今人学书法，除了肥瘦的弊病之外，还学了一些不良处。今人所写的颜体就是很明显的例子。

学书次第

学书法应该先学楷书，再学行书、草书。不会写楷书就想学写行书、草书，就像是还没学发声就想说话，这是不行的。

因此，楷书衍生了行书，行书衍生了草书。真书如同站立，行书如同行走，草书如同奔跑，从来就没有不能站立而能行走的，不能行走而能奔跑的。真书难以做到飘扬，草书难以做到威严庄重；大字很难做到结构紧密没有空隙，小字很难做到宽绰而有空余。这是苏轼所说的话，的确如此。

古来书法传授源流

蔡邕从嵩山的神仙那里习得书法，传给了崔寔和女儿蔡琰以及张芝等人。魏初，韦诞得书法，秘而不传。钟繇派人去挖韦诞的墓，得到了蔡邕的书法，等到自己快死时，便传给了儿子钟会。宋翼是钟繇的外甥，想跟钟繇学习书法，钟繇不教他。晋代太康年间，有人挖钟繇的墓冢，宋翼才得以拿到书法。魏晋年间，卫家三代都擅长书法，卫觊与其儿子卫瓘学习胡昭、韦诞、钟繇的书法。卫瓘和他儿子卫恒，都学习张芝的书法。卫恒的从妹（堂妹）卫夫人亲自向蔡琰学习书法。卫家与王家有表亲关系，所以王羲之的父亲王旷学来并传授给王羲之。王羲之再传授给他的儿子王献之，并传给王蒙的儿子王修，其书法在王家世代相传。王献之则传书法给他的外甥羊欣。羊欣传给王僧虔，王僧虔传给萧子云。

晋宋以下，有很多才华横溢的书法家，但究其源头当首推"二王"父子。隋朝和尚释智永，是王羲之的九世孙，传承了王羲之的书学，其书法学于萧子云。虞世南亲自学智永，所以王氏书法得以在唐代流传。欧阳询自虞世南之处习得，褚遂良又拜欧阳询为师。也有人说，虞世南、褚遂良二人共同拜隋人史棱为师。欧阳询传给了陆柬之，陆柬之见过智永和尚，又是虞世南的外甥。陆柬之传给其子陆彦远，陆彦远又传给了他的外甥张旭，张旭又将书法和他所得到的褚遂良一些关于书法的论述传授给颜真卿、李阳冰、徐浩、韩滉、邬彤、魏仲犀、韦玩、崔邈等二十二人，怀素和尚与柳公权都师从邬彤，这一流派实际上是出自智永和尚。徐传授给儿子徐璹以及皇甫阅。崔邈传褚长文，韩方明师从徐璹以及崔邈。皇甫阅传给柳宗元，刘禹锡传杨归厚，杨归厚传给侄子杨纬，杨纬传给了权审、张荄和翟弘裕（刘禹锡的外孙），翟弘裕传给卢潜，卢潜传给卢颖，卢颖传给崔纾。柳宗元传给房直温，刘埴只是习得了一鳞半爪。

画学考

中国绘画和书法历来被认为是同源异体。人物、山水、花鸟等不同门类均为世人所推崇。前人不仅为我们留下大量作品，也为后人积累了许多创作方法。本考通过论绘画而使人如道如何鉴赏绘画作品。

绘画源说

据说是仓颉创造了最早的文字，史皇创造了最早的绘画。伏羲氏所制先天八卦图，是以河图为依据的。而有虞氏开始用色彩来描绘图形。在有文字记载的历史中，可以看到绘画的源头是非常悠久的。中古时代（由于古人所处时代不同，所指时间不一。大概有两个说法：一指次于上古时期的较晚古代，二指魏晋南北朝隋唐时期）精通绘画的人，有的以画面来描绘《诗经》中的文学故事，或是表现《孝经》《尔雅》中的故事，还有的以《论语》《春秋》中的故事为表现对象，画面形象都依附于经典中的故事。

到了两汉三国南北朝时期，有《讲学图》《问礼图》《烈女仁智图》等作品。这些绘画作品可以起到记录历史、彰显伦常道理和辅助社会教化的作用，又怎能说是细微小事呢？直到后来人们对于绘画的观点出现差异和变化，所喜好的内容也就不尽相同了。有的喜欢清远幽深的山水景致，有的喜好鸟兽鱼虫的奇姿妙态，有的沉迷于花卉仕女的艳丽姿色，有的偏爱战争以及车马奔走飞驰的气势。所以绘画就像书法中的籀书、篆书和隶书等书体一样分化，在变化中不断发展。

书画同源，异名同理

仓颉仰观天文，俯察地理，尤其是对鸟迹虫纹进行模仿而造出最早的文字。《周礼》"六书"中指出，先是象形，然后是会意。文字的功能是因为先看见文字表示的形象，然后才能知道文字所代表的意思,这样看来,书法也具有绘画的形象性。并且鸟书文字、虫书文字这一类,不是一样可以把它们看作是绘画吗?《尔雅》中说,绘画是一种形象。又有绘画也是卦象一说,说绘画是用色彩图形来表示万物事理。伏羲氏用图形创造了先天八卦图,而周文王正是用卦辞去解释这些八卦图形。所以,绘画在指示会意的功能上和文字是相通的。卦象、图理、钟鼎图样、神怪、云台二十八将、麒麟阁中表彰忠烈而绘的人像,既出现在后来人们用文字写作的经典著作中,也有相关图画伴随这些作品流传。在记录历史事件、表彰忠臣节士时,除了记录事实、写作传记以外,往往还要绘图、画像,这样就不仅能知道他们的故事,还能看见他们的面貌。正是这样的状况使得书法、绘画一起发展而没有偏废。前人说诗歌中能显示出绘画的意味,绘画也被称为"无声的诗歌"。所以书法和绘画虽然在名称上有差异,但它们的内在道理是相通的。

画人像

在绘画中,最难画的就是人像了,不仅必须在画面上表现出人物所在时代的衣饰,还要体现不同对象的气质、面貌和身份,或高雅,或低贱。比如画君王,要体现他们君临天下的不凡气势。画儒士贤臣要表现他们内在的礼仪气度。画僧侣要表现他们向善修行的容貌。画道士要表现出得道高人的风范。画武士一般要显现出勇敢、强悍的形象。画隐士却要体现淡泊、高逸的节操。画皇亲贵戚一般多显示出浮华、奢侈、委靡的面貌。画神仙要体现出庄重、威严。画鬼怪要表现出丑陋凶恶、奔跑跳跃的形象。画仕女要表现她们美丽、秀媚的姿态。画乡野农人却要表现他们的朴素、粗犷的性格。

画面中表现衣褶的线条,有的画得简约、流畅,有的画得细密、有力。画这些线条都要深思熟虑、仔细推敲,不能随意描绘,才能画出人在高、侧、深、斜、卷折、飘举等不同姿态动作时的气势。在绘画方面成就很高、作品可以传世的代表画家主要有三国时吴国的曹不兴,西晋的卫协,隋代的郑法士,唐朝的吴道子、郑虔、周昉，五代时期的赵才、王商，北宋的李公麟。这些人手中的画笔虽然不会开口说话，却能让我们了解古时候的那些人。以至于讨论古人的气质、品格，只要看一看那些描绘有他们形象的绘画就能轻易地判断。

　　说到绘画的写实，重点不只是去真实、准确地描绘对象的外形，而是要着重表达对象内在的细微心理状态和神情气质。东晋画家顾恺之指出，要精确传达所描绘对象的神韵，首先是画好眼睛，其次才是颧骨、面颊。只要把对象的眼睛和颧骨、面颊画像了，其他部位就都像了。所以，眼睛是人像画中最重要的部位。孟子说，一个人的善恶可以通过他的眼睛显现出来。就像君子和小人，他们从外貌看起来都差不多，但内心的区别很大。传神写照和相面是一样的道理。绘画要以表现对象的天性、真实面貌为要点。现在画人，却是让他正襟危坐，目不斜视，庄重严肃，不露半点自然面貌，这怎么能表达对象的天性呢？但一个人的精神天性，总在有些时候会表现出来，如果能在画面上表现，就不仅仅是画了对象的面貌，更表现了对象的神韵气质。

画龙鱼

　　《易经》中的乾卦，是用龙的不同形态和处境来说明事理的变化和规律。《诗经》中也有《鱼藻》这样的诗歌，来赞美君王贤明、人民快乐的理想社会。

　　画龙要知道"三停"，就是龙身的三处转折。从龙的头部到龙的前脚是"上停"，从前脚到龙腰是"中停"，从腰部到尾是"下停"。画龙还有九种相似的形象：角像鹿，头像骆驼，眼睛像鬼，颈部像蛇，腹部像蜃，身上的鳞甲像鱼，脚上的爪子像鹰，脚掌像老虎，耳朵像牛。画龙还要注意表现出它游泳时蜿蜒的美妙体态，迂回飞翔时腾挪的形态。作画时笔势要威猛迅捷，一气呵成，毛鬣以似从肉里面自然长出来的为最好。通常，龙的嘴巴张开的形态容易画得巧，但是画闭着嘴巴的龙却很难。所以，画家说"开口猫儿合口龙"，这句话说出了画动物的两难。

三国时东吴的曹不兴曾经在溪水中"看见"过红龙，他把红龙画下来献给孙皓，孙皓认为这是非常神妙精彩的。这幅画作放逸之处，古人也未必能达到那样的水平。到了五代，四明僧传古大师画龙时笔墨遒劲爽利，擅长表现龙的蜿蜒形态。任待诏学他的画法，只是稍加变化，把龙怪异威严的感觉增强了。宋代的董羽也因为擅长画龙和水而在当时很有名气。

至于画鱼类，因为鱼我们经常都能看见，所以擅长画鱼的人很多。但是一般的画家都是画厨房、案几上面放的鱼，失去了鱼类乘风破浪的气势。只有五代的袁羲以擅长表现鱼蟹而享有盛誉。宋代的刘寀也因为画鱼而闻名。至于徐白、徐皋，虽然也是擅长画鱼，但他们都没有画出鱼类在水中潜行、水面呼吸的自然面貌，所以在画谱中没有记载。

画兽类

凡是画走兽，从魏晋南北朝到唐五代以及两宋，每个时期都有以擅长画兽而享有盛名的画家。在画马方面，有两晋的史道硕，唐代的曹霸、韩幹。在画牛方面，唐代有戴嵩、戴峄，五代有历归真，宋代有朱义等人。在画狗方面，唐代有赵博文，五代有张及之，宋代有令松。在画羊方面，有五代的罗塞翁。画老虎，唐代有李渐，北宋有赵邈龊。在画猫方面，五代有李蔼之，宋代有王凝、何尊师。至于包鼎画的虎，裴文睍画的牛，在当时都有些名气，但他们却显得俗气、粗鄙。

总之，画虎、豹、鹿、獐等野性难驯的动物时，必须画出它们的野性、狂放不羁的状态，才能表现出豪迈气概。而要画狗、羊、猫、狸一类与人较亲近的动物，是最难的。要依据环境画得自然，不单是画它们摇尾乞怜的模样。而把握了这些动物的自然神态，就是高手了。画动物还要注意把握停分、向背、筋力、精神，体态要肥硕浑圆，骨骼脉络要隐没而存，还要把握每种动物的不同习性和动静特性。如果是画一群动物，就要避免因太相似而雷同。

画翎毛花鸟

　　说到花鸟画，从唐代到宋代都有著名画家。比如薛稷、郭鹞、边鸾、黄筌、徐熙、赵昌、崔白等人，都是擅长画花鸟的著名画家。再有像牛戬、李怀衮这样的画家，在当时也以画花鸟而有些名气。牛戬画的《百鸟图》，虽对鸟类的飞行、鸣叫、栖息、觅食等形态都描绘得极为细致，但却是工致的技巧有余，高雅的韵味不足。而李怀衮作画色彩轻薄，仅仅以那些柔媚、光鲜、华丽的色彩有些成就，如果说到画中的气韵、风骨，就差了一些。所以他们没能在画谱上留名。

　　总之就花鸟画来说，必须要知道各种禽鸟的形体、名色，了解鸟类的嘴喙、口脸、眼缘、颈毛、胸毛、披垂而下的披蓑毛。鸟类的翅膀有梢翅，有蛤翅，翅膀上又分为大节、小节、大小窝翎，还有六梢，又有斜风掠草般的散尾、压舣尾、肚毛、腿胯、尾锥等。鸟的脚，有由三个小关节组成的探爪、食爪，四个小关节组成的撩爪，只有一个小节的托爪，以及宣黄八甲等类型。鸷鸟眼睛上面的部分叫"看棚"，背部羽毛之间叫"合溜"。山雀、野鸡一类的禽鸟，各自在不同的时节中，也有羽毛的新鲜、老旧之别，而眼睛、脚爪也有差异。家养的鸭、鹅有肥大的肚子，野生的水鸟却显得轻快灵活。正是这样的原因，使鸟类显出多样的姿态。鸟类在大量聚集时它们的羽毛紧缩，而在寒冷天气栖息时却将身体的羽毛抖松来保暖。这些不同的部位、动作都各有名称，必须了解并且融会贯通。它们的声音、颜色、觅食的动作姿态各有不同。远处可观察到在野地里筑巢、沙滩上栖息、水边嬉戏的不同鸟的不同动作。近处随时可以看到在房屋前后飞行，靠习性向人们预告季节变化和时辰早晚的各类鸟。每种鸟都有自己的特征和差异，因而显得不同。之所以说绘画精妙，大多是因为包含这些细节处的观察和准确的表现。

　　至于花、果、草、木一类，自然也有因为季节变换、光线环境等因素造成的很多差异。比如竹笋有老有嫩、花苞花萼有前有后等。花卉中的牡丹、芍药和鸟类中的凤凰、孔雀一样，一定要表现出它们的富贵气息。对于松树、竹子、梅花、菊花、大雁、孤鹜、海鸥、白鹭等一类对象，要着重显出幽静、闲适的韵味。而像仙鹤的气宇轩昂，鹰隼的气势强健，杨树、柳树、梧桐的舒雅风韵，苍松古柏的磊落坦荡这些气质、韵味，都可以说是以大自然的巧妙和美丽的创造，而使大众得到视觉的愉悦，进而有助于社会和谐。

如果要说蔬菜、水果写生的话，描绘城郊种植的蔬菜比描绘野外水边生长的蔬菜要容易。但画这些水边的蔬菜又比画菜地苗圃中的蔬菜容易些。画掉在地上的水果比画折枝水果容易；画折枝水果又比画树林中那些还挂在树上的水果要容易。

如果谈到画昆虫、小草之类细微的物状而闻名的画家，则当以南朝陈代的顾野王，五代时期的唐垓，宋代的郭元方、和尚释居宁等人为代表。如果认为只要求形似，而没有真实表现对象色彩的画，就是不完整、不真实的画，那这种观点就是错的。其实绘画更重笔法，而不是色彩技巧。所以绘画中也有用淡墨来作画的，不简单拘泥于画面的像与不像，而重视画外的意蕴和感觉。这样的画家往往不是单纯的画家。这类淡墨画的作者大多是诗人墨客。以墨竹和小景画来说，五代时有李颇，宋代有宗室赵颢、官员文同，他们都不是用色彩精确描绘对象的写实画家，但他们在画中所蕴涵的高雅绝伦的气韵格调，到现在还让人心中无限向往。

画山水、树石、宫殿、房屋

画山水景致一类，必须注意使画面构图与天地自然相谐和。比如在一尺半幅的白素上，上端要留出空白表示天空，下端要留出空白象征大地，而画面中间的位置才是作画的区域。

关于画山，首先要确定大山的位置，大山又称为"主峰"，因为它是画面上的环境之主。用主峰的位置、大小来主导画面其他的部分。主峰定了，才接下来画其他的山峰，比如近处的、远处的、高的、矮的、大的、小的等不同的山峰。这些山峰相互之间也有着朝向、背对、俯视、依附等各种呼应关系。若能在画面上体现出类似皇帝和臣子之间的层次感，那么山的审美感觉就表现得很充分了。

山脉的形体是巨大的，其山势也不同，有的高耸挺拔，有的紧密蔽塞，有的轩豁开阔，有的盘踞遒劲，有的大气磅礴，有的气势浑厚，有的雄伟壮观，有的精神奕奕，有的肃穆沉静，有的相互牵引，有的互相拱立，有的上有掩映，有的下有倚乘，有的前突而有据，有的后转而有所倚，有的向下俯瞰，有的上游而若指麾。要想表现山的巍峨高耸，就要在山腰画些云霞烟雾；若把山全部画出来，反而不能显出山的巍峨。画山脉若没有画云气就无法显出山的秀丽，没有水流就无法体现山的柔媚，不画道路显得呆板，没有树木林地就没有生气。

画山脉，没有体现深远，山脉显得单薄；没有体现平远，山脉显得浅近；没有高远，山脉显得低矮。从山脚下仰望山顶的视点叫"高远"，在高远的视点里，景象的色泽清新明快，山势显得突兀雄壮。从山的前面往山的后面看，称为"深远"。在深远的视点中，山峰色彩厚重晦暗，山势显得重重叠叠。从近处的山往远处的山看的视点是"平远"。平远时的山脉有时明朗，有时晦暗。平远的意思，是山势混杂融合后显得缥缥缈缈。若以人而论，高远显得明了，明了者就不会显得视野局促；深远显得细碎，细碎者就不会肤浅空洞；平远显得冲淡，冲淡者就不会大而不当。那些山势很高的山的重点是在山脚下，它肩股开张，山脚基础厚重，山脉主峰四周最好要有小山相互关联、衔接，以显出山势的连绵不绝。因此画高耸大山，就不能显得孤立和歪斜。低矮的山，重点就在峰顶。顶峰半落而下，颈和领相互连接，根基显得非常庞大。下面的土山可以画得浑厚一些，显出深不可测的感觉。所以，画浅平连绵的山势，不能单薄、散乱。高峰太过孤立就容易显得歪斜倾倒；浅山过于单薄、散乱就无法汇聚生气。这是画山的体裁问题。

山下的水潭被称作"氹"。画上会显得很有生机意趣，在山的四周要用树木环绕。画一寨一石，用笔要潇洒、飘逸，有神气，显出文人风格。如果刻画过多，就和绘画工匠没什么区别了。

　　水流是灵活而运动的，有整齐的溪流，有汩汩而出的泉水，有飞溅激烈的浪花，也有流速缓慢的长流，有庞大而自成一体的波浪，也有细碎但层次丰富的波浪，显示出"之"字形和虎爪状，浩浩荡荡，广阔无垠。水流有不同的绘画形态，有从山巅飞流直下的飞泉，有云雾林中的瀑布、雪景中的瀑布、雾气弥漫的瀑布。与水流相伴的，有远水之上被云雾弥漫的溪中渔船，似乎还时不时地传来船民敲击船帮发出的声音。水的形态有的深沉静寂，有的柔美圆滑，有的江洋恣肆，有的蜿蜒弯曲，有的宽阔辽远，有的喷薄而出，有的激越四射。有源头众多的泉水，有远去的江河，有瀑布、飞泉像挂在半空中，而有的水流又溅扑入地。渔翁垂钓潇洒自得，草木繁茂欣欣向荣。水流因为云气烟雾的环绕而显得秀媚，因为映照阳光而光辉四射。这些都是在强调水流的灵活本性。如果水面不能流动，那就成死水了。

　　画树木，注意树木四周要有枝叶围绕，这是为了表现树木的圆润。树枝要有分权，这被称作"纽子"。画树木要善于搭配得当。树木要有向四周发散的枝叶，画枝密叶茂的大树要在其树叶中留出一些空白来。大小不一的树木，有的枝叶向上伸出做仰姿，有的枝叶向下垂落成偃态。不同朝向、色泽的树木要混合安排。繁茂的树林中最好留出一些空疏处，但须把握好尺度。长满树叶的树枝显柔软，从前后都能看到仰起的树枝。画林中树木，有弯曲的树枝，有健挺的枝干，有盘曲的树节，有很多皱起、裂开的树皮。树木形态丰富，奇异古怪的形状就像惊龙、怒虬。

　　高高耸立的树木有遮蔽太阳之势，因此巨大的松树、石头一类，都适合画在悬崖岸边、高高的山坡上面，这样才能称得上是"蟠根老壮"。注意不要把它们画在浅滩平岛上。石山上覆有土壤处，林木因土壤肥沃而显得茂密。而生长在土山上石缝里的树木，因土地贫瘠而显得瘦弱耸立。在那些地势肥沃处，才有非常高的乔木。若在水岸边，土壤稀薄贫瘠处，一般是生长几尺高的灌木。古木平林、山峦起伏、群峰林立、怪木斜出、寒江照影、石岸蟠根，丰富多姿的形态，都无法用语言来完全表达。

画山石林木，首先要安排一棵大松树，称作"宗老"。宗老安排好了，才画其他景物。像杂乱的石窠、小花细草、女萝碎石等。因为整个山景都定位于此，所以才叫宗老。松树看不见树根，寓意君子的隐逸。杂树丛林，比喻小人的浮华。画松树有画两棵并列的双松，还有三松、四松、五松，以及青松、春松、长松，一直到一望松，这些都有祝福寿诞的意思。郭思曾经讲述他的父亲郭熙，用两尺多长的小绢，画一位老人靠在长有松树的石崖前面，在一棵巨大的松树后画了无数的松树，大小不等的树木连成一片，从山岭上绵延到了山涧。成百上千的松树，看起来连绵不绝。这是给文彦博祝寿所画，诸多松树象征文潞公的高寿，并有子孙绵延、富贵永驻的意思。文潞公彦博非常喜欢这幅画。

说到石头的画法，最重要的是形象不能太难看。画石头要先用淡墨描画，如果有问题，可以补救，然后才逐渐用浓墨来画。这样依次而画的方法是最好的。要近距离观察、研究岩石的结构、特征、纹路，做到不仅有正面描绘，还要有侧面烘托和反面对比。画石有圆润和方硬的区别，画石头要表现得方硬、棱角分明，圆润的感觉要少画。董源的画中，山坡的脚下一般都画得有很多碎石，叫作"矶头"，也叫"凌面"。这样才有坚实厚重的品性。淡淡的皴擦能表现凹凸不一的形态，中间像云气腾起一样，这就是建康一带的风景。在山坡脚下顺着笔势和画面用麻皮皴来画，然后用淡墨来破，在颜色较深的凹处设色。设色的笔法要厚重，皴擦的笔法要细润绵软。山坡下面平坦的沙滩可先用湿润的淡墨平扫纸面来表现，然后再用浓墨破淡墨。也可以留白来表现云雾，或者是借地当作雪景。山坡底部要多画几层，才可以表现出湿润厚重。山坡中则可以画一些房屋庙宇。所以米芾从李光丞的画中就可以知道他的后代子孙昌盛。画石头时，也可以在墨笔中加入藤黄水，画面显得非常自然而有光泽。但颜色不能加得太多，否则笔锋凝滞，难以行笔。若在墨中加入一些螺青色也有非常绝妙的效果。

画宫殿房屋，但凡要画古代遗迹，都该根据历史记载来考证。若不能分辨汉宫、吴殿、梁、柱、斗、拱、义手、替木、熟柱、驼峰、方茎、额道、抱间、昂头、罗花、罗幔、暗制、绰幕、狮狲头、琥珀枋、龟头、虎座、飞檐、扑水、膊风、花发、乖鱼、惹草、当钩、曲脊之类的器物形体，又怎么能去画古代宫殿呢？肯定就成了随意的杜撰了。即使要画一般的房屋殿宇，也要先搞清楚它们的结构，计算清楚。画房屋时笔墨要均匀有力，线条要深远透空，一条线画斜，满幅都乱了。隋唐五代前后很多画家，到宋代郭忠恕、王士元，画的楼台亭阁，都能看见屋顶的四角，而且房舍的斗拱安放连朝向都很分明，全都符合建筑原样。就好比书法中的《九成宫醴泉铭》《麻姑仙坛记》中的楷书字体一样精妙出色。现在的画家，一般都用直尺来画，一次就画出大概形体，然后再细分画成斗拱之类。笔迹繁复杂乱，没了壮观秀丽、闲散雅致的意味。至于说现在的西洋绘画，只不过是倚仗工具描绘，没有什么阔远壮丽的景色，早就违背了宋元时期画家的规律法度。

画面必须注意构图

水流就像是山峦的血脉，花草树木像山峦的毛发，云气烟雾是山的精神气色。所以在山景中因为有水流才显得生意盎然，有花草树木才显得漂亮，有云气烟霞才显得秀丽妩媚。山脉是水流的脸面，亭榭建筑是水景的眼睛眉目，而乡野渔翁是水景的精神，所以说水景中有了山脉就显得秀美，有了亭榭建筑就显得明快，有了渔翁垂钓就显得清远高雅。这就是画山水画时山水构图的相互关系。

画山要知道五岳和四方不同区域山的差异

五岳中的嵩山多有美丽的溪流，华山多有险峻山峰，衡山多有秀美的山峰和瀑布，恒山多有优美的并列山峰，泰山雄伟的主峰是最精彩的。天台山、武夷山、庐山、霍山、雁荡山、岷山、峨眉山、巫峡山、天坛山、王屋山、林虑山、武当山等，都是四海名山，九州巨镇（一方的主山）。这些地方都有宝藏，也是神仙圣人隐居的场所，它们那么奇特、神秘、秀美，如果不是因为内心真正喜好认真对待，勤勉不懈地游览观赏这些名山，把各处的风光记录在心，怎么能画出这些名山的真实面目呢？

如果说东南部的山多表现出奇异秀丽，并不是上天特别喜欢东南，而是因为东南地区的地势非常低，是河流汇聚入海的地方，山脉一般因为水流冲刷地面得以露出。所以，东南部地薄水浅，山脉中多有奇特的山峰和陡峭的绝壁。这些山峰冒出云层，瀑布也高高直下，几乎落到云雾上面。像"华山"（按：此华山并非指陕西华山，应为东南地区一山名。古时，一山常有多个别名，故出现此类重名现象）就有很多高高的山崖。但像"华山"这样的山是很少见的，即使有一些整体厚重连绵的山脉，也多出自地上而不是地中。

西北地区的山一般都显得浑厚连绵，并不是老天偏爱西北地区，而是因为西北地区的地势非常高，这里是水的源头。这里的山多是被厚厚的土壤所掩埋，所以这个地区地厚而水深。这里的山多表现为连绵的庞大群山，延续很长的区域，介丘山的顶峰就蜿蜒发源于四远的郊野。嵩山、少室山并非不峻峭挺拔。像嵩山这样的是少见的，即使有陡峭的山峰也是来自地中而不是地上。

近代画家中，生长在东南地区的，大多描绘东南地区的优美秀丽的景色，每当他们看到壮观宏伟的作品时都加以诋毁。而生长在关陕地区的画家一般都画关中的雄壮巍峨，每当他们看到秀媚的作品时也会加以讥讽。以范宽为学习对象的画家，往往缺乏李成画面上的俊逸秀媚的感觉；而以王维为学习对象的画家，其作品又缺少了关仝的风神骨气。像这样的问题，是因为他们体验经历的范围太狭小，所看见的东西太少。

绘画要知道时节、气候的不同

　　春天的山林淡然平缓就像在微笑一样，烟气云霞连绵不绝，使人感到非常愉快。夏天的山林郁郁葱葱就像要将绿色滴下来，人可以感到坦坦荡荡的情怀。秋天的山林空疏、明净，让人感到肃杀的萧条气氛。冬日里的山林昏暗而没有生机，人能感到寂寞和单调。进一步拿春天的风景来说，有早春残雪、早春雨霁、春云出谷、春云欲雨、春山明丽、春溜满溪、烟霭寒云、斜风细雨等类的题材。夏天的表现题材主要有夏山晴霁、夏山风雨、夏山林馆、夏山早行、夏雨溅瀑、夏云奇峰、飘风骤雨、雨罢云归等类的系列景色。秋季的表现题材主要有疏林秋晚、平远秋霁。冬天的题材也有寒云霰雪、舣舟沽酒、雪后山家、雪中渔舍等。清晨有清晨的图景，比如烟岚晓色一类的题材。傍晚也有傍晚的场景，比如僧归溪寺这一类的。不同画面的意蕴和表现方法都是不一样的，没有办法一一讲到。只有熟读经、史、子、集各类文章，名人诗句，加上前面谈到的胸中意象，才可以达到意在笔先的境界，在看似随意的描绘中创造绝妙的景色。

绘画的墨法

　　一般来说，绘画的要点就在于用墨的方法。有时要用淡墨，有时要用浓墨，有时要用焦墨，有时要用隔夜宿墨，有时要用退墨，有时要用厨房中的尘埃墨，有时还把颜料混到墨中一起使用。一般作画时，先用淡墨来画，画到差不多时，再用焦墨、浓墨来画，能表现出画面的深浅、远近关系，这样画出的墨色颜色滋润，不会显得枯燥。之所以使用浓墨、焦墨，是为了画出物体的边缘轮廓。如果不用焦墨和浓墨来画，那么像松树的棱节、石头的棱角这些就不能画清楚。画清轮廓后，再用清淡的墨来画，就可以让墨色有明显差异，好像画面是在雾里露出的一样。

　　如果要画数扇屏障这样大画幅的作品，首先要用柳树枝条做成的木炭条画出大概的图形样式，仔细观察，倘若发现有没画好的地方，可以擦拭之后修改。等到把大概的形体样式都画好了，然后用淡墨依着画好的图形小心描绘，完成后再深入画，这种方法可以避免画面上出现一些瑕疵。

绘画笔法中的八法、七色

一般作画时使用的笔有尖笔、圆笔、粗笔、细笔、针笔等，各有其特点和用处。用笔的方法又有八种。一是干淡，用淡墨重叠旋转而取法。二是皴擦，用健挺有力的笔锋横画纸面上，来回乱乱地涂抹。三是渲染，用墨和水混合后反复淋漓积墨。四是刷，用水和墨混合后大面积铺陈墨色。五是捽，执笔用笔尖顺势拖行。六是擢，用笔尖从下向上反提。七是点，用笔尖轻轻点触画面，点笔可以用来画人物，也可用来画树叶。八是画，用笔慢慢画出线条，画笔可用来画楼屋建筑，也用来画松针。

画雪要用浓淡不一的墨来画出深浅各异的景色。但墨的颜色是不一致的，所以还要用晕染染就烟霞的色彩，就是在绢帛、纸面本身的色彩上用很淡的墨色描绘，不要留下用笔的痕迹。画风时一般用土黄色或埃墨来表现。画土壤要用淡墨、埃墨来画。画岩石是用青色、黛色和墨混合，用深浅不一的颜色来表现。画瀑布也是用绢帛、纸面的本色，但在瀑布的水石交界处要用焦墨来画轮廓。水面的颜色在春天为绿色，夏天为碧色，秋天为青色，冬天为黑色。天空的颜色在春天感觉明亮耀眼，夏天是一片苍茫，秋天感觉净爽，冬天为晦暗重色。这些就是所谓的"画家七色"。

绘画的八格、六法、三品

绘画中有"八格"。石要苍老而温润，水要淡雅而明净，山要高耸挺拔，泉要飞流形成瀑布，烟霞云气要神秘自然，荒野小路要曲折蜿蜒，松树林木要偃仰如龙蛇形，竹林则要能蕴涵风雨。

次说"六法"。一是气韵生动，二是骨法用笔，三是应物象形，四是随类赋彩，五是经营位置，六是传移模写。六法论非常重要，影响深远。"骨法用笔"及其后的五种方法是可以学习掌握的。但气韵是来自人的天资禀性，是无法通过学习、技巧来得到的，也不会因为时间、经历的积累而形成。气韵有时突然就显现出来，毫无征兆。

再说"三品"。有的作品气韵生动，浑然天成，观者根本难以体会它们的神妙，是画中神品。有的画作中笔法、墨法极精湛，敷色、晕染得当，趣味丰富，这是画中妙品。而那些画得很像的写实作品，也能遵循一定的法度规则，就是能品。在这三品以外的画，就没有讨论的必要了。

绘画还要清楚"六要""六长"。说到认识绘画的要诀，就在于要明白"六要"，辨别"六长"。什么是"六要"？画面不但有气韵还要有笔力，是第一；格调法度都很成熟，是第二；图像富于变化但又合乎规律，是第三；色彩明丽有光泽，是第四；画面内容自然而不做作，是第五；善于向别人学习但又能舍弃他们的不足，是第六。

什么是"六长"呢？在粗放无羁中寻求用笔法度，是第一；在少见的题材中寻求才华的展露，是第二；在乖巧细致的捕绘中寻求用笔力度，是第三；在粗狂怪异的形式中寻求规范道理，是第四；用少量的笔墨寻求整体晕染的效果，是第五；在常见的题材中寻求新趣味，是第六。

绘画有三病、十二忌

作画有三个主要问题和十二处要避忌的。三个主要问题：一是板，就是腕力羸弱，下笔无依据，完全失于取与，所以描绘的对象平扁，不能圆浑有力；二是刻，用笔时心中没有事先安排，心中思绪与手中笔相错位，所以在描画时，枉自画出很多多余的东西；三是结，就是该画的地方没有画，该停顿的地方没有停顿，该放开的地方没有放开，就像东西被堵住，无法在画面上显出流畅感。大概气韵本来就是来自内心，神采来自用笔技术。心中气韵如果高那么笔墨就有力，而且欣赏时越玩味越觉得出色。至于那些格调平凡、下笔无力的画作，即便初次看觉得有些可取之处，但时间一久，也就没有什么新意了。

要避忌的十二处称为"十二忌"，分别如下所列：一忌画面布置紧迫、闭塞；二忌空间关系不明确，远近无法区分；三忌画山无山势气脉；四忌画水没有源泉出处；五忌画面安排没有险绝处；六忌路径不明，出入交代不明白；七忌画石只画一面；八忌画树木缺少四面枝叶，显得过于平面化；九忌画景中人都显得弓腰驼背；十忌楼宇房舍错乱杂处，没有秩序；十一忌用墨晕染时，图景的色调浓淡失当；十二忌用墨晕染而没有法度规则，显得混乱。

绘画要诀选录

洪谷子荆浩曾作赋称：凡画山水，应该是意在笔先，即心中构思和感觉须在动笔之前确定。从比例上说，山高如果一丈，树木大概是一尺；车马为一寸，人就如同豆子一样小了。远处的人不画面目五官，远处的树木不画细枝末节。远山不用皴擦，隐隐约约像人的眉毛；远处的水面不画波浪，而和天际白云相接。这就是他的要诀。

山腰要有云气环绕，石壁之间要有泉流瀑布，楼台建筑之间要有树木，道路上要有行人车马，石头要有三个面的立体感，道路要有来源有去处，树木要突出描绘树冠，水流主要看水岸交界的岸基。这是他的方法。

山体呈尖状峻峭的是山峰，平级连绵的是山岭，有陡峭断壁的是山崖，有洞穴的是岫，有悬空附着于山体的石头是山岩，圆顶的是山峦，山中通有道路的是山川，夹在两座山之间有路的是沟壑，夹在两山之间的水流是山涧，有水流经过的是溪，山中有泉水贯通的是山谷，道路两旁的小土山是山坡，远远望去和视线齐平的是坂。如果能分辨这些不同的种类，就可以说知道山水景物的大概了。观看者先要观看气象，然后再分辨清浊，进而搞清楚山峰之间的主次关系，把握众多山峰的秩序。山峰太多太密就容易乱，太少又容易显得散漫，不多不少要安排得恰到好处。要知道山的远近关系。远处的山连着近处的山，远方的水面连着近处的水面。山腰间的平缓地带，适合安放寺庙道观。微断的水岸边和堤坝处，比较适合画些小桥。有道路连通的地方适合画些行人，没有道路的地方就可以画树木丛林。水岸断绝的地方，适合画些波口、渡船，山脉阻断的地方，可以画些荒野村落。水面宽阔的地方要画些船和远帆，树林深处可以画一些房舍。水岸边可以画一些老树，老树树根露出的地方可以画上一些缠绕的枯藤。有流水经过的石岸，要画出水流的水纹和浪花。若画远处的树木，要画得疏散、低矮；画近处的树木要高大、茂密。有树叶的枝条应该显得柔，没有树叶的枝条要显得刚劲有力。画松树皮，要像鱼鳞；画柏树皮，要像麻线缠绕树干。生长在土面上的树木，显得挺拔、修长、笔直，而在石缝里生长的树木显得蜷曲、瘦弱。古树一般树节很多而且大多已枯死，画寒林要清疏散淡，少画些枝条。

画春天的景色要多画些雾气，景物被笼罩而显得隐隐约约，远处的水面要画些淡淡的蓝色，山的颜色适合用稍淡的青绿色。画夏天的景色时，适合画茂密的树林，水面是平静的深绿色调，山间还要有划破云气的瀑布，行人要拿着羽扇，水边可以画幽静的小亭子。画秋天的景色时，秋高气爽，水天连成一色，树木显得疏朗萧瑟，地上烟气连绵，天空大雁横飞，水边沙滩上要有芦苇杂处。画冬天的景色时，树木要有雪景覆盖，路上可以有些背柴的樵夫，渔船要靠在岸边，水面要浅，沙洲要平。天空是黯淡的云层，在萧瑟的村落中可以画个卖酒小店。

风雨中则是不分天地，难辨东西，行人都举着伞盖，渔夫都披着蓑衣。要画有风吹过但没有下雨时的情景，可以用树枝的偏向来表现。如果是只在下雨没有风起，树叶是向下低垂的。当雨停放晴时，云雾散开，天空一片碧色，山景要比平时更显绿，尤其是夕阳斜照时，最为精彩。

清晨时，所有山的向阳面都被曙光照亮，但背阴面还是被雾霭笼罩着看不清。早晨一般还有残月悬空，破晓时节，天空还有点不太清晰，略微昏暗。黄昏时分，山间已升起了月亮，停在江边的船已收起了帆，路上的行人在匆忙赶路，村落房屋的院门都已半掩上了。

关于题材，有的画烟斜雾横，有的画远岫云归，有的画秋江晚渡，有的画古冢断碑。像这种种类型，均需笔法安排布置，更得看临场发挥。山的形态不要重复，树冠不要画得太整齐划一。画山脉要把树木丛林当作它的衣服，画树木又要把山脉当作它的筋骨。树木不要画得太繁杂，要能显出山势的秀美壮丽。山势不要画得太乱，要能显出树木的精神面貌。若想在这方面有所造诣，就要注意细心体会其中玄妙。

荆浩是河南人，其知识广博，性情高雅，喜古物古迹。他曾经说：吴道子的山水画"有笔无墨"，项容的画"有墨无笔"，而这两人的优点都被他结合了。关仝是荆浩的继承者。

五代及北宋画家李成，字咸熙，祖上是唐宗室。他曾说：凡是画山水，首先要安排好主次关系，然后再定出远近山势，接下来才是描绘景物，安排细节高低位置。下笔作画时不要太重，太重显得浑浊不清朗；也不能下笔过轻，太轻显得干燥而不温润。晕染过度，景象无法衔接。细节描绘过分，就容易失去画面的神韵。画的树枝左边长些，右边就得短。画石头上部重些，底部就轻些。布局的时候要有节奏，相互要能依偎呼应。上下的烟云要秀丽，不能太繁杂，繁杂就显得散漫无神了。树林草木的安排布置也不能太多，树木大多就拘束壅塞，不能舒展。山势要挺拔高峻，不能倾斜。水面要深远，不能画成干涸枯竭的样子。道路要曲折蜿蜒，山势要高耸昂扬。孤立的城池适合放置在空旷的天边，村落市集可以依靠在山脚下。

描绘雪景不要有云气烟霞，画雨景不用广远的视点。山中屋舍要安排得狭小些。垂钓渔翁要出现在平缓沙滩。早晨晴空要显出明朗清新，黄昏细雨要显得阴沉昏暗。房屋不要画得太多，渔翁可以时不时画一下。藤蔓要缠绕古树，树木在山顶多是聚集成丛。高耸的山峰要有烟云在山间环绕，绵延的山岭也要有云气弥漫在山脚下。长长的水流要蜿蜒盘曲，还要用云气烟雾遮挡一部分。怪石巍然屹立，还要土丘培养它的根基。空旷的原野平坦相连，苍郁的山脉依靠山势变化深浅高低。石块要有立体浑圆感，表现出各面的棱角来。树木要枝叶交叉，表现出不同时节的枯萎茂盛。狂风使树木摇晃欲倒，暴雨使山崖崩塌。

　　浅浅溪流两边的水岸要平坦，深深的涧水要在陡崖之间流动。耸立陡峭的山坡要高，不要显得地势低矮。烟雾笼罩下的树林最好疏朗空寂，不然就会显得繁复。重叠的山石一定注意不能画成一样高低，众多山峰一起时更要有高低错落，孤立的山峰要画得远一点。山野间的水流要从远处流淌而来。道路要时隐时现，溪流上有的地方要设桥梁，有的地方不设。画面的远景最怕过于阴郁，昏暗不明；近景要防止画得过于厚重，显得污浊。

　　峻峭的奇峰怪石不要画得太多，太频繁。高山顶上的枯树也要少画。遥远的烟云、气雾太多，就无法分辨晨昏。茂密的树林要断断续续的，以免画面呆滞刻板。山势尽管险峻，还是隐约可见山间小路。悬崖尽管危险，在深处仿佛还是有树木丛林。平坦河川虽然连接遥远，但用层次不一的皴染就可画成。流水的源头，好像还有很多树木。画面安排两条小路，要有清朗明净和隐蔽晦涩之别。两座山峰，也要有强烈的高低差异。雾气稀薄时，天空明净爽朗；烟霞朦胧时，迷迷茫茫的就像要下雨。有很多挺直的乔木时，要点缀一两株弯曲的树木。一大堆乱石，得画两块奇异古怪的石头。画树叶时，在紧密的树叶中要有些萧疏空白。皴画石块肌理时，要以重分轻。楼台庵庙不能随时都画在画里，寺观阁楼只是起点缀的作用。人像要有不同姿态，村舍房屋要防止相似雷同。

　　从天气来看，春天山景明快秀媚，夏天山景繁茂葱翠，秋天山景疏朗萧瑟，冬天山景干枯沉郁。树根要描绘成龙爪一样的形态，石块有很多棱角，靠近地面处还要沾有泥土。水流要呈现为"之"字形的转折，但不要太多；瀑布飞溅流下，但不要超过两层。飞泉要划破云雾，瀑布要汹涌清澈，巨浪要翻涌滔天，平原河水要浅缓，烟霞和云雾要浩浩荡荡、迷迷茫茫。山景不画孤立的树木，石块也不能只画一块。密林中的烟雾有一缕就可以了，苍劲古老的树木有几棵就够了。高大挺拔的乔木在平坦原野上要少画，而低矮的灌木丛林却要密布在山头上。笔直孤烟要画到水天之际，薄薄的雾气适宜依附在山脚下。野外空寂的小桥，适合遥通船坞与人家。萧条没落的古寺，要掩映着松林和佛塔。

春日里的水流碧绿艳丽。夏季的水流水量充沛，弥漫四周，气势非凡。秋日里的水流清净、澄明。冬季的水流已经枯竭，而且还会结冰，显得凝滞。新出现的石崖巢窠显得光滑，水岸边的石头要皴出苍老感来。古老树木显得斑驳异常，但也要有秀媚的一面。一定要区分清楚清新与沉浊，不同感受的形象要相互搭配，分清主次、轻重，常出现的问题就在于偏枯而损体。千岩万壑，都要有各自高低、聚散，不要画成一样的形态。岩石层叠，山峦起伏，山势要各有自己的面貌。只要不被自然界的种种变化迷惑，绘画时就自然可以达到随心所欲、游戏三昧的状态。李成的学识很高，儒生出身，善于文章。他性情磊落，胸怀大志。但命运使他的才学没有机会得到施展，所以才借绘画来抒发胸中块垒。在绘画上，他主要是学关仝。

王维说：在绘画中，水墨画的层次最高。水墨画体现的是自然的本性，成就造化之功。在有限的画面上，可以画出天地间广阔的景色。东南西北各地的景象，就像生在眼前一样。春夏秋冬不同时节的景色，都可以在笔底生发出来。画天边水陆交际处，要避免画成浮泛的山脉。安排道路时，不要把道路画成连绵不绝。主峰最适合画得高耸挺拔，小山要围绕主峰来安排。在山势迂回处，可以画些寺庙屋舍，在水流岸边可以画些村落人家。村落附近最好画一些树木形成树林，树枝要有四面环抱的感觉。两座山崖中间的水流形成瀑布，瀑布的水流不能散乱。

渡口要有空寂感，画面上的行人要稀疏。在有船只航行的河流上的那些桥梁，要画得高大一些。那些渔人乘坐的小船，要画得低矮、细小一些。在险峻的悬崖间，适合画些怪异的树木；而在陡峭的危岩高山间，就不要画上人走的道路。遥远的山脉和天边的云霞融合衔接，远处的水与天相接表现为水天一色。山势会聚处，是溪流泉水发源的地点。山势危险、道路连接困难处，可以画些栈道来连接。平坦地势上的楼台建筑，在周围适合画一些高挑的柳树来掩映。名山里的寺庙道观，可以在建筑边画一些奇异的杉树，以相呼应衬托楼阁。

远景要用烟云笼罩，深山适合用云气遮挡。在道路附近可以画高挂酒旗的酒家，而在水面上适合画些低挂船帆的客船。远景中的山形要低矮，近景中的树木要高大。可以从茂密的树林中把佛塔的顶部冒出来，不用画出大殿的全貌，从而显出隐隐约约、似有似无的感觉。画草料堆场中景象，仓库的形象画个一半即可；画草屋、小亭，只要略微画出一点房屋的墙体形象。山脉有八个向面，石头有三面。如果人物画一寸大，松树、柏树就应该有两尺来长。

绘画适合志向高远的人学习

孔子教育学生们要立下远大志愿，修行自身道德，完备内在仁德，游心于六艺。朱熹注释这句话时说：这蕴含了非常精妙的道理，每天生活都不能离开它。终日游心于六艺，从而了解事物的精义道理，应付世间俗务便游刃有余，但内心终究还是没有寄托。绘画虽然是很小的艺术门类，但也是有远大志向的人所不应该放弃的。绘画界的高人名士，并不经常出现。在绘画中，很少有笔法和墨法都非常擅长，而且画得精妙的人。东晋的顾恺之，南朝刘宋的陆探微，梁朝的张僧繇，唐代的阎立本、阎立德等人，都是当时非常杰出的画家。至于吴道子，他在唐代就号称"独步天下"了，他的成就已经成了后世绘画的法则和规范，更被尊为"画圣"。而这些人的才能，也仅仅是在画佛道人物方面显得杰出而已。至于唐代的张萱、周昉，都只是擅长画仕女画。画马方面，首推韩幹、曹霸。画牛有戴嵩、韩滉。后来那些学画的人都无法达到他们的高度。至于像李成、关仝、范宽、徐熙、黄筌、黄居寀这些人，他们之前没有师法可学，他们之后没有人能继承他们的高度。即使擅长画山水的李思训、李昭道、王维、王熊、王宰这样的人重生，精通花鸟画的如陈庶、边鸾这样的人复活，如果没有前人为师做指导，他们也是无法取得如此高的成就的。五代的曹元仲，也超越了前辈。宋代绘画发展很快。从晋到宋代之间的人物画家有如道士李得柔，擅长画神仙图像，其画作表现出非常精深的造诣，气骨把握精当，设色妙于布置，他在当时有很大名气。但到了孙知微等人时，人像画的风格就渐渐低落了。赵裔、高文进等人，在画佛道人像方面也很有名气。虽赵裔的画学的是朱繇，却如同一个婢女要装出夫人的样子，行为举止矜持羞涩，总是没有学像。高文进是四川人，世间有很多四川的画家被称作名家，其实只是浪得虚名。

画山水画名家的总评

画山水画的人虽然很多，但其表现手法都不出营丘的李成、长安的关仝、华阳的范宽这三位大师的范围。三位大师的作品神气韵味极其精深，才学气度高雅出众。关仝虽然是向荆浩学习山水画，但在他晚年就已经有青出于蓝的声誉了。这三人鼎立，成为后世的模范和标准。现在仍然能看到的，在他们之前流传下来作品的名画家，如王维、李思训、荆浩这些人，又怎么能和李成、关仝、范宽三人相提并论呢？在他们以后，也有在山水方面潜心钻研的人，如翟院深、刘永、纪真等人，但都未能达到他们的高度。

如果"气象萧疏，烟林清旷，毫锋颖脱，墨汁精微"，那就是李成的画风。烟林平远之妙始于李成，其所画松叶称为"攒针"。笔不染淡，就有荣茂的色彩。若石体坚硬凝结，杂木丰盛茂密，画面中台阁古朴雅致，人物有幽闲风韵的，就是关仝的风格。关仝画木叶，有时用墨搵扫，不时画出枯枝，笔迹劲利。若山峰连绵浑厚、山势雄浑苍茫，笔力匀厚，人物屋舍都感觉很厚重的，就是范宽的格调。范宽画的林木，侧形如偃盖之姿，别有一种风范，但是没有见过他画松柏的形象。他画的屋质实厚，以墨笼染，后人称为"铁屋"。此外还有王士元、王端、燕文贵、许道宁、高克明、郭熙、李宗成、邱讷等人，有的精通一家之法，有的在形式上变通，有的在继承和吸收三家画法的过程中，各有偏重、差异，但成就都还比较高。但对于收藏家来说，他们的画比起李成、关仝、范宽的画来，就像诸子文集和正统经典的关系一样。

画苑题名

吴道子有画名为《水月观音图》，人像和月影都显得极其生动而神韵高妙，画中体现的正是人们所说的画外之意。阎立本有《六国图》，他画的人物，各种形态都非常写实，几乎出神入化。李思训有《骊山阿房宫图》，其中描绘的歌舞场面仿佛能听到声音。曹明仲，唯独因为擅长山水画而闻名。周昉所画的人物画，总有出人意料的绝妙之处，真是彪炳千古的绝学技艺。边鸾擅长画花草昆虫一类，所画的东西就像是真的。戴嵩的《雨中归牧图》显出天真清新的趣味。所以唐代的绘画成为了后世所仰望的楷模和法度。

其余的像丘文播、杨宁、韦道丰、贯休和尚、阎立德、韩求、李祝、朱瑶这些人，都是画仙佛、人物的神手，模拟逼真，形态和神韵都达到了极高的境界。至于山水画，如李思训、李昭道、卢鸿、王维、荆浩、胡翼、张僧繇、关仝这些人，笔力遒劲，立意高远。说到花鸟画，有钟隐、郭权辉、施璘、林霄、李逖、黄筌、黄居寀等人。他们描绘的形态色彩相当逼真，构图布局很有章法。又如韩幹画的马，张符画的牛，传古和尚画的龙，韩太尉画的虎，袁羲画的鱼，都是名震一时的绝技。

又如宋代的孙知微、月蓬和尚、周文矩、李遵、梁楷、马和之、梵隆和尚、苏汉臣、颜次平、徐世荣、盛师颜、李早、李伯时、顾闳中等，都精通人物画，对于各种人物神态都能表现得丰神精爽。又有郭忠恕、许道宁、朱友仁、赵千里、郭熙、李唐、高克明、孙可元、刘松年、李嵩、马远、马逵、夏珪、娄观、胡瓘、朱怀瑾、范宽、董源、王晋卿、陈珏、朱锐、王廷筠、李成、张舜民这些人，都是精熟山水画的，他们都能借山水泉石来表达高逸的风度。又有杨补之、卞野堂、李迪、李安中、吴炳、毛松、毛益、李永年、崔白、马永忠、单邦显、陈可久、希白和尚、刘兴祖、徐世昌、徐荣、赵昌、赵大年、王凝、马麟这些人，都是擅长花鸟画的，他们都能表现出花鸟类的天然活泼之态。再如宋高宗的山水竹石，文同、苏轼、毛信卿、吴心玉的竹石枯木，张浮化的烟云村景，就像是天籁从他们的笔锋中流露出来。再说元代的黄公望，难道不是出自夏珪、李唐的画法吗？王蒙也采用董源、范宽的画法。钱舜举继承了黄筌的着色技法。盛子昭则是继承了刘松年的遗风。赵孟頫天资聪颖超群，心胸不凡，成为了一代大师。又有如倪瓒、赵仲穆的士人逸气，陈仲仁、曹知白、王若水、高克恭、顾正之、柯九思、钱逸、吴镇、李息斋、雪聪和尚、王元章、萧月潭、高士安、张叔厚、丁野夫的雅致不俗。而画的精致巧妙，要数王振朋、陈仲美、颜秋月、沈秋涧、刘耀卿、孙君泽、胡廷辉、臧祥卿、边鲁生、张可观等人；而文雅安闲要算张子政、苏大年、顾定之、姚雪心这些人了。这些人都是元代画坛的名家，都可以在当代扬名，但如果说他们的成就超过了宋代的画家，那未免有些言过其实。

至于明代的绘画名家，可以和宋元名家相提并论的，也不是没有。品格很高的有如文徵明、沈周、陈淳、唐寅、文嘉、王仲山、钱叔宝、文伯仁、顾亭林、孙雪居、董其昌、沈青门、李流芳等人，他们的作品皆具神韵，也都俊美闲逸，下笔脱俗。又有戴进擅长画山水、人物、神像，他深得宋人作画的要诀。商喜、李在、周东村、仇英所描绘的山水人物玄妙的地方，几乎超越了宋代刘松年、范宽等人。又有如边景昭、吕廷振、林以善、张秋江、沈士容、王牧之、陈宪章、俞江村、周少谷等人的花鸟竹石，也深得宋代徐熙、黄筌的章法。其他如谢廷循、上官伯达、金文鼎、金汝清、姚公绶、王孟端、夏仲昭、王舜耕、陈大章、许尚文、吴伟、苏致中、叶原靖、谢时臣、朱子朗、朱鹿门、夏葵、夏芷、石锐、倪端等人的画，都可以说是明代的妙品。文人士大夫画家，都能各自寻求自己的趣味。至于郑颠仙、张复阳、钟钦礼、蒋三松、张平山、汪海云等人的画，都是属于画坛的旁门邪学，毫无可取处。

说到我清朝的山水画，代表画家有王翚、王原祁、王敬铭、张鹏翀、陆尊书这些人。在擅长花鸟画方面，有蒋廷锡、邹一桂。山水花鸟都很擅长的有俞榕。他们都因为皇帝的欣赏、评鉴、题字而名震四方。也有高雅的隐士像王昱曹、培琇、周颢等人的山水画，余寿伯、柏恒德、女史马江香的花鸟画，这些都俊逸雅致，富于骨力，所画几可乱真，也都名震一时。除这些人外还有很多高手，数不胜数，只有等以后广泛收集来写续篇了。号称"湖上笠翁"的李渔得到了李长衡标释的画册，经王安节编辑后并印制成书，这本书可以说是学山水画的人的参考指南。

卷六

　　第六卷为文章考，先分析文章名义的变化，再分别就诏、敕、诰、谕告、奏、议之类的体裁进行介绍，强调报效国家的重要；介绍墓、圹、塔、碑、碣、砖、板之志、铭、序、表、文、记和谥法褒贬的意义，让读者明白劝诫的本意，从而达到规范自己行为的目的。

文章考

　　文章为士人所重,士人为朝廷所重,不同文体代表当权者对于士人阶层的掌控方式不同。文章不离政治,读者读此考不仅明白史实,更可由史推论其他。

文章名义

　　文章两个字是假借以作为著作的名称。《周易·系辞》记载,诸多物体杂相陈列,故称"作文"。文是会集各种色彩成为锦绣的称谓。这样暗合了集文字成辞章的意思。像用文字绣成的作品一样,故而也称"作文"。章,音乐一段结束称为"一章"。《考工记》又记载画缋的事情,青与赤配合称为"文",赤与白配合称为"章"。《诗疏》称一篇记事的文字为"章",著作称为"文章"的意思就是来源于这里。十三经是记载道理的文章,二十一史是用来借鉴历史的文章。楚骚、汉赋,经过三国、两晋、南北朝、隋、唐、五代、宋、元、明各朝,流派纷呈,文章的体裁多有变化,一代比一代复杂。探究起来,并没有超过真文忠公(真德秀)所说的辞命、议论、叙事、诗歌四种。

　　但是看文章一定要看文章的作者,作者若是正人君子,那么文章就切合圣贤之理,上不偏离经典,下可以作为后世的训诫。人和文并重,经历的时间越久越有价值。也有不是正人君子所作的工整文章,在当时收到震惊效果,流传到后世的情况。但是,若讨论品次造诣,这样的人就不能和文章一样光彩了。有人甚至认为文章不只是关系才能,实际上也关系到品德,这道理难道还浅薄吗?因为言是心声,写文章要本于作者的心术。正心诚意者的文章体现了真实的性情,并确定了一种风格,好似神明的音乐。先不讨论工拙,先表明义理,切合世用为内在的体现。

考证宋代的儒者还只是以文章被称道，没有以古字命名的。自从明代月峰（孙矿）、鹿门（茅坤）、伯敬（仲惺）这些人开始，选本被称为"古文"，后辈遵循了这个习惯。这是因为明代选取官员，在经的范围命题，制度有特殊要求，所以直接指称为"古"，以分别今的经义。古文名称和形式都多样，体裁也不一致。我唐秉钧读古书而编古文各种体例，解释题义，以明示体裁。读书一定要致用，居家或当官，或者翰林院的学士们，都应该先思考为国家发挥自己写文章的才能。所以仿效宋代吕成公（吕祖谦）《文鉴》的编次顺序，以诏、敕为首篇。书写自己的想法用来奏给皇帝，是做臣子的本分，所以上书随后。写作是学士们的本职工作，所以后面介绍各种体裁。至于八股文，秉钧另外著有《时文谱》，介绍各种题目的体法和写作方法。至于诗，则另著有《历朝诗钞说体》。

读古解题

诏

诏是昭告天下的意思。三代的帝王言论，记载在《尚书》上的都题为诰、誓、命。到秦代才改称为"诏"，后来各代都因循沿袭。两汉诏的词句，温厚含情，典雅精致，常在散文集中见到。六朝以来，文章崇尚骈体偶句，风格华丽，但是也还算庄严华贵。东莱吕祖谦先生说，诏书若用散文，以深纯温厚为根本；若用四六句式，则需要语句浑全，不能新奇华巧而失大体。西山真德秀先生说，帝王语句的体例，以《尚书》记载的诰、誓、命为祖，而参考两汉的诏令。明清时期散文、骈体两种文体经常兼用。

敕

敕是诫敕的意思，警敕接受者，不得荒废怠慢。作为诫敕的文章，实际上是诏中内容切实的文章。《虞书》记载帝王和大臣互相劝诫。汉代制度中皇帝下达的文体有四种，第一是策书，第二是制书，第三是诏书，第四是诫敕。诫敕是诫敕刺史、太守。汉代的戒书就是诫敕。唐代用敕非常广泛，有发敕、敕旨、敕牒、谕事敕书。文辞有散文体也有四六骈文体。宋代用的敕或者用于奖谕，已经不是敕的本意。明代制度差遣各个臣子，给予敕让其参照行事。敕上详细记载职守内容，并有勉励词句。凡是褒奖、嘉奖、责备、谦让都用敕，文辞都用散文。六品以下官员的封赠称为"敕命"，开始用四六文体。古文历代的变化，就好像三代中夏代崇尚忠勇、商代崇尚质朴、周代崇尚文明一样充满了不同。

诰

诰就是告诉的意思，按《周官》记载的周代官制，太祝掌握有六种辞体。第二称为"命"，第三称为"诰"。考证《尚书》，"命"是用来任命官员的，像毕命、冏命之类的就是如此。"诰"则是用来播告四方，像大诰、洛诰、仲虺之诰就是这样的。《周礼》记载用诰是集会以晓谕大众。汉承秦制，有的称为"策书"，用来封册拜立诸侯王公，有的称为"制书"。

唐宋用诰，指载有制度的文章。文辞在大庭广众下宣读，都用对偶的词句。所以有"敷告在廷""敷告在位""敷告万邦""诞扬赞册""诞扬丕号"等语句。如果是任命官员则各自赐以印绶而没有命书。唐代大赏罚、拜官授职，则使用制书。发敕是授命六品以下官员的时候使用，即所谓的"告身"。宋承唐制。称为"制"的文章，是在拜授任命三公或三省长官等职位时使用。为了便于宣读，辞句都是四六骈体文。诰有时用散文，因为是直接告诉某官员。宋代开始任命庶官，追赠大臣，封赠官员的祖父、父亲和妻子，以及贬谪有罪的官员，只要不是在大庭广众下宣读的文字都用诰。所以，这样的文章很多。但是考证欧阳修、苏轼、曾巩、王安石等人的文集，却把这类文体通称为"制"，这是因为管理帝王文件的部门称为"两制"，所以用制这个名字来统称诏、命、诰等七种文体。

明代制度中，任命官员不用制诰，只有三年考核一次的成绩，才用诰来褒奖美誉。封赠五品以上官员的亲人，以及赐给大臣勋阶的赠谥都用诰。词句有散文，也有俪语骈体。封赠六品以下的官员的亲人，或赠谥则都用敕命。词句也是有两种文体。

自唐以来，中书省掌管发文。西山真德秀先生说，制、诰都是帝王的言令，应该以典雅温润为贵。用字不能深奥、生僻，诰句不能尖刻、新颖。文官武将以及皇帝宗室，都应该因身份而言语适宜，这样才算好。

谕告

谕告，据《春秋内外传》记载，是周天子谕告诸侯的文辞，以及列国诸侯之间应对的语句。周官太祝作六辞，用来沟通上下、亲疏、远近的关系。其中有祠，像《伊尹祠》，是在先王面前祷告的文体。命，是命令神中地位较低微者所用的文体，如《命龟》《命筮》等。诰，祷告神中地位尊者使用的文体。会，像会同在一起而举行的盟誓。祷，像孔子得了病，子路去请求祷告；铁之战中，太子祷告于文王、康叔。诔，得病的时候，用诔诉求幸免；或者是大丧发棺的时候，读诔赠谥。太祝虽然是为鬼神服务，但是六辞也用在人事上。策、命归内史掌管，誓、诰归士师掌管，都是代替王说话。用《尚书》考证，像《汤诰》《甘誓》《微子之命》之类都是如此。东莱吕祖谦先生说，文章应该从容委婉而意思清晰，只有《左氏春秋》记载的当时君臣的对话最准确。这是因为距离圣人的年代也不久。所以后世涵养不一样，文辞语气也不能同日而语。

玺书

玺书又称"玺信"，是印章名。古代尊卑都是一样。秦汉以来，天子的书信用玺封，所以称为"玺书"。玺都是玉螭虎纽，皇帝有六个玺。此后，臣民才开始避讳这个称呼。汉文帝曾经赐给南越赵佗玺书。赵佗感到惭愧，所以顿首叩拜，称臣纳贡。至今读史的人都未尝不反复多次看这段书辞，钦仰文帝的无穷德行。制、诏、玺书都是帝王的言辞，然而玺书的文字尤其让人觉得陈述的意思委婉，命令的词句恳切，都尽到褒劝、警敕的意思。

册书

册书又称"符命"。《汉书》记载皇帝下达的书体有四种。一种称为"策书"，策就是简编，形制是长的二尺，短的一尺，用篆书书写，起首是年月日，用来任命诸侯王公。如果"三公"因为获罪而被罢免，也赐策。但这种策多用一尺长的木牍，书写为隶体。唐代《百官志》记载，帝王的言辞有七种。一种是册书，册立皇后、皇太子或封诸王时使用。《说文解字》记载，册封诸侯时，诸侯进宫受封于帝王使用。其形制像当时的札，一长一短，中间有二编的形状，故称作"册"。古文写作筴（册），因为策、册两个字通用。至唐宋以后不再用竹简，而用金玉作册，所以专门称作"册"。如果说文辞体制，则是一脉相承。

批答

批答是帝王批阅大臣进呈的章、疏的意思，批复并答复，不同于诏是宣达君王意思。唐代学士刚入翰林院，试写作制、诏、批答共三篇文章。《文鉴》辑录批答、诏、敕，各自归为一类，可以参见其区别。《唐史》记载，唐太宗答刘洎的文章是太宗亲自撰写，现在推敲词意，确信如此。至于宋仁宗答富弼等人，则都是词臣代写之后呈进的。

上书

上书是臣子呈给帝王的文体。上古时代臣子奏事或谏言都是直接说出来，不经过书写笔札。刘彦和说的言语和笔写未分开，就是说的这个时期。到了战国时期，向国王诉说事情，都被称为"上书"。秦初改称为"奏"。但是，汉文帝时期贾山陈奏治乱道理的言论称为"至言"。这种文体就是上书。

章、表

章和表是臣子在朝堂上献给帝王的呈文，以表明自己的心意，既体现个人的文采也体现了国家的光彩。章是在朝廷上进献给帝王的，态度应该明确。表是送进内宫给皇帝的，应该强调文采。名副其实是根本。文章因其体裁而被标榜，并且要成为典范。强调主要而减少应该省略的部分，使内容明白而不浅薄。表这种文体强调情感的变化，所以应该文辞风雅以表现文采的华丽。但恳切的文辞，表达的是真情实意。浮华奢侈的文字，所表现的情感是为事情而夸张出来的。繁简应妥当，华丽和朴实相协调，口吻不滞涩，那么就符合要求了。

表

表是明的意思，标明事情的头绪，明白地将事情禀告给皇帝。夏、商、周三代以前，称为"敷奏"。秦代改称为"表"，汉代沿袭了这一称呼。我曾私自考据汉晋的情况，当时都流行用散文来陈述事情、表达情感，比如诸葛亮的《前出师表》和《后出师表》，李密的《陈情表》之类。到了唐代才开始用骈体文，而宋代沿袭唐代的制度。但是对偶的文体中实际穿插流利的散体行文，开始也并非都推崇浮华、奢靡、堆砌的风气。表的用途有让官、谢恩、庆贺、进书、贡物等各种不同的种类。从宋代欧阳修、苏轼所在的时期一直到明代嘉靖、隆庆以前，都是体裁简短，引用经史为典。对偶一般取现成语句，不考虑填密，并且没有种种定式。

嘉靖、隆庆以后，以富丽堂皇的风格为工整，越来越繁杂冗长，于是有冒题，有援古，有颂圣，有入事，有自陈，有勉圣，起止均有定式，铺陈叙事均有现成的惯例，但是文体越来越陋俗了。西山真德秀说，表的重点，全在破题上，既要表达明白，又不可太直露。题目的文字应逐字好好论证。若字词浮泛不准确，可以用其他的词语更换的，就不算工整。大凡作表都是以简洁、精致为首要要求。用事件典故忌讳深奥、生僻，造语句忌繁琐、冗长，句法忌重复。总是要偶联和奇联错综使用。前句长则后句短，前句短则后句长。句调应该参差有效，才能变化离奇，而不是堆塞、板滞。启和笺的写法也应参照这个标准。

奏

奏是进辞。自唐尧、虞舜、夏禹、皋陶、陈谟之后，商代有伊尹，周代有周公姬旦，所以就有了《伊训》《无逸》等篇。这是以文辞呈给君主的开始。到汉代孝文帝广开言路，于是有贾山献《至言》，贾谊上《政事疏》。此后向帝王进言的人越来越多，或称为"上疏"，或称为"上书"，或称为"奏刻"，或称为"奏状"。考虑到内容有被泄露的可能，所以用布囊封好后进呈，称为"封事"。汉代人用奏来弹劾某些人的过错，所以又称为"劾事"。因此说奏是用来查验弹劾的文体。明代上奏陈述个人私事称为"奏"，不仅是查验弹劾的内容，所以说奏是章、疏之类总的名称。古人有这样的观点：如果君和臣相知遇，纵然说一句话都是多余的；如果是上下不相知心，说千言万语都于事无补。当臣子的人，只要罄尽他的忠诚、敬爱之心来报答君主就是了。

疏

疏是分条陈述事情的一种文体。汉代时上奏事情，都称为"上疏"。分封诸王的下属官员给王君上言，也用上疏。唐代的表、状，也称为"书""疏"。所以说，疏也是章、奏之类总的名称，散文体和骈体并用。按照世俗习惯，地位低或年龄小的人写给尊长的文字多用骈体，是为了表示恭敬的态度。

启

启是开的意思，打开陈述本意的意思。启是开导君王行善的文体。魏晋以后，启最为盛行。其文体也是散文和骈体兼用。

笺

笺是表的一种，重点突出表示情义的特点。此文本开始于东汉，当时上给太子、诸王和各大臣的表都可以称为"笺"。后来专指上给皇后和太子的文体，其他场合和其他人都不能用。文辞有散文，也有骈语。在明制中，向太子和诸王奏事称为"启"，而庆贺皇后和太子的文体都称为"笺"。

状

"状"是形容事情的是非并且陈列出来。唐宋都使用状，也是有散文和骈语两种文体。

对议

"对议"是驳议偏颇，各持己见，对策有揶揄有褒扬。其宣扬圣明治世的道理，使事情能够深刻地符合政术，道理紧密地结合时务；斟酌三纲五纪以陶冶世人思想，而不是迂腐的高谈阔论；驾驭权变以拯救世俗，而不是刻薄的虚假理论。此文体风趣而深远，洋洋洒洒但不是无边。可是，在皇帝面前作合适的对议是很难的。士人的才能，有的办事干练却不擅长写作，有的文笔流利却不善于做事。把握这种文体，所需要的人是通才。志向远大、文思深远的人怎能不少呢？

议

议是汉制文体。但是《周书》已有记载，用议事来指导施行政策才能不迷惑。所以说，议由来已久。眉山苏氏（苏洵或苏辙）解释说，古代帝王，人和法并重，但更重视任人，所以遇到事情就讨论。国家大事，聚众议论之后才确定，是值得推崇的。汉代设置密奏八议的制度。用正反黑色的包裹封奏板，以防内容泄露，称为"封事"。所以说，议是坚持自己的观点。又因为有中央官员任地方官，由于是皇帝派出去的人，皇帝希望他能发表自己的意见，所以有事需要大家讨论时，就把内容封了以后送来告诉他，让他以书奏对。所以封事与上书又称为

"议"。议强调以引经据典、条分缕析、审时度势、内容确切为标准，而不以繁缛为巧。以明白清晰为美，不以隐讳深奥为准，掌握这些就可以很好地把握这种文体了。

劄子

劄子是宋代创制用以奏事的一种文体。既不是表，也不是状的文体就称为"劄子"。本来是唐代榜子、录子之类的，但改换了名称。劄子使用量最多，也是奏、疏之类的一个名称。

弹文

弹是纠察、劾状的意思。《周礼》记载宰是街上弹劾的场所。汉代时在街上设置专室，检察弹劾一里之内的居民。《汉书》注释称，群臣上奏如果获罪，按法弹劾以送公府，送御史台卿审核之后送谒者台。所以"按劾"这个名称由来已久。《文选》特别设立名目称为"弹事"。王应麟说，奏是以明白、诚允、实在为根本。如果是弹文，那就必须言理有典故和法律依据，文辞有风度、规范，使气运文中、声出言表，才能称得上是绝好的文章。所以说，奏、疏、弹文之间言辞语气非常不同。

对问

对问是指提出问题而逐条对答。这种文体需要逐条明白、通达、流畅，不需要过多的雕饰修辞。如诸葛孔明因为蜀汉先主刘备的提问，而作《隆中对》，从而把当时天下局势逐一考虑。又有问对，是文人假设的言辞。文章名称与实际对答都是问的作品，如屈原的《天问》，江淹的《邃古篇》等。文章名称为问而实际是对答的内容，如柳宗元的《晋问》之类的文章。或者是假设客人提问进而来表达自己的意思，《文选》所录取的《宋玉之于楚王》《相如之于蜀父老》，都是所谓的"问对之辞"。至于《答客难》《解嘲》《宾戏》之类的体品，则都是借文以自我安慰而已。景卢洪先生说，东方朔《答难》虽然是杰出的文章，但是扬雄怀疑他是自我解嘲。尽管这样还是有驰骋自得的妙处。问对的文章，反复纵横，所以能够疏解忧愤、郁闷的心情而疏通意虑，也是文章中不可缺少的。至于班固的《宾戏》，张衡的《应问》，就是屋上架屋、描摹章句，读了令人感到厌烦。到了唐代韩愈的《进学解》一文出世，则可以称为"青出于蓝而胜于蓝"的作品了。

奏本、题本

奏本、题本是明代独设文体。以论政事的称为"题本"，陈奏私情的称为"奏本"，都称为"本"。以上各种文体从上书到这里的各种称呼都是奏、疏的名称，都应该是以明白、允当、诚实为根本，以辨析、疏通为适当。酌古准今、删繁就简、抓住重点才算得体。

赋

赋是古代诗的一种变体。赋也是兼顾诗经六义，词句强调铺张，但结尾要讽喻谏言，所以也有风的意义。句式极为重视炫耀，但最终要遵循法度，所以有雅、颂的意义。根据情感而抒发心意，托喻事物而兴发文辞，极致地表达和平、从容的气概，所以说有比、兴的意义。而赋体又有五种，一种称为"骚赋"，是仿效楚辞中屈原、宋玉遗留下来的规矩。一种称为"古赋"，宋玉的《神女赋》与《风赋》，司马相如的《长门赋》《上林赋》，扬雄的《甘泉赋》《羽猎赋》，张衡的《两京赋》《两都赋》之类的就是。另一种称为"四六赋"，如徐孝穆、庾子山等人的作品就是这一类。另一种是"文赋"，如欧阳修的《秋声赋》，苏轼的《前赤壁赋》《后赤壁赋》。还有一种称为"律赋"。主考官规定用某一个韵部或某个韵部中的几个字作诗，如律诗的对偶、声调韵律都有严格规定，不允许有丝毫假借。自唐宋以来，它被用来作为取士的考试内容并成为科举的固定程序。律赋大体的要求是文采和内容相互契合适当，秾丽、纤细搭配合度，不使文辞丰富而伤本义。稍有不符合音律雅正，或繁芜损枝，与整体风格不统一的，都不符合要求。作赋必如织绸、绘画，须有文（文采）、有色（丽词），尤须有质、有本（雅义）。只有心中不忘记规矩根本，词语不流于繁缛，清光逸韵，简单、高雅、华美，这才可以称作合格。

记

记是记事的文字，所以作记以强调叙述事件为主。记的名称始于《戴礼》《月记》等篇目，记的体例是祖述《尚书》中的《禹贡》《顾命》等篇。如营建宫室，应当记录具体的时间流程、工程花费的详细收支状况、主要负责人和具体工作人员的姓名，记叙事情的发展顺序，然后稍作议论以最后结尾。如韩愈的《画记》，柳宗元的游山各记，这是正体。一旦议论过多，就失去了记这种体裁的本来要求。

如果是记游山水名胜，点缀景物就可以成就妙观，本来可以不用议论。但是如厅、堂、亭、台的记，不写议论，那怎么可能撰写成篇呢？难道可以记载多少根梁、多少根柱子、多少瓦和石头来写成文章吗？所以就有一半叙事一半议论，或者全篇用议论。又如王绩的《醉乡记》，托物寓意。又如韩愈的《汴州东西水门记》，开始是短序，而后使用韵语作记。又如范仲淹的《严先生祠堂记》，篇末以诗歌结尾。这些都是别体。

等看到韩愈的《燕喜堂记》，也稍微夹杂些议论在其中。柳宗元的《记新堂铁炉步》议论的言辞就更多了。等到欧阳修、苏轼等人以后，才开始专用议论文体作记，如范仲淹的《记严词》，欧阳修的《记昼锦》，苏轼的《记山房藏书》，张文潜的《记进学斋》。晦翁朱熹作《婺源书阁》，虽是专尚议论，但其言辞应该被看作垂世而立教的文字，所以不被变体的文体所影响。记的题目或者称为"某记"，或者称为"记某"，题目虽有不同，但文体内容并没有什么差异，论、辩、序、题等文体可以以此类推。

序

序是头绪的意思，说明事理，次第有序。

序的名称始于《诗经》的《大序》。《大序》开始介绍六义，其次介绍风、雅的变化，再次涉及《周南》《召南》自发的王化情况。语言次第有序，所以称为"序"。有的序偏重叙事，有的序较多议论，有的序末尾缀以诗歌，三种情况都通用。西山真德秀先生，则分无诗的序为正体，有诗的序为变体。东莱吕祖谦先生说：但凡为文章书籍作序，应当依次叙述作者的本意。其实大多叙事的文字，以次第论及，并以善于叙述事理为上等。近代所用的序，多是赠言惜别的文章，即赠序。应当向韩愈学习，或者这样才能够了解古人赠言的意义，而不要造成让人曲解的过失吧！

小序

小序是古人著书的时候自己所写的序，以表明文章次第分布的原因，这样作者的意思就明朗了，不会使读者有所误解。所以说作小序是不可缺少的。之所以称"小序"，是相对于一般的序而言。

引

引是导的意思，文体大概和序差不多，但更为简短，大概是序发展的变体吧。引的本义，大概是因为无可考据，难免有臆测、妄说的嫌疑。唐代始见这种文体，柳宗元有《霹雳琴赞引》，刘禹锡有《送元嵩南游诗引》。不知道是不是取引导的意思，这要请教博学的人解释。

传

传是传承的意思，记载事迹以流传于后世。司马迁作《史记》，开创列传，传以记载一个人一生的事，但记载并不一致，多种多样。等到两汉、三国、两晋、南北朝、隋、唐各代史书，都依次沿袭前人规矩。

以后或者因为忠、孝、有才德的人士隐居在山林、闹市，恐怕他们的事迹湮没而没有人流传的，或者是事迹虽然微小但德行可以作为规范的，文人士大夫都争相为他们立传，以垂于后世。这就是小传、家传、外传体例的由来。西山真德秀先生说，司马迁作荀子传、孟子传，不全是正面叙述两位前人，而是旁涉其他诸子，这是传的变体，可以作为参照。又有范晔的《黄宪传》，其中没有什么事迹，只是用语言描写黄宪的音容笑貌、形体身段，这是最妙。由此可见，传的行迹固然是基于传主本人的，但至于文辞适当与否，就与传的作者有关了。如韩愈的《毛颖传》和《圬者传》，柳宗元的《梓人传》，则是有寓意而驰骤于文墨。迁斋称其为"以文滑稽"，则又是变体的变体了。所以传有史传、家传、托传、假传四类之分。

书

书是对亲戚朋友之间往来文辞的称呼。书又通"舒"，书即理顺、陈述自己的语言，书写在简牍之上，以抒发心中郁闷。书寄托风采，所以应该流畅以任气，优柔以释怀，文明而从容，以尽作者的委婉曲折之意。书有辞令、议论两种文体。

战国至两汉间，如乐毅、司马迁、刘歆等人的书都是铺叙明白、辩难恳切，诚然可作为修辞的帮助和参考。至于像唐代韩愈、柳宗元、宋代程颢、程颐、朱熹、张载、吕蒙正，这些文人凡是给予旧知和门人学生的答问言辞，都是本着进修之实。读者反复熟读以后若能够联系到自身的修养，那么收获就不只是文辞方面的助益了。书又有"简"之称，简就是略的意思，言语都是大概陈述，"手简""小简""尺牍"，都是别名。另有一种书，是另外以议论成书的，如《史记》中的《八书》，唐代李翱的《复性书》《平赋书》之类的文章。

论

论就是议，又指伦。伦理没有差错，那么圣人的意思就不会消失。刘勰说，圣哲的彝训称为"经"，述经叙理的文字称为"论"。上古时代经典中没有论的名称，等到孔子的言论被弟子追忆记录，归其经书名称而称之为《论语》。从此以后，庄子的《齐物论》，吕不韦的《吕氏春秋》，王充的《论衡》，苏洵的《衡论》，桓宽的《盐铁论》之类以论立名的文章纷纷出现。

论的体裁有两种，一种是史论，是史臣在传的末尾综合议论，以判别该传主人的善恶，如司马迁论项羽、商鞅的篇章。另一种是论则，是文人士大夫议论古今时世人物，或者评论经史上的言论，辨析对错，如贾谊的《过秦论》，江充的《徙戎论》，柳宗元的《守道论》《守官论》等。论以立意最为重要，强调说理透彻，不提倡玄言奇语，而以别人能够叹服的论是好论。词理兼顾、华实并茂的论其次。论总是要依于忠厚，止于礼仪；只可以反驳各位俊杰的言论事迹，不可以戏薄圣贤的言行；可以据理陈词，不可以强词夺理；应该是从有过中求无过，不可以从无过中求有过。

论贵有生发，譬如想说某人的儿子贤良，一定要说他祖、父的遗徽余庆；又说他的老师教育有方；又推论他的本性善良，与他交流琢磨学习的人友好。或借古论今，或因彼而例此，如苏东坡多方援据，知道如此推广，则圆转不穷。所以善于作文的人经常能从无题目的地方生出文字来。

至于章法，全在使用结构精致详细，虚实处有宾主的分别，驰骤处有节制，铺叙处多有曲折变化，转折处无痕迹。或者整齐，或者疏放，或实或虚，或反或正，如神龙出没，不见首尾，夭矫百变的文章则为好。唐宋的考试取士，用论这种文体来出题，但是要求言辞精练、立义纯粹。所以卓然名家也只有韩愈、欧阳修才算得上。如果说到论这种文体，是为了辨析正误，穷究有数，追逐无形，那么立足现实，打通关键点，深入探求，寻取极致，才是多方考虑的关键，分析万事的权衡。所以论的意义在于讲究圆通，言辞忌支离破碎，必须使心与理合，言与心合，严丝合缝，不落痕迹让对手不知所凭借的对象，这是最主要的。所以说论如同砍柴，主要是能破之以理。

斧头锋利者，可以逆着木柴的纹理而将其横断。言辞辨析违反立义却能说通，但这是不能说明本意的。文辞虽精巧，但考查的事迹却是虚妄的。只有君子能够通达天下的大志，怎么可以错误地论述呢？

志

志就是记，此名称始于《汉书》十志，而后人继承了这种说法。此类文体大概都是记事的作品。

纪事

纪事是记、志的别名，是野史之类的文章。上古时期史官掌管记录时事，看不到、听不到的信息往往就遗漏了。所以，文人学士遇到见闻就随手记录，以备史官选用，或者补充史籍遗忘之处，因此以"纪事"命名。

原

原就是本源的意思，追究事情的原委本末，曲折、抑扬的变化，以明了内在的道理，也是论的别体流变。其立义始于《周易》的起源和结果。至于文体称之为"原"的，开始于韩愈的《五原》，大概都是推究本原之义以公示于人。黄庭坚说，文章须谨慎布置，每次见到学习者，多告诉他《原道》的命意和行文曲折。石守道也说，韩愈的《原道》《原人》等著作，诸子以来都没有，后代作者，均取法于这里。

说

说即是述说、解释的意思，也就是解释义理而用自己的意思表达出来。考证"说"这个名称，始于孔子作《说卦》。此后汉代许慎作《说文解字》，也是祖述这个名称并为它解释。魏晋南北朝的文章多记载在《文法》上，但是却没有"说"这种文体。只有陆机的《文赋》详细地论述作文的意义时，对"说"有所涉及，认为说这种文体是炜炜烨烨而谲诳。这怎么算合适的评价呢？到韩愈悲悯斯文日益衰弊，于是作《师说》，提出敢为学习者的老师。等到柳宗元及宋代各位大家出来，各自依照事件或依据道理而作说这种文体，以让当世知晓，开悟后学，于是六朝陋习一扫而光。总体来说，说虽然本意是取解说的意思，但是应该依据经史而有自己的见解。无论如何，说以规矩、褒扬、详细、丰富为上等，与论没有大的区别。

解

解是释，也是讲解剖释的意思。因为恐怕众人有疑惑而辨析疑难，进行解释，与论、说、原、议、辩大概是相通的。题目称为"解某"或"某解"，没有什么区别。释的文体也是如此。

辩

辩是判别的意思，这个名称和立意都来源于《孟子》。公孙丑问孟子好辩的原因，孟子说：我怎么是好辩呢？我是不得已。《孟子》中间历数古今治乱相循的原因，有八节是关于圣人与自己不能自已的阐述，最后孟子又说：我怎么好辩呢？我是不得已呀！这不仅是义理明白精练，并且其字句章法都可以作为作文的楷模范式。到了韩愈作《讳辩》，柳宗元作《桐叶封弟辩》，明白的学者说他们的文章学孟子，是可以相信的。大概辩应该有不得已而辩的意思。以至于当义理不易被理解的时候，用反复曲折的字词表达出来。如果不是有关世风教化，有益于后学晚辈，即使工整又有什么用呢？

文

文是文章，凡是篇章都可以称为"文"，而这里单独以文命名，是指文章中的一种文体。这种"文"或者是与神结盟，或者是与人结盟，或者是讽喻人，或者是向神祷告。其文辞形式或者是骈体的韵文，或者是散文，或者仿效楚辞，或者是写成"四六体"。如唐德宗的《兵备关东誓文》、韦陟的《与高适来瑱盟文》、柳宗元的《乞巧文》、王安石的《上梁文》，以及敕文、册文之类。体裁各异，功用也有所不同。

箴

箴就是诫。《商书》上盘庚说，"无或敢伏小人之攸箴"，就是箴的规诫之辞。进谏使某人后悔，进而挽救他的过失，像箴的刺病疗疾，所以使用"箴"这个名称来作比喻。上古时代有《夏箴》《商箴》两篇，见于《尚书·大传解》《吕氏春秋》。流传下来已经残缺不全，只有周代太史辛甲用来规诫百官道德规范和行为准则的《官箴》，君王为戒田猎而作的《虞箴》，言辞完整地记载在《左传》上。后代作者，都参照祖述这个依据。东莱吕祖谦先生说，但凡作箴都须用《官箴》《王阙》的立意，箴尾要依照《虞箴》，即"兽臣司原，敢告仆夫"之类的言辞。大概，箴是箴君与自己的得失，而规则是规范同僚的行为。箴的品次有两种，一种称为"官箴"，一种称为"私箴"。箴与铭、赞、颂，虽然都是使用韵语，但文体却不一样。箴是规劝讽喻的文章，需要反复论证古今变化与兴衰治乱的原因，垂示警诫切勿再犯之类的立意，使读者有警惕心，以便居安思危。

规

规是画正环形的工具，所以环圈万物。《淮南子》有记载，以法则约束人称为"规"。《诗经·卫风·淇奥》序中记载，武公能听从别人的规谏，用言语规范自己的过失，使其不敢僭越，像木头依据规这种工具而制作圆环一样。古代箴君的过失称为"箴"，臣下互相规诫称为"规"。所以《国语》说，"官师相规"。官师，指众位官员；相，平等的意思。由此可知规是臣下互相规谏的言辞。古代的规来不及见到就佚失了，只有唐·元结的《五规》，现在仍然可以考证。

戒

戒就是警敕的言辞，戒字本来作"诫"字。《淮南子》记载《尧戒》上有这样的语句："战战栗栗，日谨一日。莫踬于山，而踬于垤。"意思是说战栗的状态，一日比一日更谨慎；不是被山绊倒，而是被小土丘绊倒。汉代杜笃有《女戒》，也是箴之类的文章。文辞或用散文，或用骈体韵语，各随作者意愿。

铭

铭即是名，记载人的功行美德，使其可以称名。《汉书·艺文志》称，道家有《黄帝铭》六篇，但是其文辞已佚。只有《大学》中所记载的"成汤盘铭九字"，发明日新的意思，很贴切。到周武王时，凡是几、席、豆、觞等各种器具，都要勒刻铭以致警。此后又有称述先人仁德、善行、功劳、勋烈以为铭的，如春秋时孔悝的鼎铭之类。又有以山、川、宫室、门阙为铭的，如汉·班固的《燕然山铭》是旌表征伐功绩的，晋·张孟阳的《剑阁铭》是用来劝诫世俗中越礼背叛之人的，铭文取义各有不同。《左传》记载，能够制作器并刻铭的，一般为大夫。又记载：铭刻器物是为了自我警示。铭大概有两种文体，一种称为"警戒"，一种称为"祝颂"。陆机说，"铭贵博约而温润"，这是正确的。

铭、箴的区别

铭和箴的区别，首先是箴用于规诫官员，铭题刻在器物上。名目虽不同，但警戒的实质相同。箴全篇是抵御过错，所以文字要求确切。铭兼有褒赞的意思，所以文体贵宏润；它选取事迹一定要配合辨析，议论部分也一定是简练而深刻。这是这两种文体的大概情况。

颂

颂是容，也是感德赞美的形容，并以此告知神明。考证"颂"的名称，实出于《诗经》，《诗经》有六义，第六义是颂。像《商颂》中的《邢》篇、《周颂》中的《清庙》篇等，都是用来向神明祷告的，这是颂的正体；后世的作品不全是向神明祷告的，有的只是形容人的美和善。至于《鲁颂》中的《駉驳》篇等，则是当时用来祝颂僖公的，是颂的变体。所以胡先生说，后世文人献颂都是仿效《鲁颂》的做法。《庄子》中的《天运》篇称黄帝铺张咸池之乐，燊氏作颂。这只是寓言。刘勰说，颂这种文体要求铺张、扬厉，而以典雅、丰缛为贵。词句或者用散文，或者用韵语的骈体文。敷写的类型像赋，而不华丽奢侈；恭谨谨慎像铭，却与规劝建议的文体不同。这是作颂的方法。

赞

赞是赞美之辞。汉代司马相如作《荆轲赞》，世上已经没有流传。此后班固作《汉书》，以论为赞。唐代建中年间进士科考，以箴、论、表、赞代替原来的诗、赋，没有颂的题目。到后来设置博学鸿词科，则是赞和颂两个题目都有。到宋代，范晔更是要求用韵语。西山真德秀说，赞和颂的形式题制相似，以赡丽宏肆（富丽、有排场）为贵，并且要求有雍容俯仰、起伏顿挫的体态，才算佳作。

赞大约有三种形体，一种称为"杂赞"，专门褒扬赞美的内容，像各家集中所记载的人物、文章、书画等各种赞都属于此类。一种是"哀赞"，哀叹人的去世而叙述亡者的德行并赞叹的内容。还有一种是"史赞"，词语兼有褒贬，像《史记》中的"索引"，《后汉书》《晋书》等史书中的赞是这一类。如果是作散文，应当祖述班固的《史评》。如果是作韵语，应当以东方朔的《像赞》为标准。刘勰说，赞这种文体，短促而不旷，抑扬顿挫，感慨之致，有时变为有韵律的词句。这难道是赞颂家的标准要求吗？可以称得上是实话了。他所著的《文心雕龙》四十九篇，每篇末尾多各有赞词，都用韵语，真是教人作赞的好方法。

题、跋、书、读

题、跋、书、读，都是简篇的后语。题是谛，审谛的意思。跋是本，因文章而见本意的意思。书是书写语句。读是因为读而产生的意思。凡是经典、传记、诸子书、史书、诗歌、文章、图书之类，一般都是前面有序、引，后面有后序，可以称得上完整了。后来，或者是因为有人请求，或者是有感而发，再有撰写文章附在书的末尾的，名称就有四种，分别是题、跋、书某、读某。文辞考古证今，解释疑惑，订正谬误，褒善贬恶，立法与垂成各有侧重，但都是以明白、简练、严谨，不肯堕入别人窠臼为主要要求。

前面既然已经有了序和引，所以各题就与序、引不同。应当摘取有关大体的内容表述生发。我曾经考证，汉代三国两晋时期各人的文集中不曾记载题、跋，到唐代韩愈、柳宗元才开始有"读某书"及"读某文题其后"之类的名称。宋代欧阳修、曾巩等人以后，才开始有跋的提法，其文辞意思与"读后"也没有太大的区别，所以《文鉴》中"文类总编"称之为"题跋"而已。卢疎斋说，跋取《诗经》中"狼跋其胡"的意思，即狼行走则前面践踏颔下赘肉的痕迹。所以跋语不可以太多，多了就显冗长了。尾羽应该峭拔，以不可以再增加为合适。并且跋与题、书相比，尤其要注重简洁峭拔。

题词

题词，也称为"题辞"，用来题号该书的本源与介绍其文辞佳美。如汉代赵岐作《孟子题词》，这篇文字稍嫌烦琐。而宋代朱熹仿作的《小学题辞》，更有韵词加入其中，也是一种体裁。但是题、跋、书列于书后，而题词则是放在文章前面，由此可以辨别。

策问

策问是皇帝以设置疑难问题的方式，用来考试士大夫学问见识的文体。策问大概可以分为两种，一是问时务，一是问经典或历史。两种策问内容互相关联，问到时务，必引经据典作为佐证；问到经史也必然归结到时务上来。发策的本旨虽然要明显地列于前后，而它中间却是要逐条分析、层见侧出、隐藏不发，所以以这种文体来考察人才的学术修养和政治能力。

策

策在《说文解字》中被解释为谋略，也是《虞书·舜典》中"敷纳以言"的延伸。汉代则有所谓的"对策""射策"。当时，晁错、董仲舒等人，以对策成为皇帝重视的人，而萧望之也以射策中甲科为郎官。但是这些人或者是被延请到大殿上咨询学术或治国的道理，或者是讨教政事的得失，并不是考试。东汉以来，都有策试的安排。宋代熙宁年间，开始在第三场考试中加试策五道，三道问经义、二道问时务，这是因袭唐代的太初旧制。

策的体裁有三种。一种称为"制策"，因为天子称"制"，因问而有对答，如晁错、董仲舒等人的对策。一种称为"射策"，探事并进献自己的学说，如萧望之的射策。一种是"试策"，是有关部门人才测试中的对策，其实也是制策中的一类。还有一种称呼为"选策"，是官员、平民著作策而进呈皇帝的，也属于射策一类。

试策的题目长度达到一千多字，都是设定疑问和困难，藏二露一，以等待作答者深入探求。做题者需要详细考究问题，什么是纲？什么是纪？什么是正问的事实？什么是泛问的余情？什么是血脉？什么是眼目？认识了主旨归宿，才能胸有成竹。分析明白，才能拿定一个主意。所问的烦琐各条，可以判断归纳为一说。所问的疵处，可以折归到正理。不被题目所困扰，而能够尽情阐发。自己有确定的议论，才能够下笔气势勃勃、结构明确，满篇经纶，使阅读的人认为作者有真实学问，而有经世学问的作者才能被确定为君子。董仲舒学识醇正，汉武帝再三策问，所以董仲舒发挥自己的能力，劝说武帝"罢黜百家，独尊儒术"；苏轼答宋仁宗的制策，也是传达忠义，婉转恳切。这些都是有助于世道人心的，不失为君子。

七体

七体，即《昭明文选》中一系列名称中带有"七"字的篇章，后来以七段成篇的赋作为一种专门文体。枚乘所作《七发》为"七体"的代表性作品。《容斋随笔》上面评价说，枚乘的《七发》创意造端、主旨丰丽、词语丰腴，诚然是可以欣赏的。此后作这样文体的人逐渐兴起，像傅毅作《七激》精要工整；崔骃作《七依》则是博雅精巧；张衡的《七辩》结彩锦绣、词句奢靡；崔瑗的《七厉》立意纯正；陈思的《七启》取美于宏壮；仲宣的《七释》致力于辨别事理。

自桓麟的《七说》以下，左思的《七讽》以上，马融的《七广》、张协的《七命》、陆机的《七征》之类有十多种，或者文采华丽但于义不和，或者义理精粹而文采斑驳，仿效的规矩太切实了，毫无新意。看其大概的旨归，无不是高谈宫馆，壮语田猎，夸张瑰奇的服饰、饮食，极尽蛊媚声色，甘心意摇骨体、艳词洞魂。仔细考究，其文开始虽似淫侈之谈，而最终以正义作为归结。但是讽一劝百，势必不能反正。即是扬雄所谓的"先骋郑卫之声，曲终而奏雅者也"。其中只有《七厉》叙述贤德符合儒家道德，虽然文辞不是超群拔萃，但立意实在卓尔不凡。

到唐·柳宗元作《晋问》，也是用这种文体，但是却超脱其外，另立新意。汉晋之间沿袭的流弊一洗而空。我曾经私自考证对偶的语句，六经中也未曾废除。七体虽然崇尚用骈体俪语，但辞意变化与全篇四六文体不同。自从柳宗元以后，没有特别出名的作者，一直到元·袁桷作《七观》。明代洪武年间宋濂、王冕两位大家的志释文训，其富丽固然不让于前人，至于议论，又岂是《七发》之类可以比的？

杂著

文人儒者所著作的杂文，或者评骘古人，或者详细论述政教，随所著作的内容而立名，而不会流于一定的体例格式，所以称为"杂著"。著作虽杂，但根本都是依据义理，发于性情，这和其他文体并没有什么区别。总之作文都要以理为主。

檄

檄，《释文》解释为军书；《说文解字》上说，以木简书写，长一尺二寸，用来号召军士；《春秋》上则是祭公、谋父称文告之辞，这也是檄的本始。战国时期张仪作檄以告楚相，檄的名称才开始出现。如果事情紧急，则插上鸡毛遣送，所以又称为"羽檄"，取如飞一般迅疾的意思。刘勰说，凡是檄的大体情况，不是说自己这方休养生息、政治清明，就是说敌方暴虐苛刻；指称天时，审度人事，计算强弱，角争权势。标榜蓍草、龟甲的占卜在前，战胜后则要悬挂刻铭的盘盂。插鸡羽以表示迅猛，不可以有丝毫迟缓。展示露板向众人宣告，不可以使正义隐讳，这样才可以称作具备。过去有人说，檄以散文体写作是为得体，所以文辞直白，意义明确。唐代崇尚骈文俪语，才开始使用四六体。如骆宾王为徐敬业作的《讨武曌檄》，也是传世之作。其他如报、答、谕、告，以及上官征吏，也有称为"檄"的，这是取檄明白、快速的意思。

露布

露布是军队中奏凯报捷所使用的文体。《文心雕龙》所谓的"露板"，即不缄封，公布给大众看的文书。《通典》说，北魏攻占胜利，想要天下人都知道这件事情，所以就把书写捷报的丝帛挂在漆杆上，称为"露布"。这是露布的开始。考证南朝梁·任昉的《文章缘起》，则说是起源于贾洪为马超讨伐曹操而作露布。《世说新语》记载桓温北征，命令袁宏倚马撰写露布，则是自魏晋以来就有露布了，但是没有流传到今天的传本。唐宋时期所流传下来的露布，则是命辞都用四六骈体文，与当时的表文没有什么差异。西山真德秀先生说，露布以奋发雄壮为贵，稍微夸张也没有什么损害。刘勰《移檄篇》说，檄或者称为"露布"。大概是开始有露布的时候，征伐、告捷，与檄通用，而露布后来才开始专门用来奏捷。

公移

公移是各部门相互移交的文辞，名称不一样，总称为"公移"。唐代凡是百官送呈给长官的文辞称为"状"，送给职官阶级稍高一些，以及职位相对等的官员的文辞都称为"牒"。至于各部门之间互相质问而使用的公移有三种：一种称为"关"，是说关通事情；一种称为"刺"，是指刺举事情；一种称为"移"，是指移交公事给其他部门。宋代制度是宰执带三省、枢密院事出使，移交官司行文到六部用劄。六部移文给宰执带三省、枢密院事出使者，以及从官任使副官移文交六部都用申状。六部互相移交文辞用公牒。

明代时，上级给下级行文称为"帖"，称为"照会"，称为"劄付"，称为"案验"，称为"故牒"。下级上达给上级的行文称为"呈"，称为"申"，称为"案呈"，称为"咨呈"，称为"牒呈"。各部门之间移交文辞称为"咨"，称为"牒"，称为"关"。上下通用的称为"揭帖"。

清代文武之间移文称为"移会"，称为"移咨"。上级给下级行文称为"谕"，称为"扎"。下级上达给上级称为"详"，称为"照验"。这些称谓大概是依据前代制度，随时代和地域的变化而变化，或者沿袭，或者修改，进行变通增减，最后依据事理，归于确切准当。

碑

碑不是文章的名称，而是指古代砍大木头而做成的器物。碑用来置放在庭中，后来更改为石质，仍是竖立起来的。《仪礼》中《士婚礼》称，人门应当向碑揖拜。

又有《檀弓》记载：季康子母亲去世，公肩假说，公在公室应该能视看丰碑。《丧大记》有"君葬时有四索二碑"等句，《祭义》说"君牵牲……既入庙门，丽于碑"。《聘礼》记载，宾自碑以内听命。专证这四种说法和解释，则知道官室内一定有碑，进而通过认识日影的变化来确认时间的早晚以及引发的阴阳变化。宗庙一定有碑，以使牵牲畜的绳穿在碑中。葬礼之后就一定有丰碑，丰碑竖立在墓穴前后，用绳子牵绕，并且在中间穿上轱辘，方便用来挽棺下葬。因此，所谓古代的碑，实际上是葬、祭、乡聘的时候，所植立的大木头。而"碑"字之所以从"石"旁，是为了取坚硬且长久的意思，并没有听说在碑上刻铭的要求。所以从唐尧、虞舜以至商周兴盛的时候，六经记载都没有勒刻碑石的情况。

管子称无怀氏封泰山，刻石以纪功的事迹出于寓言，所以不足以取信传世。又世上传称周宣王在岐阳阅兵，命令从臣刻石，后人称为"石鼓"，或者称为"猎碣"。以及后来延陵墓表，俗称为"夫子十字碑"。这些事情都不见经文记载，也无可取之处。《史记》中，司马迁写作《始皇本纪》，记录秦始皇登峄山，上会稽山非常详细，只是称"刻石颂德"，或者称"立石纪颂"，也没有勒刻石碑的说法。现在有人说所谓的"峄山碑"，是俗人的无稽之谈。

汉·班固有《泗水亭长碑文》，蔡邕有《郭有道碑文》《陈太邱碑文》，这些碑文都有序文列在前面，篇末还混入铭文，实际上，是没有讨论碑的材质而只有文章的名称。由三国以后直到唐朝，立碑的人不可胜数，大概都是仿效班、蔡制作而已。虽然遗失了圣人著述作文的本意，但依然仿佛古远。到李翔作《高愍女碑》，罗隐作《三叔碑》《梅先生碑》，所谓的序与铭都已经混而不分了。收集这些题目，也不以"文"为标题了。考证实际内容，也没有真的刻石。

这种以绕绳捆牲口的工具来命名文章的行为，很是不合理。提倡传统的人不应该如此贻误后人。所以特别注明，碑不是文章的名称。碑实际是观察日影、系拴牲口的工具。后世文人因为鼎彝逐渐缺少，没有什么可以用来记载君主、父祖的功德，所以用石来代替金，追记先人的功德美行，并把这些功德美行书写在石碑上，以希求永垂不朽。

秦汉以来，才开始所谓的"刻石为碑"。这个碑只是刻文的材料，和几、杖、盘、盂之类可以书写铭文的器物一样。但不是说几、杖、盘、盂就可以称为铭文了。今人不明白，为自己的文章题名称为碑是错误的。考察刻在碑上的文体，多为有史官才质的人所作，内容中的序文是传、正文是铭。起首标榜列叙盛大的德行，一定要清雅风华；记载宏大的懿行，一定要是高大可用"鸿烈"来叙述的功业。事迹多的人，只需要叙事，如果是故意掺入议论，就有画蛇添足的嫌疑。事迹少的，不稍微掺入一些议论就不能组成完整的文章。前辈有人认为，碑文一着议论，就不是碑文的体裁了。这种观点也有些过激了。况且各种文体的诗、文，都可以刻在碑上。大概在官室、寺观里，记、序类文章较多；在丘墓、祠庙里，志、传文亦较多。所以说，碑不是一种文体，不是说文章各种体裁之外另外有一种碑文体。

诔

诔是累的意思，悲哀死者而累列他活着时的生平行迹，用文辞表述出来就是诔。《周礼》记载，大祝（太祝）作六辞，用来沟通上下、亲疏、远近的关系，第六种称为"诔"。鲁哀公十六年（前479年）四月的己丑日，孔子去世，哀公为他作诔。按照礼节应该列举他生平的事实和行为而作诔，并且确定谥号。而诔只是累列他的美行，并表示自己的伤悼情感而没有谥号。后世有诔辞而没有谥号的情况都是本自这里。曾子说，地位低贱的人不为地位高贵的人作诔，年纪幼的人不为年龄长的人作诔，这是礼节。只有天子被称为天，并且为他作诔；诸侯相互作诔，这是不符合礼节的。《文章缘起》记载，有汉武帝为公孙宏作诔，世上没有流传下来。《文选》收录曹植的《诔王仲宣》，潘安仁的《诔杨仲武》，都是叙述世系行业，并且寓含哀伤的意思。此后有韩愈为欧阳詹作诔，柳宗元为吕温作诔。或者称为"诔辞"，或者称为"哀辞"，名称并不相同。到宋代曾巩、苏轼等各位大家所作，都总称"哀辞"。大凡诔则都是叙述世系行业，所以现在多是模仿魏晋，以四字为一句。哀辞则是寓含伤悼的感情，并且有长短句以及楚辞体等不同的区别。大约作诔的文体，选择主人的言辞，记录他的行为，接近传体而使用颂的文句，以荣赞开始，以哀叹结束。讨论文笔，虽昏晦不明，但也有可观之处；诉说哀悼，则是凄恻可伤，这是主旨要求。如果是人在祷告、祭祀时使用诔，则是累列功德以希求多福，如《鲁论》中的诔文所记载的向天地神祇祷告的事例。

吊文

吊文是吊死者的文辞。古人吊生称为"唁"，吊死称为"吊"。此外，或者是娇贵而殒命，或者是愤怨而乖离正道，或者是有志而出生非时，或者是才美而兼累，他人慰之惜之而为其作文，都称为"吊"。

祭文

祭文实际上也是吊。古代祭祀供享，史有册祝，记载之所以祝祀的本意。考证经典仍可以见到记载。文体则是有韵语，有俪语，大概与楚辞相仿佛，而哀切凄恻、悲怆之情似稍有不同。否则，文辞过于华丽，韵调过于舒缓，就变为赋体了。如果不用韵，就不是祭文体了。有人说，韩愈的《祭十二郎文》不用韵，岂知这祭文正是用的四六韵，大概是由于信口读来所以不曾察觉。只有明·归震川先生曾经用散体，散体也是祭文的变体。《文选》所记载的谢灵运的《祭古冢》，王僧虔的《祭颜延年》，则不过是叙述其所祭的对象，以及伤悼痛惜之情而已。

祭文的用途有四方面。祭奠的文字以表达情义为贵，由衷的哀切，兼写主人的生平行迹，并且悲愤其死亡过于迅速。如果是祈祷下雨或晴天，驱逐邪魅，或者是祈求福泽，这三种情况，都是以悔过迁善、言辞恭敬而意思恳切为贵，以不亢不卑为得体。唐宋时期，韩愈、柳宗元、欧阳修、苏轼以及名位道学君子，或者是水旱祈祷于神，或者是因丧葬而祭祀亲戚旧友，真情实意溢出言表，诚然是学者应该取法的楷模。若是阿谀言辞、巧令辞色、虚文蔓说，固然不足以感动神明，且反而被君子们鄙薄厌弃。

行状

行状是取死者生平、言语、行事、世系、名字、爵里、寿年、后裔这些详细的资料著写而成。行状也称为"行述"，或者以牒文送交考功太常，使他们方便议论谥号；或者以牒文送交史官，请其为编录进史书；或者交给作者，请撰写墓铭、志、表、记之类的文辞。因为是有所请求，所以称为"状"。

行状的文辞多出于门生、故吏、亲旧之手，因为不是亲人或关切的熟人，不能知道得非常详细。近世的行状多是以子孙的语气写作，子孙自己署名，将宪爵具衔都填避讳的字眼。士大夫家中也是如此。

考证行状始于《汉丞相仓曹传》中胡干作《杨原伯行状》，但是徒有其名而没有文辞传世。《文选》记载，任彦升所作《齐竟陵王行状》，文辞多矫揉造作、流于荒诞，学者多认为毛病极大。唐代韩愈、柳宗元所作行状，可以作为楷模范式。

逸事状

如果是某人的言行已经被史书作传记载，但是仍然有卓然的行为、事业在记载中不详细，恐怕后世最终逸失散落，所以有逸事状。逸事状是状的变体，如柳宗元为段太尉所作，可以参考。

墓、圹、塔、碑、碣、砖、板之志、铭、序、表、文、记诸辨

墓

墓就是坟、冢、茔所在的地方，是学子思慕亲人的所在，所以称为"墓"。

圹

圹是指墓穴。

塔

塔是埋葬僧人并堆土的地方。西域佛教建造塔，典故见唐代贞观三年（629年）的记载，这里就不多说了。

碑

方的是碑，圆形的是碣。

在古代葬礼中，用丰碑来固定棺。碑，一般用木头做成，竖立在埋棺的前后四个角，中间穿上辘轳绕上绳索。用绳索的一头系住棺材的封盖，另一头系在辘轳上。所以说碑本来是为了下棺入墓穴的一种工具。秦汉以来，对于有功业的死者，则把他的功劳业绩刻在碑上，慢慢地改为用石头。两晋南北朝时期才开始有"神道碑"的称呼，这是因为风水地理家以东南为神道，所以立碑在这个地方而得名。

神道碑

神道碑立在墓的东南方。墓的东南方称为"神道"，实际上是入墓的道路。这里的墓碑是外碑。外碑和墓志铭的情况不一样，石刻的墓志铭埋在墓穴前土中。按照唐代碑的制度，龟座螭首是五品以上官员所使用的碑形，而后来明清之际碑的高低、广狭各有等级差别，这是因为制度越发严密规范了。埋葬时已为死者制作墓志铭以埋于幽闭之地，又制作碑或碣、表布列在外面，这些都是孝子慈孙们不忍心让祖先的德行隐蔽的心理作用。

碑的文字称为"墓碑文"。这种文字的体例，则是有文、有铭，又或者有序，文字与墓志铭大概相似。而其中铭的部分或者称为"词"，或者称为"系"，或者称为"颂"，总之都是铭。但不能像墓志铭那样完备，这大概是相通的，也是正体、变异体的不同吧！大概因为是碑铭，所以议论罗列德行、功劳、勋烈。虽然铭的本意是，称美称善不称恶，以尽孝子慈孙贤孝的心。但是如果没有美誉的德行而称赞，就是诬造，有美誉的德行而不称赞就被认为是隐蔽。诬造和隐蔽都是君子所不能做的事。古今作碑文的人，只有韩愈的水平最高，行文首尾不再蹈袭。凡是碑、碣、表立于外的，文体文字要较为详细。而墓志铭是埋在墓穴前的，文字就更为严谨。墓碑的文字或者称为"碑文"，或者称为"碑墓"，或者称为"神道碑"，或者称为"神道碑文"，或者称为"墓神道碑"，或者称为"神道碑铭"，或者称为"神道碑铭并序"，或者称为"碑颂"，这些都是别称题目。

碣

碣是方座圆首，是唐代五品以下官员所使用的形制。明清之际又有尺寸的限制，这是因为制度越来越规范严密了。古代碑和碣通用，后代才以官阶的原因，区别名称和形制的对应关系，而实际上并没有什么大的区别。碣上的文字称为"墓碣"，文字也是叙事与议论并有，与碑相似，至于有铭无铭因作者而定。铭使用韵的情况也是和墓志铭一样。题目有的称为"碣铭"，有的称为"碣颂并序"，或者有的只是称为"碣"，但内容还有铭，而有的名为碣铭但只有铭文。碣也是和墓志铭一样有不同的变体。

墓表

表是标立的意思，称立为"表"，标立位置。无论是有官无官都可以用表，不像碑、碣有等级限制。因为表竖立在神道上，又称为"神道表"。此外还有的称为"阡表"，阡是田垄；称为"殡表"，是没有下葬时的称呼；称为"灵表"，是刚死时的称呼。自灵表而殡表，自殡表而墓表，自墓表而阡表。

墓志铭

墓志铭中的志是记的意思，铭是名的意思。人有德行、善业、功劳、勋烈，可以使人在世上称名，所以就铸造器物铭记。因此在葬的时候，要叙述死者的世系、名字、爵位、籍贯、行为、治所、寿算、言语、去世和埋葬的日期与他子孙大概的情况并刻石加盖，埋在墓穴前三尺的地下，以便陵谷变迁的时候寻找。由于一般的人请文士撰写，认为可以取得当下的认可和流传后世，所以夸张以至于过分的文句也是常有的。但是如果请正人君子作文，其立言有体，一定是不肯因人情而徇私的。

这种文体有文，有铭，又或者是先有序。事迹多的专以叙事为主，事迹少的可以掺杂议论。其题目称为"墓志铭"的是有志、有铭；题称"墓志铭并序"的是有志、有铭、有序；单题称"墓志"的则没有铭；单题为"墓铭"的则没有志；但是也有单题称"志"却有铭，单题称"铭"却有志的。以上的都是正体。有的虚作志文，铭内才开始叙事，也有纯用"也"字为节段的，这些都是变体。

铭文的体例有三言、四言、七言、杂言、散文的区别，有的中间用"兮"字，也有末尾用"也"字的。用韵有一句用韵的，有两句用韵的，有三句用韵的。有前面用韵而末尾无韵的，有前面无韵而末尾用韵的。还有篇中既用统一的韵，各章内又各自用韵的情况；也有隔句用韵的；也有韵在词语上的；有一个字隔句重新出现用独自的韵的。更韵有两句一变更的，有四句一变更的，也有数句一变更的，还有全篇不变更韵的，也有全不用韵的情况，体例不一。

墓志铭埋在墓穴前，所以文字更加严谨。书写的内容，是只写墓主人的学问和大的节行，小的成就都不录入，不像碑、碣、表之类的标立在外面，文字恰当详细。清代以来，有把墓志铭也刻在墓前的情况，这就不对了。此外又有没下葬而权且存厝的，称为"权厝志"。殡葬之后，再写的墓志铭称为"续志"，又称为"后志"。像柳宗元《河东集》中为连州司马凌君所撰写的就是这种。死在外地而归葬家乡的，称为"归祔志"，如《河东集》中的《叔妣陆夫人迁祔志》。刻在盖上的墓志铭称为"盖石文"。刻在砖上的称为"墓砖记",又称为"墓砖铭",如《河东集》中《下殇女子墓砖铭》和《小侄女墓砖铭》等就是这类。书写在木板上的称为"坟板文",如《唐文粹》中记载舒元舆撰写的《陶母坟板文并序》就是。有的称为"墓板文",又有的称为"葬志",如《河东集》有《马室女雷五葬志》。有的称为"志文",有志无铭的情况,如《江文通集》有《宋故尚书左丞孙缅墓志文》等就是;有志有铭的,如《河东集》中有《侍郎母刘氏志文》就是。有的称为"坟记",又称为"坟志",如《河东集》中《韦夫人坟记》。有的称为"埋铭",又称为"坟铭",又称为"椁铭",如《朱文公之女埋铭》。在佛教中则有"塔铭""塔记",如《唐文粹》记载刘禹锡为《牛头山第一祖融太师新塔记》,《河东集》中《南岳和尚塔铭》就是。总共二十个题目,名称不一,但大多是墓志铭的流变。

设置谥法是取劝善惩恶之意

上古时代,活人没有字,死人没有谥号。活人没有字,所以直接称名而没有避讳。死者没有谥号,所以上下都一样。到了周代,周公姬旦、太公姜尚开始继承文王事业,在牧野之战中获得战功,到去世将葬的时候制定了谥法。谥号用以表明一生的功行事迹,所以大的功行才受大的名声,小的功行受小的声名。行为由自己做,名声却是别人传出来的。所以在周制中,人年幼的时候就取名,行冠礼的时候取字,死了以后有谥号,名的制度就形成了。

取名有五种情况,或者以信,或者以义,或者以象,或者假借,或者按类,以冀其成就。取字是为了使名更尊贵。谥号是为了成就德行。古代谥法,贤人取贤,愚人取愚。《白虎通》记载,人的行为始终不能如一,所以根据他一生判别善恶,能够劝人为善,戒人为恶。由此可知,谥号所系难道不重要吗?《周礼·春官》有"小丧赠谥"。疏称小丧是卿、大夫的丧礼,在王室是指王的子、弟的丧礼。因此就由太史去赐给谥号，到埋葬的那一天，再由小史去宣读谥号。葬以后则用谥称呼。所以赐谥的制度实际上是从西周开始的。

《崇文总目》记载《周公谥法》一卷，又有《春秋谥法》《广谥》等书，但都是汉魏以来儒者取古人谥号增辑而编纂的。宋仁宗时期，眉山的苏洵曾经奉诏编定，所以就取世传的《周公谥法》及其以后的各书定为三卷，总共一百六十八个谥号。到孝宗淳熙年间，夹漈先生郑樵又根据苏洵的书增加损益，定为上、中、下三等，共二百一十个谥号，编成书以进呈帝王。

自汉晋以来，凡是公卿大夫赐谥一定是由太常寺议定。由博士查询去世者的善恶贤愚，著成谥议，上奏给帝王。如晋代秦秀议何曾、贾充，唐代孤独及议苗晋卿，宋代邓忠臣议范纯仁、李清臣议欧阳修等。当时虽然没有完全听从这些人的言语，但千百年以后读他们的文辞的人，都莫不油然兴起其好恶之心。由此可推知，谥法关系难道不重要吗？大概谥号都是用来表示死者的实行，所以必定由君王赐予，善恶都不能避讳。像夹漈先生的议论有许多可参考的地方。近代的名儒、隐士去世后，门人、朋友、旧好，有私谥易名的义举。这也是因为尊崇他的生平德行，而不忍心德行不被彰显的心意。

五言排律

诗的源头是《诗经》三百篇，它的体例是风、雅、颂、赋、比、兴"六义"。到了荆楚的离骚辞赋、汉魏的乐府古体诗，发展经过宋、齐、梁、陈、隋、唐、五代、两宋，流变随朝代变化而侧重点不同。题目、称号繁多，派别、支流分化，但是总而言之超不出六义的约束。但发于情性，移于教化，义理渊深，难以立即明晰。秉钧因此著《历朝诗钞说体》一编，以供大家参考。

现在奉功令，乡试、会试的第二场，考试五言八韵的诗一首。岁科小试，则是以六韵命题。如果不明白标准，初学应试的人怎么能够适应呢？于是又在这里介绍排律，以简便的语言来确定标准。五言排律是依据一首五言律诗,将前后四句排开,从中插入四句,所以称为"排律"。实际是由五律增改而成的。两句为一联,四句为一截,自四韵以至百韵也是这样。

唐初的诸家,意密语重,郁气较多。景龙年间以后,名作盛行。杜甫诗文苍厚雄深,宕以奇气,斑驳陆离,千态万状,尽显这种诗文体的特点。白居易、元稹诗文也很工整,只是骨力就差了。至于考试的律诗,短时间之内,即使是老手,也难保证尽善尽美,况且是入场的初学者,怎么能突然就把握妙处呢?只要不失规矩就不错了。

下面是作排律的具体方法。起首的两句一定要将题中的文字一一请出,称为"破题"。用它点破字面意思,以双起为贵。第三句顶首句,第四句顶第二句,这是次联,称为"承题",又称为"颔比"。不拘是虚按还是实点,必须浑然冒全题。如果是首联分疏,那么次联就浑写。如果首联是原起,那么次联就用分疏。分析题目繁简,以为节制。三联实际是发题内蕴,重要的是典雅、确切、工整、巧妙。丰腴而不肤浅,精练而不干涩,称为"颈比",像身体有颈的意思,作用是接载上两联。四联或者补写题面,或者阐发题意。由远到近,或由下到上,称为"腹联",也称为"中比",与第三联有虚实不同的区别和深浅的变化。或分或合,随心成规矩。第五联或者就题陪衬,或者于题外推开,或题后浑然概括,随题收住,称为"后比"。至于末联,称为"结尾",多是有所寄托,以抒胸中寓意,进而以申颂扬。必须映切本题,浑涵缥缈,余韵曲苞,一定不能着意于向佛神祈祷,自落入卑污境地;又不能过于在乎身份,涉嫌夸张高傲。这两联,最重要的是一气呵成,衔接自然,使声震文中,神溢句外。初学者作排律,先不求工整,先不要误解题目主旨。用典不要深奥偏僻,用意不要有违规和障碍,用字要避免不祥的字。谐声协律,顺文不失粘(泛指诗句平仄失调)。末联以上,宁可对仗工整,也不要用散句。这样便可以称为稳妥了,大概在考场中可以通过。

总之,诗有差错谬误,就能影响到经艺,从而无法使诗达到绝佳效果，不能只因为诗的工整而不去探讨经艺上的瑕疵。除起首、结尾两联，其中颔、颈、腹、后共"八比"。明代取士提倡"经艺八比法"，就依托于这里。

卷七

此卷原为人参考和杂考。人参考是补前代之空白，相对系统地考证人参产地、行家情况、人参收藏方法、同名参类、真伪人参辨等问题。此卷仅译杂考。杂考，主要介绍印泥、印章的制作方法，收藏字画、书册、碑帖的方法，以及科考、修身所涉问题。杂考一篇，体现了时代背景，与当时社会生活息息相关。

杂考

制造印泥简便、巧妙的方法

  制造印泥，世间的人都没有找到最合适的方法。像林鹤田所留传下来的方法以及《古今秘苑》等书的记载中，仅仅知道艾绒是用手去搓，而又没有说清楚蓖麻油的取制方法。人们认为要用的蓖麻油数量并不多，怎么可能把蓖麻拿去榨油呢？所以常常就把芝麻油或菜油，放进开口较大的盆里，然后在里面放进白芨、川椒，用纸封口，再放到太阳下去晒。等到它们变得黏稠油腻，用火点着纸且不起烟。这道工序不经过一年余是不能做成的。一般在市场上出售的印泥，都是用浸泡漂染过的纸板来代替艾绒，而在煎熬过的菜油中加入少许白蜡来代替蓖麻油，所以颜色显得不够鲜艳明快。文人学士、学书之人都认为色泽非常好的印泥是很难得到的。我家里历来就留传有简易而巧妙的方法，要不了多少时间就可以做成上好的印泥，现在特地把制作的方法详录下来，让更多人知道。

取艾绒的方法

  割取艾草一斤，把里面坚硬的草梗和沙土除去后晒干，反复研磨五六次，然后放到稀疏的麻布筛子中，把碎末清除掉，筛子里留下的就是艾绒了。再把筛中的艾绒放到瓦罐或铜勺里，加些水来煎煮。把黑水去掉，用手捏干后再换些清水继续煎煮，又可以去除黄色的水。如此反复几次直到水清澈无渍为止。把艾绒放在白纸上，以毫无黄色痕迹为标准。再把它晒干燥后又研磨一次，使其柔软形成绒毛状，包好备用。

取蓖麻油的方法

  取蓖麻子一升，稍微炒一下。然后用杵捶成碎末，加入两升水后放到小锅或大一点的铜勺里煮。煮到沸腾后水面上就漂浮有泡沫，用小勺把泡沫撇起来，放到碗里，这就是蓖麻的油脂了。一直煮到把水面上的泡沫撇完为止，然后把锅里剩下的水和残渣倒掉。若撇到碗里的泡沫中有蓖麻渣，可以用绸缎和绢帛滤净，然后再把这些泡沫放到锅里慢慢煎熬，等它们熬到像猪油、鹅油的时候就可以了。将这些油装入瓷瓶备用，注意要经常用纸盖住瓶口后拿去晾晒，盖纸是为了防尘，晾晒是为了防霉。

制作朱砂的方法

朱砂最好选取那些就像打碎的碗片一样，两面都能发出晶莹光泽的。有的生长得像箭镞，而且上面要有荞麦粒大小凸起的棱角，这样的朱砂最好。劈砂、米砂、糖砂、和尚头砂，这些砂的颜色都不鲜艳，均不能使用。把选好的朱砂用冷水洗一洗，拣去中间夹杂的颜色黯淡的杂石（明莹的像箭镞的朱砂中没有这种令人讨厌的东西）。然后放到乳钵中，研磨成极细的粉末。一直研磨到没有砂石摩擦的声音为止。

每一斤朱砂都要用河水二十碗，并在里面放入二两乌梅果肉来煎汤。然后放进三钱广胶用来化、烊（将一些胶质或黏性大的药物通过加温融化）。等到汤冷时把渣滓过滤掉，把前面研磨好的朱砂细末慢慢加进去，这个汤也就渐渐地澄清了，把上面黄色的水倒掉，直到把汤完全倒干为止。然后，用纸覆盖在碗面上，放到阳光下晾晒干燥，但不要放在正午的烈日下去暴晒，以免使色彩变淡。干了后又像前面说的那样再研磨，在里面放些乌梅煎煮成汤。等到沉淀后，先把上面的黄色部分去除。选取出沉积在中间的鲜艳洁净的朱砂，倒掉沉积在下面的暗黑色的砂脚。再把从中间部分取出来的朱砂，如前所说晾晒干燥，用瓶子装好备用。

每次研磨的时间，若按一个人做的情况来说，大概需要半天。制作好的朱砂用瓶储藏备用。宋朝宣和时期皇宫内府里的印泥，是用珊瑚的细末来做的，所以鲜红得像朝阳一样，历经很长时间都不会变色。

配合方法

　　用准备好的干净朱砂八两，加入蓖麻油四两，放到乳钵里杵捣到油不漂浮在上、砂不沉积在下为止。然后，加入艾绒一两，再继续研磨十天即可做成印泥放入印池了。乳钵中沾满的油砂，可以再放入少量的艾绒研磨干净。有一些秘籍中的记载加上林鹤田所传的方法为：每八两朱砂，要加入各二钱五分的黄蜡和白蜡，二钱白矾。但这样会使得印泥油腻，而且色彩不鲜明，实不可取。随身携带的平日要经常用的印泥不必用纯朱砂来制，只要按照血标一两、新红四钱、朱砂六钱这样的比例配合制造，一样可以使用。（按：血标是锻炼而成的。它的属性油腻而滞涩。所以用银朱制成的银色，用起来肯定粘连凝滞，印章四缘不易洁净。）若盖下的印纹堆积较厚，会在纸面上形成一些深浅不一的色点，甚至会污损画面上别的地方。所以林鹤田才在里面加蜡和白矾。朱砂是石头一类的质地，本性就爽滑利落。用它做成的印泥盖出的印纹看起来很厚，实际上是非常薄的，一点也不会污染别处，因此是不用加矾、蜡的。画家使用印色时，若用银朱做的印泥，想要薄却肯定不会薄的；而使用朱砂做成的印泥来盖印纹时，本不想平薄却自然平薄了。而且用纯朱砂更显活泛，不易呆板凝滞。朱砂和银朱两者的贵贱之别就在这里。

修理方法

　　印泥的使用和写字道理一样。写字时，砚台里干涸就加些水，笔头上淡了就再磨些墨。研墨时须蘸水，加水也须磨墨。水和墨虽是两样东西，但须混合使用。印泥里的蓖麻油和朱砂也一样。印池里艾绒干涩时，须添加一些蓖麻油。添油时须加些朱砂，若不加朱砂，印泥颜色就不够鲜艳。印章颜色不鲜艳，就得考虑往印泥里加些朱砂。在加朱砂时也必然要添油，不添油，印泥里面的艾绒就无法和润。

　　世上那些使用印泥的人，长年累月都没有修护过他们所使用的印泥，所以那些印章颜色暗淡、印油枯竭，印出来的印纹模糊难看。甚至有好几辈人都不知道添油、加砂、日晒、杵捣、拨动。直到印池干涸没有了黏性而坏掉，就像一块板砖一样，没有任何办法来维修，最后只能废弃。添印油、加朱砂的方法：将原来的印泥拨到印池的一角，也可以拿个容器来存放。把朱砂和印油放进印池，再用拨印泥的牙签搅拌混合。然后再把它同原来的陈旧印泥混合起来就可以了。若能把它们放到乳钵里研磨一下，效果更加绝妙。

印色三池干湿

擅长书法的人，必须准备三种大小的印池。一个印池配合一些大印章使用，适合略微干燥一点。在前文中说到的配方里，增加两钱艾绒即可使印泥略微干燥，印章不会粘连印泥，印出的印纹显得笔画清晰明彻。另一个印池用来配合一些较小的印章使用，宜湿润一些。在前面的配方里减去二钱艾绒的用量，制出的印泥就显温润，印纹也清楚明显。还有一个印池配合一般大小的印章使用，用前面的配方即可使印泥的状态介于不干不湿之间。

印泥的避忌

印泥最怕沾到铁器。只要一沾到铁器，印泥的颜色很快就变黑，艾绒很快就变硬，像砖块一般。随后，整个印泥便无法修复，成为废物。而铁器一旦沾上了印泥，也会很快生锈毁坏，无法重新打磨恢复。这两种东西相互畏惧、避忌的程度很高。另外，印泥也不能近火，用火烘烤是不行的，所以只能用阳光来晒。

印章源流

印章本来就是《周礼》中所说的"玺节"，就是郑玄所说的像斗一样的"捡封"。到了《汉志》中，书法被分为六种字体，有古文、奇字、篆书、隶书、缪篆、虫书。缪篆取法源自叫"缪篆"的古人，这种文字字形弯曲缠绕，所以成为印章的摹文。三代时期的形制，早就失传无法考证了。只有秦代印章上用的是朱文，汉代寸许印章都是白文。现在印章上的朱文都是远追秦印风格，白文印章是自汉印取法的。

魏、晋、唐、宋、元、明各个时期的官印、私印，除了个别用玉和金银做成以外，大部分都是通过拨蜡铸铜法铸造而成，或者用花乳石、寿山石、青田石等石材做印。至于刻制印章的章法，上面的文字要参差杂合，笔画大小、粗细都各有源流和变化历程，印章中的巧妙精湛处各有差异。元代的松雪居士赵孟頫、贞白先生吾衍，都擅长学习秦汉印章的精华，是艺术界首屈一指的人物。吾衍写了一本《学古编》，成为后来学印之人的津梁之作。明代，在筋骨方面，要数苏啸民，纯粹要数文寿承，风姿要数汪关，朴实要数顾云美，此外还有李蔡、何归等人，均广受众人效法。而刻印的刀法，若不谈昆吾，就没什么可谈了。

摹印发明

摹印的技法道理，有三个方面。首先是重篆文，其次是重章法，再次是重刀法。能在这三个方面用心努力钻研揣摩的人，就不会只是因为好奇就去随意杜撰编造。凡是要想拿刀制印，首先要精通六书。一般用篆书刻制印章时，改变其中的点画就违背了六书法则，而拘泥于文字的点画则显得没有结构，所以关于点画的处理都依据许慎所著的《说文解字》。

章法要遵循秦汉时印章中所蕴含的法度规则。在一个字中，上下、左右结构均须照应。在一方印中有不同的长短、粗细、大小、疏密的对比关系。各文字有倾斜，有端正，参差不一，均须搭配适宜。所有的结构均须精心安排布局，以达到极其精巧神妙的状态。而繁简各异的六书字体，依然有明显的秩序而不显紊乱。明白了此等章法，然后下刀刻印，才能在印面上游刃有余。直线不显僵硬，曲线不觉绵软，粗线不显肥腻，细线不显羸弱。线条相互倾轧但不至于混乱繁琐，独立的线条也不会显得孤立无依。印纹柔美而不显轻佻浮华，刚劲有力但不觉刻板呆滞。这样，才能使得篆书文字神韵奕奕，更显沉雄卓莹，更有恬静犹夷的趣味，就像生龙活虎、鲜花明月似的。若是初做印章者，那么印纹轻浮枯寂、呆滞生涩、凝结肥腻、重复呆笨、扭捏做作、怪而失当、穿凿附会，就不能登上印学的大雅之堂。

明代的何震、文彭，现今的如上洋张学之、施临川等人，其印章意蕴或苍老古朴，或秀丽遒劲。练川张紫庭不用预先安排，自然显出天真趣味。陈浩深得雕刻之法，一时名重。族叔唐志宵，名材，号为半壑山人，是县邑秀才，擅诗文。同宗名士嵩公，名贵，曾到中州担任衡文的官职，又在西南滇黔地区游历做幕僚。其篆隶书法学自王若霖先生，制印则取法陈浩，时人认为他青出于蓝。他所编制的印谱，直追赵吴兴、杨南仲、王元章、文三桥、穆倩等人，为世人所珍视。

合银朱锭法

用血标一两，加入新红四钱、朱砂七钱。浸入水里沉淀后去除上层的黄色杂质和下面的黑色脚料，晒干后重新研磨。一般研磨纯净朱砂一两时，须加胶四钱。把生胶加热熔化成糨糊状时，用陶瓷碗来下胶。这个比例也可以是胶四成、朱砂六成。用画家的口诀来说是：红色不红，胶不浓。如果用胶分量太多，画在画面上容易剥落；用胶分量太少，又容易污损画面上其余地方。混合胶砂时要用《丹铅总录》上所记载的合墨的方法。那里讲烟尘要细腻，这里要求朱砂要细腻。熬制的胶水要新，捶打到精熟，蒸到色泽匀称、不染手、有光芒反射时才算成功。然后，在指头上蘸些油，把它拿起来放在手心里揉捏，一直捏到较坚硬稳固为止。然后捏成朱锭，或放到印模里面来印。捏的时候手指手心一定要蘸油，不要沾上朱砂。若是用印模，可在底上铺上一层金箔或干朱砂，使印板不被粘连污染，很容易倒出，而且颜色特别鲜艳夺目。

制作胶水的方法

制作胶水的比例：若用广东黄明牛皮胶一两，就加入秦皮、栀子、皂角每样二分，再放入两粒去皮的巴豆，一同熬成胶水来混合朱砂。若是混合石青、石绿、雌雄黄锭，都是用这样的方法。像箭头那样的朱砂是质地较好的，最好石青选样子像梅花一样的，石绿选生长得像蛤蟆背一样的，雄黄选通透明亮、形状像鸡冠一样的。银朱中以带有黄色的标朱为最佳。后来有掺了小粉的，完全没法用。

水飞朱砂等法

把朱砂放到乳钵中研磨成极细微的粉末，再把很稀清的胶水和沸腾的开水一起倒进朱砂粉末中。待沉淀后，把水上面黄色的一层撇到一处，这就是"摽砂"。中间那些红艳细腻的就是上好朱砂了，又撇到一处。底部沉淀的那些颜色较深暗的砂，可以拿来刷朱笺的底色。大凡用水飞朱砂法的，都是像这样来做三种分撇。有一种石青很坚硬、难以捣碎，可以用少量耳垢加到里面，就能研磨得很细微，像泥粉一样。墨里麻太多，也可以用这个方法。石绿质地相当坚硬，可以先用铁锤把它打碎，再放进乳钵研磨。

捉金方法

先在一个白瓷酒杯里稍微涂一些胶水，剪去食指的指甲，施上胶水，把揉皱的金箔挨着粘进去。用手指在里面打圈式地摩擦，等到干燥以后把它们拿出来粘到碟子上。再滴些许清水后把金箔展开。如此反复多次，直到非常细腻为止。若胶水略多，金箔粉就会浮起，不容细捉，以湿而黏为合适。然后用清水把手指放在碟子里洗干净。用小火把水加热到温热，顷刻金粉就沉淀下去。把上面的黑色的水全倒掉，再晒干碟子，里面留下的就是上好的金粉。当要用到时，稍微加一点非常清薄的胶水来调和使用。胶水千万不要多加，胶水过多金色就会黯淡无光。还有一个方法是用肥皂果核里面白色的核心来熬制胶水，这种胶水似乎更清稀淡薄。

收藏字画、书册、碑帖的方法

收藏的时间应该是在牡丹花开放的时节，或者略微延后一点，这时天气干燥，没有梅雨。把书画晾晒到非常干燥后，放入装书画的橱柜中。然后用纸把橱柜的门以及四周的狭小缝隙都封起来，使得橱柜密闭，外面的湿气难以侵入。若是着色的画作，放在阳光下暴晒容易变色，要反卷起来放在没有阳光直射的地方晾起来，空中燥热的风一吹，画作自然就变干燥了。凡是书画作品，晾晒过后须紧紧地收卷起来，以免被压皱。古人收藏书籍，一般都用芸香来防虫害。所以台案又叫"芸台"，窗户叫"芸窗"，书编叫"芸编"。芸香是一种草，俗名叫作"七里香"。《尔雅翼》中说它和豌豆相似，丛生，叶子非常芳香。秋后叶子之间微微发白，像脂粉。把它采摘放到席子下，可以驱除跳蚤、虱子。它不同于枫脂、白胶的香味，极难以找到，用起来不如樟脑那么方便。书柜若用香樟木来做，就不会生蛀虫。

书箱

读书的士人虽饱读诗书，满腹才学，但当他们出门远行时，还是不免要携带一些书籍，以备随时查找核对。大凡书籍，一般都是用木箱来装。若是去西北方，那里的车马道路崎岖颠簸，容易摇晃，这样钉木板的钉子就可能冒出来，使木板开裂脱落，造成损失。所以，要用毛毡裹成包袱，上下用板夹紧，再用绳索捆紧，方可保证不出问题。若是去东南方，那里是水乡，可以坐船出行，所以用竹箱、木箱装书都没有太大问题。但若想要找一本出来看，就要翻动整个箱子，既麻烦又费力。故而可用木料做个专门的书箱。书箱的大小和世间普通的竹箱一般大小，旅途中携带移动都比较方便。书箱中用木板做成两层，把书放到里面后，想要取出翻看或存放都很方便。书箱的门可以做成匣子式、镶嵌式、拔插式等，都可封闭上锁，这个书箱是最巧妙的了。若果是在家中使用的书柜，也可以制作成这样的样式。最下面的书箱可以做四条脚，用来放于地上；上面的书箱没有四脚，可以重叠放置在下面的书箱上。这样看起来像一口高高的橱柜，若想要移动到其他的房间里，只需要分开搬运这些书箱就可以了，不必把书籍全部取出来。这也不失为一个爱惜书籍的好办法。

书灯

像青藜夜照（源自典故"青藜学士"，指西汉成帝时，刘向于天禄阁校书，有一手拄青藜杖的老者进入，吹青藜杖首，向刘向传授《五行洪范》）这样的事，不可能轻易就碰上；说到囊萤映雪这些方法，也都不是长久之计。还有像升高随月、凿壁借光这样的方法，虽说贫寒学子可能做过，但基本都只是偶尔或者不得已而为之。而点灯照明、深夜读书是学者必定要做的事。所以，读书时用来照明的书灯，不能不讲究。制作书灯，不仅要考虑必须能节省灯油，还不能出现其他弊端。若用麻油点灯，灯火不但没有烟尘而且还很明亮，不伤眼睛。但是麻油用起来耗费很大，不是一般读书人能用得起的。所以，应该选择价廉物美的办法。在每一斤香油中，加入桐油二两混合而成的灯油，点灯时就耗费较少，且可以防止老鼠偷喝。再在灯盏里放些许盐，就更省油了。用生姜擦拭灯盏边缘，就不易出现垢滓。灯芯可以用苏木煎煮后晒干制成。这种灯芯点燃时焰心没有灰烬。前人也留传有一种用蔓青、罂粟、红花来做灯油的方法，在每斤这种油里又加入三两桐油，可以节省灯油。我认为这样的方法太烦琐而费力，没有我说的方法简捷方便。

书窗

读书场所，如果不是窗明几净、笔砚精良的环境，怎么能使人胸襟开朗、文情奋发呢？若想让窗户明亮通透，就必须用玻璃、水晶一类的东西。不是非常富有奢侈的人家，是没办法这样做的。也有在窗户上装饰一些绣花纱窗、贝壳云母一类的，不过这都只能暂时看起来很漂亮，时间一长就要变色，而且沾满灰尘。何况纱窗一类都不耐风雨，总体看来都不如用纸来糊窗户那样明朗而方便。所以，在官府各署衙以及莲幕书房中，都是用纸来糊窗。就算是在京城的公馆、客店中，也都是如此。但是糊窗的纸张必须要用油纸，才能经历风雨而不易破损。这种纸的做法是桐油三分、麻油四分，都不用煎煮；再加十五分蓖麻，去除硬壳后研磨成细末；再加胡粉一分混合起来，在阳光下一照，就显得极为光亮鲜明。按这种方法拣出洁净、匀薄的绵料纸，再洒上水弄湿后放到甑里去蒸一遍，然后打上油，卷到树棍上，再在它上面包一层布，反复捶打几百下，使油均匀，不留痕迹。这样处理过的纸，不但更加牢固耐用，且很薄、易透光，可以用来糊窗户。

呵冻难书

天气极度寒冷时，水都被冻成了冰。若正好遇到举行考试的时间，砚台中墨水被冻成坚冰，怎么能够作文答卷呢？即便是盐汤、烧酒这样的东西，极冷时也会被冻住。何况烧酒本性就不适合用来和墨，否则写出的字发白变灰，很不好看。盐汤和墨后，当时写字容易污染考卷，过一段时间又会发潮而霉烂。只有用石灰泡的汤水，才可以不被严寒冻成冰块。可以事先把墨磨成墨汁，装在细小的管子里放入怀中，进入考场准备使用时，再放很少的研磨细腻的黑盐到砚中，然后把事先磨好的墨汁滴到砚里，用墨锭磨成浓墨后再使用。但这些方法都要损耗毛笔和砚台，不如把一斤栗子熬成浓汤后装在怀里备用，用这种汤磨的墨，不会被冻住，墨色也显得光滑温润，效果极好。皇宫内廷以及军机处的官员，往往都用这样的方法。

科场煮饭

在应考学子中，可能有生性不喜欢吃甜食，不吃茶点、果品，就只是吃饭的人，那就必须要带饭。但带的饭又冷又硬没法吃，况且秋闱是在八月举行，天气依然有点热，把饭放过一夜肯定要变味。看来就必须要在考场洗米做饭，但是平时都没怎么做饭，肯定不习惯，会捉襟见肘，显得困难。再有把生米做成熟饭要很长时间。若一边作文答卷，一边做饭，就会分心两处，难以全力应考，很可能因浪费时间而造成失误，甚至可能忍饥挨饿，而最后竟然生病的。所以，在家中要预先煮好精米饭，拿到烈日下暴晒干燥，装到瓶子里。到考试时用布袋带进考场，然后把它放在铜勺里加水，稍微一加热，立即就成了米饭。事先可以在家中根据自己的食量试着煮一下，把握水和米饭的多少和比例，以便把饭煮得软硬合适，免得到了考场内比例失当做不好饭。这是最方便的方法了。若不惜多花费一点的，可以用一杯滴花烧酒放在铜勺下，点燃来加热做饭，就省去了生炉火扇风的麻烦。还可以用白蜡来烧火，更是没有烟尘。

应试古学要略

凡是出赋题，若是朝堂应召考试，考试题目可能是《赋汇》上的旧题要多些。同馆学习时，可以相互交流以便略有准备。若是学院考试，那么考题一般都出自本郡山川形象、人物典故事件或者应时景物。若遇到考试全省的考生，一般都出关于全省的山川、人物的题目。

但凡出古体诗的题目，大多都是《子史菁华》《渊鉴斋古文》以及《昭明文选》中的诗歌、赋文里的句子。至今还没有见过用《离骚》诗文来出题目的。若是以今体诗为考题，那么范围就更广阔了。所有的唐诗诗句，都可以成为考题，而中间也夹杂着宋、元、明各时期的诗文字句。

学院考试中考古学时，大概就是四个题目。作赋、古体诗、今体诗，共有三个题目；另外一题，或许就是颂文、赞文、箴言、考据等，都是一些细小零碎的东西。若题目要求拟古，就必须按照题目规定的时节、事实来作文。其中涉及人物口吻的，所有源自后代的典故均不能在文章中使用。四个题目全部答出当然很好。但要是时间不够，能力不足或者遇到生僻题目、不知道来源出处的题目等，与其乱答题目，不如空缺不答。即便只是做一两个题目，也不会因为没有答完题目被判为违规。

前人作赋文，文章以典故宏博为精髓所在。今人则因为文中太多的堆堵板涩之处而厌弃，推崇清丽脱俗的文章是好文章。要是作近体诗，要定制五言排律，或者六韵、八韵。古体诗主要是限韵的，其字句多少都有不同，要注意遵循各种法度规则，不能随意增删。若是作赋文，只是注意押韵就可以了，并没有规定字句的多少，所以篇幅长短、大小均可自己决定。总之有个四五百字就够了。作文太长很费工夫，誊写也费时费力。何况文章过于冗长易显得杂乱，恐怕就会有失检点或有一些犯忌讳差误之处。

考古学时要敏捷快速，最好早一点交卷。因为交卷太迟，不能引起那些考官的注意。况且在考场值守的官吏，都不太耐烦，自然会有喧哗纷扰，易使自己的节奏被打乱，必然有检点不当之处出现。誊写也不能显得自然舒缓，以至于卷面错落无序。

殿试的试卷长大尺二尺五六寸，召试的试卷长一尺五六寸。答卷时要在卷面的上下留出五寸多的空白，叫"天地头"。剩下中间的红格，有一尺多长，红色印格有六行，每行大约六分宽，没有横格。誊写时每一行写十七个字，字体要中正，不能过长或过短。每个字大小约六分，竖向要平直，像有方格的样子。字体不能大小、长短不一，横向看去像一条白布，才算合乎规格。

饮茶当慎重

饮茶有驱烦、解渴、明目、益思的功效。在诸子典籍、历史记载中，就有陆羽的《茶经》、丁谓的《茶录》。关于茶，这些著作都说得非常详尽了。但在六经中却没有"茶"这个字。《丹铅总录》中说"荼"就是古时的"茶"字。《诗经·邶风·谷风》中有"谁谓荼苦，其甘如荠"的字句，这里的荼就是我们说的茶。郭璞说：早采为茶，晚采是茗，茶树树叶老去后叫作荈。《茶经》里讲茶有五个名字，分别是一茶，二槚，三蔎，四茗，五荈，这些名字在今天的浙江、福建、江淮一带还有使用。现在我们通常所说的茶，和古人饮用的茶是有区别的。

现在茶叶的价格渐渐高涨，假冒伪劣的茶就纷纷涌现出来。苏州善人桥附近有几百家商户，采摘了柳叶后用制作茶叶的方法制作，出汁烘焙后拿到市场上去卖。《本草纲目》中说柳树叶性苦寒、无毒，还可以治疗风湿、疥疮、四肢疼痛。陶朱公范蠡也曾说过，只要种下千棵柳树，就可以有足够的柴薪，而且柳叶嫩芽还可以做成汤来饮用。由此可知用柳叶代替茶叶，并无危害。

但没想到人性狡猾奸诈，贪得无厌。由于恐怕被人认出是用其他东西代替的假茶，在虎丘石马街有几百家商户，竟然用冲泡饮用过的残留茶叶，重新添加药物材料，做成和饮用之前一样色泽样式的假茶。那里的老幼男女，几乎都靠做假茶为生。商户结伙成会，用数千本金，分散到各州县去收购人们泡饮过后的残茶来贮存。而他们中间那些做假茶的商户，早就带着做好的假茶与这些人交易，用做好的假茶来换收来的残茶。他们就是靠这中间的差价生活，就像拿布去换丝绸一样，一年中每天都在忙碌。所以现在的茶，实在是除了早春茶以外都不能饮用，因为早春茶叶非常柔嫩，没有办法重新加工做假茶，而那些做假茶的人在制假中所添加的药物材料主要有雄黄、熟石膏、花青、柏树枝的汁液、青鱼胆这一类东西。使用石黄，是因为它性淫，茶叶之性也淫，二淫混合，可以让晚茶的残茶碎片变为早春茶的样子。加入花青是为了让假茶的颜色显得青艳。加入柏树枝的汁液是为了取它的清香气味。放入用水漂过而去掉了腥臭味道的青鱼苦胆，是为了取它略微苦涩的味道。石黄有毒性，经过火烤后毒性比砒霜还烈，所以加入石膏来化解它的热毒，还可以让假茶显得有霜头而看起来更悦人眼目。若人经常饮用这样的茶，慢慢地就会被它所害而得病，比如胃虚、脾弱、呕吐、腹部酸胀、疼痛等。而今天用残茶重做假茶的人实在太多，所以我们这些爱好饮茶的人，不能不去谨慎地加以分辨。

与其饮用这些假茶，不如泡饮甘菊、金银花、用蜂蜜炒制后的嫩桑枝条、桑叶、五加皮、枸杞的嫩芽、莲须、沙蒺藜、梨、藕、柿饼、姜、枣、洋糖、饴糖、锅焦等。各人根据自己的兴趣去冲泡饮用，反而会有别样收获。

日省簿说

太微仙君留传有《功过格》，苏东坡遵行并且推行于世间，随后渐渐地兴盛起来。宋·朱熹著有《朱子读书法》，元·程敬叔先生编辑了《读书功程》，本朝陆家书先生校订编纂了《读书分年月日程》，历任抚台在紫阳书院设立有"功课簿"，都是为了让学者远离邪径而从正途。这是明事理，知体用，而不至于浪费青春岁月，到老来悔之晚矣的绝妙方法。我的伯父抡山公，借鉴这些前人的经验并变通，制成了"日省簿"。

"日省簿"竖向写事由的种类，横向记录每天经历。第一项记录天时运势，是为了知道气运的正变，使人能留意趋避而颐养天年。还有就是记录田家的占卜候望等。接下来是记录人情来往。凭借这些可以知道损益的亲疏，了解自身的得失。接下来是记录当日写作，用来考核勤勉，防止懈怠。接下来记录当日在何处居住，用来防止闲游乱逛，杜绝淫荡勾当。接下来是记录饮食情况，注意节制口腹之欲，以淡薄为乐，且养神情心智。接下来记录每天的财务收支，用来注意节约用度，若是不义之财则不能收取或给予。接下来记录每日往来书信，记录自己的精神交流，相互鼓励劝勉。如此每天记录后，一个月作一次小结，一年来作一次总结，就可以清楚地了解一年里的举动、行为，可以勉励自己，也可以告知他人。有了这样的自我考核，就不至于荒废学业、懒惰邪淫了。这真是让自己得到反省而少犯错误的上佳之法，也是修身养性的基础起点。

文化伟人代表作图释书系全系列

第一辑

《自然史》
〔法〕乔治·布封 / 著

《草原帝国》
〔法〕勒内·格鲁塞 / 著

《几何原本》
〔古希腊〕欧几里得 / 著

《物种起源》
〔英〕查尔斯·达尔文 / 著

《相对论》
〔美〕阿尔伯特·爱因斯坦 / 著

《资本论》
〔德〕卡尔·马克思 / 著

第二辑

《源氏物语》
〔日〕紫式部 / 著

《国富论》
〔英〕亚当·斯密 / 著

《自然哲学的数学原理》
〔英〕艾萨克·牛顿 / 著

《九章算术》
〔汉〕张 苍 等 / 辑撰

《美学》
〔德〕弗里德里希·黑格尔 / 著

《西方哲学史》
〔英〕伯特兰·罗素 / 著

第三辑

《金枝》
〔英〕J. G. 弗雷泽 / 著

《名人传》
〔法〕罗曼·罗兰 / 著

《天演论》
〔英〕托马斯·赫胥黎 / 著

《艺术哲学》
〔法〕丹 纳 / 著

《性心理学》
〔英〕哈夫洛克·霭理士 / 著

《战争论》
〔德〕卡尔·冯·克劳塞维茨 / 著

第四辑

《天体运行论》
〔波兰〕尼古拉·哥白尼 / 著

《远大前程》
〔英〕查尔斯·狄更斯 / 著

《形而上学》
〔古希腊〕亚里士多德 / 著

《工具论》
〔古希腊〕亚里士多德 / 著

《柏拉图对话录》
〔古希腊〕柏拉图 / 著

《算术研究》
〔德〕卡尔·弗里德里希·高斯 / 著

第五辑

《菊与刀》
〔美〕鲁思·本尼迪克特 / 著

《沙乡年鉴》
〔美〕奥尔多·利奥波德 / 著

《东方的文明》
〔法〕勒内·格鲁塞 / 著

《悲剧的诞生》
〔德〕弗里德里希·尼采 / 著

《政府论》
〔英〕约翰·洛克 / 著

《货币论》
〔英〕凯恩斯 / 著

第六辑

《数书九章》
〔宋〕秦九韶 / 著

《利维坦》
〔英〕霍布斯 / 著

《动物志》
〔古希腊〕亚里士多德 / 著

《柳如是别传》
陈寅恪 / 著

《基因论》
〔美〕托马斯·亨特·摩尔根 / 著

《笛卡尔几何》
〔法〕勒内·笛卡尔 / 著

第七辑

《蜜蜂的寓言》
〔荷〕伯纳德·曼德维尔 / 著

《宇宙体系》
〔英〕艾萨克·牛顿 / 著

《周髀算经》
〔汉〕佚 名 / 著　赵 爽 / 注

《化学基础论》
〔法〕安托万–洛朗·拉瓦锡 / 著

《控制论》
〔美〕诺伯特·维纳 / 著

《福利经济学》
〔英〕A.C.庇古 / 著

中国古代物质文化丛书

《长物志》
〔明〕文震亨 / 撰

《园冶》
〔明〕计 成 / 撰

《香典》
〔明〕周嘉胄 / 撰
〔宋〕洪 刍　陈 敬 / 撰

《雪宧绣谱》
〔清〕沈 寿 / 口述
〔清〕张 謇 / 整理

《营造法式》
〔宋〕李 诫 / 撰

《海错图》
〔清〕聂 璜 / 著

《天工开物》
〔明〕宋应星 / 著

《髹饰录》
〔明〕黄 成 / 著　扬 明 / 注

《工程做法则例》
〔清〕工 部 / 颁布

《清式营造则例》
梁思成 / 著

《中国建筑史》
梁思成 / 著

《文房》
〔宋〕苏易简　〔清〕唐秉钧 / 撰

《鲁班经》
〔明〕午 荣 / 编

"锦瑟"书系

《浮生六记》
〔清〕沈 复 / 著　刘太亨 / 译注

《老残游记》
〔清〕刘 鹗 / 著　李海洲 / 注

《影梅庵忆语》
〔清〕冒 襄 / 著　龚静染 / 译注

《生命是什么？》
〔奥〕薛定谔 / 著　何 滟 / 译

《对称》
〔德〕赫尔曼·外尔 / 著　曾 怡 / 译

《智慧树》
〔瑞〕荣 格 / 著　乌 蒙 / 译

《蒙田随笔》
〔法〕蒙 田 / 著　霍文智 / 译

《叔本华随笔》
〔德〕叔本华 / 著　衣巫虞 / 译

《尼采随笔》
〔德〕尼 采 / 著　梵 君 / 译

《乌合之众》
〔法〕古斯塔夫·勒庞 / 著　范 雅 / 译

《自卑与超越》
〔奥〕阿尔弗雷德·阿德勒 / 著　刘思慧 / 译